Trinität und Denken

Die Unterscheidung der Einheit von Gott und Mensch bei Meister Eckhart

KONTEXTE

Neue Beiträge zur
Historischen und Systematischen Theologie

Herausgegeben von Johannes Wirsching

Band 3

Verlag Peter Lang

Frankfurt am Main · Bern · New York

Rainer Hauke

Trinität und Denken

Die Unterscheidung der Einheit von Gott und Mensch bei Meister Eckhart

Verlag Peter Lang

Frankfurt am Main · Bern · New York

CIP-Kurztitelaufnahme der Deutschen Bibliothek

Hauke, Rainer:

Trinität und Denken : d. Unterscheidung d. Einheit
von Gott u. Mensch bei Meister Eckhart / Rainer
Hauke. — Frankfurt am Main ; Bern ; New York :
Lang, 1986.
  (Kontexte ; Bd. 3)
  ISBN 3-8204-9285-2
NE: GT

ISSN 0724-6366
ISBN 3-8204-9285-2

Druck und Bindung: Weihert-Druck GmbH, Darmstadt

G o t t hat u n s des Seinen
n i c h t s verhüllt.

Dies dünkt manche Leute eine
schwere Rede. Deshalb aber soll
niemand verzweifeln.

(Meister Eckhart, DW II, Predigt 27)

Vorwort

Bei der vorliegenden Untersuchung handelt es sich um eine
Dissertation, die im Juli 1985 an der Evangelisch-theolo-
gischen Fakultät der Eberhard-Karls-Universität Tübingen
eingereicht wurde.

Sie entstand mit Hilfe eines Promovendenstipendiums des
Evangelischen Studienwerks e.V. Villigst und wurde betreut
von Herrn Professor Dr. Eberhard Jüngel. Verständnisvolle
Unterstützung gab Herr Professor Dr. Johannes Wirsching und
nahm die Arbeit auf in diese von ihm herausgegebene Buchreihe.

Ihnen allen weiß ich mich zu herzlichem Dank verpflichtet.

Berlin, im Februar 1986   Rainer Hauke

Inhalt

12

C. Schluß:

Problemgeschichtlicher Anhang zum Verhältnis von Trinität
und Denken

Abkürzungsverzeichnis

Abkürzungsverzeichnis der zitierten Werke Meister Eckharts:

LW	Lateinische Werke
Serm. die b. Aug. Par. hab.	Sermo die beati Augustini Parisius habitus (LW V, 89 - 99)
Q.P. 1	Quaestio Parisiensis 'Utrum in deo sit idem esse et intelligere' (LW V, 37 - 48)
Q.P. 2	Quaestio Parisiensis 'Utrum intelligere angeli, ut dicit actionem, sit suum esse' (LW V, 49 - 54)
Q.P. 3	Quaestio Parisiensis 'Utrum laus dei in patria sit nobilior eius dilectione in via' (LW V, 59 - 64)
Q.P. 5	Quaestio Parisiensis 'Utrum in corpore Christi morientis in cruce remanserint formae elementorum' (LW V, 77 - 83)
Prol. gen. in op. trip.	Prologus generalis in opus tripartitum (LW I, 148 - 165)
Prol. in op. prop.	Prologus in opus propositionum (LW I, 166 - 182)
In Gen. I	Expositio libri Genesis (LW I, 185 - 444)
In Gen. II	Liber parabolarum Genesis (LW I, 447 - 702)
In Ex.	Expositio libri Exodi (LW II, 1 - 227)
In Eccl.	Sermones et lectiones super Ecclesiastici c. 24, 23 - 31 (LW II, 231 - 300)
In Sap.	Expositio libri Sapientiae (LW II, 303 - 634)
In Ioh.	Expositio sancti evangelii secundum Iohannem (LW III, 3 - 624)

Serm.	Sermo (Sermones: LW IV, 3 - 468)
Vot. Av.	Votum Avenionense, hrsg. von Pelster
RS	Rechtfertigungsschrift, hrsg. von Théry
DW	Deutsche Werke
Pr.	Predigt (Predigten 1 - 24: DW I, 3 - 423; Predigten 25 - 59: DW II, 3 - 636; Predigten 60 - 86: DW III, 3 - 503)
RdU	Die rede der unterscheidunge (DW V, 137 - 376)
BgT	Daz buoch der goetlîchen troestunge (DW V, 1 - 105)
VeM	Von dem edeln menschen (DW V, 106 - 136)
VA	Von abegescheidenheit (DW V, 377 - 468)

andere verwandte Abkürzungen:

a.	articulus
c.	capitulum
c. a.	corpus articuli
Cod. Lat.	Codex Latinus
Conf.	Confessiones
Contra Max.	Contra Maximium Arianum libri II
CPTMA	Corpus Philosophorum Teutonicorum Medii Aevi
d.	distinctio
De div. nom.	De divinis nominibus
De div. quaest.	De diversis quaestionibus LXXXIII
De doctr. christ.	De doctrina christiana
DS	Enchiridion symbolorum, definitionum et declarationum de rebus fidei et morum
In I Ethic.	Sententia libri Ethicorum
fol.	folio
GL	Der christliche Glaube
XII De Gen. ad litt.	De Genesi ad litteram libri XII

De int.	De intellectu et intelligibili
In Ioh.	In Iohannis Evangelium Tractatus CXXIV
lc.	lectio
lib.	liber
De lib. arb.	De libero arbitrio
Mon.	Monologion
De myst. theol.	De mystica theologia
N. F.	Neue Folge
NTD	Das Neue Testament Deutsch
obi.	obiectum
PL	Patrologia Latina
De pot.	Quaestiones disputatae de potentia
prop.	propositio
q.	quaestio
reg.	regula
RGG	Die Religion in Geschichte und Gegenwart
s. c.	sed contra
ScG	Summa contra Gentiles
Sent.	Sentenzen(kommentar)
S. L.	Series Latina
sol.	solutio
ST	Summa theologiae
transl.	translatus
De trin.	De trinitate
De ver.	Quaestiones disputatae de veritate
De ver. rel.	De vera religione
De vis. beat.	De visione beatifica
WA	D. Martin Luthers Werke, kritische Gesamtausgabe, Weimar 1889 ff.

A. Einleitung

I. Meister Eckhart und der Trinitätsgedanke:
These und Methode der Arbeit

Diese Arbeit untersucht die Trinitätstheorie des deutschen
Dominikaners E c k h a r t v o n H o c h h e i m , genannt M e i s t e r E c k h a r t , Magister der Universität Paris, Ordensprovinzial und Prediger (um 1260 - vor
1328).[1] Seine Person und Lehre waren zu Lebzeiten gleicher-
maßen angesehen wie (zunehmend) umstritten.[2] Ein Inquisi-
tionsprozeß endete mit der posthumen Verurteilung einer Anzahl zentraler Thesen.[3] Dennoch nahm sein umfangreiches
Werk - häufig allerdings anonym - Einfluß auf die Geistesgeschichte, besonders seit seiner 'Wiederentdeckung' im 19. Jahrhundert. Man nannte ihn einen großen 'Mystiker und Scholastiker', doch wurden zumeist nur Teile seiner Theorie rezipiert.
Sein Reden von der 'Geburt Gottes in der Seele', vom 'unum
in anima' und andere Hauptmotive seines Denkens machten aufmerksam auf eine spezifische 'Nähe' von Theologie und Anthropologie.

Bei der Formulierung dieses Problems scheint nun eine tragende
Rolle dem Trinitätsgedanken zuzukommen.

Auszugehen ist von der Einsicht der Forschung, daß Eckhart
die 'Nähe' von Gott und Mensch in verschiedenen Modellen zum
Ausdruck bringt, wobei deren Verhältnis zueinander durchaus
strittig ist.

Hier setzt die von mir vertretene These ein: Eckharts Denken
ist zu verstehen aus den beiden Perspektiven 'Einheit' und
'Differenz'. Der Trinitätsgedanke leistet die Integration beider Aspekte: Der Mensch als 'intelligere' ist eins mit Gott
als 'intelligere' und 'unum' sowie mit Gott in seiner Selbstunterscheidung als Vater, Sohn und Geist - zugleich bleibt er
als Geschöpf vom Schöpfer aufs Strengste unterschieden.

Aus dieser These ergibt sich eine Gliederung, die die Fülle
der eckhartschen Theoreme in vier Arbeitsschritten in den
Blick zu nehmen versucht. Dabei wird die Intention verfolgt,
den theoretischen Anspruch seiner Werke und den Argumentations-
gang herauszuarbeiten.

Zunächst werden eine Reihe zentraler Gedanken Eckharts von
ihrem beherrschenden Aspekt her als Modelle zur Betonung der
Differenz von Schöpfer und Geschöpf akzentuiert.

Danach werden jene herausgearbeitet, die besonders die Einheit
von Gott und Mensch betonen.

Verschiedene Anläufe, die Eckhart unternimmt zur Unterscheidung des Einen (besonders seine Korrektur der Ontotheologie,
durch die er Gott als 'intelligere' zu denken lehrt), führen
hin zur expliziten Erörterung des Trinitätsgedankens, bei der
immer die Aspekte 'Einheit des Menschen mit Gott' und 'Unterscheidung von Schöpfer und Geschöpf' beachtet werden.[4]

Anschließend werden einige Leistungen der Trinitätsspekulation
Eckharts gewürdigt sowie kritische Anfragen evangelischer Theologen an sein Werk diskutiert. Aufgrund der in dieser Arbeit
erreichten Eckhartdeutung ergeben sich dabei aus der Perspektive Eckharts Rückfragen an seine Kritiker, so daß seine Lehre für eine mögliche Rezeption durch die evangelische Theologie wieder zur Diskussion steht. Angedeutet wird dies durch
Hinweise auf überraschende Berührungspunkte, die sich aus den
gewonnenen Einsichten in die Theorie Eckharts mit der gegenwärtigen Diskussion um eine Rekonstruktion der Trinitätstheorie ergeben.[5] In einem problemgeschichtlichen Anhang zum Verhältnis von Trinität und Denken wird abschließend auf die differenzierte Vorgeschichte dieses eckhartschen Problems hingewiesen mit besonderem Blick auf Positionen, die in der Dog-
mengeschichtsschreibung größere Aufmerksamkeit verdienten.[6]

Theologisch geht es um die Möglichkeit, die göttliche Trinität derart auf das Denken zu beziehen, daß der dreieine Gott
selbst als Denken gedacht wird, der Mensch sich mit diesem

Gott eins weiß - und doch die Differenz des Schöpfers vom Geschöpf erhalten bleibt. Dies wäre eine Alternative zum herr-
schenden (und in die Krise gekommenen!) Trinitätsmodell.

Die vorliegende Arbeit stützt sich auf das gesamte erhaltene
Werk Eckharts (das in der kritischen Ausgabe nun nahezu vollständig vorliegt) und geht aus von seiner grundlegenden Einheit.

Diese These hat den ersten Anschein gegen sich, liegt Eckharts Werk doch sowohl in zwei Sprachen (Latein und Mittel-
hochdeutsch) als auch in einer Vielzahl (nicht nur literari-
scher) Genera vor: Es handelt sich um Predigten (zumeist als
Hörernachschriften überliefert) und Predigtentwürfe, um
Vorlesungsmanuskripte und ausgeführte Quaestionen, um thesen-
artige Zusammenfassungen und Gelegenheitsarbeiten, um exegetische Werke und systematische Traktate (um nur die wichtig-
sten zu nennen).[7] Eine besondere Rolle spielen Aktenstücke
aus seinem Prozeß wie die sogenannte Rechtfertigungsschrift,
eine selbstbewußte Auseinandersetzung mit den Gegnern an Hand
der ihm vorgehaltenen Anklagepunkte. Darüber hinaus ist sich
Eckhart selbst einer gewissen Lehrentwicklung bewußt. (Allerdings ist die Forschung noch nicht über eine grobe Periodi-
sierung hinausgekommen.)

Doch ist die These einer gewissen 'Einheit' seines Werkes zu
begründen durch eine Reihe von Beobachtungen, die mögliche
(und wirkliche) Differenzen relativieren:

1. Eckhart kennt und durchbricht die Trennung von Kanzel und
   Katheder.[8] Der 'Lesemeister' ist der 'Lebemeister': In
   seiner Predigt werden die Ergebnisse der Diskussion in
   der 'Schule' fruchtbar für das Gottes- und Selbstverständnis der Gläubigen.[9]

2. Lateinische und (mittelhoch)deutsche Werke unterscheiden
   sich schwerpunktmäßig hinsichtlich der in ihnen vorkom-
   menden literarischen Gattungen, zeigen hinsichtlich der
   behandelten Themen jedoch Entsprechungen.[10]

3. Die Spannweite seiner Gedanken ist durch das Prinzip der
   Abbreviatur gehalten.[11] Ihr Kontext ist immer das Ganze
   als Eines. So geschieht die Exegese selbst einzelner Ver-
   se in immer neuen und verschiedenen Anläufen, wobei der
   einzelne Satz immer auf das Ganze bezogen ist. Daher kann
   Eckhart ausdrücklich gestatten, sich einzelner Teile nach
   Belieben zu bedienen. Dabei ist jedoch auf die jeweilige
   Rücksicht, auf den besonders hervorgehobenen Aspekt zu
   achten.[12] Unbeschadet dessen haben die einzelnen Werke
   und Predigten durchaus eigene Schwerpunkte, die auf ge-
   wollte Akzente, bzw. Eckharts Lehrentwicklung zurückgehen.[13]

4. Zitate dienen als 'auctoritates' der Stützung des eigenen
   Argumentes. Sie stehen nicht für die unkorrigierte Übernahme der Lehre eines anderen, sondern werden häufig der
   eigenen Meinung dienlich gemacht, insofern an einen aus-
   gewählten Aspekt angeknüpft wird.

Statt Eckhart 'Verworrenheit' oder 'Kühnheit' zu bescheini-
gen,[14] sollen hier unterschiedliche Aussagen deutlich gemacht und in ihrer Perspektivität verstanden werden. So strukturiert Eckhart selbst seine Thesen durch den Hinweis auf verschiedene 'rationes', spricht er von 'quasi' und 'in quantum'.
Dabei erfordert dieser Ansatz weder eine 'Materialschlacht'
im Sinne einer rein numerischen Fülle von Belegstellen, noch
versucht er, Eckhart 'besser zu verstehen, als er sich selbst
verstand', sondern konfrontiert Texte Eckharts unter Berücksichtigung ihres jeweiligen Kontextes, wobei die vermutete
grundlegende Einheit seiner Gedanken sichtbar werden soll als
Theorie der Unterscheidung der Einheit von Gott und Mensch.
Dabei meint Unterscheidung nicht den Verzicht auf jede Beziehung und Einheit nicht Verzicht auf Differenz. Der Gedanke
der 'Trinität' soll deutlich werden als Integral der eckhartschen Theorie, die bei ihren Aussagen über Gott immer auch
den Menschen und die Beziehung von Gott und Mensch sowie die
Unterscheidung von Schöpfer und Geschöpf impliziert. So vollzieht sich Eckharts Exegese in der Entsprechung der trinitarischen Auslegung von Gen. 1,1 und Joh. 1,1: Gott, Schöpfung,
Logos, Geist und Mensch machen einen differenzierten Zusammenhang aus.[15]

Dementsprechend wird bei der Darstellung der Einzelprobleme immer auch auf dieses Ganze zu achten sein.[16] Zugunsten der Konzentration auf das Argument treten biographische und allgemein historische Fragen zurück.[17]

II. Situation und Stand der Eckhart-Forschung

Die mit der Wiederentdeckung der deutschen und (dann) der lateinischen Werke beginnende moderne Eckhart-Forschung[18] zeigt
eine wechselvolle Geschichte[19], die bis in die nahe Gegenwart hinein selbst bereits geschrieben worden ist.[20]

Ältere Fragestellungen (Pantheismus, Orthodoxie, Mystik) erweisen sich zunehmend als überholt. Dagegen besteht Uneinig-
keit in der Frage nach der richtigen Fragestellung, bei der
Suche nach dem passenden Schlüssel zum Verständnis der Werke
Meister Eckharts. Erschwert wird dieses hermeneutische Problem durch die Vielzahl der interessierten wissenschaftlichen
Disziplinen: Theologie und Philosophie, Germanistik und Religionswissenschaft.[21] Während letztere Eckhart noch von einem
allgemeinen Interesse an 'Mystik' oder dem 'Nichts' her in
den Blick nimmt,[22] blieb die katholische Theologie lange in
den von den Herausgebern der lateinischen Werke vorgezeichne-
ten Bahnen[23] (wobei die evangelische Theologie seit Jahrzehn-
ten nahezu schweigt[24]). Bedeutsam ist die germanistische
Selbstkritik, die methodisch und inhaltlich ein allzu 'empha-
tisches' Eckhart-Verständnis überwunden hat.[25] Die meisten
Anregungen erhält die Eckhart-Forschung gegenwärtig aus der
Philosophie. Zu nennen sind besonders Arbeiten zum näheren
Umfeld Eckharts im 13. Jahrhundert, besonders zur deutschen
Dominikanerschule.[26] Allgemein ist eine zunehmende Interdis-
ziplinarität und Internationalität der Eckhart-Forschung
festzustellen. So ist als die bisher beste Einführung in das
Werk Eckharts und in die deutsche Dominikanerschule die jüng-
ste Veröffentlichung des französischen Mediävisten Alain de
Libera 'Introduction à la Mystique Rhénane' [27] zu nennen.
Nach Werken, die Eckharts Originalität betonten, nach Arbeiten, die sein Denken im Vergleich mit einer Unzahl anderer
Autoren zu erhellen suchten (wobei Eckhart manchmal ausdrücklich für die eigene (Welt-)Anschauung reklamiert wurde), und
nach der Suche von Eckharts Quellen beherrscht neben einer
Anzahl von Untersuchungen zu Einzelfragen gegenwärtig also
die Suche nach der richtigen Fragestellung das Feld.[28]

Trotz der allüblichen Klage über die diffuse Lage der Forschung lassen sich wichtige Konvergenzen nicht übersehen:

1. Eckhart ist kein Pantheist.

2. Lateinische und deutsche Werke lassen sich besser aus ihrer Einheit als aus einem Gegensatz zueinander verstehen.

3. Die Bezeichnung der eckhartschen Gedanken als 'Mystik'
hat geringen Erkenntniswert. Sie stellt mehr Probleme als
sie löst. Keinesfalls besteht ein Widerspruch zu denkeri-
schem Anspruch und begrifflicher Klarheit.[29]

4. Eckhart arbeitet mit dem gesamten Wissen seiner Zeit und
schöpft aus den unterschiedlichsten Traditionen. Vermeintliche Widersprüche lassen sich häufig von da her erklä-
ren, teilweise sind sie lediglich terminologischer Natur.

5. Eckharts Werk hat systematischen Charakter. Damit ist jedoch weder seine Entwicklung und Selbstkorrektur noch eine Variationsbreite unterschiedlicher Akzente ausgeschlossen.

Ein Meilenstein der Forschung ist nach dem programmatischen
Aufsatz von Kurt Flasch die Habilitationsschrift von Burkhard Mojsisch.[30] Seiner These von der Struktur des eckhartschen Denkens zwischen den Polen Univozität und Analogie
entspricht die in dieser Arbeit vorgenommene Unterscheidung
der Einheit von Gott und Mensch bei bleibender Unterscheidung von Schöpfer und Geschöpf.

Steht Mojsisch mit seiner These von Eckharts 'neuer Metaphysik' in ihrer Zuspitzung auf eine Theorie der Seele in ihrer Einheit mit dem Prinzip im Gefolge derer, die Eckhart am
Anfang der neuzeitlichen Reflexion der Subjektivität sehen,[31]
will die vorliegende Arbeit diesen Aspekt bereichern und mo-
difizieren durch die Berücksichtigung des theologischen Kontextes: Eckhart lehrt die Einheit des Menschen mit seinem als
Denken verstandenen Prinzip und unterscheidet sie von der
Differenz zwischen Schöpfer und Geschöpf. Dabei bedient er
sich explizit trinitarischer Kategorien.

B. Hauptteil

I. Die Differenz von Schöpfer und Geschöpf

1. esse und esse hoc

Der Sinn von 'esse' im Werk Eckharts ist nicht für sich zu
bestimmen, sondern jeweils als Glied eines Begriffspaares:
esse - esse hoc, esse - intelligere.[1] Der Sinn des einzelnen Gliedes wandelt sich, das Begriffspaar jedoch beschreibt
(mit einer Ausnahme) die Differenz von Schöpfer und Geschöpf.[2]

In der Tradition der Seinsmetaphysik wird Gott als 'esse'
bestimmt. Nimmt Eckhart diese Bestimmung auf, sind für ihn
die Begriffe 'Gott' und 'Sein' zu identifizieren, die Umkehrung ist möglich: "Esse deus est."[3] Die Umkehrung erweist
die 'propositio' als Seinsanalyse und erlaubt es Eckhart, "auszuschließen, daß der Gottesbegriff im Fall einer Identität
von 'esse' und 'deus' auf den Seinsbegriff festgelegt ist."[4]
Insofern Eckhart mit dieser 'propositio' ansetzt, liegt bereits im Ansatz eine Korrektur an Thomas vor: Er beginnt
nicht beim Einzelding, bei der so vorgestellten Substanz, um
dann analog von Gott zu sprechen, sondern geht umgekehrt vom
absoluten Sein her die Frage des Seins der Dinge an. Dementsprechend wird der Begriff des 'ens' konsequent als 'esse'
ausgelegt, von allem 'Einzelseienden' abgesetzt, um den Anschein geschöpflicher Autonomie schon im Ansatz zu destruie-
ren: "solus deus proprie est ens ... ab ipso omnia sunt."[5]
Auch dieser korrigierte Begriff wird völlig mit Gott identifiziert: 'est' heißt es hier, nicht bloß 'dicitur'. Vom
'esse/ens' her ist das Geschöpf 'esse/ens hoc'.[6] Das 'hoc',
die Vereinzelung, geht zurück auf das Wirken der Zweitursa-
chen,[7] die Reinheit des 'esse' bleibt im Geschöpf unverändert. Der ontologischen Grundunterscheidung von 'esse' und
'esse hoc' entspricht der Satz: Eckhart unterscheidet unter
Benutzung grammatikalischer Fachterminologie zwischen Satzaussage und näherer Bestimmung der Satzaussage, zwischen 'secundum' und 'tertium adiacens'. Wie 'secundum' und 'tertium ad-

iacens', so verhalten sich 'esse' und 'esse hoc'.[8] Über diese bloß grammatikalische Parallele hinaus erweist sich das Begriffspaar 'esse - esse hoc' als sprachlich konstituiert:
"aliter sentiendum est ...",[9] d. h. es verdankt sich ver-
nünftigem Urteil (oder ist zumindest solchem Urteil unterwor-
fen). Damit wird ein erster Bezug der ontologischen Aussage
zum Denken sichtbar.

Untauglich zum Verständnis von 'esse' ist das Inhärenzmodell,
'esse' verhält sich nicht wie ein Akzidens zum Subjekt, sondern hat den Dingen gegenüber Priorität.[10] Das Sein ist 'non
ab alio', alles ist von ihm. Hier lautet das Begriffspaar
'ipsum esse - esse omnium', die Beziehung aber ist dieselbe.
Sie ist nicht die von Substanz und Akzidens, vielmehr ist das
'esse' 'actus, perfectio, actualitas' der Dinge wie deren Formen. Unter Hinweis auf Thomas und Avicenna verteidigt Eckhart
diese Konzeption des Seins als des Inbegriffs aller Wirklichkeit, zu dem nichts hinzukommen kann, was es nicht schon ist
- weil es alles ist. An dieser Stelle unterscheidet er ein
'esse absolutum' von einem 'esse formaliter inherens'.[11]
Erscheint dies zunächst wie eine Wiederaufnahme des Inhärenz-
modells wenigstens für das Sein der Dinge mit der Konsequenz
der Vorstellung ihrer relativen Selbständigkeit, so daß ihnen das Sein sekundär, akzidentell zukomme, bleibt zu fragen,
was ein 'Inhärieren nach Weise der Form' meine: Es ist gerade
kein Inhärieren nach Weise eines Akzidens; mit dem Formbegriff
nimmt Eckhart hier wieder den Begriff von 'actualitas' und
'perfectio'auf, der das Sein als Inbegriff aller Wirklichkeit
versteht. Das 'esse formaliter inherens' ist also das 'esse
hoc', das 'esse omnium (rerum)', zwar in völliger Abhängigkeit vom 'esse absolutum', doch der Form nach dasselbe Sein.
Damit bleibt Eckhart auch in der Rechtfertigungsschrift seiner Grundunterscheidung treu.

Der Hinweis auf die 'formierende' Tätigkeit der Form über
die Materie ("materia est subesse formae et informari")[12]
löst den Anschein jeder Selbständigkeit auf, wie sie die
aristotelisch-thomanische[13] Unterscheidung nahelegen könnte.
In der Konsequenz dieses Gedankens ist die Behauptung eines
"duplex esse"[14] kein Rückfall in die Vorstellung zweier
selbständig Seiender, die nachträglich eine Beziehung mit-

einander eingehen, sondern erneut eine Variation des Grund-
schemas ´esse - esse hoc´ "aus Rücksicht des Geschaffenen".[15]
Die terminologische Variante ´esse intellectuale - esse mate-
riale´ ist eine Bereicherung, macht sie doch darauf aufmerksam, wie das ´esse´ in diesem Schema näherhin zu verstehen
ist:[16] Auch die anderen Begriffspaare ´esse in causis ori-
ginalibus - esse rerum extra in rerum natura´ oder ´esse virtuale - esse formale´[17] nehmen nicht nur die Beziehung von
´esse - esse hoc´ auf, sondern auch dessen Absetzung von den
Dingen und heben das Sein als intellektuell hervor.

Der Bruch mit der am Ding orientierten Konzeption von ´esse´
wird in den beiden ersten Pariser Quaestionen explizit in
der These von der Seinslosigkeit Gottes. Hier schränkt Eckhart unter Verweis auf den ´Liber de causis´ die Bedeutung
von ´esse´ zunächst in radikaler Abkehr von Thomas und der eigenen früheren Überzeugung ein auf das Kreatürliche: "Unde
statim cum venimus ad esse, venimus ad creaturam."[18] Wenn
´esse´ die Kreatur bezeichnet, ist Gott ´intelligere´. Die
Differenz von Schöpfer und Geschöpf wird also bezeichnet
durch das Begriffspaar ´intelligere - esse´. Die Beziehung
zwischen den beiden Gliedern bleibt jedoch dieselbe. Eckhart
beharrt auf dieser Unterscheidung, nicht jedoch auf dem Vo-
kabular: "Et si tu intelligere velis vocare esse, placet mihi. Dico nihilominus quod, si in deo est aliquid, quod velis
vocare esse, sibi competit per intelligere."[19] Weil das
Prinzip nie das Prinzipiierte ist, sondern ´altius´ und ´al-
terius condicionis´, darum ist Gott nicht das Sein der Kreatur, sondern ´puritas essendi´, m. a. W. nicht ´esse hoc´,
sondern ´esse´: "Deo ergo non competit esse, nisi talem puritatem voces esse."[20]

Damit wird es Eckhart möglich, in einer späteren Periode seines Denkens diesen Seinsbegriff der Pariser Quaestionen nicht
aufzugeben, sondern zu übernehmen: Aus der Konfrontation mit
einem Seinsbegriff, der für die Kreatur geeignet ist, er-
wächst der Begriff des reinen, intellektuellen Seins, demgegenüber die Kreatur ein bloßes ´hoc´ ist. "In seiner Selbstbestimmung ist das Bestimmte nur Bestimmtes (hoc aut hoc). Sein
verdankt das bestimmte Sein stets dem absoluten Sein, da das
absolute Sein kein Gegenüber außerhalb seiner zuläßt."[21]

Die von Eckhart betonte Perspektive der Differenz impliziert
somit die Einheit hinsichtlich des absoluten Seins, dessen
unmittelbare Präsenz.[22] Das Geschaffene hingegen ist in dieser Hinsicht weder Gott noch nichts, sondern als Geschaffenes
in seiner Differenz zum Schöpfer zu verstehen.[23] Mit der ontologischen Grundunterscheidung von ´esse´und ´esse hoc´
steht Eckhart in der Tradition Augustins. Dessen Analyse der
Beziehung des Guten zum einzelnen Guten kann jedoch das Par-
tizipationsschema hervorheben und es gleichzeitig dem Schema
nebeneinander vorgestellter Substanzen unterordnen: "duo
quaedam intelligo, aliud quo animus est, aliud quo bonus."[24]
Bei Eckhart hingegen erhält das Begriffspaar selbständigen
Rang, wenn es auf die Beziehung Schöpfer - Geschöpf angewendet wird.[25]

Zwei Ergebnisse lassen sich formulieren:

- Schöpfer und Geschöpf sind nicht wie zwei Seiende, sondern
  so voneinander unterschieden, daß das Geschöpf nur in der
  Unterscheidung vom Schöpfer ist.

- Der Schöpfer ist nicht nach Art der Dinge vorzustellen, er
  ´ist´durch ´Denken´.

2. creatio ex nihilo als collatio esse

Unablässig variiert Eckhart die Grundregel: "creatio est collatio esse."[26] Schöpfung ist eine Aussage über den Schöpfer;
Allein Gott (esse) ist Ursprung, sein Schaffen ist ´Selbst-
mitteilung´; Verleihen des Seins meint kein Heraussetzen, der
Schöpfer schafft in sich innebleibend.[27] Gegen ein doppeltes
Mißverständnis setzt sich Eckhart ab: Gegen das technomorphe
Modell, das seinen Begriff von ´Schaffen´an der Tätigkeit eines Baumeisters abliest, und gegen die Vorstellung, dabei sei
das Nichts Gegenstand oder Ziel (´nec subiectum nec finis´)
göttlichen Handelns.[28] ´Nihil´ist ´non esse´.[29]

Wie für Augustin[30] ist für Eckhart Schöpfung zunächst und
ursprünglich ein Geschehen in Gott. Daß Gott in sich innebleibend schafft, unterscheidet ihn gerade vom ´Schaffen´

der Geschöpfe: Sie wirken ´extra se´, hören auf zu wirken,
wirken also zeitlich usw.. Demgegenüber ist Gottes Schaffen
eine Bewegung in Gott ohne Veränderung. "Eckharts Lehre von
dem Insein alles Geschaffenen als solchen in Gott will also
nicht die ontologische Differenz von Sein und Seiendem, Gott
und Kreatur aufheben, sondern nur jenen Chorismos aus dem
Verhältnis beider heraushalten, der die Relation der irdischen Dinge untereinander kennzeichnet."[31] Der Begriff der
Schöpfung als Seinsverleihung erlaubt es Eckhart, im Gefolge
des Thomas Avicennas Unterscheidung ´quo est (esse) - quid
est (essentia, quiditas)´aufzunehmen für die Unterscheidung
von Schöpfer und Geschöpf: Als "rerum creatarum omnium principia et proprietates"[32] sind sie im Ungeschaffenen eins,
im Geschöpf unterschieden. (In der Bestimmung der ´quiditas´
des Geschöpfes unterscheidet sich Eckhart dann von dieser
Tradition.)

Diese voneinander unterschiedenen Traditionen, aus denen Eckhart schöpft, stimmen in der Grundunterscheidung überein:
"nulla similitudo, nulla comparatio est inter deum et creata."[33] Denn jeder Vergleich setzt zwei Getrennte voraus.
Schöpfer und Geschöpf aber sind weder ´zwei´noch ´Getrennte´:
Stellt man sich nämlich die Kreatur für sich vor, getrennt von
Gott - ist sie nichts. Wiederholt betont Eckhart in seinen
Predigten: "Alle crêatûren sint ein lûter niht."[34] Alle Geschöpfe haben ihr Sein von Gott, es ist das Sein Gottes. Also ist auch die Summe der Kreaturen nicht mehr als Gott allein, ohne Gott aber sind sie nichts.

Die Lehre von der Kreatur als Nichts ist die Konsequenz aus
Eckharts Gottes- und Schöpfungsbegriff. Gegenüber dem Schöpfer gibt es keine Selbständigkeit der Kreatur.[35] Dieser Gedanke kann aber nur dann wirklich gedacht werden, wenn das
Geschöpf als solches als Nichts gedacht wird (und nicht nur
als ´Nichts im Vergleich zu Gott´); denn ohne Gottes Sein ist
es auch kein Etwas. In seiner Zuspitzung ist dieser Gedanke
Eckharts neuartig, er wahrt jedoch lediglich die Unterscheidung von ´esse´und ´esse hoc´. Das Nichts der Kreatur meint
ja ihre Vielfalt, ihre Vereinzelung, ihr ´hoc´, ihr Angewie-
sensein - gerade kein Nichts, welches gegenüber dem Sein selbständig gedacht werden könnte.

Demgegenüber macht die zeitgenössische Auseinandersetzung
den dingorientierten Schöpfungsbegriff seiner Gegner deutlich. In seiner Kritik an Eckhart betont das Avignonenser
Prozeß-Gutachten: "Quamvis enim creaturae dependeant a Deo
creante, sunt tamen aliquid in seipsis et secundum seipsa
formaliter per accionem creantis."[36] Das Sein der Kreaturen
ist bestandhaft in ihnen, ein ´esse reale´: "cum realis de-
pendencia fundetur in reali entitate."[37] Dem für sich bestehenden Geschöpf kommt die Beziehung zum Schöpfer erst sekundär hinzu. Folglich verhalten sich Gott und Kreatur wie
zwei Dinge: "... sunt tamen plures res, sicut punctus et linea non sunt maius quam sola linea, sunt tamen plures res."[38]
Die geometrische Analogie macht deutlich, wie der Gutachter
bei aller Abstraktheit letztlich doch der Anschauung verhaf-
tet bleibt und wie diese seine Argumentation bestimmt. In diesem Horizont besagt Eckharts These, die Kreatur als solche
sei nichts, "quod creacio terminetur ad nichil."[39]

In seiner Verteidigung nennt Eckhart ein weiteres Beispiel
für diese dingorientierte Denkweise seiner Ankläger: " ...
guttam maris esse quid modicum respectu maris."[40] Er weist
sie als dumm, ja ihrerseits blasphemisch zurück.

Die Analyse des Schöpfungsbegriffes bestätigt den Bruch mit
der Anschauung, den Eckhart vollzieht, und vertieft die Einsicht in die Geltung seiner ontologischen Grundunterscheidung.

3. principium und tempus

Scheinbar in Frage gestellt wird die Unterscheidung von Gott
und Welt durch die Lehre von der Ewigkeit der Welt.[41]
Als Antwort auf eine Gelegenheitsfrage (´warum Gott die Welt
nicht früher geschaffen habe´) führt Eckhart die anstoßerre-
gende Formulierung ein: "... non potuit, eo quod non esset.
Non fuerat prius, antequam esset mundus."[42]

Hier wird das Zugleich von Gott und Welt behauptet, ohne auf
ihre Unterscheidung zu verzichten. Das Zugleich von Welt und
Gott kann hier als eine Aussage über Gott als Schöpfer verstanden werden: Gott ist nicht ohne die Welt, als Gott ist er

´zugleich´Schöpfer.

Damit legt Eckhart einen anderen Akzent als Augustin, der die
Frage nach dem Tun Gottes vor der Schöpfung mit dem Argument
abbog, ´vor´der Schöpfung gebe es keine Zeit, kein ´prius´;
das ´Zugleich´von Gott und Welt ist hier also eine Aussage
über die Welt, über Zeit als Bedingung des Kreatürlichen.[43]
Eckhart greift zwar diese Bedeutung auf: "ante mundum et tempus non fuit prius."[44] Von da her ist die Behauptung analy-
tisch wahr: "mundus semper fuit",[45] denn: "Non enim fuit tempus, in quo non esset mundus sive quando non esset mundus."[46]

Mit seiner Behauptung aber geht er über Augustin hinaus. An-
geregt durch den averroistischen Aristotelismus war das Problem der Ewigkeit der Welt schon vor Eckhart eine Streitfrage
ersten Ranges geworden.[47] Eckhart unternimmt es, sie zu in-
tegrieren, indem er die Frage bejaht, sie aber in den Rahmen
der Unterscheidung von ´principium´und ´tempus´stellt. Gott
schafft die Welt im Anfang, im "primum nunc simplex aeternitatis".[48] Das ´nunc aeternitatis´ist kein Zeitbegriff, meint
keine ´erste Zeit´: Es ist der ´Ort´der Zeit. Der Anfang (der
Zeit) ist nicht Zeit.[49] Das ´ewige Jetzt´verhält sich zum
´Jetzt der Zeit´wie das ´esse´zum ´esse hoc´.[50] In der Unterscheidung ´principium - tempus´kehrt Eckharts Grundunterscheidung wieder.

Damit wird es nun möglich zu erkennen, in welchem Sinn Eckhart
von der ´Ewigkeit´der Welt spricht: Die Welt ist ´ewig´,
nicht, weil sie selbst göttlich wäre, als sei der Unterschied
von Schöpfer und Geschöpf aufgehoben, sondern weil sie ihr
Sein in Gott hat, genauer: Sie hat Gott als ihren zeitlosen
Ursprung.[51] Der Ursprung aber ist nicht ohne Entsprungenes,
Gott nicht ohne Welt. Dies ist eine Aussage über Gott, von dem
die Welt ´ewig´abhängig ist, und nicht über die Welt, als sei
Gott von ihr abhängig.[52]

In seiner Rechtfertigungsschrift erläutert Eckhart: "Creatio
siquidem et omnis actio dei, est ipsa essentia dei. Nec tamen
ex hoc sequitur, si deus creavit mundum ab eterno, quod propter hoc mundus sit ab eterno, ut inperiti putant. Creatio
enim passio non est eterna, sicut nec ipsum creatum est

eternum."[53] In der Unterscheidung der Hinsichten von ´actio´
und ´passio´wird deutlich, daß Eckhart hier keinen Widerruf
leistet: Als göttliche ´actio´ist die Schöpfung ewig, als
´passio´- gewissermaßen als Bestand, Resultat - ist sie es
nicht.[54]

Die Gegenargumente des Avignonenser Gutachtens[55] verdeutli-
chen in der Konfrontation den Standpunkt Eckharts:

1. Das ´principium´, in dem Gott die Welt erschafft, ist als
´principium temporis´selbst Zeit, erster Zeit-Punkt (´nunc
temporis´).
2. Aufgrund seiner Ewigkeit und Allmacht hätte Gott die Welt
erschaffen können "in multis aliis instantibus prioribus quam
produxit".[56]
3. Auch als ´actio´ist die Schöpfung zeitlich.
4. ´Actio´und ´passio´entsprechen einander.
5. "omnis accio respectu creaturae est formaliter in passo et
non in agente, sicut movere et moveri sunt in moto et non in
movente."[57]
6. Schöpfung ist eine ´actio Dei ad extra´, sie wird nicht
durch das ´nunc aeternitatis´gemessen.
7. Das ´principium´ist ´mensura durationis´, nicht ´nunc
aeternitatis´.
8. Zeit und ewige Dauer unterscheiden sich.
9. Ewigkeit geht Zeit und Welt voraus durch unendliche Dauer
(´duracione in infinitum´).

Gemeinsam ist diesen Argumenten ein summativer Zeitbegriff,
der vergeblich versucht, den Begriff der Ewigkeit von dieser
Vorstellung von Zeit fernzuhalten: Zeit ist eine Aufeinander-
folge von Zeitpunkten, eine Dauer, die zur Ewigkeit wird,
wenn sie nur unendlich ist. Ewigkeit und Zeit verbindet derselbe Begriff, Prinzip und Prinzipiiertes entsprechen sich.
Zwar wird der Versuch unternommen, Zeit und Ewigkeit zu unterscheiden, jedoch am Ende gar die Vorstellung von Zeit in
den Begriff Gottes eingetragen: Gottes schöpferisches Handeln
erscheint zeitlich.[58] So fällt die Kritik, die Eckharts Gegner an ihm üben, auf sie selbst zurück. Sie unterscheiden
Gott von seinem Schöpfersein, dies kommt ihm nachträglich
(nicht etwa logisch verstanden, sondern im Begriff der Dauer

vorgestellt: wirklich ´später´) zu, Schöpfung geschieht
´draußen´, an einem Objekt.

Diese Kritik an den Kritikern führt zu dem Ergebnis:

Bei der Diskussion um Zeit und Ewigkeit erweist sich die Vorstellung eines ´Auseinander´von Gott und Welt nicht als die
radikalste Weise ihrer Unterscheidung. Demgegenüber unternimmt es Eckhart, Schöpfer und Geschöpf zu unterscheiden
durch den Gedanken des einen Handelns Gottes, welches das
´Auseinander´zusammenhält und zugleich konstituiert: "Deus
unica scilicet et eadem simplici operatione, et in aeterni-
tate et in tempore operatur, sic temporalia ipse intemporali-
ter sicut aeterna."[59] Gott ist das Zeitliche auf unzeitliche
Weise, die Welt nicht nach Weise der Welt. "Das Geschöpf erhält das überzeitliche Sein auf die Weise der Zeitlichkeit."[60]
Daraus ergibt sich die Einsicht: Die Unterscheidung von
Schöpfer und Geschöpf läßt sich nur aufgrund ihrer Einheit
wahren. Für das Verhältnis von Zeit und Ewigkeit bedeutet
das, "ut tempus et aeternitas sint quasi quaedam continua et
contigua sibimet mutuo, ut scilicet semper ab aeterno tempus
ab aevo fluxerit."[61]

4. causa essentialis

In seiner Analyse der Kausalitätsbeziehungen steht Eckhart
in der aristotelisch-thomanischen Tradition. Bei ihm treten
jedoch zugunsten der ´causa formalis´die anderen Kausalitäts-
verhältnisse stark in ihrer Bedeutung zurück. Für das Verhältnis Schöpfer - Geschöpf wird nun auch dieses Modell ausdrücklich außer Kraft gesetzt: "nihil quod est in creatura, est in
deo sicut in causa, et non est ibi formaliter."[62] Das Geschöpf ist ´virtuell´im Prinzip. Das virtuelle In-Sein nimmt
dem Verursachten seinen Namen und ist zugleich sein ´Ort´.[63]
Bereits Kausalitätsbeziehungen unter den Geschöpfen zeigen
die Differenz verschiedener Gattungen,[64] die ´vera causa´,
die ´causa essentialis´übertrifft die im Univoken mögliche
Differenz. "Omnia autem sunt in deo tamquam in causa prima
intellectualiter et in mente artificis. Igitur non habent

esse suum aliquod formale, nisi causaliter educantur et pro-
ducantur extra, ut sint."[65] Ursache und Wirkung stehen nicht
neben-, sondern ineinander: "Res enim in causa sua abscondi-
tur, non manifestatur, non lucet."[66] Die Wirkung aber ist
"manifestatio suae causae".[67] So wird die Differenz von Ursache und Wirkung betont, ohne die Beziehung zu mißachten.[68]

Das In-Sein von Ursache und Wirkung erweist sich für die
´causa essentialis´als eine die Differenz betonende Perspektive - insoweit jedenfalls, als die ´causa essentialis´als
´causa analoga´zu nehmen ist.[69] Eckhart folgt darin der
´causa essentialis´-Theorie Dietrichs von Freiberg,[70] jedoch ohne sie auf diesen Aspekt festzulegen.

Geleistet ist damit eine Kritik der aristotelischen Kausali-
tätstheorie, insofern ihre Gültigkeit eingeschränkt wurde mit
der Absicht, Universalität und Reichtum des ersten Prinzips
herauszustellen. Hat Eckhart im Anschluß an Augustin das In-
Sein des Geschöpfes betont, so kann er von einem ´extra´
sprechen, wenn er sich der aristotelisch-thomanischen Kategorien (genus, species etc.) bedient (die in Gott allerdings
keine Gültigkeit besitzen). Der Wechsel der Perspektive läßt
die Aussage unbeeinträchtigt: "principium nunquam est prin-
cipiatum".[71]

5. Die Analogie

Eckharts Analogielehre ist viel diskutiert worden, ohne daß
die Forschung den von Hof und Koch gesteckten Rahmen verlassen hätte, demzufolge die Analogielehre den Schlüssel zum
Werk Eckharts darstellt.[72] Seitdem galt es als ausgemacht,
daß Eckhart eine ´analogia attributionis´vertrete (was immer
auch kontrovers zur Berechtigung dieses Terminus gesagt wurde), was darunter zu verstehen sei und welchen Gebrauch Eckhart von ihr mache. Die Entdeckung der Ausführungen Dietrichs
von Freiberg zum Analogiebegriff erforderte einen erneuten
Blick auf die Quellen und stellte die drei ´Selbstverständ-
lichkeiten´der Forschung wieder zur Diskussion.[73] Erst Mojsisch hat die Bedeutung der Analogielehre Eckharts zutreffend
gewürdigt: "Einzig zum Zweck der Hervorhebung der Schwachheit

der Geschöpfe gegenüber der Erhabenheit Gottes, zum Zweck der
Markierung ihrer Nichtigkeit, sofern sie in sich selbst genommen werden, dient, wie Eckhart selbst bemerkt, die Analogielehre."[74)

a) Thomas von Aquin

Für Thomas von Aquin entscheidet sich an der Analogielehre
die Möglichkeit menschlichen Redens von Gott. Im Anschluß an
Aristoteles unterscheidet er grundsätzlich zwei Modelle:
"secundum unam proportionem ad diversa subiecta" (die sogenannte Proportionalitätsanalogie, eine Beziehung ähnlicher
Verhältnisse zwischen unähnlichen Dingen) und "secundum pro-
portiones diversas ad idem subiectum" (die sogenannte Attributionsanalogie, eine Beziehung unähnlicher Dinge mit unähnlichen Verhältnissen zu einem Gemeinsamen).[75) Letztere ist
zu differenzieren in zwei Typen: "multa habent proportionem
ad unum" und "unum habet proportionem ad alterum".[76) Hier
handelt es sich entweder um die Beziehung mehrerer Dinge zu
einem Gemeinsamen oder um eine einzige Beziehung zweier Dinge.

Wenn Analogie grundsätzlich nicht einfach ein Verhältnis
meint, sondern ein Verhältnis von Verhältnissen, ist hier
entweder die Definition von Analogie unzulässig verkürzt,
oder man hat zu interpretieren, es "dürfte im zweiten Fall
das unum sich zu sich selbst als jenem einen Gemeinsamen verhalten, zu dem sich auf andere Weise auch das Andere verhält."[77)
Das Mißverständnis von Analogie als einer Beziehung, als einem
gemeinsamen Dritten, das zwei Dinge zusammenhält, dürfte die
Ursache sein für das Mißverständnis von ´analogia entis´ als
einem Bindeglied zwischen Gott und Welt.[78)

Bei Thomas nun ist die Möglichkeit der Rede von Gott nur im
Rahmen des zweiten Typs der Attributionsanalogie gegeben. Nur
hier wird Gott als Ursprung des Seins gedacht, als ´causa´:
"Et sic, quidquid dicitur de Deo et creaturis, dicitur secundum quod est aliquis ordo creaturae ad Deum, ut ad principium et causam, in qua praeexistunt excellenter omnes rerum perfectiones."[79) Im abschließenden Beispiel kommen beide Typen in ihrer Unterscheidung zusammen: Wenn vom Lebewesen

'gesund'mit Bezug auf den Urin und die Medizin ausgesagt
wird, dann liegt in beiden Fällen eine 'proportio ad unum'
(Typ 1) vor, aber nur für die Medizin gilt die 'proportio':
'unum ad alterum'(Typ 2), jener ist Zeichen, nur diese Ursache der Gesundheit.[80]

Damit ist deutlich, daß bei Thomas die Analogielehre der Un-
terscheidung von Schöpfer und Geschöpf dient,[81] aufgrund derer dann die Möglichkeit menschlichen Redens von Gott gedacht
wird. Ferner wird das Kausalitätsmodell auf die (platonische)
Lehre von den 'perfectiones'hin überschritten: Als Ursache hat
Gott das Verursachte 'excellenter'in sich. Was Gott auf seine
Weise hat, gibt er seinen Geschöpfen, die es dann in ihrer
Weise des Verursachtseins haben, so daß man von ihnen her erkennen kann, was sein ursprüngliches Sein in Gott hat:[82]
Das Gute verhält sich zum geschaffenen Guten als 'forma exem-
plaris'.[83]

Nach der Interpretation Jüngels bezieht diese 'analogia at-
tributionis'faktisch die 'analogia proportionalitatis'ein,
insofern sich das Eine zum Gemeinsamen verhält, indem es dieses so hat, daß es mit ihm identisch ist, und auch das Verursachte sich auf das Gemeinsame bezieht, "indem es dieses Gemeinsame - wenn auch in abgeleiteter und deshalb weniger
vollkommener Weise - h a t ."[84] Allerdings handelt es sich
bei der 'analogia proportionalitatis'um ein Verhältnis ähnlicher Verhältnisse. Hier jedoch geht es einmal um ein Verhältnis der Identität, der Selbstbeziehung, andererseits um
ein Verhältnis der Differenz, des Verursachtseins. Von da her
dürfte eine Analogie wie a : a'= b : a'unzulässig sein, mithin auch die Überführung der Attributionsanalogie in die Proportionalitätsanalogie.[85]

Daneben kennt Thomas noch die Verwendung der Proportionalitätsanalogie für Gott und Geschöpf im Sinne einer bloß metaphorischen Redeweise: "Sic ergo omnia nomina quae metaphori-
ce de Deo dicuntur, per prius de creaturis dicuntur quam de
Deo: quia dicta de Deo, nihil aliud significant quam similitudines ad tales creaturas."[86] Im eigentlichen Sinn läßt
Thomas dieses Modell der Analogie nur in seinem Frühwerk gelten, ohne diese Proportionalität jedoch auszuführen: "quando-

que vero nomen quod de Deo et creatura dicitur nihil impor-
tat ex principali significato secundum quod non possit at-
tendi praedictus convenientiae modus inter creaturam et Deum,
sicut sunt omnia in quorum diffinitione non clauditur defec-
tus nec dependent a materia secundum esse, ut ens, bonum et
alia huiusmodi."[87] Im selben Werk löst er seinen Einwand
gegen die Attributionsanalogie ("Quamvis autem propter hoc quod
a Deo in infinitum distat non possit esse ipsius ad Deum proportio, secundum quod proportio proprie in quantitatibus invenitur, comprehendens duarum quantitatum ad invicem compara-
tarum certam mensuram, secundum tamen quod nomen proportionis
translatum est ad quamlibet habitudinem significandam unius
rei ad rem aliam ... nihil prohibet dicere aliquam proportionem hominis ad Deum, cum in aliqua habitudine ad ipsum se ha-
beat, utpote ab eo effectus et ei subiectus.")[88] und bereitet
so deren differenzierte Verwendung in den späteren Werken
vor.[89]

b) Dietrich von Freiberg

Dietrich beendet das Schwanken des Thomas durch Rückführung
der Proportionalitätsanalogie auf das Modell der Attributionsanalogie.[90] Im Rahmen seiner Untersuchung 'De subiecto theologiae'[91] unterzieht er den herkömmlichen Gebrauch der Kategorienlehre einer grundlegenden Kritik: Körperliches und Un-
körperliches gehören verschiedenen 'genera'an! Am Beispiel
der Physik heißt das: Himmlische und irdische Körper mit dem-
selben Terminus zu bezeichnen, ist eine Äquivokation, sie
sind prinzipiell verschieden. Von beiden als von 'Körpern'zu
sprechen ist lediglich möglich aufgrund einer gewissen Proportionalität: Wie die irdischen, so bestehen auch die Him-
melskörper aus (jeweils allerdings unterschiedlichen) Prinzipien. Die Proportionalität aber gilt bei Dietrich als Äquivokation: "Sic ergo habemus triplicem modum, secundum quorum
aliquem potest accipi unitas subiecti in aliqua scientia,
unitas videlicet univocationis, proportionis, proportionalitatis."[92] Analogie ist Attributionsanalogie.

Für die Bestimmung des Subjekts der Theologie, ihrer Einheit
also, heißt das, obwohl hier Proportionalitäten aufgewiesen

werden können, "nihilominus tamen necessarium est huiusmodi
proportionalitates reducere ad unitatem proportionis, quae
attenditur in attributione ad aliquod unum: Hoc enim commune est omni proportionalitati et universaliter omni multitu-
dini, in qua attenditur aliqua convenientia, quod oportet
ipsam reduci ad aliquam unitatem, quae est radix et ratio talis convenientiae".[93] Aller Proportionalitäts´analogie´
liegt also die Attributionsanalogie zugrunde, eine bezügliche Vielfalt muß auf ihre Einheit als ihr Ursprung zurückgeführt werden. Dietrich bekräftigt seine Ansicht unter Berufung auf Proklos: Die Einheit ist ´vor´der Vielheit, die
Vielheit ist durch die Einheit ("unitas quidem enim habens
rationem principii producit convenientem sibi multitudinem"),[94]
darum ist die Vielheit in die Einheit zurückzuführen.

Wie bei Thomas bedeutet Attributionsanalogie, daß eine Bestimmung "primo et simpliciter et essentialiter convenit primo omnium principio, reliquis autem per attributionem ad
ipsum".[95] Mit Averroes[96] unterscheidet er drei ´modi´der
Attribution: ´tamquam efficienti - tamquam ad finem (hier
verwendet er das Beispiel vom Urin als Z e i c h e n und
das von der Übung als U r s a c h e der Gesundheit: Thomas
hatte hier zwei Typen unterschieden) - tamquam subiecto for-
mali´(wie das Akzidens der Substanz). Die drei ´modi´der
Attribution entsprechen also den drei Hauptformen der Kausalität. Dem Subjekt kommt formell, einfach und wesenhaft die
´ratio entis´zu, darum heißen die von ihm Bestimmten Seiende,
bestimmt nach diesen Formen der Kausalität.

Damit überwindet Dietrich die thomanische Festlegung der Abhängigkeit des Analogats auf den Modus der Effizienzkausali-
tät, die generell bei Thomas vorherrscht bei der Beschreibung
des Verhältnisses von Gott und Welt aufgrund seines Interes-
ses an der relativen Selbständigkeit des Seienden, und gewinnt so die Weite der Kausalitätsbeziehungen zurück. Für
Thomas gefährdete die ´proportio ad unum´(Typ 1) die prinzi-
piierende Funktion Gottes.[97] Darum war die Absicherung durch
Einschränkung der eigentlich metaphysischen Analogie auf die
´proportio unum ad alterum´ (Typ 2) erforderlich. Dietrich
löst diese Schwierigkeit durch seinen Ansatz beim ´unum´als
´principium´, das allen ´modi´der Attribution vorausgeht.

c) Meister Eckhart

Bei der Analyse des Analogiebegriffs Eckharts ist mit auf den
Gebrauch zu achten, den Eckhart von der Analogie macht.[98]
Ausgehend von der bei unserem Reden zu beachtenden Unterscheidung zwischen Dingen und Kategorien, zwischen dem Sein der
Dinge und des Denkens führt Eckhart den Begriff der Analogie
ein. Sein Ansatz ist also sprachtheoretisch und reflektiert
die im Reden notwendig zu beachtende Unterscheidung von Sein
und Denken. Dann wendet er sich der Analyse der Kategorien
selbst zu: Als oberste ´genera´der Dinge sind sie untereinander univok, wenn man sie als ´genera´betrachtet - als ein
Seiendes ist aber nur die Substanz zu nennen, die anderen
sind nur Seiende a n a l o g zum einen Seienden, sie sind
´außerhalb´und empfangen ihr Sein von und in der Substanz als
ihrem Träger.[99]

Der Analogiebegriff dient hier innerhalb der Kategorienana-
lyse zur Unterscheidung von Substanz und Akzidens. Das Beispiel (des Thomas) leitet über zu einer allgemeineren Anwendung: Die Gesundheit ist formell im Lebewesen, im Urin nur
mit Bezug auf diese Gesundheit, d. h. als Zeichen (wie der
Wein im ´Kranz´Zeichen ist für den Wein im Wirtshaus)[100].
Das ist die thomanische Attributionsanalogie des Typs 1.

Dasselbe Beispiel verwendet Eckhart an anderer Stelle, dem
´locus classicus´seiner Analogielehre:[101] Dieselbe Gesundheit ist im Lebewesen, in der Speise (bei Thomas Typ 2!) und
im Urin, d. h. ´ut sanitas´ist hier nichts von ihr: Nur als
Zeichen der Gesundheit kann der Urin gesund genannt werden.
Auf den Begriff gebracht: "aequivoca dividuntur per diversas
res significatas, univoca vero per diversas rei differentias,
analoga ... per modos unius eiusdemque rei simpliciter."[102]

Zwar läßt sich hier der thomanische Begriff der Attributionsanalogie erkennen, unerklärt bliebe jedoch das Fehlen der für
Thomas so wichtigen Unterscheidung von zwei Typen ´multa habent proportionem ad unum´und ´unum habet proportionem ad al-
terum´ und unverständlich der Plural ´modi´.[103] Beides wird
deutlich vor dem Hintergrund von Dietrichs Analogiemodell.
Das Verhältnis von ´analogans´und ´analogata´ist offen für

verschiedene ´modi´- des Verursachtseins, des Zeichens, der
Akzidentalität. Es umfaßt die Typen 1 und 2 des thomanischen
Modells, ohne sie zu differenzieren. (Ein ´argumentum e si-
lentio´für den dietrichschen Hintergrund bei Eckhart:)
Nach Dietrichs Analyse ist bei Eckhart eine eigene Auseinandersetzung mit der Proportionalität nicht mehr erforderlich.

Angewendet wird das Analogiemodell hier auf die Beziehung
von Schöpfer und Geschöpf: Es sind die ´perfectiones gene-
rales´(esse, unum, verum etc.), die analog ausgesagt werden.[104]
Das S e i n des Geschöpfes ist das Sein G o t t e s in
Gott, es gibt kein Sein des G e s c h ö p f e s . ´Geschaf-
fensein´meint, daß das Sein ausgesagt wird vom Geschöpf.[105]
Der sprachtheoretische Ansatz führt zur Ontologie.

Eckharts Analogiebegriff muß noch näher bestimmt werden:
Welches sind die ´modi´der Beziehung?

Wie Thomas spricht Eckhart von ´causa - effectus´, von ´prius
- posterius´. Vom Analogat her gesprochen ist es ´signum´.
Für die Beziehung als ganze gilt: "id ipsum utrobique".[106]
Wie Dietrich kennt er die Beziehung im Modus ´ad finem´.[107]
Auch der Begriff der ´forma´kennzeichnet die Analogie: "quod
est in uno analogatorum, formaliter non est in alio".[108] Dabei kann die ´forma´als ´causa´oder als geschöpfliche in Be-
tracht kommen,[109] die Beziehung bleibt unverändert die von
´primum´und ´secundum analogatum´. Es ist deutlich, daß Eckhart in der Unterscheidung der ´modi´Dietrich folgt.[110]
Zwar ist das Analogat dasselbe wie das Analogans, aber immer
abkünftig und insofern seinem Modus nach defizient. Es wird
beschrieben als ´inferius, minus, imperfectius, inaequale,
descendens a producente, sub principio´etc.. Analogie als
Unterscheidung der ´modi´akzentuiert also eine ontische Differenz, keine bloß logische Unterscheidung als ´modi signifi-
candi´. M. a. W.: "Diese Weisen sind aus Rücksicht des primum analogatum dieses selbst, so daß keine dieser Weisen in
dem durch das secundum analogatum Bestimmten ist. In diesem
Bestimmten finden sich die Weisen des primum analogatum nur
insofern, als das secundum analogatum Verweisungscharakter
auf das primum analogatum besitzt, dies aus Rücksicht des

Bestimmten."[111] Angewandt zur Bezeichnung des Verhältnisses
von Schöpfer und Geschöpf dient das Modell der Analogie nicht
nur zu ihrer klaren Unterscheidung im Sinne einer Nichtiden-
tität, es gibt auch ihre Beziehung an und ihre nichtgegen-
ständliche Einheit.[112] Aus der Sicht des Analogans gesprochen: "Die Weisen des Seins sind nicht außerhalb des Seins,
sondern sind das sich mit sich selbst vermittelnde Sein
selbst."[113] Hatte Dietrich die Analogie eingeführt zur Bestimmung philosophischer Theologie (als Untersuchung der
´attributio entium ad primum principium´) im Unterschied zur
Offenbarungstheologie (als Untersuchung der Seienden ´sub
ordine voluntariae providentiae´),[114] folgt Eckhart ihm bei
Übernahme seines Analogiemodells nicht in dessen Anwendung.

Eckhart war sich bewußt, wie umstritten sein Analogiebegriff,
genauer: seine Verwendung des Analogiemodells war,[115] läuft
sie doch hinaus auf eine Interpretation des Teilhabegedankens
im Sinne einer nachdrücklichen Differenzierung.[116] Mit dem
Problem ´Analogie´ist jedoch nur ein Modell des Verhältnisses
von Gott und Welt genannt, das die bisher genannten ergänzt.
Der Versuch, die verschiedenen Ansätze aufeinander zurückzuführen, würde die Bandbreite im Werk Eckharts unterschlagen,
der in immer neuen Anläufen auf dieses Thema zugeht.

6. indistinctione distinctus

Die Unterscheidung Gottes vom Geschöpf ist nicht von der Art
der Unterscheidung zweier Seiender. Das ist bei den bisher
aufgezeigten Abhängigkeitsmodellen deutlich geworden. Seine
schärfste Zuspitzung erhält das Problem in der Fassung ´in-
distinctione distinctus´. War bei der Untersuchung der Differenz auch Einheit (als ihr Grund) sichtbar geworden, wird nunmehr die Differenz gerade als die Identität, genauer als
Nicht-Differenz, als Negation der Negation interpretiert.[117]

Noch in engem Anschluß an das Analogiemodell steht das Begriffspaar ´similitudo - dissimilitudo´: "creatura est deo
similis, quia id ipsum est in deo et creatura, dissimilis
tamen, quia sub alia ratione est hinc et inde."[118]

Hier setzt Eckhart an und erläutert die Unähnlichkeit:[119]
"quid tam dissimile quam indistinctum et distinctum?"[120]
Der konträre Gegensatz zwischen Unterschiedenem wird übertroffen vom kontradiktorischen Gegensatz zwischen Unterschiedenem und Ununterschiedenem. Es ist die Unähnlichkeit
von 'infinitum' und 'finitum', von dem, was kein gemeinsames
Genus hat. Ähnlichkeit hingegen besteht im Sein, welches
Sein des Anderen vom Anderen im Anderen ist. Soweit ist der
Gedanke bekannt.[121] Mit seiner Zusammenfassung beider Ge-
sichtspunkte geht Eckhart einen Schritt weiter: "Quid enim
tam dissimile et simile alteri quam id, cuius dissimiltudo
est ipsa similitudo, cuius indistinctio est ipsa distinctio?"[122] Die bisher nebeneinander bestehenden Aspekte werden zu einer Einheit vermittelt: Der Unterschied i s t das
Ununterschiedene, die Unähnlichkeit die Ähnlichkeit - die
chiastische Struktur des Satzes erlaubt auch die Umkehrung:
Die Ähnlichkeit ist die Unähnlichkeit, das Ununterschiedene
der Unterschied. Die logische Kontradiktion wird so vermittelt, daß sich ihre Glieder gegenseitig interpretieren. Was
für die Bezeichnung geschöpflicher Wirklichkeit einen Gegensatz darstellt, muß als Aussage über Gott von seiner ursprünglichen Einheit her gedacht werden, da Gott nicht auf eine
Seite eines innerweltlichen Gegensatzes festgelegt werden
kann. "Gott gegenüber ist ein Anderes nicht denkbar, d. h.
er 'hat' sich gegenüber kein Anderes, weil alles Andere als
er selbst in ihm ist."[123]

Problemgeschichtlich betrachtet handelt es sich hier um einen Schritt zur Vorbereitung des Cusanischen Gottesbegriffs
als des 'non-aliud': "Deus autem sua indistinctione, sua in-
finitate distinguitur ab omni creato, distincto, finito. quia
indistinctione distinguitur, dissimilitudine similatur, quanto dissimilius, tanto similius."[124] Gleichzeitig geschieht
hier eine kritische Aneignung der Tradition der 'theologia
negativa' (als bei aller Ähnlichkeit immer noch größere Unähnlichkeit), kritisch im Sinne einer Überwindung: Nicht nur
die Rede von der Ähnlichkeit muß durchkreuzt werden, dasselbe
gilt von der Behauptung der Unähnlichkeit: 'quanto dissimilius, tanto similius'. Zunächst aber stehen beide Aspekte
(der der Unähnlichkeit in der Ähnlichkeit und der der Ähnlichkeit in der Unähnlichkeit) nebeneinander, ihr gleichzeitiges

Gelte₦ wird behauptet. Eckhart vermittelt sie nicht miteinander, der Formel ´indistinctione distinctus´(der Identität
als Differenz) steht die andere von der ´dissimilitudine si-
milis´(der Unähnlichkeit als Ähnlichkeit) zur Seite.[125] Beide zusammen sprechen den Unterschied von Gott und Welt aus,
der somit für Eckhart nicht einfach eine ´dialektische Ein-
heit´ist, sondern eine Differenz bei noch größerer Ähnlichkeit, eine Ähnlichkeit bei noch größerer Differenz. Es ist
also zutreffend,auch die ´dialektische´Formulierung als ein
Modell der Unterscheidung von Schöpfer und Geschöpf auszulegen.

Allerdings ist der Charakter der Unterscheidung entscheidend.
An ihr hängt Gottes Gottheit: "Qui ergo accipit deum et quidquam aliud tamquam duo, accipit deum quasi distinctum et di-
visum ab aliquo et ab aliis, cuius natura et bonitas est indistinctio et esse in omnibus et cum omnibus."[126] Gottes Ununterschiedenheit wird hier parallelisiert mit dem ´esse
in ...´, jenem Modell der Einheit, das als Voraussetzung der
bisher untersuchten Unterscheidung zugrunde liegt; genauer:
Was die Unterscheidung Gottes von der Welt ausmacht, ist sein
Sein in der Welt, seine Ferne besteht in der Nähe, die Differenz in der Identität.[127] An dieser Unterscheidung hängt
auch das Sein des Geschöpfes: "Omne autem ens creatum accep-
tum vel conceptum seorsum per se distinctum a deo non est
ens, sed est nihil."[128] Für sich betrachtet ist das Geschöpf
nichts, erst in seiner Ungeschiedenheit von Gott ist es als
vom Schöpfer unterschiedenes Geschöpf.

Die logisch paradoxale Form dieses Satzes bleibt nicht un-
aufgelöst stehen: "sicut ipse est indistinctus in sui natura
et tamen distinctissimus ab omnibus, sic in ipso sunt omnia
distinctissime simul et indistincta."[129] Gott ist ´indistinc-
tione distinctus´, d. h. er ist in sich ununterschieden und
von allem anderen unterschieden. Was in ihm ist, ist ebenso
ununterschieden und von allem anderen unterschieden. Die
´dialektisch´anmutende Formulierung wird zurückgeführt auf
den traditionellen Begriff der Einheit und Einfachheit Gottes.[130] Unterscheidung ist Negation, ´indistinctio´ist ´ne-
gatio negationis´, "li unum est negatio negationis".[131] In
Gott ist also Negation nur als ihre Negation, positiv ausge-

46

drückt: "de quo nihil negari potest, eo quod omne esse simul
praehabebat et includat."[132] Damit ist das Eine die Negation alles anderen u n d dessen Setzung[133], so daß anderes
möglich ist.[134] So korrigiert Eckhart die Unbezüglichkeit des
Einen, die Negation der Negation des proklischen Parmenides-
kommentars: "negatio vero negationis purissima et plenissima
est affirmatio".[135]

In Gott ist alles eins - das unterscheidet ihn von allem
Nicht-Einen:[136] "Deus autem et creatura opponuntur, ut unum
et innumerum opponuntur numero et numerato et numerabili."[137]
Ausdrücklich stellt Eckhart hier die Formel ´indistinctione
distinctus´in den Kontext der Argumente für die Differenz.
Folgen dann die Argumente für die Identität, muß die Formel
umgekehrt werden: ´distinctione indistinctus´. Gott und Geschöpf sind ununterschieden, d. h. aber: eins.[138] Die hier
jedoch ins Auge gefaßte ´Einheit´ist die der Analogie, des
Wirkens, des Zusammengesetzten. Es ist die Einheit von Grund
und Begründetem im Grund, insofern das Viele als begründete
Einheit ´im´Einen ist.

Es bleibt bei dem Ergebnis: Beide Formeln, beide Aspekte
bleiben nebeneinander stehen: ´nihil tam distinctum - nihil
tam indistinctum´. Von ´indistinctione distinctus´zu sprechen
bezeichnet einen Aspekt, keine übergreifende ´dialektische´
Einheit.[139] ´Distinctione indistinctus´andererseits bezeichnet zwar die Einheit als Ununterschiedenheit, aber es bleibt
die Einheit von Schöpfer und Geschöpf: "Quare deus et creatura quodlibet indistincta."[140]

Wenn nun ein Aspekt des Verhältnisses Schöpfer - Geschöpf
ihre Einheit ist, ist im folgenden Kapitel zu untersuchen,
wie Eckhart Identität denkt, welche Modelle von Einheit er
kennt. Wenn es heißt: "Anima amat indistingui, id est unum
esse et fieri cum deo",[141] dann ist damit die schon bisher
sichtbar gewordene Einheit von Schöpfer und Geschöpf über-
boten.

II. Die Einheit von Gott und Mensch

1. Einswerden und -sein

Bei aller Unterscheidung von Schöpfer und Geschöpf lehrt Eckhart die Einheit von Gott und Mensch. Ununterschieden zu sein
heißt Einssein und Einswerden mit Gott.[142] Genauer: Die Einheit von Gott und Mensch ist in Gott, ist Gott. Der Mensch
ist nicht schlechthin eins mit Gott, er w i r d eins mit
Gott.[143] Das Einswerden ist dabei Gottes Tun. Dies ist
d a s Thema der deutschen Predigten.[144]

"Waz in daz ander verwandelt wirt, daz wirt ein mit im. Alsô
wirde ich gewandelt in in, daz er würket mich sîn wesen ein
unglîch; bî dem lebenden got sô ist daz wâr, daz kein underscheit enist."[145] Die Betonung 'unglîch' ist nicht als Abschwächung, sondern als Verstärkung zu verstehen: Das Sein
ist nicht gleich (geschweige denn ungleich) - es ist ein und
dasselbe. Eckhart beruft sich hier auf 2 Kor 3,18 ("in eandem
imaginem transformamur", Vulgata) und die Verwandlung der
vielen Brote in den einen Leib Christi als ein 'glîchnisse'.[146]

Die Einheit des Seins impliziert die der 'quidditas': "Gotes
wesen ist mîn leben. Ist mîn leben gotes wesen, sô muoz daz
gotes sîn mîn sîn und gotes isticheit mîn isticheit, noch
minner noch mêr."[147] Wie Gott so ist die Seele unausssprech-
bar; sie sind so eins, "daz got kein eigenschaft haben enmac,
daz noch iht noch niht von gote gesprochen enmac sîn, daz underscheit oder anderheit wîsen müge."[148] Dahinter steht der
Gedanke der Einfachheit Gottes, in die der Mensch einbezogen
wird. Nicht der Mensch begreift Gott, sondern: "Der unmezlî-
che got, der in der sêle ist, der begrîfet den got, der un-
mezlich ist. Dâ begrîfet got got und würket got sich selben
in der sêle und bildet sie nâch im."[149] Gotteserkenntnis ist
Selbsterkenntnis Gottes in der Seele. Gottes Liebe ist Selbst-
liebe, die den Menschen in sich einbezieht, "ûf daz er uns in
im und sich in uns mit im selber müge minnen."[150]

Die Einheit von Gott und Mensch, hier: der Gedanke des Eins-
werdens mit Gott als Gottes Tat, ist Eckharts Antwort auf das

durch die radikale Unterscheidung von Schöpfer und Geschöpf
entstandene Problem, wie Gott gedacht werden kann, so daß er
Gott bleibt, wenn er vom Menschen gedacht wird, zugleich aber
wirklich Gott gedacht wird. "Simile simili cognoscitur",[151]
wird Eckhart zu versichern nicht müde.

Dagegen wird der Vorwurf erhoben, diese Einheit mache aber
das Geschöpf zum Schöpfer, lehre Eckhart doch die Einheit
des Seins und Wesens Gottes und des Menschen.[152] Der Avignonenser Gutachter nimmt dazu folgende Klarstellungen Eckharts zur Kenntnis: Bei der Berufung auf das Altarssakrament
sei der Vergleichspunkt die Einheit bei vielfacher Wandlung;[153] die Einheit des Seins sei ferner wenn nicht vom Ge-
benden, so doch vom Empfangenden her zu unterscheiden. Er
läßt sie jedoch als unzulässige Abschwächungen nicht gelten:
Falsch sei Eckharts Schluß vom einen Sohn Gottes auf unser
Einssein mit ihm ohne jeden Unterschied.[154]

In seiner Rechtfertigungsschrift verteidigt Eckhart diesen
Gedanken: Wer Gott erkennt, "in ipso est dei similitudo et
per consequens deus ipse in sua similitudine."[155] Die Auslegung ist jedoch differenziert: "Homo enim sanctus sive bonus quicunque non fit ipse Christus, nec primogenitus, nec
per ipsum salvantur alii, nec est ymago dei, filius dei uni-
genitus, sed est ad ymaginem dei, membrum ipsius qui vere et
perfecte filius est primogenitus et heres, nos autem coheredes,
ut dictum est, et hoc sibi vult similitudo que inducitur."[156]
Wenn Eckhart also von Ähnlichkeit spricht, dann meint er
´Gott im Menschen´. Diese Einheit ist dreifach differenziert:
Vom Menschen her ist sie eine des Abbildes, sie ist im Unterschied zu Jesus Christus als der ´imago Dei´´ad imaginem
Dei´,[157] sie gilt nur einem Aspekt des Bildseins: "als man
sprichet, daz der mensche mit gote ein sî und nâch der einicheit got sî, sô nimet man in nâch dem teile des bildes,
an dem er gote glîch ist, und niht nâch dem, und er geschaffen ist."[158]

Eckharts Lehre von der Einheit von Gott und Mensch leugnet
nicht die Kreatürlichkeit des Menschen, sondern entfernt alles Kreatürliche von Gott: "Wan dâ man in got nemende ist, dâ
ennimet man in niht nâch der crêatiurlicheit; wan als man in

got nimet, sô enlougent man der crêatiurlicheit niht, daz
diu lougerunge ze nemenne sî nâch dem, daz diu crêatiurlicheit ze nihte werde, sunder si ist ze nemenne nâch der
verjehunge gotes in dem, daz man sie gote nemende ist. Wan
Kristus, der got und mensche ist, als man den nimet nâch der
menschheit, sô verlougent man sîn nâch der gotheit in dem
nemenne, niht daz man im der gotheit verlougent, sunder man
verlougent im ir nâch dem nemenne."[159] Eckhart beansprucht
hier mit Nachdruck, daß Schöpfer und Geschöpf nicht nur
nicht vermischt werden, sondern will gerade durch die Aussage vom Menschen als Gott Gottes Göttlichkeit herausstellen:
'Der Mensch als Gott'meint einen Aspekt, eine Hinsicht. Sie
schließt die andere: 'der Mensch als Kreatur'nicht aus, sondern bezieht den Aspekt der Kreatürlichkeit im Sinne einer
Verneinung auf Gott.

Diese These von der Göttlichkeit des Menschen als Kehrseite
und Interpretament der Göttlichkeit Gottes, von der Kreatürlichkeit als Aspekt des Menschen ist nicht zu verstehen als
ein Versuch, die Einheit von Gott und Mensch zu beweisen (als
sei der Schluß erlaubt von der Verneinung der Kreatürlichkeit
Gottes auf die Göttlichkeit des Menschen), diese These setzt
die Einheit vielmehr voraus und will sie interpretieren: Wenn
Gott und Mensch eins sind, dann ist es eine Bestätigung der
Gottheit Gottes, vom Menschen als Gott zu sprechen, dann ist
Kreatürlichkeit von Gott verneint, wenn auch der Mensch als
Gott genommen wird.

Zu verstehen ist diese These dann als ein Stück negativer
Theologie, als ein Versuch, den Begriff Gottes von allem
Kreatürlichen zu unterscheiden, um zu einer angemessenen Rede von Gott zu gelangen. Der Mensch aber ist nicht auf seine
Kreatürlichkeit festgelegt. Das wird deutlicher angesichts
des Beispiels von der hypostatischen Union in Christus: Nimmt
man ihn als Menschen, so ist damit nur eine Hinsicht ausgesprochen, die von seiner Gottheit absieht, ohne sie ihm abzusprechen. Ebenso ist der Mensch Gott und Geschöpf: Der Vergleichspunkt ist hier die Einheit, die verschiedene Hinsichten zuläßt.

2. unum in anima

Die Einheit von Gott und Mensch findet ihren für Eckhart spe-
zifischen Ausdruck in der Lehre vom Ungeschaffenen in der
Seele, genauer: vom ´unum in anima´. Eckhart arbeitet hier
mit einer Fülle von metaphorischen Begriffen. Er nennt es
´scintilla animae´(Seelenfünklein), ´abditum mentis´ (See-
lengrund), Licht, Bürglein, Hut, usw.. Gemeint ist immer das
Einssein im Einen, in Gott. Von diesem Ziel her ist auch die
Lehre vom ´unum in anima´als Aussage über Gott zu erkennen.
Sie wurde und wird viel beachtet und ist ein Schwerpunkt in
Eckharts deutschen Predigten.[160]

Am ´locus classicus´heißt es: "Ein kraft ist in der sêle, von
der ich mêr gesprochen hân, - und waere diu sêle alliu alsô,
sô waere si ungeschaffen und ungeschepflich. Nû enist des
niht. An dem andern teile, sô hât sie ein zuosehen und ein
zuohangen ze der zît, und dâ rüeret si geschaffenheit und
ist geschaffen - vernünfticheit: dirre kraft enist niht verre
noch ûzer."[161] "Disiu kraft nimet got blôz zemâle in sînem
istigen wesene; si ist ein in der einicheit, niht glîch mit
der glîcheit."[162] Ungeschaffen ist also nicht die Seele,
sondern ein ´Teil´, eine ´Kraft´in ihr, diese Kraft ist mit
Gott wesenseins: ´vernünfticheit´, ´intellectus´, Denken.

Gegen all diese Namen erhebt sich schon in den Predigten
auch Selbstkritik. Nun heißt es, dieses ´Etwas´sei weder
dies noch das: "Ez ist von allen namen vrî und von allen
formen blôz, ledic und vrî zemale, als got ledic und vrî
ist in im selber. Ez ist sô gar ein und einvaltic, als got
ein und einvaltic ist, daz man mit dekeiner wîse dar zuo
geluogen mac."[163] Alle Benennungen müssen also zurückgenommen werden: Über allen ´Kräften´, über aller ´Weise´,
über allem ´hoc´ist es ´einig Ein´und darum mit Gott zu
identifizieren, mit Gott in seinem Einssein gegenüber den
göttlichen Personen: "Sol got iemer dar în geluogen, ez
muoz in kosten alle sîne götlîche namen und sîne persônlîche
eigenschaft; daz muoz er alzemâle hie vor lâzen, sol er
iemer mê dar în geluogen. Sunder als er ist einvaltic ein,
âne alle wîse und eigenschaft: dâ enist er vater noch sun
noch heiliger geist in disem sinne und ist doch ein waz,

daz enist noch diz noch daz."[164] Der Versuch, das 'unum in
anima'zu denken, bleibt nicht beschränkt auf den erkenntnis-
kritischen Weg der 'theologia negativa', er richtet sich kritisch gegen den trinitarischen Gottesbegriff: Die Einheit von
Gott und Seele ist die des 'einic ein',[165] des 'einvaltic
ein', nicht die trinitarische. Hat damit die Einheitsmetaphysik die Trinitätslehre zerstört - oder begründet? Endet dieser Weg im 'Nichts', im Verstummen, 'mystisch'- oder hebt
Eckhart hier lediglich eine Hinsicht hervor? Es ist die Frage,
ob das 'unum'bei Eckhart mehr Ziel oder Prinzip ist (oder
beides?).[166] Zur späteren Entscheidung dieser Frage ist hier
die Beobachtung der - formal gesehen - tautologischen Redeweise festzuhalten, spricht Eckhart hier doch vom 'einic
ein'.[167]

Wie Gott ist die Seele in ihrem Grund unaussprechlich, ohne
Namen. Ihren Namen 'Seele'hat sie von ihrem Tun, als 'Seele'
ist sie im 'Kerker des Leibes',[168] d. h. sie befaßt sich mit
Sinneserkenntnis, mit dem Kreatürlichen. In ihrer reinen Natur ist sie Intellekt, wohl zu unterscheiden von der 'anima
intellectiva', die die Seele als einzelne, als 'Ausstattung'
des einzelnen Menschen meint.[169]

Die Seele wird mit Gott eins und nicht vereint,[170] d. h. es
ist keine additive Einheit wie bei Dingen, bei der jedes doch
seine Selbständigkeit auch in der Zusammenstellung behält. Es
ist auch keine Einheit der Gemeinschaft, bei der zwei Indivi-
dualitäten zusammenkommen. Gott ist vielmehr so eins mit der
Seele, daß er ihr nichts von sich vorenthalten kann, ohne
selbst aufzuhören, Gott zu sein. Unter Berufung auf Joh 17,20
heißt es: "also gar wirt die sele ain istikait, die got ist,
vnd nit minder; vnd das ist als war, als got got ist."[171] In
dieser Einheit verliert der Mensch alles Individuelle - zu
seinem Wohl: "wan wissent, das da in der ainichait ist weder
chünrat noch heinrich. ich wil üch sagen, wie ich der läute
gedenck: ich fleiß mich des, das ich mein selbs vnd aller
menschen vergesse, vnd füge mich für sy in ainichait."[172]

In der zeitgenössischen Auseinandersetzung wurde die Spitze
dieses Gedankens verfehlt und Eckhart festgelegt auf die Vorstellung eines unerschaffenen 'Etwas'an der Seele.[173] In

diesem Sinne konnte er zu Recht leugnen, so gepredigt zu haben,
obwohl der Wortlaut zum Mißverständnis Anlaß gibt:[174] Auch
die höchsten K r ä f t e der Seele sind nicht Gott und sind
in ihr und mit ihr geschaffen, desgleichen jeder T e i l .[175]
Doch inmitten dieser Bestreitung der Anklagen vertritt Eckhart
nachdrücklich seinen Standpunkt von der Intellektualität der
Seele, in welcher Hinsicht sie nicht mehr ´Seele´, sondern un-
erschaffen ist: "Falsum est quod aliqua petia vel pars animae
sit increabilis. Sed verum est quod anima sit intellectiva ad
ymaginem dei et g e n u s d e i , A c t . 17°, quod si ipsa
esset purus intellectus, qualis est deus solus, esset increata, nec esset anima."[176]

Eckharts Lehre vom ´unum in anima´steht in der Tradition des
augustinischen ´abditum mentis´-Gedankens.[177] Im Zusammenhang
seiner mens-Theorie bezeichnet Augustin so die prinzipiieren-
de Funktion des Geistes und seinen Charakter als ´imago´sei-
nes Prinzips.[178] Im Verlauf der Wirkungsgeschichte dieses Gedankens bis zu Eckhart identifiziert Dietrich das ´abditum
mentis´mit dem ´intellectus agens´des Aristoteles.[179]

Eckharts Lehre von der Einheit von Gott und Seele im Einen ist
vor dem Hintergrund dieser Tradition zu interpretieren als
Einheitslehre, bei der der Begriff der Einheit nicht am Ding
orientiert ist, vom Intellekt nicht durch Abstraktion gewonnen wird - sondern das Eine ist Prinzip, das sich als anderes
konstituiert, sich so als Einheit differenziert und die Welt
der Dinge konstituiert: Das ´unum´ist ´in anima´und ´unum
animae´, die ´anima´eine und nicht-eine, die Dinge sind in
ihrer Vielheit genommen nichts. Gedacht wird diese Vielfalt
der Aspekte im Begriff des Intellekts.[180] Wo sie lediglich
nebeneinander stehen, erregen sie Anstoß und bleiben unverständlich wie die Rede vom Seelenfünklein.[181]

3. ´abegescheidenheit´

Eckharts Rede von ´abegescheidenheit´bezieht das Thema der
Einheit auf das Geschaffene und reflektiert diese Beziehung.
Die ontologische Bestimmung ist zugleich Ethos.

Eckhart widmet einen ganzen Traktat der Untersuchung dieses

Begriffs.[182] 'Abgeschiedenheit'ist die Antwort auf die Frage, was eigentlich die Einheit von Gott und Mensch ausmacht unter Absehung von allen Kreaturen: Es ist das Sich-Lösen von allen Kreaturen.[183] Die Eigentümlichkeit dieses Begriffs ist es also, eine Beziehung zu verneinen, die er selbst noch ausspricht. In der Verneinung setzt er die Beziehung, d. h. 'Abgeschiedenheit'ist ein Begriff der 'theologia negativa'.

"Nû ist gotes natiurlîchiu eigen stat einicheit und lûterkeit, daz kumet von abegescheidenheit. Dâ von muoz got von nôt sich selber geben einem abegescheidenen herzen."[184] Wer 'abgeschieden'ist, nimmt den 'Ort'Gottes ein: das Eine. Ihm, der für Gott empfänglich ist, gibt sich Gott.[185] Abgeschiedenheit 'zwingt' Gott zum Menschen, sie ist allein für Gott empfänglich: "Nû ist abegescheidenheit dem nihte alsô nâhe, daz kein dinc sô kleinvüege enist, daz ez sich enthalten müge in abegescheidenheit dan got aleine."[186] Für Abgeschiedenheit gilt also wie für Gott die Bestimmung: 'nichts von allem'zu sein.[187] "Nû rüeret abegescheidenheit alsô nâhe dem nihte, daz zwischen volkomener abegescheidenheit und dem nihte kein dinc gesîn enmac."[188] Abgeschiedenheit meint Gottes Eins- und Insichsein ohne Rücksicht auf Inkarnation und Kreation.[189]

Unter Berufung auf Avicennas Theorie vom 'intellectus separatus'denkt Eckhart dessen Einheit mit dem Sein Gottes: "...swenne der vrîe geist stât in rehter abegescheidenheit, sô twinget er got ze sînem wesene; und möhte er gestân formelôsiclich und âne alle zuovelle, sô næme er gotes eigenschaft an sich. Daz enmac aber got niemanne geben dan im selber; dâ von enmac got niht mêr getuon dem abegescheidenen geiste, wan daz er sich selben im gibet."[190]

Abgeschiedenheit macht das Gottsein Gottes aus: "Wan daz got ist got, daz hât er von sîner unbewegelîchen abegescheidenheit, und von der abegescheidenheit hât er sîne lûterkeit und sîne einvalticheit und sîne unwandelbarkeit."[191]

Wenn auch Gebete und gute Werke Gott in seiner Abgeschiedenheit nicht bewegen, so sind sie ihm doch wie alles in seinem ewigen Jetzt gegenwärtig und nicht verloren.[192]

Anthropologisch gewendet meint 'Abgeschiedenheit' den 'inneren
Menschen', des Menschen Innerlichkeit (im Unterschied zum
'äußeren Menschen', seiner Sinnlichkeit), wie Eckhart in pla-
tonischer Tradition unter Berufung auf diese Tradition
sagt:[193] In seiner Abgeschiedenheit bleibt der innere
Mensch bei allem Leiden des äußeren Menschen unberührt.[194]
Sein Gebet ist nichts anderes, als einförmig zu sein mit
Gott.[195] Abgeschiedenheit hat es nicht mit dem 'dies oder
das' zu tun, sondern mit dem Nichts. "Und sô diu abegescheidenheit kumet ûf daz hoehste, sô wirt si von bekenne kennelôs
und von minne minnelôs und von liehte vinster."[196] Damit
wird 'Abgeschiedenheit' vollends zum Begriff Gottes: "... diu
oberste abegescheidenheit, daz ist got selber."[197] .

'Abgeschiedenheit' hat bei Eckhart eine dreifache Funktion:
Der Begriff bezeichnet Gott in seiner Einheit, dem reinen
Nichts aller Dinge - er bezeichnet den Menschen in seiner Innerlichkeit, 'ledig' aller Kreaturen - und er bezeichnet die
Beziehung beider: Wer sich von den Kreaturen ab- und Gott zu-
wendet, der geht den Weg der Abscheidung, des Einförmigwer-
dens mit Gott. Abgeschiedenheit meint auch das Ethos des
Reinigens und Läuterns, der Umkehr. Diese Entsprechung von
Ethos und Ontologie ist charakteristisch für Eckharts Theorie. Das Handeln folgt nicht dem Sein und wird auch nicht
schlechthin mit ihm identifiziert, sondern ist der Vollzug
dieser Einheit. Als Imperativ meint Abgeschiedenheit den Verzicht auf das Eigene, Individuelle mit dem Ziel der Einheit
mit Gott in Gestalt einer Beziehung, die Gottes Selbstbeziehung ist: "lege abe allez, daz dîn ist, und eigene dich gote,
sô wirt got dîn eigen, als er sîn selbes eigen ist, und er
ist dir got, als er im selben got ist, und niht minner."[198]

4. imago Dei

Die Einheit von Gott und Mensch deutet Eckhart mit Hilfe des
biblischen Wortes von der 'imago Dei' als Abhängigkeit bei
Wesensgleichheit. 'Imago Dei' ist allein der Sohn. Diese Bestimmung aber schließt den Menschen in einer Hinsicht genommen ein.[199]

Ausführlich entwickelt Eckhart seinen Bildbegriff im Johanneskommentar.[200] Das (Ab-)Bild ist weder Akzidens noch zweite
Substanz,[201] sein Sein ist das des Urbildes (exemplar); es
ist eines in sich und eines Urbildes Abbild. Beide sind ineinander, in ihrer Unterscheidung eins. Die Erzeugung des Abbildes ist eine 'formalis emanatio', kein Verhältnis der Wirk-
oder Finalursächlichkeit.[202] Urbild und Abbild sind denknot-
wendig koexistent, in ihrer Unterscheidung werden sie erst
angesichts ihrer Einheit erkannt.[203] Das Abbild als solches
ist ein Nichtseiendes.[204] Zwischen Urbild und Abbild besteht
ein Verhältnis differenzierter Identität: "unum idem in se
altero et se alterum invenit in se altero."[205]

Damit ist hinreichend deutlich, daß der seit H o f herr-
schenden Auslegung vom Abbildverhältnis allein als Analogie
zu widersprechen ist.[206] Eckharts Analogiebegriff betont ja
die Differenz, obwohl er auch hier sagen konnte: 'id ipsum
utrobique', so daß von einer Modifikation des Teilhabegedankens gesprochen werden konnte.[207] (Ebenso wurde Schöpfung
zunächst und ursprünglich als Geschehen i n Gott verstanden,
ohne daß der Aspekt der Differenz damit seine bestimmende
Kraft verloren hätte.[208]) Das Abbildverhältnis fügt sich jedoch nicht völlig in das Schema dieser Modelle ein, vielmehr
ist es klar von ihnen zu unterscheiden, weil es nicht darin
aufgeht: Hier geht es um G e g e n s e i t i g k e i t ,
die 'Abhängigkeit'des Abbildes vom Urbild ist auch eine des
Urbildes vom Abbild.

Die 'imago Dei'schlechthin ist der Sohn.[209] Der Mensch wird
zunächst deutlich über das Geschöpf gestellt: "omnis creatura
citra hominem facta est ad similitudinem dei et idea alicuius
in deo. Homo autem creatus est ad imaginem totius substantiae
dei, et sic non ad simile, sed ad unum."[210] In der Ablehnung
bloßer Ähnlichkeit geschieht eine erste Steigerung durch den
imago-Begriff ('creatus ad imaginem'), eine zweite Steigerung
sieht ab von der Kreatürlichkeit: "Von der entbloezunge des
bildes in dem menschen sô ist sich der mensche gote glîchende,
wan mit dem bilde ist der mensche gotes bilde glîch, daz got
blôz nâch der wesunge ist."[211]

Die Einheit von Gott und Mensch wird im Bildbegriff mittels
einer Unterscheidung des Bildbegriffs differenziert: Bild
Gottes seiner Wesenheit nach ist Christus, als Bild Gottes
geschaffen ist der Mensch, mit seinem Bild erscheint der
Mensch in Gottes Bild, mit dem der Mensch eins ist.[212] Diesen Unterschied sucht Eckhart immer wieder - in den lateinischen wie in den deutschen Werken - zu fassen: "Filius enim
imago est patris, et anima ad imaginem dei."[213] Die Bedeutung des 'ad imaginem' wurde schon deutlich als der Aspekt
des Geschaffenseins.[214] Wie der Mensch als Bild Gottes, so
ist auch die Seele in einer Hinsicht geschaffen.[215] "Imago
enim proprie est quod in anima a deo est concreatum":[216]
Wie die Seele und mit der Seele hat die 'imago' ihren Ursprung
in Gott, sie ist nichts für sich, ihr Sein ist das Sein der
Seele. Eckhart wehrt sich hier gegen ein Verständnis der
'imago' als eines selbständigen Teiles der Seele; wie die Seele als ganze als geschaffen verstanden werden kann, so auch
das Bild.

Eckhart vergleicht die Seele mit einem Spiegel,[218] in dem
das in ihm abgebildete Bild das Vermittelnde ist, das unmittelbar erkannt wird. So erkennt die Seele Gott unmittelbar im
Bild. Das Bild vermittelt seine Erkenntnis. Insofern die Seele 'Ort' des Bildes Gottes ist, ist sie selbst Bild. Wenn Gott
erkennt, daß wir in seinem Bild 'widergebildet' sind - soweit
wir also dieses Bild selbst sind - erkennen wir Gott, wie er
sich selbst erkennt.[219] So ist die Seele als Bild eins mit
dem, den sie abbildet.

Im Hintergrund dieser 'Ontologie des Spiegelbildes' steht die
aristotelisch-thomanische Erkenntnistheorie von der Erkenntnis der 'res' mit Hilfe der 'species', die das Objekt mit dem
Subjekt vermittelt. Ausdrücklich bejaht Eckhart diese (und
setzt sie der platonischen Theorie von der Erkenntnis der
'res per ideam' entgegen), ohne sie jedoch empiristisch auszulegen[220]; sondern er korrigiert den dinghaft verstandenen
Spiegelvergleich: Die 'species', das Erkenntnisbild, ist gegenüber dem Objekt nicht sekundär, sondern primär, bereitet
aktiv das Objekt zur Erkenntnis.

Schon H i r s c h b e r g e r erkannte den 'Platonismus'
im thomanischen Wissensbegriff, im 'Nus'des Aristoteles:
Im Geist des Menschen als Abbild ist die ewige Wahrheit von
sich aus aktiv.[221] Die neuere Forschung bestätigt dies
nachdrücklich: "Au XIIIe siècle Aristote dut s'incliner de-
vant Platon à mesure que surgissait une philosophie de
l'esprit qui récusait la définition du savoir comme manière
de subir à l'intelligible et conférait à l'intelligence un
pouvoir générateur tel qu'il se portât garant d'une réelle
participation au savoir divin."[222] Erst diese problemgeschichtliche Entwicklung, die bei Eckhart weitergetrieben
wird, erlaubt ihm hier die Anwendung dieses Modells: Das
Bild rezipiert nicht, sondern produziert die Erkenntnis Gottes.[223] Als rezeptives Mittel genommen, zwischen Gott und
Seele gewissermaßen als ein 'Drittes', steht das Bild der
Gotteserkenntnis im Wege. Dagegen dann bringt Eckhart wieder
die Einheit von Gott und Mensch zur Geltung: "Sol ich got
bekennen âne mittel und âne bilde und âne glîchnisse, sô muoz
got vil nâhe ich werden und ich vil nâhe got, alsô gar ein,
daz ich mit im würke und niht alsô mit in würke, daz ich würke und er nâch schürge, mêr: ich würke dâ mite, daz mîn
ist."[224] So ist das Bild als Gegenstand zu überwinden, rein
als Abbild zu nehmen und darin eines Wesens mit dem Urbild,
seine Erkenntnis.

5. Die Gottesgeburt

Eckharts Lehre von der Geburt Gottes in der Seele rückt Aspekte des Themas von der Einheit Gottes und des Menschen in
den Vordergrund, die bisher schon anklangen: Die Einheit ist
Gottes Tun, sie ist differenzierte Identität, ein Verhältnis
von Sein und Werden: Gott wird mit seinem Sein in der Seele
geboren. 'Gebären'ist christologisch-trinitarischer Terminus
für eine 'Bewegung ohne Zeit'. Im Motiv von der Gottesgeburt
finden sich die Modelle Eckharts für die differenzierte Einheit von Gott und Mensch gleichsam gebündelt: Das Bildge-
schehen, das Ungeschaffene in der Seele, die Sohnesgeburt
und das Wirken des Intellekts - all dies kommt hierin zur
Geltung, vielfach ineinander verschränkt und sich gegenseitig interpretierend.

Die Motivgeschichte der "Lehre der Kirchenväter von der Geburt Christi aus dem Herzen der Kirche und der Gläubigen"
wurde vor nunmehr einem halben Jahrhundert von H. R a h n e r
geschrieben.[225] Er weist hin auf die Ansatzpunkte: "einerseits die antiken Vorstellungen von der Bedeutung des Her-
zens als dem Geburtsort der Logoi, andererseits das in der
Offenbarung gegebene Wissen um die Einwohnung Christi im
Herzen."[226] Aus Tauftheologie und Logoslehre entstehend verfolgt er die Entwicklung des Motivs bis zu den Quellen Eckharts. Für Eckhart sieht er ausdrücklich vom "Inhaltlichen"[227]
ab. Die ´inhaltliche´ Untersuchung aber führt m. E. zu der
von Rahner vermiedenen Konsequenz, daß bei Eckhart die traditionelle ekklesiologische Vermittlung dieses Motivs zugunsten trinitarischer Unmittelbarkeit zurücktritt.

Das ganze Heilsgeschehen hat nur e i n Ziel: Die Geburt Gottes in der Seele und die Geburt der Seele in Gott. Sie ist
ein Werk Gottes ohne Mitwirkung einer Kreatur. "Ez enwart nie
geburt sô sippe noch sô glîch noch sô ein, als diu sêle gote
wirt in dirre geburt."[228]

In seiner Erklärung des ´Geborenwerdens´ bedient sich Eckhart
der Rede vom Bild Gottes: "sô der mensche ie mê und ie klaer-
lîcher gotes bilde in im entbloezende ist, sô got ie klaer-
lîcher in im geborn wirt. Und alsô ist diu geberunge gotes alle
zît ze nemenne nâch dem, daz der vater daz bilde blôz entdecket
und in im liuhtende ist."[229] "Und alsô ist diu geberunge des
menschen alle zît in gote ze nemenne nâch dem, daz der mensche
mit sînem bilde liuhtende ist in gotes bilde, daz got blôz
nâch der wesunge ist, mit dem der mensche ein ist."[230]

Geborenwerden ist das Einssein des Bildes Gottes mit Gottes
Wesen - als Geschehen betrachtet.

Wer geboren wird, ist Sohn. Er geht aus dem Vater hervor und
bleibt in ihm wie das Wort im Sprechenden: "Dô der vater gebar alle crêatûren, dô gebar er mich, und ich vlôz ûz mit
allen crêatûren und bleip doch inne in dem vater. Ze glîcher
wîs, als daz wort, daz ich nû spriche, daz entspringet in
mir, ze dem andern mâle sô ruowe ich ûf dem bilde, ze dem
dritten mâle sô spriche ich es ûz, und ir enpfâhet ez alle;

nochdenne blîbet ez eigenlîche in mir. Alsô bin ich in dem
vater blîben."[231)]

Geborenwerden ist zu unterscheiden vom Geschaffenwerden, es
geschieht im Jetzt der Ewigkeit: "Disiu geburt ist sîn verstantnisse, diu êwiclîche ursprungen ist von sînem veter-
lîchen herzen, in dem er alle sîne wunne hat. Und allez, daz
er geleisten mac, daz verzert er in der verstantnisse, diu
sîn geburt ist, und er ensuochet niht ûzer im."[232)] Die Geburt des Sohnes aus dem Vater ist seine Selbsterkenntnis,
seine auf den Sohn bezogene Selbstunterscheidung. Mit Bezug
auf die Seele spricht Eckhart vom ´inneren Erkennen´. Dieses
wurzelt im Sein der Seele, aber unterscheidet sich von ihm:
"... daz ist vernünftigez leben, und in dem lebene wirt der
mensche geborn gotes sun und ze dem êwigen lebene."[233)] In
diesem Leben ist alles eins und alles in allem. Gottes Geburt
in der Seele ist das Wirken des göttlichen ´intelligere´.[234)]

Mit Hilfe des Modells der Gottesgeburt kann Eckhart zahlrei-
che Aspekte der Einheit von Gott und Mensch erläutern: Wenn
von der Geburt Gottes in der Seele die Rede ist, dann ist ab-
zusehen von ihrer Kreatürlichkeit. Wer da in der Seele geboren wird, ist der Sohn, und insofern ist die Seele Sohn. ´Ge-
burt´, Gottes Tun, unterscheidet die Einheit seines Wesens.
Seinem Aktiv, dem ´Gebären´, entspricht ein differenziertes
Passiv: sein Geborenwerden in der Seele und (aufgrund des
Einsseins) ihr Geborenwerden in ihm.[235)] Das Sein der Einheit
von Gott und Mensch wird als ein Geschehen beschrieben. Das
wird im Motiv der Gottesgeburt deutlicher als in den bisher
behandelten Modellen.

Neben diesem Geschehen steht - davon unterschieden - Gottes
Einssein, in dem auch der Sohn eins ist: "Hie hân ich êwiclîche geruowet und geslâfen in der verborgenen bekantnisse
des êwigen vaters, inneblîbende ungesprochen. ûz der lûterkeit hât er mich êwiclîche geborn sînen eingebornen sun in
daz selbe bilde sîner êwigen vaterschaft, daz ich vater sî
und geber den, von dem ich geborn bin."[236)] Hier treibt Eckhart den Gedanken noch einen Schritt weiter: Der Sohn ist
Vater,[237)] d.h. ein Ursprung, der sich auf seinen Ursprung zurückbezieht.[238)] Außer diesem Aspekt des Rückbezuges

besteht Vaterschaft des Sohnes auch hinsichtlich des Kreatürlichen: "Dar umbe gebirt got sînen sun in einer volkomenen
sêle und lîget alsô kindes inne, ûf daz si in vort ûzgebaere
in allen irn werken."[239]

Der Grund der Gottesgeburt ist in Gott selbst, ist Gottes
Wesen, Gottes Gutheit.[240] Sie ´zwingt´ihn, sich in dem Menschen zu gebären, der mit ihm eins ist - im demütigen, ´abge-
schiedenen´Menschen. Von Gott her geschieht die Gottesgeburt
mit Notwendigkeit, ´zwangs´haft - dabei ist der Zwang Selbstzwang, der ´Zwang´seines Wesens.[241] Der Mensch vermag diese
Gottesgeburt nicht aufzuhalten, sein Hang zur Kreatur verhindert jedoch ihre Wahrnehmung: "Gott gebirt sînen eingebornen sun in dir, ez sî dir liep oder leit, dû slâfest oder
wachest, er tuot daz sîne. Ich sprach niuwelîche, wes schult
daz waere, daz der mensche des niht ensmecket und sprach, ez
waere des schult, daz sîn zunge belîmet waere mit anderm un-
vlâte, daz ist mit den crêatûren."[242] Wer jedoch seinen Ei-
genwillen aufgibt, dem gibt Gott seinen Willen zu eigen:
"wan got enwirt niemans eigen, er ensî ze dem êrsten sîn
eigen worden."[243]

Das Sein der Gottesgeburt ist ein Geschehen, dem,bezogen auf
seine Annahme durch den Menschen,ein Werden entspricht, das
im Wesen endet. Diese zusammenfassende Aussage Eckharts wird
trinitarisch begründet: "Alsô vlîzet iuch, daz niht aleine
daz kint geborn werde, mêr: geborn sî, als in gote alle zît
der sun geborn ist und alle zît geborn wirt."[244]

Das Motiv der Gottesgeburt ist zwar d a s Thema der deutschen Predigten, ist jedoch auch in den lateinischen Werken
gegenwärtig, und zwar über bloß terminologische Parallelen[245]
hinaus: "... ut deus verbum in mentem veniat per gratiam et
filius nascatur in anima."[246] An die Stelle der Geburtster-
minologie (parere - nasci) tritt häufig die direkt der Trinitätsspekulation entnommene von der Zeugung (gignere):[247]
"deus verissime mittit, gignit unigenitum suum in anima mun-
da."[248] "Oportet enim quod anima sit solida et clausa cir-
cumquaque, ut in ipsa gignatur species dei ..., ut sic non
solum sit filia, sed pariens sive parens propter maiorem

assimilationem ad deum."[249] "si deus non se gigneret in anima, quasi foris stans, non ipsam sibimet conformando et in
se transformando, non ipsam beatificaret."[250] Die Lehre von
der Gottesgeburt ist also kein Spezifikum der deutschen Predigten Eckharts. Daß dieses Modell in Predigten seinen Schwerpunkt hat, erklärt sich hinreichend aus der Absicht des Predigers, unter Aufnahme eines Motivs der (homiletischen!)[251]
Tradition den Hörer zur bewußten Erfahrung seiner Einheit mit
Gott zu führen. Diese Erfahrung ist ein Wissen, wenn auch
nicht notwendig reflexes Wissen.[252]   Sie ist Werk Gottes in
trinitarischer Unmittelbarkeit.[253]

6. Das ´iustitia - iustus´ Modell

Das ´iustitia - iustus´ Modell nimmt in Eckharts Werken eine
herausragende Stellung ein. Es wird von ihm ausdrücklich als
ein Schlüssel zum Verständnis seiner Lehre bezeichnet: "Swer
underscheit verstât von gerehticheit und von gerehtem, der
verstât allez, daz ich sage."[254] In seiner Struktur entspricht es dem Geburtsmotiv der Predigten: Wie dort über die
Geburt Gottes in der Seele und die Geburt der Seele in Gott
gehandelt wird, so hier über die "iustitia gignente iustum,
in quantum iustus est."[255] Dabei stellt die Terminologie
´iustitia - iustus´ für das Modell lediglich ein Beispiel
dar. Eindeutig wird hier die Univozität akzentuiert, während
sich das Modell gleichwohl auch zur Differenzierung nach
Weise der Analogie eignet. Damit gehört es in die Reihe der
Ansätze zur Unterscheidung und Bestätigung der Einheit von
Gott und Mensch. Wie das Motiv der Gottesgeburt verweist es
seiner Struktur nach voraus auf die Trinität, jenes Modell,
in dem Eckhart die verschiedenen Ansätze integriert.

Ausführlich entwickelt Eckhart das ´iustitia - iustus´ Modell
am Anfang seines Johanneskommentars:[256] Der Gerechte als
solcher ist in der Gerechtigkeit, er ist dort ontologisch zuvor. Zugleich ist er ´Wort´ der Gerechtigkeit, durch das sie
sich selbst in sich selbst ausspricht.[257] So ist die Gerechtigkeit sich selbst bekannt und dem Gerechten "assumpto ab
ipsa iustitia".[258] (Ausdrücklich zieht Eckhart den Vergleich
mit der Trinität.) Die Gerechtigkeit formt den Gerechten
nach ihrem Bild (exemplar, similitudo, ratio) in sich. Der
Gerechte unterscheidet sich von der Gerechtigkeit, insofern
er von ihr hervorgeht und geboren wird (procedens et genitus),
nicht aber hinsichtlich der Natur, er ist ´proles et filius
iustitiae´. Es handelt sich um eine "generatio univoca"![259]
Also ist der Gerechte der Gerechtigkeit gleich, "unum in natura".[260]

Die Gerechtigkeit bleibt im Gebären des Gerechten sein Prinzip. Der Gerechte ist und wird ´immer´ geboren, ohne Zeit und
Bewegung. Als Gerechter ist er alles von und in der Gerechtigkeit, seinem Prinzip. Die Gerechtigkeit wirkt mittels der ge-

63

borenen Gerechtigkeit, "iustitia vero genita ipsa est verbum
iustitiae in principio suo, parente iustitia."[261] In der Gerechtigkeit ist der Gerechte diese ´iustitia ingenita´ selbst,
´ingenitus´, ´principium sine principio´, Leben und Licht, in
sich selbst nicht. Wie der Gerechte in der Gerechtigkeit so
leuchtet die Gerechtigkeit im Gerechten. Also ist die Gerechtigkeit ganz im Gerechten - und auch ganz außerhalb seiner.[262]

Mit den drei letzten Grundsätzen wird die Analogie berührt: Als
Geschaffener erfaßt der Gerechte das Licht nicht. "Eckhart
leugnet somit keineswegs den analogen Verhältnisbezug der Gerechtigkeit zum Gerechten, weist ihm aber durch Aufzeigen der
Univozitätstheoreme überhaupt erst seinen systematischen Ort
zu."[263]

Das ´iustitia - iustus´ Modell ist trinitarisch strukturiert.
Eckhart unterscheidet die wesenhafte Einheit von ´iustitia´
und ´iustus´ als Momente einer ´generatio univoca´"[264] Die
´iustitia ingenita´ ist bleibendes Prinzip der ´iustitia ge-
nita´. Diese verbleibt in ihr als ihrem Prinzip. Der Gerechte
ist in der ´iustitia ingenita´ ´ingenitus´, in der ´iustitia
genita´ ´genitus´.[265] Die Einheit des Prinzips wird differenziert, wobei das Prinzip diese Unterscheidung selbst konstituiert und in ihr Prinzip bleibt. Die Unterscheidung ist
also Selbstunterscheidung innerhalb der Einheit. Das ´iusti-
tia - iustus´ Modell als Selbstunterscheidung der Einheit
weist so voraus auf die Trinität. Im Geschehen der Rechtfertigung ist ´imago et expressio trinitatis´: "Est enim necessario iustitia ingenita, a qua et secundum quam formatur
iustus et gignitur; est etiam necessario iustitia genita,
sine qua non esset iustus genitus; est et tertio necessario
amor gignentis ad genitum et geniti ad gignentem, procedens
et emanans ab utroque tamquam ab uno."[266] Das´iustitia -
iustus´ Modell lehrt Einheit und Differenz, deren Einheit die
Trinität aufweist.

Diese Theorie der Einheit und Verschiedenheit von Gerechtigkeit und Gerechtem läßt sich auch aus Eckharts naturphiloso-
phisch gefaßter Univozitätstheorie erheben.[267] Darüber hinaus
zeigt sich dieselbe Struktur auch in anderer Begrifflichkeit:
´esse - ens´, ´bonitas - bonum´, ´sapientia - sapiens´, ´veri-

tas - verum´, allgemein gesprochen: im Verhältnis ´abstractum
- concretum´.268)

Zwar ist auch dem Analogiemodell zufolge das ´secundum analo-
gatum´ i m ´primum´ betrachtet von derselben Natur wie das
´primum´; was aber univok hervorgeht, empfängt diese Natur
selbst, ist also auch unterschieden vom Ursprung mit ihm eins.
Damit liegt hier ein strengerer Begriff der Einheit vor:

Die Einheit von Gott und Mensch, die das ´iustitia - iustus´
Modell auslegt, nötigt dazu, die Passivität (des ´Unteren´)
als Aktivität und die Aktivität (des ´Oberen´) als Passivität zu verstehen: "In univocis autem activum et passivum in
materia conveniunt et genere et specie: inferius id quod recipit habet quidem de gratia superioris, sed non de mera gratia.
Ratio est, quia in talibus passivum patiendo agit et activum
agendo patitur. Item etiam non est se totum passivum nec ca-
rens omni actu: ipsum inferius recipit similitudinem et for-
mam activi de gratia quidem superioris, meretur tamen ex natura sua, eo quod sit eiusdem naturae in specie cum agente."269)
Damit beschreibt Eckhart mit großer Präzision den Charakter
und die Konsequenzen dieser Einheit. Aktiv und Passiv sind
´materiell´ eins, weder nach Genus noch Spezies unterschieden. Die (formelle) Unterscheidung von ´Höherem´ und ´Niede-
rem´ hebt diese Einheit nicht auf, so daß in ihr Passivität
Aktivität und Aktivität Passivität meint. Dies ist aber nicht
im Sinne einer Umkehrung gemeint, so daß aus dem Aktiven das
Passive würde und umgekehrt, sondern als ergänzende Perspektive: In seiner Aktivität ist das Aktive passiv und das Passive in seiner Passivität aktiv. Das ´Niedere´ empfängt aufgrund der Aktivität des ´Höheren´ diese Aktivität, die Form
des ´Höheren´. Aufgrund der gemeinsamen Natur ist das Empfangen nicht nur in der ´Gnade´ des ´Höheren´ begründet, sondern
auch in der Natur des ´Niederen´.

Die so beschriebene Einheit ist ein geeignetes Modell zum
Verständnis der Rede von der Gottesgeburt: Die univoke Einheit von Gott und Mensch läßt die Abhängigkeit (des Geboren-
werdens) als Aktivität (des Wiedergebärens) verstehen. Der
´Zwang´ zur Gottesgeburt erklärt sich aus der Natureinheit
des ´Seelenfünkleins´ mit Gott.

Von Eckharts Theorie abzuheben ist die These des Wilhelm von
Auxerre von einer 'convenientia secundum univocationem':
Sie besteht als 'convenientia in effectu' zwischen dem
'iustus increatus' und dem 'iustus creatus', d. h. der Gerechte - der ungeschaffene wie der geschaffene - gibt jedem
das Seine.[270] Die Unterscheidung von Schöpfer und Geschöpf
wird hier nicht verlassen. Anders bei Eckhart: "Gegenüber
der äußerlichen Relationalität analoger relata wird bei der
univoken Korrelationalität ein immanentes Bezugsverhältnis
herausgestellt."[271]

So selbstverständlich das Modell der Univozität zur Interpretation Gottes und seiner Selbstunterscheidung in Christus
erscheint, so anstößig muß es sein, wenn Eckhart auch den
Menschen darin einbezieht: In seinen höchsten Seelenkräften
ist der Mensch 'von Gottes Geschlecht': "Und doch, wan sie
got selben niht ensint und in der sêle und mit der sêle geschaffen sint, sô müezen sie ir selbes entbildet werden und
in got aleine überbildet und in gote und ûz gote geborn werden, daz got aleine vater sî; wan alsô sint sie ouch gotes
süne und gotes eingeborn sun."[272] Soweit ein Mensch, Gottes
Sohn, gerecht als Sohn der Gerechtigkeit, einzig ihr Sohn
ist, gilt für ihn das 'iustitia - iustus' Modell als Univo-
zitätstheorem.

In der Rechtfertigungsschrift scheint der Gedanke von der
Univozität Gottes und des Menschen aufgegeben worden zu sein:
"Hec tamen, bonus et bonitas sunt in filio, spiritu sancto et
patre unum univoce. In deo autem et in nobis, qui boni sumus,
sunt analogice unum."[273] Aber erneut 'verteidigt'sich Eckhart
durch Behauptung der Differenz von Schöpfer und Geschöpf - die
er nie bestritten hat. Der entscheidende Aspekt ist vielmehr
der, ob die Unterscheidung von Gott und Mensch mit der Unterscheidung von Schöpfer und Geschöpf zusammenfällt: Diese Behauptung aber stellt Eckhart selbst beim Bemühen, die Anklagen
zu entkräften, nicht auf. Er bringt lediglich die Differenz im
Sinne der Analogie zur Geltung, ohne die Einheit zu erwähnen.
Diese Feststellung ist kein argumentum e silentio, vielmehr
geht die Zurechtlegung des 'iustitia - iustus' Modells zugunsten der Analogie eindeutig aus der Fassung, die es hier an-

nimmt, hervor: "... hominis iusti, inquantum iustus, totum
<u>esse</u> est ab esse dei, analogice tamen."[274] Strenggenommen
hat Eckhart damit das Modell verlassen: Er spricht nicht von
der G e r e c h t i g k e i t des gerechten Menschen, sondern von seinem S e i n , welches folgerichtig analog genannt wird.[275] Die Unterscheidung von Gott und Mensch ist
also a u c h die von Schöpfer und Geschöpf: "Constat etiam
quod eodem quo deus est deus, homo est divinus analogice."[276]
Diese Unterscheidung ist aber als Aspekt zu erkennen.[277]

Z u s a m m e n f a s s u n g

Die Untersuchung hat verschiedene Ansätze verfolgt, mit deren
Hilfe Eckhart die Unterscheidung von Schöpfer und Geschöpf
und die Einheit von Gott und Mensch versteht. Dabei wurde deutlich, daß beide Probleme einander ergänzende Aspekte darstellen: Angesichts der Differenz war auf die Einheit aufmerksam
zu machen, angesichts der Identität auf die Unterscheidung.
Dabei stehen beide Aspekte jedoch nicht nebeneinander, sondern
sind ineinander verschränkt: Die Unterscheidung setzt die Einheit voraus, genauer: Das Eine setzt die Unterscheidung als
Selbstunterscheidung (Einheit von Gott und Mensch) und als
Unterscheidung des anderen (Differenz von Schöpfer und Geschöpf). In einer Fülle von Ansätzen bringt Eckhart diesen
Gedanken zur Geltung. Im Modell der Trinität werden sie
schließlich integriert.

III. Die Unterscheidung des Einen - auf
     dem Weg zur Trinität

1. Die Transzendentalien - ein Versuch

Wie das 'iustitia - iustus' Modell lehren auch die Transzendentalien die Einheit Gottes unterscheiden. Was dort angedeutet wurde, wird hier weitergeführt: das trinitarische Gottesverständnis Eckharts.

Aus Elementen der platonischen und neuplatonischen Philosophie
und der aristotelischen Metaphysik (Buch E und I) entwickelt
die scholastische Theologie seit Philipp dem Kanzler die Lehre
von den 'transcendentia', die erkenntniskritische Bedeutung
hat:[278] Eine Aussage wie 'quodlibet ens est unum' transzendiert unsere im Schema der Kategorien gehaltenen sonstigen
Aussagen. Da die Transzendentalien jede kategoriale Festlegung
durch ihre begriffliche Weite übersteigen und untereinander
konvertibel sind, eignen sie sich im Unterschied zu jeder kategorialen Aussage dazu, von Gott ausgesagt zu werden und er-
öffnen so einen Weg zur Gotteserkenntnis. "Im Gegensatz zu
Thomas von Aquin identifiziert Eckhart jedoch diese Transzendentalien mit Gott."[279] Allgemein spricht er von ihnen als
'perfectiones spirituales' oder 'termini generales'; einige
dieser 'transcendentia' erhalten jedoch für die in dieser Arbeit verfolgte Fragestellung ein besonderes Gewicht: ens/unum,
verum, bonum.[280]

a) Konvertibilität und Konstituiertheit

Im 'Prologus generalis in opus tripartitum' beginnt Eckhart
bei der Erklärung seiner Denkansätze mit den Transzendentalien.[281] Dieses Denkmodell unterscheidet sich fundamental
vom kategorialen Denken: Die Akzidenzien inhärieren einem
Träger und sind ihrem Sein und ihrer Begriffsbestimmung nach
von ihm abhängig. Die Transzendentalien dagegen haben ontologische Priorität, sie unterliegen nicht dem Inhärenzschema,
z. B.: Selbst unabhängig ('non ab alio - immediate a causa
prima'), ist alles hinsichtlich seines Seins vom Sein abhängig.

Darüber hinaus ist der ´Prologus in opus propositionum´,
Eckharts ´Wissenschaftslehre´, eine Theorie der ´transcenden-
tia´ in nuce.[282] Hier wird das Thema "quod solus deus proprie est ens, unum, verum et bonum..."[283] schulmäßig entfaltet. In diesem Rahmen kommen die Probleme von Einheit und
Unterscheidung in Gott und in seiner Beziehung zum Geschöpf
zur Geltung: Neben der Reflexion von esse, unum, verum und
bonum steht die ontologische Grundunterscheidung von ´esse
- esse hoc´, ´unum - unum hoc´, ´verum - verum hoc´, ´bonum
- bonum hoc´.[284]

Die Transzendentalien sind miteinander konvertibel und durch
einander konstituiert. Zu den Kreaturen stehen sie in einem
analogen Verhältnis (esse - esse hoc etc.).[285] Ihre Beziehung
zueinander ist mannigfach differenziert: Weil Sein, darum
Einssein, Wahrsein und Gutsein; weil Wahrsein, darum Sein,
Einssein und Gutsein.[286] Bei aller Variabilität in der Dik-
tion, die wechselnde (und häufig unvollständige) Reihen zuläßt, kennt Eckhart eine klare Ordnung unter den Transzendentalien: esse/unum, verum und bonum.

Als Negation der Negation steht das Eine in unmittelbarer
Beziehung zum Seienden.[287] Das Wahre ist allein im Intellekt,
nicht in den Dingen - das Gute umgekehrt nicht in Gott, sondern ´draußen´ in den geschaffenen Dingen. Das Wahrsein haben
die Geschöpfe also schon im Schöpfer, das Gutsein erst als geschaffene, lehrt Eckhart im Anschluß an Aristoteles.[288] Das
Gute nimmt unter den genannten Transzendentalien den letzten
Platz ein, denn es hat mit dem Willen zu tun.[289] Das Gute und
der Wille aber richten sich im Unterschied zum Intellekt nicht
nach ´innen´ auf die Prinzipien, sondern nach ´außen´. Im Be-
streben, die Superiorität des Intellekts aufzuzeigen, geht
Eckhart so weit, das Gute außerhalb von Substanz und Sein als
akzidentell zu verstehen.[290] Damit aber droht es, aus der
Reihe der Transzendentalien auszuscheiden. Eckhart zieht diese Konsequenz nicht. Das legt die Interpretation nahe, daß
unter ´bonum´ hier das ´bonum hoc´ verstanden wird.[291] Mit
Hilfe dieser vertrauten Grundunterscheidung Eckharts lassen
sich die widersprüchlichen Texte ausgleichen. ´Gott ist gut´
meint dann die ´ratio boni´.[292] Einen Hinweis auf die Mög-

lichkeit, ihn so zu verstehen, gibt Eckhart, wenn er im Anschluß an diese Ausführungen von Gott als dem 'bonum simpliciter' spricht und damit die Möglichkeit zurückgewinnt, das
Gute als Transzendentale zu verstehen.[293]

b) Trinitarische Transzendentalientheorie

Im Johanneskommentar interpretiert Eckhart die Transzendentalienlehre trinitarisch, besser: die Trinität mit Hilfe der
Transzendentalien.

Dabei entspricht der 'essentia' das 'esse', es ist "absolutum
et indeterminatum, nullius productionis principium".[294] Das
'unum' bestimmt das 'esse' zuerst, insofern ist es als 'primum' bestimmt und bestimmt das 'esse' gegen das Viele. So
ist das Eine 'primum productivum' und 'Vater der ganzen Gottheit' und der Geschöpfe.[295]

Auf den entscheidenden Zusammenhang kommt Eckhart hier -
unter Verweis auf Aristoteles[296] - nur knapp zu sprechen:
Das Eine ist erste Bestimmung des bestimmungslosen Seins. Indem das Sein als 'eines' bestimmt ist, ist es als 'nicht-
vieles' bestimmt. In dieser Gegenüberstellung wird die Beziehungslosigkeit und Tautologie des Einen überwunden: Erst
das Eine bestimmt das Viele als Vieles, indem es sich von ihm
unterscheidet. Damit 'setzt'das Eine das Viele, d. h. ist es
'Vater', Ursprung. Von Aristoteles[297] übernimmt Eckhart, daß
das Eine bestimmtes Eins, dies jedoch nicht sein Wesen ist.
Er nimmt jedoch nicht den aristotelischen Gedanken von der
dem Seienden gleichen Vielfachheit des Einen auf, gedacht, um
das Eine gegen das Wesen zu richten und so an der Vielfalt zu
orientieren: Das Eine ist Bestimmung des Unbestimmten. Einssein heißt also nicht, Einzelnes zu sein, sondern Vielfalt zu
konstituieren. Das Eine ist ontologisch primär, Bestimmung
des Wesens. Damit wird an dieser entscheidenden Stelle Aristoteles[298] neuplatonisch (plotinisch-proklisch) rezipiert, umgekehrt wird die Tendenz zur Beziehungslosigkeit des Einen,
die die neuplatonische Tradition kennt, dadurch aufgefangen,
daß das Eine auf das Viele bezogen ist, freilich produktiv,

aktiv das Viele konstituierend.

Für Dietrich war das ´unum´ bleibend negativ bestimmt: "Die im unum implizierte erste privatio ist der Gegensatz zwischen ens und non ens, die zweite die negativ bestimmte Aufhebung dieses Gegensatzes."[299] Er denkt den Gegensatz in gewisser Weise als Seinsweise. "Damit aber verbleibt der Privation dieses Gegensatzes das Recht, negativ bestimmte Aufhebung dieses Gegensatzes zu sein, wird das unum als negativer Selbstbezug gedacht."[300] M. a. W.: "Dietrich akzentuiert in seiner Transzendentalientheorie das Moment, daß das unum nur dann konstitutive Bedeutung für das ens besitzt, wenn das unum durch den Gegensatz zu sich selbst als Position überhaupt erst es selbst in seiner unaufhebbaren Negativität wird, um dann auch das ens als unum stets negative Bestimmtheit gegen seinen Gegensatz werden zu lassen."[301]

Auch Eckhart betont in seiner Unterscheidung von ´esse´ und ´unum´ die Negation: "Iterum etiam li unum nihil addit super esse, nec secundum rationen quidem, sed secundum solam negationem."[302] Das Eine bezeichnet das Sein unter Ausschluß alles Negativen, ist ´negatio negationis´, so "bewahrt das unum gerade wegen des in ihm implizierten und auch zu berücksichtigenden Moments der Negativität seine Eigenständigkeit gegenüber dem Sein."[303]

Vom Einen als Einem und Ursprung wird als sein Sproß das Wahre hervorgebracht, vom Einen und Wahren das Gute als Liebe und Band beider. Damit ist die göttliche Trinität vollständig mit Hilfe der Transzendentalien beschrieben: "Sic ergo in divinis habemus esse sive essentiam nec gignentem nec genitam, unum patrem gignentem ingenitum, verum genitum ab uno solo, bonum procedens a duobus, uno scilicet et vero, ut unum sunt. Propter quod et ipsum unum est. Et sic habemus in divinis essentiam unam, personas tres: patrem et filium et spiritum sanctum."[304] Der Selbstkonstituierung der göttlichen Trinität entspricht die innere Konstituiertheit der Transzendentalien und ihre Konvertibilität.

Nun war das Sein unter Rücksicht des Einen nicht nur als Prinzip der Gottheit, sondern auch als Prinzip der Gesamtheit des

geschaffenen Seins bestimmt worden. Die erste Unterscheidung
des Geschaffenen in 'ens cognitivum' und 'ens reale' (das
wiederum in die Kategorien unterschieden wird) wird mit der
Unterscheidung von 'verum in anima' und 'bonum in natura
reali' zusammengenommen. Damit werden die Transzendentalien
auch zu Konstituentien der Schöpfung: Sie unterscheiden und
vereinen reales Sein, geistiges Sein und deren Ursprung.[305]

Das Eine ist damit erwiesen als Prinzip des Ungeschaffenen
wie des Geschaffenen. Dieser Ansatz wird weitergeführt.[306]

Die Unterscheidung der konvertiblen Transzendentalien ergibt
sich aus ihrer jeweiligen Eigentümlichkeit:[307] Das 'ens' ist
"indistinctum et ipsa sua indistinctione ab aliis distinguitur" - wie Gott, dessen Wesen "ingenitum est et non gignens".
Das 'unum' verweist auf Unterscheidung: "Est enim unum in se
indistinctum, distinctum ab aliis et propter hoc personale
est et ad suppositum pertinet cuius est agere." So wird in
Gott die Einheit der Person des Vaters attribuiert; so ist
das Eine "primum principium omnis emanationis, nihil addens
super ens nisi solam negationem negationis", "principium sine
principio". Das 'verum' ist "adaequatio rei et intellectus",
es geht hervor aus dem Erkennenden und dem Erkannten: insofern gehört es zum 'Sohn', zur Gleichheit. Das 'bonum' ist
für das Geschaffene eigentümlich: "bonum ipsum proprie principium est et fons creaturarum". Eckhart lobt und übernimmt
die aristotelisch-thomanische Ansicht: "bonum non esse in deo,
multo minus quam in mathematicis, sed ipsum nominari bonum
pro tanto, quia ipse est causa, ratio et principium boni."[308]

Eckhart verbindet hier den Gedanken der 'Unterscheidung durch
Ununterschiedenheit' mit dem trinitarischen Ansatz der Transzendentalienlehre: Was als Eines in sich ununterschieden ist,
verweist auf das Unterschiedene, indem es sich von ihm unterscheidet. Als Negation der Negation ist das Eine aktiv, per-
sonal, während das Seiende allein als Ununterschiedenes verstanden wird. Eine mögliche Beschränkung auf diesen Aspekt
ließe sich auch für das Seiende sachlich nicht festhalten
(was in sich ununterschieden ist, ist eben unterschieden in
Bezug auf anderes), wird jedoch von Eckhart auch nicht fest-

72

gestellt, sondern sofort aufgehoben: Das Eine ist ja das
Seiende, wie es sich in Bezug auf anderes setzt. Das Wahre
hat den Charakter einer Beziehung. Es ist die Gleichheit des
Einen mit sich selbst, das Erkennendes und Erkanntes ist.
'Res' und 'intellectus' sind also identisch, unterschieden
durch die Beziehung der Gleichheit. Diese ist aus Rücksicht
des 'verum' Selbstbeziehung. Das Gute dagegen ist in Gott
nur als Ursprung des Geschaffenen, des geschaffenen Guten.
Es ist die Einheit des Einen und Wahren hinsichtlich ihres
Ursprungseins, Beziehung auf anderes.

Eine Parallele zur trinitarischen Transzendentalienlehre des
Johanneskommentars findet sich in einer Predigt: "Ich sprach
niuwelîche von der porte, dâ got ûzsmilzet, daz ist güete.
Aber wesen ist, daz sich heltet ze im selber und ensmilzet
niht ûz, mêr: ez smilzet în. Aber daz ist einicheit, daz sich
heltet in im selber ein und von allen dingen ein und engemei-
net sich niht ûz. Aber güete daz ist, dâ got ûzsmilzet und
gemeinet sich allen crêatûren. Wesen ist der vater, einicheit
ist der sun mit dem vater, güete ist der heilige geist."[309]
Eckhart nimmt hier eine abweichende Appropriation vor: Vater
- Sohn - Geist verhalten sich wie Sein - Einheit - Gutheit.
Zu verstehen ist dies aus dem abweichenden Interesse: Hier
geht es nicht um die Konstituierung der Transzendentalien,
sondern um die Einheit Gottes 'nach innen' und das in ihm begründete Prinzip des 'nach außen', seiner Selbstmitteilung.

c) Als Erkenntnisweg der 'theologia negativa'

In den Predigten eröffnet diese Transzendentalienlehre den
Weg zur Erkenntnis Gottes. Eckhart setzt an beim Sein im Sinne des (kategorial bestimmten) 'hoc esse': Dieses ist Gott
n i c h t .[310] Wie das geschaffene Sein so ist Gott auch
die Gutheit abzusprechen. Unter Verweis auf den Streit zwischen den 'Schulen' (zwischen Dominikanern und Franziskanern)
um den Primat der Vernunft oder des Willens führt Eckhart über
die Vorstellung eines 'guten Gottes' hinaus: "Wille nimet got
under dem kleide der güete. Vernünfticheit nimet got blôz,
als er entkleidet ist von güete und von wesene."[311] Gottes
'Gutsein' ist seine Selbstmitteilung: "... got gemeinet daz

sîne, wan er von im selber ist, daz er ist, und in allen den gâben, die er gibet, sô gibet er sich selben ie zem êrsten."[312] Als Einer ist Gott Prinzips des Seins.[313]

Als Eins verneint Gott alles andere, denn nichts ist außerhalb Gottes. Eins meint also die Fülle dessen, was noch nicht entfaltet ist. Gott ist Gott, weil er Eins ist.[314] Hinsichtlich unserer Erkenntnis führt dieser Weg also zur Erkenntnis von Gottes Gottheit: "... in dem daz ich gote versage, dâ begrîfe ich etwas von im, daz er niht enist; daz selbe muoz abe."[315] Wird Gott auf dem Wege der ´theologia negativa´ das ´verum´ abgesprochen, erscheint das trinitarische Verständnis der Transzendentalien am Ende doch wieder in Frage gestellt. In der Tat weist Eckhart in der Frage, ob das Wahre Gott zukomme oder nicht, auf eine Lehrentwicklung hin: "Der mich selber gevrâget haete, ich haete gesprochen: ´Jâ!´ Aber nû spriche ich: ´Nein!´ wan wârheit ist ouch zuogeleget."[316]

Dies gilt auch für das ´bonum´: Eckharts These, Gott sei nicht ´gut´ zu nennen, geriet mit auf die Liste der verurteilten Artikel.[317] Das Gutachten gibt seine Erklärung dieser These wieder: Gott unterscheide sich von allen Namen, die wir ihm geben, mehr als ´weiß´ und ´schwarz´, die doch wenigstens ein gemeinsames Genus hätten.[318] Eckhart antwortet hier also, ganz dem Kontext der Predigt entsprechend, mit einem Argument der ´theologia negativa´. Der Avignonenser Gutachter hält dieses Argument für die Zerstörung jedweder Rede von Gott. Demgegenüber sei zwar Gott ´super omne nomen´, es gebe aber Namen, die mehr Gott als den Kreaturen zukämen: "Et plus convenit signatum bonitatis Deo quam album nigro vel econtrario."[319] Auch sei die Gemeinsamkeit im Genus keine Gewähr für die größere Wahrheit einer Aussage (sonst sei es wahrer zu sagen, der Mensch sei ein Esel, als zu sagen, der Mensch sei ein Seiendes). Eher denn der Gegensatz ´weiß - schwarz´ komme es Gott zu, von ihm "unam rem simplicissimam et indistinctam"[320] wie Gutheit, Weisheit, Leben usw. auszusagen.

Dadurch, daß der Gutachter das Beispiel für das Argument nimmt, bleibt er eine Auseinandersetzung mit dem Problem der eckhartschen ´theologia negativa´ schuldig und stellt der These lediglich eine Gegenthese zur Seite: Was er Gott ´proprie´

zuspricht, will Eckhart Gott hier gerade absprechen.

Die Leistung der Transzendentalien für das Gottesverständnis
bleibt doppeldeutig: Einerseits erwiesen sie sich aufgrund
ihrer Konvertibilität als geeignet, Gottes Einheit trinitarisch zu differenzieren, andererseits schienen sie diese Einheit unzulässig zu verfremden, so daß der Aspekt der Konvertibilität ganz hinter dem der Differenz zurücktrat, sobald
auf die Implikationen der einzelnen Transzendentalien und ihr
Konstituiertwerden geachtet wurde.

So bleibt der Denktopos der ´transcendentia´ zwar hinsichtlich
seiner Variationsbreite bemerkenswert, für die in dieser Arbeit verfolgte Fragestellung erhebt sich jedoch ein ihre These in Frage stellendes Problem: Wie ist es zu beurteilen, wenn
Eckhart zuweilen (in den Predigten) Gott Sein, Gutheit und
Wahrheit - in letzter Konsequenz auch das Einssein -[321] ab-
spricht und dieser Fassung der Transzendentalienlehre den
Vorrang gibt? Ist Eckharts letztes Wort zur Sache (Gottes und
der Gotteserkenntnis) das ´Nichts´? Siegt ´Mystik´ über das
´Wort´?

2. nihil - zur Bedeutung der ´theologia negativa´

Die Diskussion der eckhartschen Transzendentalienlehre stellte
die Frage nach dem Verhältnis von Trinität und Einheitslehre:
Ist Eckharts Gottesbegriff trinitarisch, oder führt der ´ab-
scheidende´ Denkweg der Transzendentalien zur Erkenntnis des
lauteren Einen? Diese Fragestellung wird verschärft und über-
boten durch die Frage: Was meint Eckhart, wenn er Gott ´Nichts´
nennt? Wird die Lehre von einem Gott dadurch interpretiert,
ergänzt, korrigiert - oder in letzter Konsequenz: aufgegeben?

Die im 19. Jahrhundert beginnende Wiederentdeckung Eckharts
hat ihn auf der Basis der mittelhochdeutschen Predigten als
´Mystiker´ rezipiert und ihn als Fortsetzer bernhardinischer
Tradition und als Begründer einer (allerdings betont intellektuell geprägten) über Tauler und Seuse zur ´devotio moderna´
reichenden, häufig anonymen Tradition der ´Mystik´ gesehen.

Dieses Bild wurde historisch wie sachlich differenziert.[322]
Besonders umstritten (und zunehmend bestritten) ist die Ein-
ordnung Eckharts als 'Mystiker', welche abhängig ist vom
Verständnis dessen, was 'Mystik' sei.[323]

Ohne motivgeschichtliche Ähnlichkeiten zu verfolgen und unter
dem Zugeständnis zweifellos vorhandener begriffsgeschichtli-
cher Zusammenhänge liegt der stärkste systematische Anhalt
einer solchen Deutung Eckharts im Verständnis von Mystik als
Streben nach dem Einen unter Entfernen aller Orientierung an
Dingen, Begriffen und Worten im Sinne negativer Theologie und
konsequenter Einheitsmetaphysik. Dieses Verständnis läßt den
geistesgeschichtlichen Zusammenhang Eckharts zu seinem Recht
kommen und erlaubt es, ihn in einem problemgeschichtlichen
Kontext zu verstehen:[324]

a) Dionysius Areopagita

Für Dionysius Areopagita ist Gott jenseits des Seins (ὑπερούσιος)
im 'Dunkel' (γνόφος oder σκότος): "Mystisches Dunkel bezeichnet zugleich Gottes wesensmäßige Unerkennbarkeit und menschliches Nichtwissen."[325] Zwar ist es auch in der Dionysius-
Forschung umstritten, ob es sich bei der 'mystischen Vereinigung' um "eine Erfahrung der Vereinigung mit Gott"[326] oder
mehr um "eine verstandesmäßige Intuition von Gottes Jenseitig-
keit oder Anderssein"[327] handelt, doch wird die Vereinigung
jedenfalls nur im Nichtwissen erlangt: "Iterum autem ascenden-
tes dicamus, neque anima est, neque intellectus, ... neque
unum, neque unitas, neque deitas, aut bonitas, neque spiritus
est, ..., sed eorum, quae post eam sunt, positiones et abla-
tiones facientes."[328]

b) Johannes Scottus Eriugena

Sein Übersetzer Johannes Scottus Eriugena denkt ebenfalls Gottes Übergegenständlichkeit als Ursprung der vielfältigen Ge-
gensätze. Gott ist 'superessentialis', lehrt er wie Dionysius, und unerkennbar. Darum kann er 'nihil' genannt werden.[329]

Mit dieser Konsequenz wird der Weg der negativen Theologie nicht verlassen: ´Nichts´ ist Gott aus der Perspektive des geschaffenen Intellekts, in Relation zu einem Sprechenden.[330] ´Nichts´ ist die letzte mögliche Aussage über Gott, ein ´Name´.[331] Dieses ´Nichts´ ist radikal zu unterscheiden vom ´nihil privativum´ der Materie.[332] "Divine nothingness refers, rather, to the transcendence of the uncreated nature as 'thought through itself', ontologically prior both to the entire sphere of created, existing things and to their privation."[333]

Unerkennbar ist Gott nicht nur für den geschaffenen Intellekt, sondern auch für sich selbst.[334] Das ´nihil´ durchkreuzt die Struktur kategorialen Wissens, jede Bestimmung eines ´quid´:[335] "Die Weisheit Gottes als überkategoriales Wissen hebt daher das Nichtwissen in sich auf, wie das Über-Sein Gottes als Fülle des Seins das Nicht-Sein gegenüber dem Geschaffenen in sich begründend verwahrt."[336] M. a. W.: "Auch in Gottes Selbstwissen hat die 'theologia negativa' den Vorrang."[337] ´Creatio ex nihilo´ bedeutet nichts anderes als Schöpfung aus Gott:[338] "In this way n i h i l signifies the divine nature not only as unconditional transcendence but also as the originating principle from which the division of nature springs. Indeed, John´s interpretation of creation e x n i h i l o compels us to take divine transcendence itself as the ground for created being: the uncreated nature which creates does so out of the n i h i l proper to its transcendence."[339]

c) Meister Eckhart

Diesen Begriff des Nichts kennt auch Eckhart. Insofern steht er eindeutig in der Tradition der apophatischen Theologie. Doch bleibt das Nichts stets Aspekt seines Gottesbegriffs, ein Aspekt mit konstituiver Funktion: als ´nihil omnium´ ist Gott Intellekt. Von einem Vorrang der ´theologia negativa´ kann nicht mehr die Rede sein. Will man den Begriff der Mystik nicht auf apophatische Theologie oder Einheitsmetaphysik (He-

nologie) reduzieren, sondern als totale Bestimmungslosigkeit
('Verstummen im Dunkel der unio') verstehen, der (nicht einmal mehr) der Begriff des Nichts adäquat ist, ist 'Mystik'
bei Eckhart geradezu überwunden (und der Begriff eher irre-
führend).[340]

In einer Predigt über Apg 9,8[341] legt Eckhart das 'niht' vier-
fach aus: a) Gott wird Nichts genannt, b) Nichts hat den Sinn
von 'nichts als Gott', c) in allen Dingen nichts als Gott erkennen, d) alle Dinge als ein Nichts erkennen. In jedem Fall
hat das Nichts relationalen Charakter, steht es in einer
sprachlichen Erkenntnisstruktur: Die Dinge als solche sind
Nichts, d. h. sie werden als Nichts erkannt. Werden die Dinge
erkannt, erkennt man 'nichts als Gott', nur Gott (im Sinne
einer Bejahung in der Form einer negativen Aussage).[342] Den
stärksten Nachdruck legt Eckhart hier auf den Satz 'Gott ein
Nichts nennen': "..., und das niht was got; wan, dô er got
sach, daz heizet er ein niht."[343] Diese Aussage ist Ausdruck
des Einssein Gottes: "Ich enmac niht gesehen, daz ein ist.
Er sach niht, daz was got. Got ist ein niht, und got ist ein
iht. Swaz iht ist, das ist ouch niht. Swaz got ist, daz ist
er alzemâle."[344] Weil Gott 'unum' ist, ist er unerkennbar,
m. a. W. 'nichts'. 'Gott ist Nichts' ist also keine Leugnung
Gottes, sondern im Gegenteil ein Satz der Gotteslehre im
Sinne negativer Theologie zur Wahrung von Gottes Göttlichkeit.
'Nichts' ist Gott – und doch ein 'Etwas'. Er ist unerkennbar,
als solcher aber zu nennen; nun nicht mehr als ein Etwas, das
unser Erkennen aufnehmen könnte, sondern ein Etwas, das Nichts
ist. So wird der Begriff 'iht' gleich durch den des 'niht'
bestimmt, und zwar einheitlich, gänzlich.

Damit ist deutlich, daß die Rede vom Nichts für den Gottesbegriff des 'unum' erkenntniskritische Funktion hat, ohne jedoch das Nichts als einen 'Über-Gott' zu etablieren; denn die
Aussage vom 'niht' ist immer bezogen auf andere Aussagen. Die
verschiedenen Aussagen interpretieren und korrigieren sich
gegenseitig, in einer mehrfachen Wendung des Gedankens er-
gänzen sie sich wie Hinsichten.

Ausdrücklich stellt Eckhart sich in dieser Predigt in den Kontext der Lehre des Dionysius,[345] geht aber darüber hinaus

dadurch, daß er den Zusammenhang herstellt mit seiner Lehre
vom ´Nichts´ der Kreaturen:[346] "Gott wart geborn in dem
nihte."[347] Wo die Kreaturen als das erkannt werden, was sie
sind - nichts -, dort ist Gott Gott, dort ist der Ort der
Gottesgeburt: "Swenne diu sêle kumet in ein und si dâ inne
tritet in ein lûter verworfenheit ir selber, dâ vindet si
got als in einem nihte."[348]

Das Einswerden der Seele mit Gott ist ihr Zunichtewerden. So
kommen im Nichts zusammen die Begriffe von Gott, der Kreatur
und ihrer Einheit.[349] Aber das ´niht´ bleibt darin immer
´Name´ für Gott: "In dem, daz er niht ensach, dô sach er daz
götlich niht."[350] Von dessen Licht ist alles Licht, von dessen Sein alles Sein.[351] So dient das ´Nichts´ zur Hervorhebung des Unterschiedes zwischen dem Sein und dem, von dessen
Sein alles Sein ist. Als Gott der Eine ist er das ´Nichts von
allem´, nicht ein anderes, gerade ´Nicht-anderes´. In der
Hinwendung zu Gott durchkreuzt Eckhart das Göttlich-Eine
mit dem Begriff des Nichts, um so das Eine als das Nicht-
Andere zu deuten. Als das Nicht-Andere umgreift das Eine alles Andere und wird so als das All-Eine, die Fülle deutbar.

Der Aspektcharakter der Rede vom Nichts, seine Bezüglichkeit
wird auch in anderen Predigten deutlich: "Und enist er noch
güete noch wesen noch wârheit noch ein, waz ist er denne? Er
ist nihtes niht, er enist weder diz noch daz. Gedenkest dû
noch ihtes, daz er sî, des enist er niht."[352]

Gott ist zu lieben ohne ´Weise´, "wan got ist niht; niht alsô,
daz er âne wesen sî: er enist weder diz noch daz, daz man gesprechen mac; e r ist ein wesen obe allen wesen. Er ist
ein wesen weselôs. Dar umbe sol diu wîse wîselôs sîn, dâ
mite man in minnen sol. Er ist über allez sprechen."[353]

Damit führt Eckharts Rede von Gott als Nichts zwar nicht zu
einem ´absoluten Nichts´, das dem Verdacht ausgesetzt wäre,
quasi substanzhaft vorgestellt zu werden, auch nicht zum
Agnostizismus, insofern Gott als ´nichts´ für die kategoriale
Erkenntnis noch erkannt wird, der Weg von den Transzendentalien zum Nichts in seiner fortschreitenden Negation also ein

Erkenntnisweg ist - aber es droht die Gefahr der Unsagbar-
keit Gottes: Wenn alle Namen letztlich untauglich sind, dann
sind sowohl alle Namen gleich gültig als auch gleichgültig:
Die Rede von Gott wird beliebig und so zerstört. Zu diesem
Ergebnis war der Avignonenser Gutachter gekommen: "... ymo
nulla proposicio de Deo esset concenda[354] ut Deus est Deus,
ens, unus, trinus et similia; que sunt heretica."[355]

Eckhart entgeht dieser Konsequenz durch den Gedanken des redenden Gottes. "Alle crêatûren sint ze snoede dar zuo, daz sie
in offenbâren; sie sint alle ein niht gegen gote. Dar umbe enmac kein crêatûre ein einic wort von gote geleisten in sînen
werken."[356] So vermag kein Wort Gott auszudrücken, es sei
denn: "Er sprichet sich wol selber in im selben."[357] Der vom
Menschen her mit den Mitteln kategorialer Erkenntnis unter-
nommene Versuch der Rede von Gott scheitert, ihm begegnet jedoch Gott als ein Redender, der in seiner Rede von sich und
in sich die Rede des Menschen von Gott ermöglicht.[358] Das
letztliche Scheitern des Versuches menschlicher Rede von Gott
führt Eckhart seinen Hörern in den Predigten anhand der Transzendentalien und dem 'Nichts' vor Augen. Diesen Weg als einen
scheiternden aufzuzeigen ist das Ziel des Predigers. Im Scheitern ist er jedoch Voraussetzung für das Hören des Redens
Gottes. Der Gedanke des redenden Gottes aber wird im ganzen
Werk Eckharts entwickelt.

Die Diskussion der Transzendentalien führt so über die Einrede
des 'Nichts' vor diese Aufgabe: Gott als einen redenden zu denken. Geleistet wird sie durch Eckharts Interpretation des
'esse' als intelligere'. So stellt sich nach Eckharts Verständnis Gott selbst der Versuchung der 'Mystik' entgegen.
Darin geht er über das Gottesverständnis des Dionysius und
des Eriugena hinaus. An die Stelle eines als Nichts gedachten
Gottes, der als solcher verborgen wäre, tritt Gott in seiner
Selbstoffenbarung als Einer, dessen Sein Denken ist, wobei
das Sein einerseits noch einmal transzendiert wird, andererseits aber sich Gott in seinem Denken zum Sein bestimmt.

3. intelligere - eine Korrektur der Ontotheologie

Die These, Gott sei nicht als ´esse´, sondern als ´intellige-
re´ zu denken, ist hinsichtlich ihrer Tragweite äußerst umstritten.[359] Ist es eine Denkphase Eckharts oder eine bleibend gewonnene Einsicht? Eine Entscheidung dieser Frage wird
möglich, wenn sie in den Zusammenhang des Problems einer Gottes Göttlichkeit gerecht werdenden Auslegung der Einheit Gottes gestellt wird.[360] Wird Gottes Einheit ´intellektuell´
verstanden, ist die Unbezüglichkeit des Einen überwunden, unbeschadet seiner Einheit und Reinheit: So wird ´unum´ anstel-
le von ´esse´ zum Grundbegriff der Gotteslehre.

a) Quaestio Parisiensis ´Utrum in deo sit idem esse et intelligere´

In der ersten Pariser Quaestio (1302/03) "Utrum in deo sit
idem esse et intelligere"[361] revidiert Eckhart seine frühere
Meinung (die des Thomas).[362] Jetzt heißt es: "Deus est intellectus et intelligere et est ipsum intelligere fundamen-
tum ipsius esse."[363] Der Schrift entnimmt er das Verständnis
Gottes als Wort und Wahrheit (Joh 1,bzw. 14), Wort und Wahrheit aber sind auf den Intellekt bezogen: "Relatio autem totum
suum esse habet ab anima et ut sic est praedicamentum reale".[364]
Als eigentliches Argument dient Eckhart damit ein Ergebnis der
dietrichschen Intellekttheorie: Die Relation wird vom Intellekt konstituiert.[365] Wort und Wahrheit als unterscheidende
Beziehung ist Gott also aufgrund des Intellekts.

Unter Berufung auf den ´Liber de causis´ wird Sein als ge-
schöpflich verstanden: "Esse ergo habet primo rationem creabilis."[366] Die Konsequenz ist eindeutig: "deus, qui est creator et non creabilis, est intellectus et intelligere et non
ens vel esse."[367]

Ein Rückblick auf die Argumente für die nun verworfene Auffassung von der Einheit von Sein und Erkennen in Gott zeigt, daß
diese darauf beruhen, daß Gott ´primum´ und ´simplex´ ist.[368]
Diese Voraussetzung bleibt bei Eckhart gewahrt.[369] Dann aber
muß sich neben dem Begriff des Seins, dessen Gültigkeit auf
die Naturdinge eingeschränkt wird,[370] auch der des Intellekts

verändern: "intelligere est altius quam esse et est alterius condicionis."[371] Zunächst nennt Eckhart einzelne Argumente für den Vorrang des Intellekts: Im Naturgeschehen läßt sich alles zurückführen auf das Werk einer Intelligenz. - Der (neuplatonische) Ternar 'esse - vivere - intelligere' soll nur mit Blick auf die daran Partizipierenden ausgesagt werden, d. h. was erkennt, lebt und ist - ohne daß die Umkehrung möglich wäre. Dann aber muß man sagen, daß das Erkennen den ersten Rang einnimmt.[372] - Daß das Erkennen von anderer Bedingung ist als das Sein, wird gezeigt unter Berufung auf Aristoteles:[373] Eckhart versteht dessen Unterscheidung von 'ens' als Akzidens und als 'wahr' (im Unterschied zu 'falsch') so, daß letzteres kein Seiendes ist: "Ens ergo in anima, ut in anima, non habet rationem entis et ut sic vadit ad oppositum ipsius esse."[374] Vom 'ens in anima' kann also nur noch uneigentlich die Rede sein, vorauszusetzen ist der Bruch mit dem Inhärenzschema. Auch das Bild als solches ist 'non ens' wie auch die 'species in anima'. Der Intellekt hat es mit dem zu tun, was nicht ist, insofern ist er selbst nichtseiend, auch der göttliche Intellekt.[375]

Zu brechen ist mit der 'imaginatio', dem vorstellungsgebundenen Denken.[376] Wird unser Wissen vom Sein der Dinge verursacht, so ist Gottes Wissen ihre Ursache: "et ideo, quidquid est in deo, est super ipsum esse et est totum intelligere."[377]

Die Intellektualität Gottes wird dann systematisch begründet:[378] Als wahre Ursache, d. h. 'causa analoga' oder 'causa essentialis',[379] ist er der Form nach von allem Verursachten verschieden, d. h. als Ursache allen Seins selbst nicht Sein.

Das Prinzip ist nicht das Prinzipiierte, d. h. "deus non est ens vel esse creaturae",[380] in ihm ist nicht das Sein, sondern die "puritas essendi".[381] Zur Bestimmung des Erkennens gehört es, keine Ursache zu haben. Als oberste Ursache ist alles 'virtuell' in ihm.[382]

Aufgrund des analogen Verhältnisses von Ursache und Wirkung kann, wenn die verursachten Dinge 'entia formaliter' sind, Gott 'formaliter' kein Seiendes sein.[383]

Da nach Aristoteles[384] der Intellekt nicht die Form der Dinge haben darf, um alle erkennen zu können, muß Gott das Sein abgesprochen werden, damit er Ursache allen Seins sein kann und alles voraushat: "Dico enim quod deus omnia praehabet in puritate, plenitudine, perfectione, amplius et latius, exsistens radix et causa omnium."[385]

Der Sinn der Entgegensetzung von 'intelligere' und 'esse' ist damit eindeutig eine bestimmte Fassung der Unterscheidung von Schöpfer und Geschöpf,[386] mit der Eckhart die 'Reinheit und Fülle' Gottes als des Prinzips schlechthin denken will. Dazu ist der Bruch mit der 'imaginatio' und dem Schema Substanz-Akzidens festzuhalten. "Geschiedenheit der Vernunft meint somit relationslose Unterschiedenheit vom Geschaffenen als vom Sein, impliziert jedoch gerade Vernunft-Vernunft-Relationalität."[387] Diese Einsicht ist sachlich von Belang, terminologisch dagegen zweitrangig: "Deo ergo non competit esse, nisi talem puritatem voces esse."[388] Eckhart läßt für das 'intelligere' auch den Terminus 'esse' zu, bevorzugt jedoch selbst die antithetische Fassung: "Et si tu intelligere velis vocare esse, placet mihi. Dico nihilomnius quod, si in deo est aliquid, quod velis vocare esse, sibi competit per intelligere."[389]

Damit macht er auf seinen besonderen Akzent aufmerksam: Mag man auch Erkennen Sein nennen - genaugenommen ist dann in Gott das sogenannte 'Sein'(= 'puritas essendi') noch einmal vom Erkennen als seinem Grund zu unterscheiden.[390] Gott ist das Prinzip seines Seins und des Seienden. Er ist dies als Erkennen: "quia intelligit, ideo est."[391]

Damit bringt Eckhart nachdrücklich die Differenz von 'intelligere'- 'aliquid in deo' als 'puritas essendi'- 'esse' zur Geltung, um Gottes Gottheit zu wahren.[392] So führt die Diskussion wie die des 'nihil' zu einer Reinigung und Präzisierung des Gottesbegriffes:[393] Gott bezieht sein Sein von sich selber.

b) Dietrich von Freibergs Intellekttheorie

Der thomanische Versuch des Ausgleichs von Substanzontologie und Geistmetaphysik war auf dem Weg der Synthese der beiden

Traditionen 'Gott ist reiner Akt' (Aristoteles) und 'Gott ist
Fülle aller Vollkommenheiten' (Dionysius) zur Identifikation
von Sein und Denken in Gott gelangt.[394] Als 'nomen indefini-
tum' hatte jedoch der Name 'Sein' wieder Vorrang bekommen.[395]

Dietrich überwindet die thomanische Alternative von 'ens naturae' und 'ens rationis' durch Einführung des 'ens conceptionale'.[396] So wird es möglich, den 'intellectus agens'
nicht mehr als akzidentelle Seelenpotenz zu verstehen, sondern
als konstitutiv für die Gesamtheit des Seienden. Gott ist das
Prinzip des Intellekts, dessen Wesen die Erkenntnis seines
Prinzips ist: "Das Prinzip des Intellekts, sein Wesen und die
Gesamtheit der Seienden sind das e i n e Objekt des Intellekts, s i n d der Intellekt."[397] Der 'intellectus agens'
ist einer als Wesen, Tätigkeit und Objekt.[398] Um den Intellekt
zu verstehen, ist mit der Vorstellung zu brechen, als sei der
Intellekt erst, um dann tätig zu sein.[399] Aktivität und Passivität des Intellekts sind nicht von der Dingontologie her,
sondern als Weisen seiner Tätigkeit zu verstehen. Die tätige
Konstitution der Wesensprinzipien durch den Intellekt ist zugleich die Seinsbegründung des Naturgegenstandes, denn: "Das
Seiende ist nach Dietrich seiend durch die Form (bei zusammengesetzten Substanzen) oder durch seine einfache Wesenheit (bei
nicht-zusammengesetzten Substanzen)."[400] Damit lehnt er die
thomanische Realdistinktion ab.[401]

"Also wird auch die Natur ganz von uns konstituiert, aber nur
unter dem Gesichtspunkt ihres quiditativen Seins, so daß auch
andere Prinzipien - Gott und die Natur - ebenso wie der Intellekt die empirischen Gegenstände ganz konstituieren.[402] Auch
der Gegensatz von Naturding und Gedankending kann nur vom Denken konstituiert werden.[403] Der Intellekt selbst setzt ein
Prinzip voraus, das Eine. Dietrich sucht "es als Eines des Denkens zu denken und damit nicht nur von der Undenkbarkeit zu be-
freien, sondern das Denken selbst als für es konstitutiv zu
erweisen."[404] Die denkende Einigung mit Gott geschieht durch
den 'intellectus agens' als Form des 'intellectus possibilis'.
Darin wird Gott gedacht als lebendige Einheit, "die sich selbst
mitteilt und in deren Selbstmitteilung sich das Denken als das
Erkennen dieser Selbstmitteilung erkennt, sich selbst als die-

se Selbstmitteilung erkennt und damit bereits Gott in seinem Wesen."[405)]

c) Quaestio Parisiensis ´Utrum intelligere angeli, ut dicit actionem, sit suum esse´

Dieser ´intellektuelle´ Begriff von Einheit lag Eckhart als Denkresultat[406)] vor und liegt seinem Werk durchgängig zu Grunde.[407)] Als ´intellektuelle Einheit´ ist auch das ´esse´ des späteren ´Opus tripartitum´ zu verstehen, wenngleich der terminologische Wechsel der Erläuterung bedarf.

Auch in der zweiten Pariser Quaestio "Utrum intelligere angeli, ut dicit actionem, sit suum esse" wird in Auslegung aristotelischer Nus-Theoreme[408)] die Seinslosigkeit des Intellekts gelehrt: "intellectus, in quantum intellectus, nihil est."[409)] Ausdrücklich ist hier vom Intellekt als solchem die Rede (also nicht etwa von dem des Engels im Unterschied zu dem Intellekt Gottes), vom Intellekt in seiner Entgegensetzung zu seinem Inhalt, wobei diese Entgegensetzung die Voraussetzung des Erkennens als Überwindung dieser Entgegensetzung ist.

Zur Unterscheidung von ´esse´ und ´intelligere´ gelangt Eckhart auch, wenn er im zweiten Argument das ´intelligere´ als ´potentia´ nimmt: Da dieses vom ´obiectum extra´ bestimmt wird, empfängt es nicht Sein als ´aliquid intraneum´.[410)] In dieser Hinsicht wird die Unterscheidung von ´außen´ und ´innen´ zur Unterscheidung von ´intelligere´ und ´esse´, wobei hier gesprochen wird aus der Perspektive endlichen Wissens, aus der das Objekt des ´intelligere´ nur als ´außen´ erscheinen kann.[411)]

Das dritte Argument beruht auf der Disjunktion von ´ens in anima´ und kategorialem Seienden, die Eckhart bei Aristoteles[412)] liest: Was nicht unter die Kategorien fällt, ist kein Seiendes, etwa die ´species´ als ´principium quo´ des Erkennens.[413)]

Die ´species´ hat ihren ´Ort´ in der Seele, sie verhält sich nicht zu ihr wie ein Akzidens zum Subjekt, weil sie sich ja nicht auf ein Subjekt, sondern auf ein Objekt bezieht; also ist sie überhaupt kein Akzidens. Da sie auch keine Substanz ist, bleibt nur noch übrig, sie als überhaupt kein Seiendes zu verstehen. 'Ort' der 'species' ist die Seele also unter Außerkraftsetzung der Kategorientafel: als Intellekt.[414] Die Disjunktion von Geschaffenem und Ungeschaffenem, von Seiendem und Intellekt, bedeutet die Unerkennbarkeit der 'species' von Seiten des Geschaffenen.[415]

Nur wenn die 'species' selbst kein Seiendes ist, kann sie ihre Aufgabe erfüllen: nicht sich selbst, sondern die 'res' dem Intellekt zu repräsentieren. "Quare non est ens, nisi dicas quod sit ens in anima."[416] Auch hier wird die neue Einsicht vom 'Nichts' des Intellekts festgehalten bei demgegenüber sekundärer Terminologie: Das 'ens in anima' ist 'non-ens'.

An der Unterscheidung von 'extra' und 'intra' wird die Unterscheidung von Intellekt und Wissen verdeutlicht: 'scientia' meint einen Habitus, ein 'ens potentiale', eine Qualität: Wissen ist Wissen eines Subjektes, von seinem Standpunkt aus geurteilt also etwas 'Inneres'. Demgegenüber ist Intellekt 'draußen' und bezieht sich auf das Objekt.[417]

Rein als Intellekt genommen ist er jedoch von allen geschöpflichen Bestimmungen frei, weder seiend noch Sein.[418] Ein Etwas ist er als natürliches Seelenvermögen, da die Seele ja ein Seiendes ist.[419] Kann man schon angesichts dieser Unterscheidung auch der Einheit ansichtig werden (da es ja ein und derselbe Intellekt ist), wird zunächst noch die Unterscheidung verdeutlicht: Bei der Untersuchung der Transzendentalien schied Eckhart das Gute aufgrund seiner Rücksicht auf das Geschöpf aus und als Geschaffenes auch das Seiende.[420] Da 'ens' hier nun durchgängig als 'ens determinatum' erscheint, kann er unter Berufung auf dieselbe Stelle bei Aristoteles[421] verkürzt argumentieren: Aufgrund der Konvertibilität von 'ens' und 'bonum' ist im Intellekt weder die Bestimmung des Guten noch die des Seienden, der 'intellectus agens' (intellectus, ut nominat actionem) also kein Sein.[422]

In Gott als Ursache des Seienden findet sich nicht die Bestimmtheit des Seienden,[423] zwischen Gott und dem Seienden besteht nicht die Beziehung der Univozität. "Das Seiende in seiner causa analoga ist aber deshalb Vernunft als causa univoca, weil

die causa analoga, die Seiendes werden läßt, selbst erst durch
den Bezug zum Seienden causa analoga, ohne diesen Bezug aber
causa univoca ist."[424]

Die erneute Inkraftsetzung der Transzendentalien, die mit ihrer trinitarischen Funktion zu beobachten war, setzt ihre ´in-
tellektuelle´ Korrektur voraus.[425] Der Verweis auf die Transzendentalien löst das Problem ´intelligere oder esse´ aus seiner Sonderstellung. Eckharts Intellekttheorie liefert die Erklärung für die Beobachtung, daß unum/ens, verum und bonum Gott
einerseits abgesprochen werden, andererseits jedoch trinitarisch rehabilitiert werden unter Beibehaltung der strengen Unterscheidung von Schöpfer und Geschöpf: Es ist der Intellekt,
der die Einheit dieser Unterscheidung denkt und sich zu dieser
Unterscheidung bestimmt, sich als Prinzip weiß, das beides ist.
Der terminologische Wechsel von ´intelligere - esse´ zu ´esse
- esse hoc´ hebt das Konstituierende des Intellekts hervor und
befreit ihn aus der Gefahr , dem geschaffenen Sein lediglich
gegenüber vorgestellt zu werden, nachdem seine Differenz zu
ihm festgestellt ist.

d) Gesamtwerk: Das ´intelligere´ als bleibende Einsicht

In der Auseinandersetzung mit Gonsalvus begründet Eckhart gegenüber dem Ansatz der franziskanischen Schultheologie beim
Vorrang der Liebe den Vorrang des Intellekts über den Willen.[426]
Für die hier verfolgte Fragestellung von Belang ist dessen Einwand gegen Eckharts Bestimmung des ´intelligere´ als ´deiformi-
tas vel deiformatio´, als ´subsistens´ und ´increabile´:[427]
"verum est de divino intelligere et non de intelligere creaturae."[428] Für Eckhart aber ist die Unterscheidung von Erkennen Gottes und des Menschen nicht die von Schöpfer und Geschöpf, sondern eine Unterscheidung des Intellektes selbst,
der seinsverleihend (als göttlicher) und seinsvernehmend (als
menschlicher) zugleich ist, aber auch als vom Seienden verur-
sachter selbst kein Sein hat.[429]

Gott als ´intelligere´ ist ein Topos, der keineswegs auf die
Jahre von Eckharts erster Lehrtätigkeit als Magister in Paris
beschränkt ist, sondern seitdem sein ganzes Werk durchzieht.[430]

Wenn nun von einer Identifikation von 'esse' und 'intelligere'
die Rede ist, dann nicht mehr im thomanischen Sinne, sondern
unter Wahrung des Vorrangs des Intellekts: "... in deo, principio omnium, est considerare duo, ut sic dicamus, puta quod
ipse est esse verum, reale, primordiale. Adhuc autem est ipsum considerare sub ratione qua intellectus est. Et huius rationis proprietas altior apparet ...".[431]

Auch in deutschen Predigten wird derselbe Gedanke vertreten:
"Daz ich aber gesprochen hân, got ensî niht ein wesen und sî
über wesene, hie mite enhân ich im niht wesen abegesprochen,
mêr: ich hân ez in im gehoehet." "Niergen wonet got eigentlî-
cher dan in sînem tempel, in vernünfticheit."[432]

Dabei wird Gottes Erkennen mit dem der Seele identifiziert,
d. h. die Einheit von Gott und Mensch ist die des 'intelligere': "Diu nâheit gotes und der sêle diu enhat keinen underscheit in der wârheit. Daz selbe bekanntnisse, dâ sich got selben inne bekennet, daz ist eines ieglîchen abegescheidenen geistes bekanntnisse und kein anderz."[433] "Diu sêle hât ein ver-
nünftic bekennelich wesen; dâ von, swâ got ist, dâ ist diu sêle, und swâ siu sêle ist, dâ ist got."[434] Eckhart deutet "die
Korrelation zwischen dem absoluten göttlichen Intellekt und
dem possiblen, geschöpflichen ... von der Struktur des ur-
sprünglich-urbildlichen und des abbildlichen Intellekts her."[435]

Bei Eckharts Intellektbegriff geht es also auch um das Thema
der Unterscheidung der Einheit von Gott und Mensch: "Got machet uns sich selber bekennende, und bekennende machet er uns
sich selber bekennende, und sîn wesen ist sîn bekennen, und ez
ist daz selbe, daz er mich machet bekennende und daz ich bekenne. Und dar umbe ist sîn bekennen mîn, als in dem meister
ein ist, daz er lêret, und in dem jünger, daz er gelêret wirt.
Und wan denne sîn bekennen mîn ist und wan sîn substancie sîn
bekennen ist und sîn natûre und sîn wesen, dar nâch volget,
daz sîn wesen und sîn substancie und sîn natûre mîn ist. Und
wan denne sîn substancie, sîn wesen und sîn natûre mîn ist,
so bin ich der sun gotes."[436]

Als Intellekt ist Gott 'unum' und nur als solcher![437] Stoff-
liche Wesen sind ja aus Form und Materie zusammengesetzt, und

auch bei geistigen Wesen ist ihr Sein nicht Erkennen: Sie
sind aus Sein und Erkennen zusammengesetzt. Der Unterschied
von Schöpfer und Geschöpf ist der von ´intellektueller Ein-
heit´ und Zusammengesetztem. Eckhart formuliert diese Einsicht als ´Unterscheidungsregel´: "Adhuc autem de quocumque
quaero utrum in ipso sit intellectus sive intelligere aut non.
Si non, constat quod non est deus sive prima causa omnium sic
ordinatorum in fines certos quod intellectu caret. Si vero in
ipso est intellectus, quaero utrum in ipso sit aliquod esse
praeter intelligere aut non. Si non, iam habeo quod sit unum
simplex et iterum quod est increabile, primum et similia, et
est deus. Si vero habet aliquod esse aliud quam intelligere,
iam est compositum, non simpliciter unum."[438]

´Außerhalb´ des göttlichen Intellekts wird Verschiedenheit
und Vielzahl, ´in´ ihm ´aequalitas, similitudo, imago, rela-
tio´etc. , d. h. ´unum in multis´ gedacht.[439]

Da alles Sein außerhalb des Intellekts Geschöpf ist, ist Einssein mit Gott Einssein mit dem Intellekt: "Igitur quantum habet unumquodque de intellectu sive des intellectuali, tantum
habet dei et tantum de uno et tantum de esse unum cum deo."[440]

Sein ist ´actus primus´, lehrt Eckhart mit Thomas.[441] Gegen
Thomas richtet sich seine Schlußfolgerung: Wenn Sein ´actus
primus´ ist, ist damit schon die erste Teilung eingeführt, denn
Potenz und Akt sind Teilungen des Geschaffenen. Im göttlichen
Intellekt aber ist keine Teilung.[442]

Das göttliche Eine als Intellekt zu denken ist hilfreich angesichts des vieldiskutierten Problems, wie aus dem Einen das
Viele hervorgehen kann: "sicut suae simplicitati non repugnat
intelligere plura, ita nec producere plura immediate."[443] Die
Vielheit der Dinge wird möglich und wirklich durch die Tätigkeit des einen Intellekts, der es mit Einheit und Vielheit zu
tun hat - als ihr Grund.

In die Diskussion um die Einheit des Intellekts greift Eckhart
also ein durch die Ablehnung von numerischer Einheit zum Verständnis des Intellekts: Die ´Einheit´ des Intellekts ist keine numerische. Und umgekehrt: "Von Vielheit im Denken Gottes

läßt sich daher nur sprechen im Hinblick auf die in Einheit
gedachte Vielheit der geschöpflichen Welt. Es handelt sich um
begriffliche Unterschiede, nicht um solche dem Sein nach."[444]

Immer wieder betont Eckhart das ´Nichts´ des Intellekts:
" nulli nihil habens commune , ut discernat omnia."[445] Die
Differenz von Denken und zu denkendem Ding ist Voraussetzung,
es zu denken, die Differenz also zu überwinden. Gerade dadurch,
daß der Intellekt ´nicht´ ist, ist er alles: " est quodammodo
omnia ."[446] Eckhart benutzt hier aristotelische Nus-Theoreme
in eigener Anverwandlung: Die Differenz von den Dingen macht
die Universalität des Intellekts aus. Alles ist im Intellekt,
weil dieser nichts von allem ist.

So wird auch mittels des Intellektbegriffs die Differenz von
Schöpfer und Geschöpf sichtbar. Unbeschadet des Einsseins im
Intellekt ist das Wissen des Menschen als rezeptiv von der Aktivität des göttlichen Wissens zu unterscheiden. Dagegen ist
der Intellekt die Einheit dieser Bestimmungen, setzt er sie
ja selbst: Was ´extra´ ist, wird vom Intellekt als ´extra´
bestimmt. Nicht von einem Standpunkt ´außerhalb´ des Intellekts wird bestimmt, was ´außen´ ist, sondern allein vom Intellekt: Dieser ist ja ´alles´- auf die Weise des Intellekts,
d. h. als Bestimmender. In diesem Sinn ist der Intellekt
Substanz, das, was allem zugrundeliegt - weil er sich allem
zugrundelegt.[447] Der Mensch als Intellekt ist Bild Gottes:
"Deus enim ut deus non est nec sapit nec invenitur nisi in intellectuali natura, ubi imago dei capax dei, cuius totum est
esse ad aliud."[448] Die Einung des Menschen mit Gott vollzieht
sich im Denken. Das ´Abscheiden´ ist ein Vorgang des Denkens.
Daraus ergibt sich die These: "Eckhart versteht G o t t als
das alles Denken ermöglichende und begründende Prinzip, zu
dem sich das Denken zu erheben vermag, indem es sein eigenes
Gegründetsein versteht."[449] Gott als Intellekt wird erkannt,
wo er gedacht wird: "ubicumque deus cogitatur, cognoscitur et
amatur, ibi deus invenitur et nusquam alibi."[450] "Ascendere
igitur ad intellectum, subdi ipsi, est uniri deo."[451]

Gibt es einen sachlichen Grund, warum Eckhart nicht bei seiner terminologischen Korrektur (esse →intelligere) bleibt,
sondern bei der korrigierten Terminologie (esse ≙ intelligere)?

Will man nicht einfach an das Übergewicht der Tradition der
sogenannten Exodusmetaphysik mit dem Gottesnamen des 'sum
qui sum' (Ex 3,14) oder an die Verurteilung der Beginen und
Begarden auf dem Konzil zu Vienne[452] denken, von deren Intellekttheorie Eckhart sich hätte distanzieren wollen, so ist
darauf hinzuweisen, daß Eckharts Gottesgedanke stärker noch
als am Sein und Denken am Begriff des Einen orientiert ist:
Die These eines erneuten Wechsels bei Eckhart wäre dann aufzugeben zugunsten der Vorstellung einer dem 'Einen' geltenden
terminologischen Variationsbreite.

Die Untersuchung der eckhartschen Lehre vom 'intelligere' hat
eine Reihe von Fragen aufgeworfen, die erst vorläufige Antworten fanden: Ist Gottes Einheit Denken, das Denken Sein, das
Sein schöpferische - wie ist dann seine Einheit zu unterscheiden, wie ist sein Denken von unserem Denken zu unterscheiden,
wie ist sein Sein vom Geschaffenen als dessen Prinzip zu unterscheiden? Festzuhalten ist die Bedeutung des 'intelligere'
als Korrektiv des am Sein orientierten Gottesbegriffes: Einheit, Sein und Schöpfung dürfen nicht vor dem Hintergrund der
Kategorientafel vorgestellt werden (selbst dann nicht, wenn
dies in Absetzung davon geschieht), sondern sind zu denken von
einem nicht-dingorientierten Intellektbegriff her, der sich als
Gottesbegriff an der geistigen Tätigkeit orientiert.[453] Als
'intelligere' verstanden, ist Gott als Gottheit sein Prinzip
und als Unterscheidung des Einen 'Vater, Sohn und Geist'. Er
weiß sich als Eins in seinem Wesen und Prinzip alles Geschaffenen.

4. Gottheit - Gott

Das sich bei der Untersuchung der Transzendentalien anbahnende
trinitarische Gottesverständnis konnte vor der Rede vom 'Nichts'
bestehen und führte zu der Vorstellung eines redenden Gottes,
dessen Einheit intellektuell zu verstehen ist. Vor einer Untersuchung dieses trinitarischen Modells steht jedoch eine zweite
Einrede: Führt Eckharts Unterscheidung von Gott und Gottheit
nicht über den (trinitarischen) Gott hinaus im Sinne einer Unterscheidung des Wesens Gottes (als 'Gottheit') vom trinitarischen Gott;[454] Ist von der Gottheit noch einmal ein 'Grund'

zu unterscheiden, der - selbst nicht göttlich - Gottes und
der Seele gemeinsamer Grund ist?[455]

Demgegenüber muß die 'Unterscheidung von Gottheit und Gott'
als Identifizierung des 'unum' als 'principium' verstanden
werden; und die Rede vom 'Grund' Gottes macht darauf aufmerksam, daß das Prinzip des Intellekts im Intellekt sein Prinzip
bleibt, daß Gottes Wesen sein Sein konstituiert. Entstanden
ist das Problem durch die zutreffende Beobachtung, daß Eckhart beim Gottesbegriff Aspekte unterscheidet. Aber weder
verlassen diese nach übersteigen sie den trinitarischen Gottesbegriff, sondern sie gelten ihm.

Traditionell ist zunächst die Unterscheidung zwischen der
Ewigkeit des Gottseins Gottes und der Zeitlichkeit seines
Herrseins: Herr und Schöpfer kann er eigentlich erst vom Ge-
schöpf her genannt werden.[456]

In einer Predigt über Eph 4,6[457] unterscheidet Eckhart dann
den Aspekt der Einheit Gottes als Unwandelbarkeit von seiner
Vaterschaft als Moment der Wandlung: Wenn von Gott als Vater
die Rede ist, sind wir mitgemeint. In seiner Einheit, als
'blôz lûter gotheit', vereinigt sich Gott mit der Seele, d. h.
dazu muß ihm alles 'Zugelegte' abgenommen werden.[458] "Er ist
ein vater aller gotheit",[459] d. h. Vater im trinitarischen
Prozeß. Aber in seinem Einssein ist seine Gottheit begründet
und vollendet: "Ich spriche: got enmöhte niemer gebern sînen
eingebornen sun, enwaere er niht ein. In dem daz got ein ist,
in dem nimet er allez, daz er würket an crêatûren und an gotheit."[460] Einheit also ist Voraussetzung von Gottes Vaterschaft und Schöpfersein. Die Summe des Gedankens ist, das Eine
als das Prinzip zu erkennen, als Prinzip des göttlichen Seins
und des Geschaffenen. Gottes Göttlichkeit und Wesen, sein
Einssein, ist auch Prinzip.[461]

Diese Interpretation wird an anderer Stelle bestätigt: Die
"vernünfticheit, diu enkan niemer geruowen" (= intellectus
possibilis), richtet sich nicht auf den Geist, den Sohn oder
'Gott': "War umbe? Dâ hât er namen, und waeren tûsent göte,
si brichet iemermê durch, si wil in dâ, dâ er niht namen enhat: si wil etwaz edelers, etwaz bezzers dan got, als er namen

hât. Was wil si denne? Si enweiz: si wil in, als er vater
ist."[462] Der 'namenlose Gott' ist Vater, Prinzip - und als
solcher Ziel allen Strebens.

Aber auch diese Perspektive wird noch überstiegen zum reinen
Einen hin: In ihm hat das 'Seelenfünklein' seinen Ort, weder
im Vater, Sohn und Geist hinsichtlich ihrer 'eigenschaft'
noch in der schöpferischen Natur Gottes noch in seinem Sein,
"mêr: ez wil wizzen, von wannen diz wesen her kome; ez wil
in den einvaltigen grunt, in die stillen wüeste, dâ nie underscheit îngeluogete weder vater noch sun noch heiliger geist;
in dem innigesten, dâ nieman heime enist, dâ genüeget ez j e -
n e m liehte, und dâ ist ez inniger, dan ez in im selben
sî".[463] Das 'Seelenfünklein' hat seinen Grund im 'grunt'.
Dieser ist zwar ununterschieden, setzt aber selbst Unterscheidung: "wan dirre grunt ist ein einvaltic stille, diu in
ir selben unbewegelich ist, und von dirre unbewegelicheit
werdent beweget alliu dinc und werdent enpfangen alliu leben,
diu vernünfticlîche lebende in in selben sint."[464] Der Gedanke, der vermeintlich zu einem Grund 'jenseits' Gottes führen sollte, gelangt zum vertrauten Begriff des 'unbewegten
Bewegers'. Er ist der Grund, 'principium sine principio'. Es
gilt also, auf die 'Richtung' des Gedankens zu achten: Das
Streben nach Einheit endet im 'Anfang'. Das reine Eine ist
Prinzip, setzt Unterscheidung. Der 'unbekannte Gott' offenbart sich selbst als 'offenbarer' Gott. So wird die Trinität
in ihrem Einssein zugleich akzentuiert und fundiert. Der Gedanke 'Einheit' führt also erst vom Gottesbegriff des Vaters
und Schöpfers fort und geht dann wieder auf ihn zu.[465] Vor
dem Hintergrund der Problemgeschichte des Gedankens formuliert
heißt das: Nicht die Einheit, sondern ihre Unterscheidung ist
Eckharts Problem, dessen Lösung er im 'intelligere' sucht: Ist
Gottes Erkennen sein Wesen und Grund seines Seins, dann ist
das Eine als Gottes Wesen Prinzip seiner Selbstunterscheidung.
Das Eine ist nicht abgetrennt vorzustellen.

Für die Einheit verweist Eckhart auf Plato, den 'großen Pfaffen':[465 a] Der spricht von einer 'lûterkeit', die allen Unterscheidungen vorausliegt: "Her ûz drücket im got, der êwige
vater, die vüllede und den abgrunt aller sîner gotheit."[466]
Wieder wird Gott mit dem Vater identifiziert, der als Prinzip

seine Gottheit aus der ´lûterkeit´ des reinen Einen hervorgehen läßt. Der ´Abgrund´ ist kein Ort ´jenseits´ Gottes, dem
Gott seine Göttlichkeit verdankt, sondern ´ab - grunt´, d. h.
selbst abkünftig vom Prinzip als die ´Fülle der Gottheit´,
Eines vom Einen. Abgrund und Grund verhalten sich wie der Intellekt zu seinem Prinzip, das er in seiner Einheit mit ihm
als sich vorausgesetzt denkt.

Wie versteht Eckhart nun in diesem Kontext die Rede von Gott
als Vater, Sohn und Geist, und was bedeutet sie für die Frage
der Unterscheidung der Einheit von Gott und Mensch?

Z u s a m m e n f a s s u n g

Die Leitfrage dieser Untersuchung nach der Einheit von Gott
und Mensch bei Unterscheidung von Schöpfer und Geschöpf wurde
in diesem Kapitel modifiziert durch das Problem der Einheit
Gottes: Die Transzendentalien erwiesen sich als nur begrenzt
tauglich, diese Einheit zu differenzieren, so daß Eckhart dem
Begriff des reinen Einen den Vorzug gab zum Verständnis Gottes. Die strenge Unterscheidung des Einen von allem anderen
(als ´nihil omnium´) wurde als Selbstunterscheidung erkannt,
so daß das Eine nicht beziehungslos blieb, sondern als ´in-
telligere´ gedacht wurde. Damit ließ sich Gott als Einer von
seinem Prinzip (dem ´grunt´) unterscheiden, ohne daß der Gottesgedanke zerstört wurde und ohne daß das Thema der Einheit
von Gott und Mensch verlassen worden wäre. Die als Intellekt
verstandene Einheit Gottes erlaubt es, Gott trinitarisch zu
unterscheiden. Zugleich wird die Rede von der Einheit von Gott
und Mensch argumentativ begründet und theologisch einsichtig.
Die Bedeutung von Eckharts Trinitätstheorie erschließt sich
erst unter Berücksichtigung der bisherigen Einsichten; andererseits kommen in ihr die bisher erörterten Probleme und Modelle als Aspekte zur Geltung.

IV. Trinität und Denken: Die Unterscheidung
    Gott - Mensch - Kreatur

1. unum als principium

Wenn Gott das Eine ist, Einheit sein Wesen ausmacht, dies aber
als Intellekt zu verstehen ist, dann stellt sich das trinitarische Problem so: Wie kommt das als 'intelligere'ausgelegte
'unum' zum Vielen, zu seinen Inhalten? Eckharts Antwort lautet:
Das 'unum' ist auch 'primum', 'pater', 'principium'. Es ist
dies als Selbstunterscheidung, als Unterscheidung des Einen
gegenüber sich selbst und gegenüber dem Vielen. Die Unterscheidung ist also eine doppelte, unterscheidet sich Gott doch
gegenüber sich selbst als Vater vom Sohn und Geist und gegenüber dem Vielen als Schöpfer vom Geschöpf, der Welt.[467]

a) essentia oder pater: Gott als Sprechender

Die Bestimmung Gottes als 'intelligere' setzt voraus, daß er
'primum' ist. Dieselbe Prämisse gilt für die These 'esse est
deus'.[468] Diese Voraussetzung meint nicht nur, er werde von
keinem anderen bestimmt, sondern auch, er bestimme selbst erst
anderes zu anderem.

So heißt es in der Diskussion der Transzendentalien: Das Eine
"ut primum determinatum est et esse determinans contra multum,
..., propter hoc ipsi uni competit ex sui ratione et proprietate esse primum productivum et patrem totius divinitatis et
creaturarum."[469] Deshalb appropriiere die Tradition dem Vater
die Einheit. Für Eckhart aber ist die Einheit dem Vater nicht
lediglich zuzuschreiben, die 'proprie' dem göttlichen Wesen zu-
kommt, sondern es ist die Eigenart (proprietas) des Einen
selbst, Vater zu sein. In neuplatonischer Tradition (nach dem
Grundsatz des Liber de causis 'primum est dives per se ipsum')[470]
steht er damit der griechischen Trinitätstheorie nahe.[471] Die
mit dem Einen identische Vaterschaft wiederum bringt als 'ratio
sive proprietas' das in sich verharrende 'esse', die 'essentia',
dazu, aus sich herauszutreten.[472] Folgt Eckhart hier terminologisch ganz wieder der lateinischen Tradition, so bleibt doch

noch erkennbar, daß das Eine dem Wesen logisch vorgeordnet
wird, d. h. nicht das Wesen (im Unterschied zur Dreiheit der
Personen) macht Gottes Einheit aus, sondern das Eine selbst.

An anderer Stelle - wiederum in der Transzendentalientheorie -
wird das Eine als erstes Prinzip dem Seienden ausdrücklich
nachgeordnet: [473] Das Seiende ist wie das göttliche Wesen
ununterschieden. "Est enim unum in se indistinctum, distinctum
ab aliis et propter hoc personale est et ad suppositum pertinet cuius est agere."[474] Hier wird das Eine vorgestellt an
einem handelnden Träger, dem Vater als erster Person, dessen
Personalität es ausmacht, in seiner Unterscheidung von anderem in sich ununterschieden zu sein. Obwohl die Einheit durchaus traditionell dem Vater hier appropriiert wird, ohne ihn
zu konstituieren, ist auch hier der Akzent auf die Überwindung der Inhaltslosigkeit Gottes gelegt: "unum sive unitas
est post ens primum principium omnis emanationis".[475]

In der Transzendentalienlehre stehen die Traditionen der
Seins- und Einheitsmetaphysik also noch nebeneinander. Bleibt
die Beziehung des 'unum' zur 'essentia' zunächst noch mehr-
deutig, ist seine Funktion als Prinzip weiterzuverfolgen: Wie
unterscheidet sich das Eine?

Prinzip und Prinzipiiertes sind nicht nur ineinander, sondern
das Prinzip ist "etiam cum suis propriis" im Prinzipiierten,
so daß "hoc sit illud, quodlibet quodlibet".[476] Damit steigert Eckhart diese Einheit über die der 'causa essentialis'
mit ihrer Wirkung hinaus bis zur Identität: "Pater enim hoc
est quod filius. Paternitas ipsa hoc est quod filiatio. Id
ipsum est potentia, qua pater generat et filius generatur."[477]
(Deshalb bedeutet das Zeugungsvermögen direkt das Wesen.)[478]
Zwischen Vater und Sohn ist 'indistinctio': "Unde et ipse
filius cum patre est unum et idem principium potius quam prin-
cipiatum."[479] Die Unterscheidung von Vater und Sohn kann also nur eine innerhalb des Prinzips selber sein: "processus
ille est ad intra, tum quia intellectualis, tum quia nihil
deo est extra."[480] Das Ziel des Ausgangs ist 'ad unum'. Das
Eine ist hier keine Zahl und setzt in Gott keine Zahl:[481] Gott
bleibt sich selbst gegenüber immer Prinzip. Beziehung setzt

keine Unterscheidung des Wesens; das Bezogene bezieht sich
aufeinander, nicht auf das Wesen. Im Sein verliert die Relation ihre Natur, ihr Unterscheiden.[482]

Damit modifiziert Eckhart die augustinisch-thomanische Tradition, die zwei Kategorien für Gott zuließ: Substanz und Relation.[483] Die Relation verliert ihre ´natura distinctionis´.[484]
Das gilt auch für die ´rationes´: Die Ideen unterschiedener
Eigenschaften sind zwar in Gott, "sed sunt sine distinctione,
quia sunt in esse, sunt in uno, unum sunt in esse uno, in esse unum".[485] Dabei wird deutlich, wie das ´esse´ hier wiederum vom ´unum´ her gedacht wird.

Die Unterscheidung von Vater und Sohn ist also keine ´distinc-
tio´, keine Differenz vom und im Wesen oder des Wesens. Sie
ist ein geistiger Prozeß und in diesem Sinn dann ´reale Rela-
tion´.[486]

Ununterschiedenheit und Unterschiedenheit sind in Gott zugleich, dabei ist der Unterschied auf die Einheit zurückzuführen: "... der underscheit kumet von der einicheit, der
underscheit in der drîvalticheit. Diu einicheit ist der underscheit, und der underscheit ist diu einicheit. Ie der underscheit mêr ist, ie diu einicheit mêr ist, wan daz ist underscheit âne underscheit."[487]

Der Sohn geht aus dem Vater aufgrund des Wesens Gottes hervor:
"Wan swaz in gote ist, daz beweget in ze geberne; jâ, von sînem grunde und von sîner wesunge und von sînem wesene wirt der
vater beweget ze geberne."[488] In Absehung von jeder Vorstellung eines göttlichen Willensaktes wird das Hervorgehen auf
Gottes Natur, Sein und Wesen, also seinen ´Grund´ zurückgeführt. ´Grund´ Gottes aber ist das als Prinzip verstandene
Eine.

Im Kontext der Transzendentalientheorie hieß es: Die ´pater-
nitas´ bringt die ´essentia´ dazu, aus sich herauszutreten;
jetzt erscheint mehr die ´essentia´ denn die ´paternitas´ als
Zeugungsvermögen des Vaters.[489] Der Exoduskommentar begründet dies mit der Zeugung des Sohnes als Gott, nicht als Vater.

Folgerichtig zieht Eckhart im Johanneskommentar mit seiner
Transzendentalientheorie die jetzt nötige Konsequenz: Der
Sohn ist "pater alius".[490] Wie bei der Relation wird hier
erneut sichtbar, wie im Spätwerk die Betonung der Einheit verstärkt wird. Eckhart bezieht den Begriff der ´essentia´ auf
den des Vaters: Es ist die ´essentia´ des Vaters, die den
Sohn zum Sohn macht. Das Wesen verliert seine (wenn auch nur
logische) Ordnung ´neben´ den Personen. In verschiedenen Anläufen versucht Eckhart, ´essentia´ und ´paternitas´ wie
´unum´ und ´principium´ aufeinander zu beziehen.

Dieser Gedanke des sich aus sich selbst heraussetzenden Einen,
das sich aus eigenem unterscheidet, tilgt allen Verdacht einer
möglichen Inhaltslosigkeit des Gottesbegriffes. Er bringt vielmehr auf den Begriff, daß Gott spricht, daß Gott sich offenbart. Er tut dies gegenüber dem Sohn und Geist als Einer und
gegenüber dem Geschöpf als Eines im Vielen.

Die Bestimmung des ´unum´ als ´principium´ und ´intelligere´
versteht Gott als einen von sich aus Redenden: "pater cae-
lestis id quod est et sui ipsius essentiam pandit, manifestat,
dicit et loquitur verbo et actu interiori, qui est dicere et
´verbum´".[491] Gottes Selbstunterscheidung im ´inneren Wort´
ist die ´wahre Rede´, dergegenüber die ´äußere Rede´ nur
´vestigium´, nur analog ist.[492] Dementsprechend kann das Modell ´iustitia - iustus´ als Sprech- und Hörverhältnis verstanden werden,[493] wie auch der Ternar ´esse - vivere -
intelligere´:[494] Sprechen ist Gottes Beziehung zu sich selbst
und zur Welt.

b) Gottes doppelte Selbstunterscheidung

Bevor die Frage nach Gottes Selbstunterscheidung als Wort und
Rückwendung weiter untersucht wird, stellt sich mit Blick auf
die Unterscheidung des Schöpfers vom Geschöpf nun ausdrücklich
das Problem, wie vom Einen überhaupt Vielheit möglich ist.
Kann das Eine Schöpfer des Vielen sein?

Eckhart verweist darauf, wie kontrovers diese Frage diskutiert
wird[495] und gibt selbst eine dreifache Antwort: Als Intellekt

bringt Gott die Dinge durch den Intellekt hervor: "sicut suae simplicitati non repugnat intelligere plura, ita nec producere plura immediate."[496] Der Intellekt ist Vielheit und Einheit, Vielheit in Einheit. - Ferner: "deus naturaliter praehabet omnes formas et omnium."[497] Es sind aber die Formen, die die Verschiedenheit der Dinge bestimmen. - Besonders aber gilt: "ab uno uniformiter se habente semper unum procedit immediate."[498] Insoweit folgt er dem von Thomas heftig bekämpften Avicenna; selbst spielt er mit dieser These an auf Siger von Brabant.[499] "Sed hoc unum est ipsum universum, quod a deo procedit, unum quidem in multis partibus universi."[500] Die von Gott unmittelbar geschaffene Einheit ist die Vieleinheit des Universums (= uni-versum),[501] 'unum in multis'. Es ist trotz seiner Teile eines, wie Gott eins ist, obwohl mannigfach "secundum rationes ideales".[502]

Das Eine unterscheidet sich also doppelt: 'in uno' und 'ad extra'. Es ist die Unterscheidung von Schöpfer und Geschöpf, von 'unum cum uno' und 'unum in multis', von S e l b s t - unterscheidung und Selbst- u n t e r s c h e i d u n g . Gott ist eins - als Gott und als Schöpfer.[503]

c) ... und die Stellung des Menschen

Welches ist angesichts dieser doppelten Unterscheidung Gottes die Stellung des Menschen?

Eckharts These lautet: Soweit der Mensch eins ist mit Gott, ist er selbst dieses doppelte Prinzip und damit 'Schöpfer Gottes' und der Welt. So provozierend diese Aussage klingt, wird hier keineswegs zu guter Letzt doch noch der Unterschied von Schöpfer und Geschöpf beseitigt. Vielmehr zieht Eckhart diese äußerste Konsequenz aus dem Gedanken der Einheit. Er wehrt damit der Vorstellung einer 'zweiten Einheit', die die Einheit des Menschen mit Gott auf seine Einheit mit dem Sohn festlegt ('ad imaginem' der 'imago'): Ist der Mensch mit Gott eins, dann ist er wirklich Prinzip im Vollsinn.

Vorbereitet wird dieser Gedanke in einer Predigt über Mt 5,3[504]

in einer dreifachen Auslegung von 'Armut': "daz ist ein arm
mensche, der niht enwil und niht enweiz und niht enhât."[505]

Nichts zu wollen, d. h. nicht etwa, statt des eigenen Willens
den Willen Gottes erfüllen zu wollen, sondern bedeutet das
Aufgeben der Willensstruktur selber: "Dô ich stuont in mîner
êrsten sache, dô enhâte ich keinen got, und dô was ich sache
mîn selbes; dô enwolte ich niht, noch enbegerte ich niht, wan
ich was ein ledic sîn und ein bekenner mîn selbes nâch ge-
brûchlîcher wârheit. Dô wolte ich mich selben und enwolte
kein ander dinc; daz ich wolte, daz was ich, und daz ich was,
daz wolte ich, und hie stuont ich ledic gotes und aller dinge.
Aber dô ich ûzgienc von mînem vrîen willen und ich enpfienc
mîn geschaffen wesen, dô hâte ich einen got; wan ê die crêatûren wâren, dô enwas got niht 'got', mêr: er was,daz er was.
Aber dô die crêatûren gewurden und sie enpfiengen ir geschaffen wesen, dô enwas got niht 'got' in im selben, mer: er was
'got' in den crêatûren."[506] Die Forderung, das Wollen aufzugeben, bedeutet also, das Geschöpf-Sein aufzugeben, jene Differenz von Geschöpf und Schöpfer, in der Gott aus seiner Ununterschiedenheit und Selbstidentität (sum qui sum) herausge-
hend im Gegenüber zum Geschöpf sein Gott ist. In der 'causa
prima' ist der Mensch nicht Geschöpf, sondern 'causa sui' in
der Erkenntnis seiner selbst.

Wird im nächsten Schritt gelehrt, nichts w i s s e n zu
sollen, ist nicht das göttliche 'intelligere' verneint. Es
geht vielmehr darum, das Wissen als e i g e n e s zu überwinden: Das 'Seelenfünklein' ist "beroubet, daz ez niht enweiz
got in im ze würkenne; mêr: ez ist selbe daz selbe, daz sîn
selbes gebrûchet nâch der wîse gotes."[507]

Es gibt keine Reflexion auf es selbst, weil es sich selbst
nicht h a t .

Nichts zu h a b e n , ist aber die äußerste Armut. Wenn der
Mensch keinen Ort für Gottes Wirken bereithält, dann ist Gott
eine eigene Stätte seiner Werke: "Dâ der mensche stat beheltet, dâ beheltet er underscheit. Her umbe sô bite ich got, daz
er mich ledic mache gotes, wan mîn wesenlich wesen ist obe gote

alsô als wir got nemen begin der crêatûren; wan in dem selben wesene gotes, dâ got ist obe wesene und ob underscheide,
dâ was ich selbe, dâ wolte ich mich selben und bekante mich
selben ze machenne disen menschen. Her umbe sô bin ich mîn
selbes sache nâch mînem wesene, das êwic ist, und niht nâch
mînem gewerdenne, daz zîtlich ist. Und her umbe sô bin ich
ungeborn, und nâch mîner ungebornen wîse sô enmac ich niemer
ersterben. Nâch mîner ungebornen wîse sô bin ich êwiclîche
gewesen und bin nû und sol êwiclîche blîben. Daz ich bin
nâch gebornheit, daz sol sterben und ze nihte werden, wan ez
ist toetlich; her umbe sô muoz ez mit der zît verderben. In
mîner geburt, dâ wurden alliu dinc geborn, und ich was sache
mîn selbes und aller dinge; und haete ich gewolt, ich enwaere
niht, noch alliu dinc enwaeren niht; und enwaere ich niht,
sô enwaere ouch ´got´ niht. Daz got ´got´ ist, des bin ich
ein sache; enwaere ich niht, sô enwaere got niht ´got´."[508]
Bei Wahrung seiner Geschöpflichkeit ist der Mensch auch eins
im Einen "ob allen crêatûren" und "weder got noch crêatûre"[509]
und in dieser Hinsicht Prinzip: als ´erster Beweger´ Schöpfer
der Dinge und ´sache´ Gottes.

Die Textgestaltung des Herausgebers versucht, eine abschwächende Interpretation dieses Gedankens nahezulegen. Ist der
Mensch Ursache Gottes als ´Gott´(d. h. insofern er erst als
Schöpfer des Geschöpfes ´Gott´ zu nennen wäre), bleibt die Aussage zirkelhaft: Weil Gott Ursache des Menschen ist, ist er
Gott; also ist der Mensch ´Ursache´ Gottes. Diese These ´Gott
definiert sich durch den Menschen als Gott´ wird in der Predigt jedoch weitergeführt und erfährt noch eine Steigerung:
Der Mensch, der ´ob underscheide´ eins ist mit dem Einen, ist
als ´pater - principium´ Ursache der ganzen Gottheit. Erst
diese trinitarische Auslegung läßt die ganze Reichweite der
eckhartschen Theorie erkennen: Es zeigt sich, daß Eckharts
Verständnis der Einheit von Gott und Mensch zwar christologisch geprägt, aber letztlich trinitarisch grundgelegt ist.

Festzuhalten ist die im Gedanken des ´unum´ als ´principium´
geleistete Etablierung des Gottesbegriffes: Gott ist das un-
bezügliche Eine als Ursprung, insofern es sich also bezieht:
auf sich selbst als Wort und Rückwendung und auf das Nichts
als Schöpfer.

2. filius als verbum

Der Lehre vom Sohn als Wort Gottes ist in Eckharts Werk brei-
tester Raum gewidmet. In ihr kommt die Fülle der Beziehungen
zur Sprache und auf den Begriff. Sie ist kennzeichnend für
seinen Gottesgedanken und entscheidend für das Verständnis
der eckhartschen Trinitätslehre.

Der Vater ist Ursprung, der aus sich hervorgeht und dabei in
sich verbleibt. Also ist der Sohn vom Vater unterschieden,
aber nicht verschieden: ´alius´, nicht ´aliud´.[510] Das Verhältnis von Vater und Sohn wurde ausgelegt im ´iustitia -
iustus´Modell, bzw. im ´imago´Modell und im Motiv der ´Gottes-
geburt´.[511] Im Sohn wird der Vater sichtbar, offenbart er
sich als Wort: "Des vaters sprechen ist sîn gebern, des sunes
hoeren ist sîn geborn werden."[512]

In diesem Abschnitt ist zu untersuchen das Verhältnis von Vater und Sohn und die Eigenart des Sohnes, der Mensch als Sohn,
sein Verhältnis zu Christus und die Heilsbedeutung dieses Verhältnisses, der Sohn als Prinzip der Welt und die Wort-
Struktur des Geschaffenen.

a) Das Vater-Sohn-Verhältnis und die Eigenart des Sohnes

Der Sohn ist ein einziger und kann nur ein einziger sein, da
der Vater ganz in ihm ist.[513] Wie das Erkenntnisbild eins
mit dem zu Erkennenden sein muß, aber nicht dieses selbst
sein darf, um zu erkennen, so besteht für Vater und Sohn ´na-
tura identitas´ bei ´distincto personalis´.[514] Selbst ´alius,
non aliud´, spricht der Sohn die Einheit des Vaters und seine
Unterschiedenheit aus, ist er ihr Ausdruck.[515] Gott ist also
nicht einfach eins hinsichtlich seines Wesens und unterschieden hinsichtlich der Personen, vielmehr ist Einheit und Unterschiedenheit von den Personen selbst auszusagen.

Vater und Sohn unterscheiden sich durch ihre Relation, deren
Gegenseitigkeit Eckhart betont: "Pater enim et filius opponuntur relative: in quantum opponuntur, distinguuntur, sed in
quantum relative, mutuo se ponunt; nec est nec intelligitur

pater sine filio et e converso."[516] Die Eigenart des Sohnes
ist also seine Beziehung zum Vater.[517] Darin lassen sich
vier 'proprietates' unterscheiden: Er ist 'intimum', 'primogenitus omnis creaturae', 'semper nascitur et semper natus
est', 'procedit a patre sub proprietate intellectus'.[518]
Wie Thomas vertritt Eckhart hier die Realität der Relation,
es handelt sich aber um die Realität des Intellekts.[519]

Für die Beziehung des Sohnes zum Vater gilt also ein Vierfa-
ches: Er ist mit ihm 'consubstantialis', zwischen ihnen ist
eine 'distinctio personalis', und eine "in esse et in natura
merissima identitas, quae nec partes nec rationis sive diffi-
nitionis, scilicet genus et differentiam, admittit", sowie
eine 'coaeternitas'.[520]

Dem Sohn wird die Weisheit und Wahrheit appropriiert: "Der
sun ist aleine diu wârheit und niht der vater noch der heilige geist, wan als sie éin wârheit sint in irm wesene."[521]
Er ist dies, da er alles ausspricht, was der Vater ist. So
ist er die Offenbarung des Vaters, 'pater alius',[522] Wort
und Bild des verborgenen Gottes,[523] 'principium de principio'.[524] Wieder wird deutlich, wie die Vorstellung eines
'verborgenen Gottes' überwunden wird: Die als 'unum' verbor-
gene Gottheit offenbart der Vater als Sohn.

Proprietäten des Sohnes sind eine passive (gezeugt zu werden)
und eine aktive (den Heiligen Geist zu hauchen).[525]

b) Der Mensch als Sohn

Augustin hatte das Mittelalter gelehrt: Sohn Gottes ist Jesus
Christus, die Menschen sind 'filii Dei' im Sinne von 'fratres
unico filio'.[526]

Thomas zufolge ist die Vaterschaft Gottes gegenüber dem Geschöpf nur unvollkommen ("non secundum perfectam rationem,
cum non sit una natura Creatoris et creatura") und mehrfach
zu differenzieren: Dem nichtgeistigen Geschöpf ist er Vater
"propter similitudinem vestigii tantum", dem Vernunftwesen
"secundum similitudinem imaginis". Den 'filii adoptivi' ist

er Vater "secundum similitudinem gratiae", denen in seiner
Glorie "secundum similitudinem gloriae". Die besondere Sohnschaft des Menschen als ´imago´ kann demnach zwar noch gesteigert werden, ist jedoch bleibend von der Sohnschaft ´in
divinis´ unterschieden.[527]

Eckhart nun versteht die Menschen schlechthin als ´filii´,
als dieselben wie der ´filius Christus´. Seine Begründung ist
zunächst soteriologisch unter Ablehnung des ´extra nos´:
"Parum enim mihi esset v e r b u m c a r o f a c t u m
pro homine in Christo, supposito illo a me distincto, nisi et
in me personaliter, ut et ego essem filius dei."[528] Was in
Christus geschah, geschieht in uns: "... in quolibet nostrum
filius dei fit homo et filius hominis fit filius dei",[529]
weil es sich um ein und dasselbe Geschehen handelt: "Non enim
est imaginandum falso quasi alio filio sive imagine Christus
sit filius dei, et alio quodam homo iustus et deiformis sit
filius dei."[530] Damit wird die Begründung vertieft: Durch
denselben Sohn werden der Mensch Christus und wir Menschen
Söhne Gottes.[531] Sohnschaft tilgt die Sünde, sie ist das
Heil des Menschen: "quotquot salvi facti sunt post vel ante
incarnationem, per filium, per esse filii salvati sunt."[532]

c) Sein Verhältnis zu Christus

Zur Unterscheidung der Sohnschaft Christi von der des Menschen
übernimmt Eckhart einen traditionellen Ansatz: "homo sit per
gratiam adoptionis quod ipse est per naturam",[533] und führt
auch den weiter: "Ipse ergo per generationem, quae est ad esse, ad speciem et naturam, et propter hoc est filius naturalis,
nos vero per regenerationem, quae est ad conformitatem naturae."[534] Bei aller Identität der Sohnschaft ist es s e i n e
Sohnschaft, die u n s e r e wird: Der Mensch wird ´filius´
durch den ´Christus filius´.[536]

Das Mensch-Sein Christi ist das Sein der göttlichen Person.
Menschwerdung bedeutet nicht die Annahme geschöpflichen Seins
(hoc esse); dies unterscheidet ihn fundamental vom Menschen,
der auch diesen Modus des Seins hat.[536] "Dâ der vater sînen
sun in mir gebirt, dâ bin ich der selbe sun und niht ein an-

der; wir sîn wol ein ander an menscheit, aber dâ bin ich der
selbe sun und niht ein ander."[537] 'Ein ander an menscheit'
ist zu verstehen im Sinne dieses Mensch-Seins Christi und des
Menschen, zu dem für den Menschen das Geschöpf-Sein hinzu
kommt, nicht im Sinne einer Verschiedenheit der menschlichen
Natur: denn diese ist in Christus und im Menschen eine.[538]
Der Unterschied kommt zustande durch das, was zum Mensch-Sein
hinzu kommt: "Diu sêle enhât niht underscheides von unserm
herren Jêsû Kristô, wan daz diu sêle hât ein gröber wesen; wan
sîn wesen ist an der êwigen persône. Wan als vil als si ir
gropheit abeleget - und möhte si ez alzemâle abegelegen -, sô
waere si alzemâle daz selbe; und allez, daz man gesprechen
mac von unserm herren Jêsû Kristô, daz möhte man sprechen von
der sêle."[539] So folgt aus der Diagnose der Unterscheidung
gerade die Aufforderung zu ihrer Überwindung: "... wellet ir
got bekennen, sô sult ir niht aleine glîch sîn dem sune, sunder ir sult der sun selber sîn."[540] Damit ist der 'similitudo'-
Gedanke des Thomas auf Identität hin überschritten.

In der Einheit der Sohnschaft erfüllt sich das Motiv der 'Gottesgeburt': "... und vrâget ir mich, wan ich ein einiger sun
bin, den der himelische vater êwiclîche geborn hât, ob ich dan
êwiclîche in gote sun sî gewesen, sô spriche ich: jâ und nein;
jâ, ein sun nâch dem, daz der vater mich êwiclîche geborn hât,
und niht sun nâch der ungebornheit."[541] 'Niht sun nâch der
ungebornheit' interpretiert die Sohnschaft (Sohnsein heißt Ge-
borensein), schränkt sie nicht etwa ein, m. a. W.: Der Mensch
ist ewig in Gott geborener Sohn; ja schon ungeboren eins mit
Gott: "Hie hân ich êwiclîche geruowet und geslâfen in der verborgenen bekantnisse des êwigen vaters, inneblîbende ungesprochen. Ûz der lûterkeit hât er mich êwiclîche geborn sînen eingebornen sun in daz selbe bilde sîner êwigen vaterschaft, daz
ich vater sî und geber den, von dem ich geborn bin."[542] Aufgrund der Einheit des Menschen mit dem Vater und dem Sohn
leistet der Mensch als Sohn und Vater die Rückwendung: Er gebiert den Gebärer, genauer: "In dem selben, daz er gebirt
sînen eingebornen sun in mich, sô gebir ich in wider in den
vater."[543] Der Mensch gebiert den Sohn und sich selbst als
Sohn. Den Sohn gebiert er in den Vater zurück, wie Christus
sich in den Vater zurückgebiert.[544] Eckhart 'verlängert'
hier den Gedanken vom Einssein im Einen und im Vater als Vater

durch den Gedanken vom Einssein im Sohn (= pater alius) als
Sohn (= pater alius). In der Beziehung von Vater und Sohn
benutzt Eckhart das platonische ´exitus-reditus´Schema, in
der Lehre vom ´spiritus´ als ´reditio´ spricht er die Einheit
von Ausgang und Rückkehr aus.[545]

d) Das Votum Avenionense: Christologie als Theo-logie

Eckharts Lehre vom Menschen als eingeborenen Sohn rief den
Widerspruch des Avignonenser Zensors hervor. Der argumentier-
te mit Thomas und Augustin: Sohn ist der Mensch lediglich
´per gratiam adoptionis´, aber nicht ´filius unigenitus´;
´unigenitus´ ist allein Christus nach seiner göttlichen Natur
(nach seiner menschlichen ´primogenitus´). Eckhart hingegen
setze den Menschen als ewig.[546] Sein zwar triftiges Argument
von der Identität des eingeborenen Sohnes mit dem, durch den
wir Söhne ´per adoptionem´sind, könne nicht beweisen, daß wir
derselbe Sohn ´secundum quod homo´ seien. Das Argument mit
der Einheit von Gottes Handeln, das nur Einheit bewirke ´sine
omni distinctione´ sei absurd: Dann müsse ja alles Geschaffene ohne Unterschied eins sein.[547] Auch seine Beispiele vom
Siegel und Spiegel taugen nichts: Die Abdrücke des Siegels
sind eben nicht mit dem Siegel und untereinander identisch,
ebenso nicht das Gesicht und die Spiegelbilder.[548] Gegen
Eckhart muß die Einzigartigkeit Christi geltend gemacht werden: "Dedit enim Deus filio suo in humana natura esse personale, qua verbum caro factum, quod nulli alteri dedit.... Nec
alicui dedit tantum sanctitatem nec gracie plenitudinem vel
quod sit capud[549] ecclesie, mediator Dei et hominum nisi so-
li Christo."[550] Was ´formaliter´ in Christus ist, ist nicht
´formaliter´in uns oder unser. Zusehends schärfer wird die
Kritik gegen Eckharts Folgerungen, wenn dieser vom Menschen
als Erzeuger des ewigen Wortes und als Schöpfer der Welt
spricht, was begründet ist in seiner Auffassung von der ´com-
municatio idiomatum´: "que omnia sic sunt patenter fatua et
vesana quod non egent discucione."[551] Die ´communicatio
idiomatum´ gilt allein für Christus "propter dictam unionem
singularem in Christo nec eciam in Christo propria unius nature sunt propria alterius nec dicuntur de se invicem in ab-
stracto."[552] Aber nicht einmal Christus kann Erzeuger des

göttlichen Wortes genannt werden, dann wäre er ja Erzeuger
seiner selbst. Umgekehrt kann Gott sehr wohl ohne den Menschen
Christus handeln. Und einen Gerechten gibt es doch auch getrennt vom 'suppositum' Christi. Ein Geschöpf kann einfach
nicht Erzeuger des göttlichen Wortes sein.[553]

Die Argumente gegen die 'Häresie' kommen Schlag auf Schlag.
Aber alle operieren sie mit einer dingorientierten Einheitsvorstellung. Diese beansprucht Eckhart jedoch gerade zu de-
struieren: Gottes Einheit ist Denken. Was so eins ist, kann
- sofern nach Art der Dinge vorgestellt - durchaus getrennt
sein. Die Unterscheidung der 'supposita' hebt die intellektuelle Einheit nicht auf. Aus dieser Einheit mit dem Einen
folgt die Einheit mit dem Schöpfer als Schöpfer und die Einheit mit dem Sohn als Sohn. Für Eckhart nun ist das Beharren
auf der Vorstellung eines von der menschlichen Natur noch getrennten individuellen Seins Christi die Aufhebung der Erlösung; ja gerade diese Vorstellung macht den Schöpfer zum Geschöpf, besteht die Erlösung doch in der Annahme der menschlichen Natur, in der Natureinheit mit Christus, und ist gerade der Gedanke des Eigenen, Persönlichen in der Trennung
vom Ganzen, Allgemeinen der eigentliche Begriff des Geschöpfes. In der Tat gehen die Kritiker Eckharts von einem aus
Wahrnehmung und Denken gewonnen Begriff des Geschöpfes aus.
Das Geschöpf ist das vermeintlich Bekannte, von dem aus sich
Gott (via eminentiae und negationis) erkennen läßt im abgren-
zenden Gegenüber. Demgegenüber kennt Eckhart einen theologischen (im Wortsinn genommen, nicht als Einzelwissenschaft zu verstehenden) Begriff des Geschöpfes: Als solches
ist es nichts, bestimmbar und bestimmt erst in Gott. Gott
setzt das Geschöpf in sich gegen das Nichts in Unterscheidung
von sich. In seiner Rede von Gott sucht Eckhart mit den Mitteln eines an Aristoteles geschulten Neuplatonismus dieser
theo-logischen Struktur zu folgen. Allgemein ausgedrückt:
Eckhart versteht Denken in einer Hinsicht als Theo-logie,
Reden Gottes (gen subj.). Denken aber ist die Natur des Menschen als Menschen, jene Natur, deren Einheit mit Gott (und
Christus) in ihrer Annahme durch Christus sichtbar wird.
Auch in Eckharts Rechtfertigungsschrift wird von dieser Einheit nichts zurückgenommen: "Verum est enim quod deus assu-
mendo humanam naturam contulit ipsi et omnibus participantibus

naturam illam illa que Christo contulit."[554]

e) assumptio: Christologie der Natureinheit

Der Gedanke der Natureinheit von Christus und Mensch wird in
Eckharts Werk breit entfaltet. So handelt das zweite Kapitel
des Johanneskommentars "de nuptiis inter deum et animam, quomodo verbum caro factum habitat in nobis".[555] Gottes Wort
nahm die Natur, nicht die Person eines Menschen an, lautet
der Grundsatz.[556] "... natura est nobis omnibus aequaliter
communis cum Christo univoce."[557] Dabei ist die menschliche
Natur dem Menschen näher als er sich selbst ist, wie Eckhart
in augustinischer Sprache fortfährt. Wer also Sohn Gottes werden will, muß alles Persönliche und Eigene ablegen.[558]

Die Univozität der Natureinheit ist keine Einheit der Person.
Strukturell liegt hier wieder die Unterscheidung von Schöpfer
und Geschöpf vor: Wenn Eckhart von ´natura humana´ spricht,
meint er nicht die geschaffene Natur, sondern ihr Prinzip.[559]
Nur so kann nach Eckharts Selbstverständnis die Einheit des
Menschen mit Gott vor ihrem häretischen Mißverstehen ge-
schützt werden.[560] Dann aber muß unter dem ´homo assumptus´
nicht allein der Mensch Christus, sondern jeder Mensch verstanden werden: als ´iustus in iustitia´ und ´membrum corporis
Christi´.[561] Was die Tradition allein von Christus gelten
ließ, gilt in Eckharts Verständnis also vom Gerechtfertigten.[562] So kommt es zu jenen Sätzen, die die schärfste Kritik des Avignonenser Zensors erfuhren: "»homo assumptus a
verbo« creavit caelos a principio, ..., quia homo est una
persona cum verbo ipso quod caelos creavit; communicant enim
sibi sua idiomata verbum et »homo assumptus«, ut quod verbum
fecit ab initio, dicatur fecisse et ipse homo dudum assumptus
postea."[563]

Durch Annahme der menschlichen Natur ist Gott ´proprie et per
substantiam´ Mensch und der Mensch in Christus Gott. Was von
Gott her ´per substantiam´ gilt, gilt im Menschen ´adoptive
per gratiam´.[564] Diese Unterscheidung von Hinsichten schränkt
die Einheit nicht ein, schärft aber die Unterscheidung von
Menschheit (oder ´menschlicher Natur´) und Mensch ein: Gott

nahm die reine menschliche Natur und nicht einen Menschen an.
Einssein von Gott und Mensch setzt voraus, daß der Mensch alles ablegt, was von einem Menschen an ihm ist, was das ewige
Wort nicht annahm: "... sô bist dû daz selbe an dem êwigen
worte, daz menschliche nature an im ist. Wan dîn menschlîche
natûre und diu sîne enhât keinen underscheit: si ist ein, wan,
swaz si ist in Kristô, daz ist si in dir."[565] Damit ist präzise die Ablegung alles Geschöpflichen, alles ´hoc et hoc´
gemeint: "Diu groeste einunge, die Kristus besezzen hât mit
dem vater, diu ist mir mügelich zu gewinnene, ob ich künde
abegelegen, daz dâ ist von disem oder von dem, und künde mich
genemen menscheit. Allez daz denne got ie gegap sînem eingebornen sune, daz hât er mir gegeben als volkomenlîche als im
und niht minner, und hât mirs mê gegeben: er gap mê mîner
menscheit an Kristô dan im, wan er engap im niht; er hât mirz
gegeben und niht im, wan er engap imz niht, er hâte ez êwiclîche in dem vater."[566] Es ist hier bemerkenswert, wie der Gedanke, der auf die höchste Einheit abzielt, wieder in die Unterscheidung einmündet, nun nicht der Menschheit als solcher,
sondern hinsichtlich ihres Ursprungs.

An anderer Stelle wird diese Unterscheidung getroffen zwischen
´eins in der ewigen Geburt´ und ´unterschieden nach der leib-
lichen Geburt´.[567] Die reine Menschheit ist "sunder bilde",
d. h. ohne jede Prägung, frei und ungeteilt, ´einvaltig´ -
wie der Intellekt selbst. "Und dar umbe, wan in der annemunge
diu menschliche natûre von dem êwigen worte einvalticlîche sunder bilde angenomen wart, sô wart daz bilde des vaters, daz der
êwige sun ist, bilde der menschlîchen natûre."[568] Weil die
menschliche Natur ohne Bild ist, kann sie den Sohn als Bild
des Vaters aufnehmen, das göttliche Bild werden. Damit ist der
Mensch Sohn Gottes, der von aller Unterschiedenheit, allen Akzidenzien, allem Nichts absieht: "Und alsô als der sun ein ist
mit dem vâter nâch wesene und nâch natûre und hâst ez allez in
dir, als ez der vater hât in im; dû enhâst ez von gote ze
lêhene niht, wan got ist dîn eigen."[569] Hier wird der
´assumptio´ Gedanke in der Struktur des Intellekts gedacht:
Wie der aufnehmende Intellekt von allen Inhalten frei sein muß,
um zu erkennen, so muß die menschliche Natur von allem Individuellen frei sein, um zum Bild und Sohn Gottes zu werden.[570]
Es bestätigt sich die These, daß Eckharts Theo-logie konse-

quent vom Intellekt her entworfen ist und damit die bloße Analogie mit der 'mens' (wie in der augustinisch-thomanischen
Tradition) auf Univozität hin übersteigt. Er vertritt eine
Christologie der 'Natur' im Sinne eines Wesensbegriffes. Ihr
Schlüsselbegriff ist nicht die hypostatische Union, sondern
die Natureinheit: nicht die Annahme eines Individuums, einer
konkreten menschlichen Person, sondern die Annahme der reinen
menschlichen Natur.[571] Damit kann das Christusgeschehen gerade nicht als ein beliebiger 'Fall von Menschwerdung' angesehen werden, sondern als 'd e r Fall' schlechthin: im Einen
geschieht das Ganze. Nicht die Individualität und Person
Christi als solche ist dafür von Belang (das alles gehört zum
'hoc et hoc'), sondern das Geschehen in ihm, sein Werk. Eckharts Christologie der Natureinheit ist eine des göttlichen
Werkes. Dabei ist Gottes Werk als der Vollzug seines Wesens
zu verstehen. In seinem Sohn ist Gott der Vater nicht ohne
die menschliche Natur. Dies ist das Heil des Menschen.

Damit gibt Eckhart zugleich Antwort auf die von ihm selbst
gestellte Frage nach dem Vorrang Christi: "sît ich in dirre
natûre hân allez, daz Kristus nâch sîner menscheit geleisten
mac, wâ von ist danne, daz wir Kristum hoehen und wirdigen
als unsern herren und unsern got? Daz ist dâ von, wan er ist
gewesen ein bote von gote ze uns und hât uns zuo getragen unser saelicheit. Diu saelicheit, die er uns zuo truoc, diu was
unser. Dâ der vater sînen sun gebirt in dem innersten grunde,
dâ hât ein însweben disiu natûre. Diziu natûre ist ein und
einvaltic. Hie mac wôl etwaz ûzluogen und iht zuohangen, daz
ist diz eine niht."[572] "Der Menschgewordene ist auch für
Eckhart heilsnotwendig, aber er steht nicht zwischen Gott
und Mensch, der Mensch wird hineingezogen in das Leben Gottes."[573]

f) Das Wort Gottes

Der Sohn Gottes ist das Wort Gottes.[574] Diese traditionelle
Aussage erhält bei Eckhart hohen Stellenwert angesichts seines
'intellektuellen' Verständnisses Gottes und seiner Beziehungen.
Gott unterscheidet sich von sich, vom Menschen und von allem
Geschaffenen in je verschiedener Weise als 'Wort': "Ez ist
ein vürbrâht wort, daz ist der engel und der mensche und alle

crêatûren. Ez ist ein ander wort, bedâht und vürbrâht, dâ bî
mac ez komen, daz ich in mich bilde. Noch ist ein ander wort,
daz dâ ist unvürbrâht und unbedâht, daz niemer ûzkumet, mêr
ez ist êwiclich in dem, der ez sprichet; ez ist iemermê in
einem empfâhenne in dem vater, der ez sprichet, und inneblîbende."[575] Wort sind das Geschöpf, das Erkenntnisbild
und der Sohn. Nur er ist das 'innere Wort', weder geschaffen
noch gedacht (im Sinne eines Erkenntnismittels). Diesem Wort
soll der Mensch 'Beiwort' sein: "Gotes saelicheit liget an
der înwertwürkunge der vernünfticheit, dâ daz wort inneblîbende ist. Dâ sol diu sêle sîn ein bîwort und mit gote würken
ein werk, in dem înzwebenden bekantnisse ze nemenne ir saelicheit in dem selben, dâ got saelic ist."[576] Die Einung des
Menschen mit dem Sohn ist seine Einheit mit der Trinität als
Sohn des Vaters.[577] Die Seele als 'bîwort'- das meint den
Univozitätsaspekt der eckhartschen Theorie.

Dagegen handelt es sich bei Eckharts Lehre vom 'inneren Wort'
im Verhältnis zum 'äußeren' um die Unterscheidung der Unterscheidung in Gott von der Unterscheidung zwischen Schöpfer
und Geschöpf, um den Unterschied zwischen differenzierter Univozität und Analogie.

Ist allgemein das Hervorbringen ein Sprechen, so kann das
Prinzip nicht von seinem inneren Wort getrennt werden, ist
dieses ihm gleichwesentlich. So ist das 'innere Sprechen ' in
Gott der Sohn.[578] Demgegenüber heißt es vom 'äußeren Wort':
"Loquela enim et sermo exterior vestigium quoddam solum est
et imperfectio et qualiscumque assimilatio analogice tantum
illius verae locutionis et allocutionis, qua sibi loquuntur
et colloquuntur superius et inferius immediate sicut amans et
amatum et intellectus et intellectum."[579] Menschliches Sprechen gibt es also nur in Relation zum göttlichen Sprechen.[580]

g) Glauben und Wissen

In der Sohnschaft ist die Gottesbeziehung des Glaubens durch
das Wissen überholt: "credens nondum est proprie filius, cuius
est videre et noscere patrem, ..., nec tamen est expers omnino
filiationis, sed se habet ad illam ut dispositio et imperfec-

tum."[581] Glaube wird hier verstanden als Meinung, als unvoll-
endete Bewegung, als der Vervollkommnung bedürftiges und fä-
higes Werden. Als ´argumentum non apparentium´ (Hebr 11,1
Vulgata) hat es mit dem Nicht-Gegenwärtigen zu tun. Sein Ziel
ist das Sohnsein.[582]

Hatte Thomas die Unterscheidung von Glaube und Wissen dadurch
angestrebt, daß er ihnen verschiedene Gegenstandsbereiche zu-
ordnete, so daß dasselbe entweder geglaubt o d e r gewußt
werden kann, folgte er andererseits der augustinischen Tradition, die Glauben als defizientes Denken verstand: ´credere
est cum assensione cogitare´.[583] So konnte noch der mittlere
Augustin von den göttlichen Dingen sagen, sie würden zunächst
geglaubt, um später eingesehen zu werden.[584] (Der späte Augustin verlegte dieses ´Später´ zunehmend als ´Schau´ ins Jenseits.)[585]

Eckhart bleibt hier ´augustinischer als Augustin´: Unter dem
Einfluß des dietrichschen Wissensbegriffs lehrt er, daß Gott in
der Sohnschaft gewußt wird, und bewahrt zugleich den Begriff
des Glaubens davor, zum bloßen Meinen zu verkommen, indem er
ihm erneut die Richtung der Perfektibilität weist: "Und diz
ist groben liuten ze gloubenne und erliuhten ze wizzene."[586]
Schon in seiner Frühschrift, den ´Reden der Unterweisung´, hatte er den Glauben in Absetzung vom Meinen auf das Wissen hin
ausgelegt,[587] und in einer Predigt wird ´Licht des Glaubens´
gar Metapher für die Einheit der Seele mit Gott.[588]

h) Der Sohn als Prinzip der Welt

Der Sohn ist als Wort Gottes zugleich das Prinzip der Welt. Da
der Vater mit seiner ganzen Natur und Vaterschaft in diesem
Wort ist, das Wort sein Sprechen ist, kann Eckhart sagen:
"verbum ipsum est unum principium cum dicente et parente omnium generaliter."[589] War bisher die Unterscheidung von Vater
und Sohn hervorgehoben worden - als Prinzip des Geschaffenen
sind sie Eins. Das aktive Sprechen für den Sprechenden und
das passive Gesprochenwerden für das Wort sind dasselbe, allgemein gesprochen: "id ipsum generatio activa et passiva, pater proles, paternitas filiatio."[590]

Das Geschaffene entsteht "verbo intus generato et concepto vel extra prolato."[591] So ist der Sohn nicht nur aufgrund des Einsseins mit dem Vater, sondern auch als Sohn Prinzip aller Kreatur: "Oportet enim prius se toto bullire quidpiam et sic tandem ebullire, ut sit in se toto perfectum, exuberans plus quam perfectum."[592] Sohnschaft zielt auf Schöpfung:[593] "... una actione generat filium ... et creat creaturam."[594] Was in der Welt unterschieden ist, ist im Wort Gottes eins: "In diesem verbum sind daher alle einzelnen Ideen, die in Hinblick auf die Arten in der Natur unterschieden werden können, dem Sein nach eine einzige Idee."[595]

i) Die Wort-Struktur des Geschaffenen

Wie es eine Wort-Struktur Gottes und hinsichtlich der Einheit von Gott und Mensch gibt, so auch im Geschaffenen: "... universaliter effectus est verbum, in quo agens se dicit et ea quae in ipso sunt."[596] Sie ist Wort ´quo loquitur´ und ´quod loquitur´ und darin ´manifestatio suae causae´. So ist die äußere Rede analoges ´vestigium´ der ´wahren´ Rede im Intellekt.[597] Jede Wahrnehmung bedarf einer ´species´ oder ´proles´ (im Sinne der aristotelisch-thomanischen Erkenntnistheorie).[598] Dabei geht diese jedoch jener voraus: "Omnem enim actionem et in omnibus, sive in natura sive in arte, in essendo et cognoscendo, praecedit necessario generatio filii."[599] Insofern entsprechen die Beziehungen im Geschaffenen den Beziehungen in Gott und seiner Beziehung zum Geschaffenen: "... sub istis verbis notatur unitas substantiae et distinctio et proprietas personarum in divinis: hic parens pater, illic proles, imago et filius. Et similiter in rebus extra creatis vel factis."[600] Sie sind gleichwohl aufs Strengste voneinander unterschieden.[601]

Exkurs

Die für Eckharts Denken schlechthin konstitutive Unterscheidung des Menschen als Gott vom Menschen als Geschöpf stellt
vor die Frage nach der Einheit des Menschen.

Zunächst steht Eckhart in der Tradition der Unterscheidung
von äußerem und innerem Werk,[602] von innerem und äußerem
Menschen.[603] Diese Unterscheidung erscheint durch Einführung
des Gegensatzes von Schöpfer und Geschöpf aufs Äußerste gesteigert. Denkt Eckhart noch eine Einheit des empirischen
Menschen, des Einzelwesens, des Menschen als Person? In der
Tat wird dieser Gedanke gedacht, bleibt jedoch singulär:[604]
Die höchste Vollkommenheit des Geistes in diesem Leben "nâch
geistes art" - die Einheit im Grunde des Denkens - wird noch
von jener übertroffen, die wir "iemer besitzen suln mit lîbe
und mit sêle".[605]

Q u i n t interpretiert diesen Zustand im Anschluß an Thomas
als die eschatologische Vollendung (im 'Jenseits').[606] Für
Eckhart aber geschieht Vollendung im 'ewigen Jetzt',[607] so
daß hier nicht Zeit und Ewigkeit gegenübergestellt werden,
sondern das Leben des Intellekts und der einzelne Mensch mit
Leib und Seele: Die beste Vollkommenheit ist es, wenn wir Ein-
zelmenschen 'iemer' (= im ewigen Jetzt) im Sein Christi sub-
sistieren.[608]

Wie Gottheit und Menschheit in Christus ein Sein ist, so soll
der äußere Mensch in der Hypostase des Personseins existieren,
so daß er dieses Personsein selber ist unter Verzicht auf alles Eigene - entsprechend dem Einssein im 'Grund' des Intellekts: "daz ich nâch dem ûzersten wesene daz selbe persônlich
wesen sî, alzemâle beroubet eigens understantnisses."[609]

Das Gott - Mensch - Sein und der äußere Mensch sind getrennt.
Der äußere Mensch allein - ohne die Einheit der Hypostase -
könnte zwar Gnade empfangen, "aber ez enist daz beste niht".[610]
Zudem müßte dann auch der innere Mensch aus der Einheit im
Grund heraustreten und wäre lediglich auf Gnade angewiesen.
Es folgt die These: "Her umbe sô enmac der geist niemer vol-
komen werden, lîp und sêle enwerden volbrâht."[611] Was für den

inneren Menschen gilt, hat auch für den äußeren Menschen zu
gelten: "Alsô als der inner mensche nâch geistes art envellet
sînes eigens wesens, dâ er in dem grunde éin grunt ist, alsô
müeste ouch der ûzer mensche beroubet werden eigens understantnisses und alzemâle behalten understantnisse des êwigen
persônlîchen wesens, d a z daz selbe persônlich wesen ist."[612]
An die Stelle der eigenen Hypostase des äußeren Menschen soll
also die Hypostase des göttlichen Person - Seins treten.

Eckhart führt den Gedankengang fort mit dem christologischen
Dogma (eine Person - zwei Naturen): Das eine Subjekt, Christus,
hat das Sein des göttlichen Wesens und das einer Person. Wenn
nun der Träger des Personseins Christi der der Seele ist in
´hypostatischer Union´ mit der menschlichen Natur und wenn Christus
in der hypostatischen Union eins ist, so müssen wir derselbe
Christus sein. Der Gedanke schließt unter Berufung auf die
Natureinheit des Menschen mit Christus.

Der besondere Akzent dieser Gedanken liegt in der Einbeziehung
des äußeren Menschen in die Einheit des Menschen mit Gott.
Eckhart bezieht die Lehre von der Personeinheit Christi auf
den Menschen: Gibt er sein eigenes Sein in der Person Christi
auf, dann ist wie im Personsein Christi auch sein geschöpfli-
ches Sein mit dem ewigen Sein eins. M. a. W.: Die Enhypostasie
Christi ist das Modell für die Einheit des äußeren Menschen
mit dem Intellekt im persönlichen Sein.

Zur Vollkommenheit gehört also auch die Einbeziehung des Geschaffenen in Gott. Bedingung bleibt jedoch die Aufgabe des
´Eigenen´ im Einssein mit Christus, so daß man geradezu von
einer ´Enhypostasie´ des Menschen (als Geschöpf) in Christus
sprechen kann: Der Mensch subsistiert im Sein Christi. Und
darin besteht seine Einheit als Person, auch als Einzelwesen
kann er wirklich ´eins´ sein.

3. spiritus als reditio

Gott unterscheidet sich als Sohn vom Vater, beider Einheit
ist der Geist. Dieser Gedanke wird von Eckhart zunächst
schulmäßig entfaltet. Dabei verstärkt er den Akzent der ´re-
ditio´ und lehrt das Einssein des Menschen im Geist des Sohnes
und des göttlichen Vaters.

a) Die Eigenart des hl. Geistes

"Pater generando filium simul spirat amorem, qui est patris ad
filium et filii ad patrem: nexus quidem amborum duorum et spiritus spiratus ab utroque, a duobus, ut duo unum sunt."[613]
Aus der Einheit des Wesens folgt die gegenseitige gleichwe-
sentliche Liebe.[614] Der Heilige Geist ist kein ´Drittes´ ´ne-
ben´ Vater und Sohn, sondern ihre Einheit (nexus) und insofern
unterschieden von Vater und Sohn: "quod in divinis est amor
procedens, et quod spiritus sanctus est et spiritus, qui est
deus".[615] Aufgrund seiner unterscheidenden ´processio´ hat
er ein ´proprium´, kann also als ´amor notionalis´ und Person
bezeichnet werden.[616] (Davon zu unterscheiden als ´amor es-
sentialis´ ist die Vater, Sohn und Geist gemeinsame Liebe:
"filius enim in trinitate beata sicut est filius dei patris,
sic est et filius dilectionis patris, quae est ipse pater,
indistincta a patre.")[617] In jener Liebe liebt der Hervor-
bringende das Hervorgebrachte in sich und sich in ihm.[618]
"Rursus quia pater et filius correlativa sunt et spiritum
spirant, ubi semper est pater, semper est et filius, semper
est et spiritus."[619] Wie die ´generatio´ des Sohnes, so geschieht auch die ´spiratio´ des Geistes "natura, non voluntate principiante, sed concomitante",[620] d. h. sie ist nicht
Ergebnis eines göttlichen Willensaktes, sondern Vollzug seines Wesens, und insofern auch ´per modum voluntatis´.[621]

Der mit dem Sohn ´gleichzeitig´ aus dem Vater hervorgehende
Geist (wie der ´Hauch´ mit dem ´Wort´ beim menschlichen Spre-
chen)[622] ´folgt´ ´secundum rationem intelligendi´ der Zeu-
gung des Sohnes.[623] Gerade durch sein Hervorgehen aus dem
Vater u n d dem Sohn (filioque) wird sein Unterschied zum
Sohn erkannt.[624] Der Heilige Geist geht vom Sohn hervor wie

die Liebe vom Erkennen.[625]

Der Heilige Geist hat die Proprietät ´Ziel´: Selbst "alius ab
utroque in persona" setzt er darum keine weitere Person in
Gott. Da er nicht "aliud in natura" ist, kann er aber die
nach der Natur verschiedenen Kreaturen hervorbringen.[626]
Damit aber vom ´Ziel´ etwas hervorgehen kann, muß er zu seinem Ausgang zurückkehren, zum ´finis primus´.[627]

b) Stationen der Problemgeschichte: Plotin -
   Porphyrios - Marius Victorinus - Augustin -
   - Proklos - Dionysius Areopagita

Den Gedanken der ´reditio completa´, bzw. der ´reflexio´ verdankt Eckhart der neuplatonischen Tradition, er wurde schon
dort im Kontext des Gottesbegriffs gebraucht, ja zum Verständnis Gottes entwickelt.

Bei P l o t i n geht das Eine hervor und bleibt zugleich
anders als das Hervorgegangene. "Die Bewegung nun und die Andersheit, die aus dem Einen kommen, sind unbestimmt und be-
dürfen seiner, um zur Bestimmung zu gelangen; sie werden bestimmt, wenn sie sich zu jenem umwenden."[628] Diese Umwendung
ist Denken: "Während das Eine selbst reflexionslos in sich
selbst ist, ist Geist das sich selbst r e f l e k t i e r e n -
d e , durch Reflexion sich selbst bestimmende E i n e ."[629]

P o r p h y r i o s unterscheidet eine Form des Denkens, die
mit dem Einen identisch ist, von einer zweiten als Selbstreflexion, die von der ersten ermöglicht wird. So gelingt es
ihm, den aristotelischen Gedanken vom sich selbst denkenden
Gott zu übernehmen, ohne die Kritik Plotins, ein denkendes
Prinzip sei ein zweites, außer acht zu lassen.[630] M. a. W.:
Er denkt Sein und Übersein, welches reines Denken ist, in-
eins.[631]

Im Anschluß an die Trias ὕπαρξις (esse) - ζωή(vivere) - νόησις
(intellegere) denkt dann M a r i u s V i c t o r i n u s
den mit dem ´intellegere´identifizierten Heiligen Geist als
reflexive Aufhebung der Entäußerung des Seins oder als Rück-

kehr des zweiten Einen in das erste: "Das Leben vollendet
sich so im Denken. Die göttliche Selbstzeugung stellt sich
als ein sich entfaltender und reflektierender Kreis dar, der
sich gemäß der Gesetzlichkeit μονή-πρόοδο$_{J}$-ἐπιστροφή vollzieht."[632]

Bei A u g u s t i n wird die plotinische Geist-Theorie
stark zurückgedrängt. Er denkt Gott als Sein und gelangt nicht
über den Gedanken der unwandelbaren Selbstidentität Gottes
hinaus. Die Analogie mit dem menschlichen Geist (memoria -
intelligentia - voluntas) versagt zwar hinsichtlich der Eigenständigkeit der Personen,[633] berechtigt ihn aber zur verba-
len Übernahme der neuplatonischen Trias ´esse - vivere - in-
telligere´: Gott ist Sein, Leben und Wahrheit.[634] Die Mehrzahl der von Gott aussagbaren ´perfectiones´ deutet aber nicht
auf Unterscheidungen Gottes selbst hin.[635] Mit großem theoretischem Aufwand kommt Augustin dann bis zur Einsicht, daß eine
gewisse ´trinitas´ von Gott nicht verneint werden darf: ´sa-
pientia - notitia - amor´.[636] Letztlich bleibt der Monotheismus ohne trinitarische Korrektur: Gott ist das ´bonum omnis
boni´.[637] So bleibt die Einsicht in die Reflexionsstruktur
des Geistes auf den menschlichen Geist beschränkt.[638] Damit
wird die Stellung des Heiligen Geistes als ´nexus´, ´donum´
oder ´vinculum´ geisttheoretisch nicht einsichtig: Der Geist
ist Vater und Sohn gemeinsam - aber inwiefern ist er ihre
Einheit?

P r o k l o s hat den Geist wieder nachdrücklich vom Einen
getrennt, zugleich aber seine Reflexivität ausführlich begründet: "Wenn ἑτερότη$_{J}$ entgrenzt, auflöst ins Viele, für die Bewegung nach 'unten' oder 'außen' konstitutiv ist, dann bewirkt
ταυτότη$_{J}$ die Begrenzung oder Bestimmung des jeweils Hervorge-
gangenen, sie führt es zurück in eine relative Einheit
(ἐπιστροφή)."[639] Was sich selbst bewegt, "ad seipsum est
conversivum".[640] Es ist unkörperlich. Was wesenhaft von einem
anderen hervorgeht, kehrt aufgrund seiner Ähnlichkeit in einer
´circularis operatio´ zu ihm zurück, von dem es sein Sein
hat.[641] "... appetibile omnibus est intellectus, et procedunt
omnia ab intellectu, et totus mundus ab intellectu substantiam
habet, ... et procedit semper et perpetuus secundum essentiam,
et conversus est semper et insolubilis secundum ordinem."[642]

Diese Reflexionsstruktur hat alles, was aus sich selbst besteht (omne authypostaton).[643] Was also sich zu sich zurück-
wendet, erkennt sich selbst: Eins ist Erkennender, Erkanntes
und Erkenntnis seiner selbst als Erkennbares. Damit ist die
Reflexionsstruktur des Geistes begründet und beginnt die Wirkungsgeschichte der ´propositio´ LXXXIII: "Omne suiipsius
cognitivum ad seipsum omniquaque conversivum est."[644]

Mit den Mitteln dieser Tradition versucht D i o n y s i u s
den trinitarisch vorgestellten Gott zu denken: Gott ist Denken seiner selbst, αὐτόϛ (idem) und ἕτεροϛ (alterum) in einem.[645] Wie der plotinische Geist ist er zugleich Hervorgang und Umwendung,[646] "die Einheit des Aktes von μονή -
πρόοδοϛ - ἐπιστροφή ."[647] Diese Unterscheidungen gelten
hier also dem Einen selbst. Doch bleibt Dionysius beim Para-
dox:[648] "Identität und Differenz, Ständigkeit und Bewegung
bestimmen das Wesen Gottes, sofern er der S e i e n d e
ist; sofern er jedoch als Ü b e r - Sein betrachtet wird,
i s t er all dies n i c h t und entspricht so dem proklischen EINEN präzis."[649]

Die Übernahme von Augustins Geistbegriff bei Anselm und Thomas
läßt auch bei ihnen die Stellung des Heiligen Geistes gegenüber dem Sohn im denkerischen Bemühen eigentümlich unklar. Es
bedurfte einer erneuten Rezeption des Neuplatonismus in seiner proklischen und dionysischen Gestalt, um das göttliche
´esse´ selbst als reflexiv denken zu lernen und den Heiligen
Geist als ´nexus´ im Sinne der ´reditio´ zu verstehen. Dies
geschieht bei Eckhart - aber noch neben und in der augustinischen Tradition. So gelangt Eckhart zu seiner Interpretation
des Gottesnamens aus Ex 3, 14 (´sum qui sum´): "Eckhart inter-
prète l´idée d´être impliquée par le verbe «suis» en obser-
vant que le redoublement de «suis» manifeste que l´être en
Dieu est réfléxif et donc essentiellement intellectif."[650]

c) Der Mensch im Geist

Es gäbe keine Einheit von Gott und Mensch "nisi in spiritu
sancto".[651] Das macht gerade s e i n e Göttlichkeit aus,

"ut in ipso sint omnia".[652] Das 'In-Sein' des Vaters im Sohn
und des Sohnes im Vater ist der Heilige Geist.[653] Weil 'im
Geist', ist alles auch im Vater und im Sohn.[654] Er ist die
Liebe, in der Gott uns liebt.[655] Ungeachtet jeder Voraussetz-
zung beim Menschen gibt Gott uns eher ihn als seine Gaben.
(Von Seiten des Empfängers allerdings werden zuerst die Gaben
angenommen.)[656] Der Heilige Geist ist selbst diese Voraussetzung: "... nemo continens est iustitiae nec aliarum gra-
tiarum sine spiritu sancto disponente et inhabitante."[657]
Er wird nur den Söhnen gegeben, macht uns zu Söhnen:[658] "Alsô ist dem menschen, der dâ ist der eingeborne sun: dem blîbet der heilige geist wesenlîche."[659] Mit der Geburt des Sohnes im Menschen ist auch die Liebe, der Heilige Geist, in
ihm:[660] "Nû nimet der heilige geist die sêle ..., in dem lû-
tersten und in dem hoehsten und treit sie ûf in sînen ursprunc, daz ist der sun, und der sun treit sie vürbaz in sînen ursprunc, daz ist in den vater, in den grunt, in daz
êrste, dâ der sun wesen inne hât, ..."[661] So wendet der
Heilige Geist die Seele zurück in den ersten Ursprung, mit ihm
eins im Einen, das Urbild und Ziel zugleich ist: "Jâ, er
bringet sie in ir êwic bilde, dâ sie ûzgevlozzen ist, in daz
bilde, nâch dem der vater alliu dinc gebildet hât, in daz bilde, dâ alliu dinc al ein sint, in die wîte und in die tiefe,
dâ alliu dinc wider în endent."[662] So 'durchbricht' der Geist
alles Geschaffene, wie auch der Mensch ihn 'durchbricht' ins
lautere Eine.[663] "Dâ ist ûzvluz und ursprunc des heiligen
geistes, von dem aleine, alsam er gotes geist und geist got
selber ist, enpfangen wirt der sun in uns, und ist ûzvluz von
allen den, die gotes süne sint."[664]

Wie der Mensch im Einen Vater ist und den Sohn gebiert, so
geht von ihm als Sohn der Heilige Geist hervor, so ist er
auch Eins in seiner Liebe.[665] Diese Liebe aber ist nicht in
uns, sondern wir sind in ihr, wie Eckhart in wiederholter Wahrung von Gottes Aktivität betont: "Ez wâren solche m e i -
s t e r , die sprächen, daz diu minne, diu in uns ist, daz diu
der heilige geist waere, und daz enist niht wâr. Diu lîplîche
spîse, die wir in uns nemen, diu wirt gewandelt in uns; aber
diu geistlîche spîse, die wir enpfâhen, diu wandelt uns in
sich; und dar umbe sô enwirt götlîchiu minne niht in uns enthalten, wan daz waere iezunt zwei. Aber götlîchiu minne diu

entheltet uns und sîn in ir ein."[666] Des Heiligen Geistes Wesen ist es, daß der Mensch in ihm Liebe wird.[667] "Alsô suln
wir geeiniget werden mit der minne des heiligen geistes in dem
sune und mit dem sune bekennen den vater und minnen uns in ihm
und in in uns mit ir beider minne."[668]

d) Der Geist im Geschaffenen

Wie beim Vater als Prinzip und beim Sohn als Wort gibt es auch
für den Geist die Analogie im Geschaffenen: "Omnis enim generatio spirat amorem, requiem et complacentiam sive delectatio-
nem".[669] "Qualis pater et qualis filius, talis est et spiritus, tam in divinis quam in creaturis."[670] "... nec quidquam
potest quis dicere, n i s i   i n   s p i r i t u   s a n c t o ,
nec hoc nec illud."[671] Hier herrscht dieselbe Beziehung von
´Vater, Sohn und Geist´, gleichwohl "exemplata et derivata":[672]
"Sic ergo omnis actio naturae, moris et artis habet de sui in-
tegritate tria, puta generans, genitum et amorem gignentis ad
genitum et geniti ad gignentem, quem spirat una generatio et
unica, quae est active a gignente, passive in genito."[673]

e) Hl. Geist als ´Reflexion´

Eckharts Lehre vom Geist ist hinsichtlich der Geschöpfe und
des Einsseins mit dem Menschen eine Konsequenz seiner Gedanken
über den Vater und den Sohn. Dabei trägt sie hinsichtlich der
Personalität des Geistes gegenüber der augustinisch-thomanischen
Tradition den Akzent der Reflexivität. Ihre besondere Bedeutung
besteht nicht nur darin, die Einsicht in das Proprium des Heiligen Geistes zu vertiefen (darin bleibt sie im Vergleich zu
Eckharts christologischen Ausführungen nur knapp), sondern
auch darin, daß in ihrem Licht die Christologie ausdrücklich
Moment der Trinitätslehre wird. M. a. W.: Die Christologie Eckharts steht im Dienst des Trinitätsgedankens. Die Rede vom
Heiligen Geist setzt weniger die Rede vom Sohn fort, als daß
sie ihr den Ort zuweist. Sie spricht aus, daß Gott der Vater
auch in seiner Selbstunterscheidung als Sohn der Eine ist. Das
´Ziel´ weiß sich identisch mit dem Prinzip, es ist die Rückkehr (reditio) in den Ausgang.[674]

Damit stellt Eckhart sich nachdrücklich und explizit in die
Tradition des Reflexionsgedankens: "monas monadem gignit et
in se suum reflectit ardorem."[675] Es ist dies zugleich der
stärkste Beweis für die durchgehaltene Intellektualität des
eckhartschen Gottesbegriffs. Wissen ist Reflexion: "Omnis
sciens qui scit essentiam suam est rediens ad essentiam suam
reditione completa."[676] Hier im 'Liber de Causis' findet
sich der Ternar von 'sciens - scitum - scientia',[677] dessen
Struktur Eckharts Gottesgedanken ausmacht.

Das Wissen dessen, der sein Wesen weiß, ist mit ihm identisch.
Es ist "ex eo et ad eum".[678] In einer 'operatio intellecti-
bilis' wendet sich der Wissende auf sich selbst als Wissender
zurück. Infolge seiner Identifikation des Einen mit dem Intellekt und dem reinen Sein kann Eckhart den Reflexionsgedan-
ken fruchtbar werden lassen zum Verständnis Gottes (Heiliger
Geist als 'reditio') u n d des Menschen: "Li in quantum autem
reduplicatio est; reduplicatio vero, sicut ipsum vocabulum
testatur, dicit n e x u m e t o r d i n e m duorum; dicitur enim reduplicatio duorum replicatio, plica et nexus eorum.
Sic spiritus, tertia in trinitate persona, nexus est duorum,
patris et filii."[679] Der viktorinische Begriff des 'nexus'
wird ergänzt durch den augustinischen des 'ordo', in beiden
ist der Reflexionsgedanke impliziert.[680] So wird hier wieder
die Bedeutung des eckhartschen 'in quantum' deutlich: Es erweist die Struktur des 'iustitia - iustus'Modells als trinitarisch. Damit erhalten Christologie und Anthropologie ihren Ort
in der Trinitätslehre.[681]

4. unum als trinitas

Der Gedanke vom 'unum' als 'trinitas' ist zunächst darzustel-
len und dann in seiner Funktion als integrierendes Moment der
verschiedenen Ansätze zur Unterscheidung der Einheit von Gott
und Mensch auszulegen. Es ist zu untersuchen die 'trinitas' in
Gott, in seiner Beziehung zur Welt und in der Welt.

a) Die Prinzipienreihe ´ex quo - per quem - in quo´

Weil Gott als Eins Intellekt ist, ist er Dreifaltigkeit und
Schöpfer: "Und enwaere an gote niht verstantnisse, sô enmöhte diu drîvalticheit niht gesîn; sô enwaere ouch nie crêatûre ûzgevlozzen."[682] In seiner Identität unterscheidet sich
Gott als Vater, Sohn und Geist.[683] Dies geschieht in den Beziehungen ´ex quo´, ´per quem´ und ´in quo´: Eckhart bezieht
Röm 11,36 auf die Proprietäten der Personen[684] und erkennt
in den Beziehungen die Dreigliedrigkeit der Kausalität:[685]
"pater ´ex quo´ omnia effective, filius ´per quem´ omnia formaliter, spiritus sanctus ´in quo´ omnia ut in fine",[686]
freilich mit einer wesentlichen Modifikation: dem Ausschluß
der Wirkursächlichkeit zugunsten ihres Prinzips: "... li ´ex
quo´ non est causa efficiens, sed est ratio, logos, scilicet
causae efficientis."[687] Hier gilt der allgemeine Grundsatz:
"... omne quod est ab aliquo, consequenter est per illud et
in illo."[688] Die Beziehungen konstituieren die Unterscheidungen, z. B. "Quod si est in alio sive in aliquo, iam ut sic
non est pater, sed ut sic est id quod spiritus sanctus."[689]

Es handelt sich hier um eine Prinzipienreihe stoisch-gnostischen
Ursprungs: ἐξ οὗ-ἐν ᾧ (oder δι᾽ οὗ)-εἰς ὅν.[690] Die Pronomina
bezeichnen dasselbe göttliche Wesen, das - sich selbst gleich -
zur Welt in wechselnde Beziehungen tritt. Im Neuen Testament
erscheint sie Röm 11,36; Kol 1,16f. und im Johannesprolog, hier
aber schon auf den Logos bezogen.[691] Sie unterscheidet sich
von der ´platonischen´ Reihe: ὑφ᾽ οὗ-ἐξ οὗ-πρὸς ὅ , die sich
auf wesensverschiedene Prinzipien bezieht. Nach einer ersten
Annäherung beider Reihen bei Plutarch und Philon siegte in der
Auseinandersetzung mit den Arianern um die Bedeutung des διά
oder ὑπό die stoisch-gnostische Reihe: "Die Präpositionen,
welche den Personen Gottes verschiedene Funktionen zuweisen
(ἐξ οὗ-δι᾽ οὗ-ἐν ᾧ), bezeichnen ganz entschieden keinen
Rangunterschied."[692] Mit der Ablehnung der ´platonischen´
Reihe wurde ein unplatonisches Mißverständnis, nicht die in
Platons Timaios implizierte Aussage getroffen, derzufolge der
Demiurg weder als Person noch als der Zeit nach schaffend vor-
gestellt werden darf. Das Verständnis des mit δι᾽ οὗ und ἐν ᾧ
Bezeichneten als Personen, nicht als Phasen des Göttlichen,
führt D ö r r i e auf den Einfluß des Judentums zurück.[693]

Damit erschien diese Reihe als geeignetes Interpretament der
Doxologie: δόξα τῷ θεῷ καὶ πατρὶ διὰ τοῦ υἱοῦ ἐν τῷ ἁγίῳ
πνεύματι.

Ihre Deutung im Sinne einer Unterscheidung Gottes als Vater,
gleichwesentlicher Sohn und Geist durch die in ihr gesetzten
Relationen bei Augustin[694] wird bei Thomas zur Appropriation
abgeschwächt.[695] Eckhart hingegen läßt die Prinzipienreihe
wieder allgemein: in Gott, im Erschaffenen und im Geschaffenen gelten.[696] Dabei ist ´in divinis´ die Dreigliedrigkeit
der Kausalität als ´ratio´ der Kausalität im Geschaffenen zu
verstehen. "... the use of 'reason' of the efficient cause,
'reason' of the final cause, and 'reason' of the formal cause
enables us to distinguish where there is absolute identity in
being. ... Accordingly, Eckhart was able to speak of the dif-
ferent aspects under which each of the three divine Persons
of the Holy Trinity participates in creation, and at the same
time he maintained that it is the one God as being who is re-
lated to creatures."[697]

b) processiones, relationes, proprietates

Schulmäßig unterscheidet Eckhart ´processiones´, ´relationes´
und ´proprietates´:

Der Sohn geht aus dem Vater, der Heilige Geist aus dem Vater
und dem Sohn hervor. Was aus dem Einen als Einen hervorgeht,
bleibt Eines; es ist ´alius´ (persona, suppositum), nicht
´aliud´ (natura, essentia). So ist der Hervorgehende das Wesen
dessen, aus dem er hervorgeht.[698] Weil Intellekt, sind die
Hervorgänge (generatio und spiratio) real: "operationes intellectus sive intellectuales in deo sunt reales processus
sive productiones et emanationes et producta sunt quid reale,
puta filius et spiritus sanctus."[699]

Für Gott behalten lediglich zwei Kategorien ihre Geltung:
Substanz und Relation.[700] Letztere hat ihr Sein ja nicht an
einem Träger, sondern "ab obiecto et a suo opposito",[701]
sprengt also das Inhärenzverhältnis der übrigen Akzidenzien.[702]

´relatio´ macht Gottes ´fecunditas et diffusio´ aus: So drückt
die Bestimmung Gottes als ´principium´ oder ´primum´ die Relation ´Ordnung und Ursprung´ aus.[703] Durch die Relation geschieht keine zusätzliche Bestimmung des Subjekts, ihr Sein
ist "ex altero et ad alterum".[704] In Gott ist sie also nur
"secundum modum significandi sive praedicandi".[705] Sie ist
´alia´ gegenüber der Bestimmung Gottes als Substanz, d. h.
"alia ratione est deus substantia et alia ratione etiam pater."[706] Die Unterscheidung der ´ratio´ ist keine des ´ge-
nus´;[707] Beziehung unterscheidet nicht die Einheit des Seins
oder Wesens Gottes.[708] Die Relation ´paternitas´ ist ´rela-
tio constitutiva´ für die Personen.[709] Also läßt sich die
Unterscheidung der Personen vom Wesen Gottes nur als ´ratio´
kennzeichnen, die Unterscheidungen der Personen untereinander
dagegen sind reale Relationen: "... gingnes[710] et genitum
unum sunt in re, opposita tamen et distincta relatione, sive
relatione reali quidem in divinis, ubi relatio et res idem;
in creatis autem distinguuntur sola relatione et ratione."[711]
Der gegenüber dem vorstellungsgebundenen, dingorientierten
Denken geradezu vertauschte Begriff des ´Realen´ leistet ein
Doppeltes: Er dient zur Unterscheidung von Relationen in Gott
(sie konstituieren die Personen) von Relationen im Geschaffenen (diese sind nur ´distinctiones rationis´). Darüberhinaus
wird ´Realität´ als intellektuelle bestimmt: "Relatio autem
totum suum esse habet ab anima et ut sic est praedicamentum
reale ...".[712]

Unterscheidet der göttliche Intellekt selbst also sich als
Vater, Sohn und Geist, und kann dieser Aspekt von seinem reinen Sein unterschieden gedacht werden, ist es möglich, auch
das reine Sein als Eines zu denken: Im Sein verliert die Relation ihre Natur, ihre Unterscheidung.[713] M. a. W.: Gott verhält sich zu sich selbst in der Einheit seines Verhalten als
Eines. "Et quamvis in deo patre idem sit essentia et paternitas, non tamen generat in quantum essentia, sed in quantum
pater, quamvis essentia sit radix generationis. Procedunt
enim actus divinorum etiam absoluti a deo, secundum proprietatem attributorum, ut dicit quedam[714] maxima theologiae."[715]
Daraus ergibt sich auch, daß die ´rationes´ verschiedener Attribute in Gott ohne Unterscheidung sind - aber in ihm sind,

selbst wenn sie nicht erkannt würden.[716)]

Die die Personen konstituierenden Relationen sind ihre Proprietäten:[717)] "rationes et proprietates processionum, produ-
centis et productorum sunt singulis unicuique neque de se
mutuo vere possunt praedicari."[718)]

Eckhart folgt in der Bestimmung dieser trinitarischen Begrifflichkeit weitgehend Thomas, obwohl dessen Theorie auch in diesen Fragen keineswegs unumstritten war.

c) Das Votum Avenionense: Einheit als ´ratio distinctionis´

Einige charakteristische Züge von Eckharts Trinitätstheorie
sollen nun aus einem Vergleich mit dem Avignonenser Gutachten
sichtbar werden.

Der Zensor stützt seine Kritik auf jene Sätze Eckharts, in denen dieser jede ´distinctio´ von Gott fernhält: Im Exoduskommentar wird im Anschluß an ein Maimoniteszitat das Genus der
Zahl von Gott ausgeschlossen.[719)] Und in der Predigt ´Vom ed-
len Menschen´ heißt es: "Underscheit enist noch in der natûre
gotes noch in den persônen nâch der natûre einicheit. Diu
götlîche natûre ist ein, und ieglîchiu persône ist ouch ein
und ist daz selbe ein, daz diu natûre ist. Underscheit in wesene und in wesunge wirt genomen ein und ist ein."[720)]

Der Gutachter weist diese Ansicht mit Hilfe einer Unterscheidung zurück: "Et licet Deus sit extra numerum quantitatis et
essencie, habet tamen numerum personarum realiter distincta-
rum et attributorum ac ydearum distinctorum secundum racionem."[721)] Dieses thomanische Argument, das Bestehen auf einer
"pluralitas et secundum rem et secundum racionem" bei gleich-
zeitiger Bestreitung einer "realis pluralitas" im Wesen verweist auf den ´wunden Punkt´ der Relationenlehre: Wie verhalten sich die Relationen zueinander und zum Wesen - ist ihre
Mehrzahl im Wesen begründet, oder ist eine Unterscheidung der
Relationen nur voneinander möglich?

Eckhart scheint mit Jakob von Metz die Unterscheidung der
Relationen nur in ihrer Beziehung aufeinander gelten lassen
zu wollen, ohne daß - wie noch bei Thomas - sekundär noch
die Hervorgänge aus dem Wesen die Personen hinsichtlich ihres
Ursprungs unterscheiden. Wenn sich die Personen nicht hinsichtlich ihres Ursprungs, sondern nur in bezug aufeinander
unterscheiden, erscheint die Aussage vom Fehlen jeder Unterscheidung in G o t t (seinem Wesen) aber sinnvoll zur Ab-
wehr des Mißverständnisses einer (zählbaren!) ´Mehrheit´ in
Gott. Gott ist nicht in einer Hinsicht einer und in anderer
Hinsicht dreifach, sondern in jeder Hinsicht eins: Jeder
´Unterschied´ ist eins.[722)]

Das trägt Eckhart den Vorwurf des Sabellianismus ein. Aus der
Einheit der Natur, jeder Person und ihrer Einheit mit der Natur folge nämlich das Fehlen mehrerer Personen: "Ubi enim
nulla distinccio, ibi non sunt plura distincta, cum non sint
plura distincta nisi per distinccionem. que in illis est".[723)]
Gegen diese Häresie sei die Unterscheidung der Personen nicht
nur eine Unterscheidung von sich selbst, sondern auch von
einer anderen Person und die zwischen Wesen und Relation
wenigstens eine ´distinctio rationis´.[724)]

An beiden inkriminierten Stellen setzt sich Eckhart nun aber
gerade mit dem Problem des ´underscheits´ auseinander: Zwar
muß auch der Unterschied von Sein und Wesen so angesehen werden, daß Gott eins bleibt, aber: "Dâ es niht inne enist, dâ
nimet ez und hât und gibet underscheit."[725)] Spielt Eckhart
hier an auf den Unterschied von Schöpfer und Geschöpf - oder
vielmehr auf die Selbstunterscheidung des Einen? Nach dem Kontext scheint es sich hier mehr um das Thema des ´Einen im
Vielen´ zu handeln, so daß zur Frage der göttlichen Trinität
hier nur nachdrücklich ihre Einheit vertreten würde, ohne das
Problem der Unterscheidung der Personen überhaupt ins Auge zu
fassen.

Anders sieht es im Kontext der beanstandeten Exodusstelle aus.
Angesichts der Frage ´utrum distinctio attributorum sit in
deo vel in sola apprehensione intellectus nostri´ ist die
Antwort eindeutig: Diese Unterscheidung macht der ´intellec-

tus accipiens' mit Rücksicht auf die Kreaturen. Alles Sein ist
entweder Zahl oder Eins: "In uno autem nulla prorsus cadit nec
cadere potest differentia".[726] Andererseits aber heißt es:
"... ipsis [attributionibus] aliquid vere et reale in deo re-
spondet."[727]

Die damit scheinbar wieder eingeführte Zweideutigkeit wird ge-
klärt durch die Relationslehre: Der Vielheit (der Kategorien
und Attribute) entspricht in Gott die Einheit (der Substanz)
als ihrer 'ratio'.[728] Hinsichtlich der 'ratio' bleibt aber
zu unterscheiden eine 'ratio substantiae' von der 'ratio relationis'. Die Relationen unterscheiden die Personen, nicht
das Wesen. Damit mündet der Ansatz bei der Einheit wieder in
die Einheit, ohne die Unterscheidung der Personen aufzugeben.
Vater, Sohn und Geist sind real voneinander unterschieden,
ohne daß Vaterschaft oder Sohnschaft real vom Wesen unterschieden wären.

Werden Eckharts Aussagen über Gottes Einheit als 'indistinctio' isoliert betrachtet, werden sie mißverstanden als Kritik
der 'trinitas' Gottes. Dabei geht es Eckhart auch hier darum,
Schöpfer und Geschöpf zu unterscheiden: Wenn von Gottes 'Einheit' gesprochen wird, dann nicht im Sinne der Ein-Zahl. Wird
von 'Unterschied' gesprochen, dann nicht im Sinne einer un-
korrigierten Vorstellung von Unterscheidung. Zu ihrer Korrektur wiederholt Eckhart unermüdlich: In Gott ist alles eins.[729]
Da diese Einheit 'ratio' der Vielheit ist, kann auch die Unterscheidung der Personen durch reale Relationen keine Vielheit bedeuten und nur als unterschiedliche 'ratio' eingeführt werden, 'ratio' hier als 'bestimmte Hinsicht' genommen,
als Einheit von subjektiver und objektiver Hinsicht. Dann
aber wird klar, daß Gott nicht nur als Substanz, sondern auch
als Beziehung verstanden werden muß, daß seine Einheit als
'ratio' der Vielheit somit deren Prinzip, selbst aber Intellekt ist.

d) Zur Erkenntnis der Trinität

Diese Deutung findet ihre Bestätigung durch die Argumente,
mit denen Eckhart an anderer Stelle die Erkenntnis der göttlichen Trinität kritisch betrachtet. "... omne quod de trinitate beata scribitur aut dicitur, nequaquam sic se habet aut
verum est."[730] Drei Gründe werden dafür genannt: Der Unterschied von 'distinctum' und 'indistinctum', Gottes 'Unsagbar-
keit' (besonders seine Seinslosigkeit) und seine Entfernung
von aller Zahl. Hier kehren die bekannten Argumente zur Unterscheidung von Schöpfer und Geschöpf nicht im Kontext der
Leugnung der Trinität auf, sondern im Zusammenhang einer Pro-
blematisierung ihrer Erkennbarkeit. Der negativen Bestimmung
entspricht die positive: "... est aliquid in deo respondens
trinitati quam dicimus et ceteris similibus."[731] Damit wird
aus der Frage einer vermeintlichen Bestreitung der Trinität
das Problem ihrer Erkennbarkeit.

Zwei Erklärungen greifen zu kurz: Weder bestreitet Eckhart
die rationale Erkennbarkeit der göttlichen Trinität aus den
Kreaturen (im Unterschied zu Thomas)[732] – noch lehrt er sie
im Sinne einer bloßen Erweiterung der thomanischen Doktrin
von der Erkenntnis des göttlichen Wesens aus den Wirkungen
des Schöpfers im Geschaffenen. Was Eckhart lehrt, ist die
Kongruenz der 'divina' und 'naturalia' und damit ihre gegenseitige Interpretierbarkeit. Nicht über die Kausalitätsformen
führt der Weg vom Geschaffenen zum Schöpfer, sondern über die
Deutung des Geschaffenen als Abbild des Urbildes. Für die Trinität Gottes heißt das, daß sie "ex naturalibus, per naturalia et in naturalibus"[733] mit Notwendigkeit erkannt werden
kann – weil die Schrift zugleich mit ihr auch Wesen und Eigentümlichkeiten "omnium productorum, producentium et productionum"[734] lehrt. M. a. W.: Die 'trinitas in divinis' verhält sich zur 'trinitas in creaturis' wie das Urbild zum Abbild.[735]

Zu Recht hat F l a s c h auf den Widerspruch Eckharts gegen
Thomas und auf den nichtthomanischen Kontext seines Begriffs
des 'lumen naturale' hingewiesen,[736] ohne jedoch auf das Be-
gründetsein der philosophischen Auslegung ('per rationes naturales philosphorum') in Gottes Selbstoffenbarung zu achten:[737]

Die ´naturalia´ folgen den ´divina´, gehen jedoch aus derselben Quelle, dem göttlichen Einen, hervor.

Vor einer Untersuchung der ´trinitas in creaturis´ ist darum
von der ´trinitas in divinis´ auszugehen. Dabei ist darauf zu
achten, wie Eckhart sie auf die Einheit von Gott und Mensch
bezieht.

e) Der Mensch in der Trinität

Eckhart kann sich für diese Frage schon auf eine Tradition berufen: "Nû sprichet man, daz kein einunge groezer sî, dan daz
die drîe personen sîn ein got. Dar nâch sprichet man, daz kein
einunge groezer sî dan got und diu sêle."[738] Selbst aber kehrt
er dieses Verhältnis um: "Die drîe persônen in gote der ist
drîe âne zal, aber ir ist menige. Aber zwischen dem menschen
und gote enist niht aleine niht underscheit, sunder dâ enist
ouch kein menige; da enist niht wan ein."[739] Der Mensch, der
so eins ist mit Gott, ist eins mit dem Vater, eins mit dem
Sohn, eins mit dem Geist: "Alsô suln wir geeiniget werden mit
der minne des heiligen geistes in dem sune und mit dem sune
bekennen den vater und minnen uns in im und in in uns mit ir
beider minne."[740] Dabei ist das Eine die Bedingung des Menschen als göttlicher Trinität: "Und daz ein machet uns saelic,
und ie wir dem einen verrer sîn, ie minner wir süne und sun
sîn und der heilige geist minner volkomenlîche in uns entspringet und von uns vliuzet; und dar nâch wir naeher sîn dem
einen, dar nâch. sîn wir waerlîcher gotes süne und sun und ouch
vliuzet von uns got-der-heilige-geist."[741] Daraus ergibt sich
ein bedeutsamer Unterschied zu Thomas: Hatte dieser die Beziehung der Trinität Gottes zum Menschen zunächst über den
Begriff der ´missio´ (bzw. ´datio´) entwickelt, geschieht dies
bei Eckhart über die ´processio´, allein ´aeternaliter´ genommen:[742] Nicht also ist Gott im Menschen aufgrund einer zeitlich neuen Gnadenwirkung, sondern der Mensch ist in Gott aufgrund des Einsseins im Prinzip.

Das Geschehen der Rechtfertigung ist "imago et expressio trinitatis":[743] Der Gerechte ist gerecht aufgrund der ´iustitia
ingenita´, der ´iustitia genita´ und des ´amor gignentis ad

genitum et geniti ad gignentem´.[744]

Dies ist Eckharts Begriff von ´ökonomischer Trinität´. Sie
verhält sich zur ´immanenten Trinität´ wie das Abbild zum
Urbild. Der Hinweis auf das ´iustitia - iustus´Modell macht
deutlich, daß es sich in seiner Einheit um die ´trinitas in
divinis´ handelt, dergegenüber die ´trinitas in creaturis´
wohlunterschieden ist.[745]

f) Die Trinität des Geschaffenen

Allgemein gilt die trinitätstheoretische Grundregel (in der
Formulierung des Alain von Lille) "opera trinitatis indivisa
sunt":[746] ´unum principium´ meint dann Vater, Sohn und Geist.[747]
In diesem Sinn ist die T r i n i t ä t Prinzip der Welt: der
Schöpfung als Ganzer und ihrer trinitarischen Struktur, in
der Einheit aber ist es der V a t e r .[748] Auf ihn geht die
Unterscheidung von ´trinitas in divinis´ und ´trinitas in
creaturis´ zurück, es ist seine Unterscheidung.[749] So wird
die ´trinitas´ immer wieder auf das Eine zurückgeführt. Zwar
mein ´unum´ nicht die Person, sondern die Einheit des Wesens,
doch kann Eckhart sich auf Augustin berufen: "Nec obstat quod
ab A u g u s t i n o unitas patri appropriatur ratione quidem prioritatis sive fontalis diffusionis et originis, quia
has rationes positivas, scilicet prioritatis et huiusmodi, non
significat li unum."[750] Selbst aber sieht er hier nicht lediglich eine Appropriation, sondern eine Selbstbestimmung des
Einen.[751]

Die ´trinitas in creaturis´ entspricht der göttlichen Trinität.
Im Unterschied zu Augustin legt Eckhart geringen Wert auf eine
mögliche ´vestigia´ Lehre oder auf ´psychologische´ Analogien,
um die ´trinitas in divinis´ zu beweisen, obwohl er eine Reihe
von Ternaren als Resultate übernimmt: ´corpus - brachium -
manus´,[752] ´mensura - numerus - pondus´, ´modus - species -
ordo´,[753] ´materia - forma - privatio´.[754] Wichtig ist ihm
die Trias von ´generans - genitum - amor´ in jeder ´generatio´,
in jeder ´actio naturae, moris et artis´. [755] Unter Verweis
darauf kann er sich dem augustinisch-anselmischen Programm

der dem Glauben folgenden Erkenntnis anschließen: "Sicut enim
praesumptionis est et temeritatis nolle credere, nisi intel-
lexeris, sic ignaviae est et desidiosum quod fide credis, ra-
tionibus naturalibus et similitudinibus non investigare, prae-
sertim cum omnis creatura ad minus sit vestigium creatoris et
effectus universaliter suae causae."[756]

Die 'Selbständigkeit' der 'rationes naturales' ist dabei die
der Analogie, d. h. Eckhart argumentiert hier mit 'similitudines', 'vestigia' und 'effectus', ist orientiert an der Welt
der Dinge, an den Geschöpfen. M. E. sind die 'rationes naturales' daher als sich am Geschaffenen orientierende Argumente
zu deuten, die die Dinge gemäß Eckharts Analogiebegriff in
ihrer Differenz von Gott als Geschöpfe verstehen, deren Sein
Gott allein ist, so daß erklärlich wird, warum einerseits die
Bedeutung der 'trinitas in creaturis' gering ist angesichts
der Einheit von Gott und Mensch im Intellekt, andererseits
die 'naturalia' gleichwohl die göttliche Trinität erweisen.[757]

5. Das Verhältnis von Gott als 'nihil - unum - intelligere - esse' zur 'trinitas' (Zusammenfassung)

In einer Zusammenschau läßt sich Eckharts Trinitätstheorie so
darstellen: Sein Gottesbegriff ist das als Denken verstandene
Eine.[758] Es bringt Unterscheidungen in der Weise realer Relationen als Selbstunterscheidungen hervor: Das Eine ist Prinzip,
Wort und Reflexion. Darin ist es eines. So ist 'Trinität' Wahrung des Einen in der Weise der Selbstunterscheidung und Selbstbeziehung.[759]

Der Mensch begreift sich recht erst in seinem Einssein im Einen, identisch mit dem Leben des Intellekts: Gott und Mensch
sind Intellekt, d. h. an sich Eines und aus sich Ursprung,
Wort und deren Einheit. Nicht die Beziehung von Gott und Mensch
ist trinitarisch, sondern Gott und Mensch sind als Intellekt
ein und dieselbe trinitarische Beziehung. Dies ist ihre Einheit und der Sinn der scheinbar tautologischen Rede vom 'einic
ein'.

Gott ist das Eine als Alles. Außer ihm ist nichts, das Nichts
der Vielheit. Folglich ist das Geschöpf als solches nichts,
in Gott aber ungeschaffen, Gott selbst. Vielheit i s t
nur als Viel - E i n h e i t (uni-versum) geschaffen, in
Gott als ihrem Prinzip aber Eines. V i e l -Einheit gibt es
demnach nur als Geschöpf, Gott ist das reine Eine. Wie der
Mensch als Intellekt eins ist mit dem Einen, so ist er auch
abgesehen vom Intellekt noch auf das Eine bezogen: uni-versum.
Dies ist die Unterscheidung von Gott und Mensch.

Dieses Eine unterscheidet sich selbst von sich selbst als es
selbst (als Vater, Sohn und Geist) und von allem Unterschiedenen durch Ununterschiedenheit (als Schöpfer). Im Einen ist
der Mensch die Trinität von Vater, Sohn und Geist sowie
Schöpfer, im Viel-Einen Geschöpf (und so in seinem Einssein
mit dem Einen bedroht vom Vielen, vom Nichts). Diese Einsicht
zu vermitteln und damit die Einheit zu vollziehen und so den
Menschen zu seiner Bestimmung kommen zu lassen, ist das Ziel
der (deutschen) Predigt Eckharts.

Dabei sind jedoch unterschiedliche Schwerpunkte auszumachen.
Diese liegen teils in Eckharts Entwicklung (die sich in den
Predigten ebenso niederschlägt wie im 'Opus tripartitum' und
den 'Quaestiones Parisienses'), teils im bewußten Akzentuieren
eines jeweils anderen Aspektes. So orientiert sich Eckhart in
der Predigt 83[760] weitgehend an der 'theologia negativa' des
Dionysius und korrigiert die Seinsterminologie erst ansatz-
weise, wenn er vom 'überseienden Sein' und 'überseiender
Nichtheit' spricht. Dementsprechend bleiben Gott und Ich als
Eins in ihrer Seinsheit unerkennbar, 'geist'los, Nichts.

Faßt Eckhart in Predigt 22[761] Gott als Ziel ins Auge, so
bleibt dieser ebenso unerkannt, solange er eben als solches
in seinem Einssein und seinem Wesen und nicht in seiner Vaterschaft betrachtet wird.

Demgegenüber zeigt Predigt 52[762] ausgesprochenes Originali-
tätsbewußtsein und den Willen zur Selbstkorrektur. Hier wird
das Wesen Gottes von seinem Sein unterschieden: 'Gott' ist er
als Prinzip des Geschaffenen, in sich selbst ist er weder Sein
noch vernünftiges Sein noch Intellekt (als 'intellectus possi-

bilis'). 'Über' aller   Unterschiedenheit ist er "obe wesene",[763]
Ich, das 'Etwas in der Seele', das sich selbst zum Sein und
Schöpfer bestimmt. So kommt es zur 'Spitzenaussage'von Predigt
48[764]: Das 'Seelenfünklein' ist der 'Grund' Gottes selbst,
nicht eins mit einer der göttlichen Personen oder allen zusammen noch mit Gottes Natur als Schöpfer noch mit seinem reinen
Sein, sondern mit dem Wesen Gottes, dem reinen Einen, welches
sich als Grund Gottes und des Geschaffenen erweist.

Auf diesem Wege gelangt Eckhart zur Rekonstruktion des Gottesbegriffes unter Einbeziehung des Menschen, zur Begründung der
Anthropologie in Gottes Selbstbegründung. Das Ich ist identisch
mit Gottes Wesen, das sich zum Sein bestimmt, mit Gottes Wesen
als 'unum' und 'principium', mit Gottes Wesen, das zuerst die
Pariser Quaestionen von 1302/3 als 'intelligere' interpretieren.

So ergänzt Eckhart die trinitarische Differenz in Gott um die
Differenz von Wesen und Sein, deren Einheit erst aus ihrer Differenz sich ergibt. Damit wird der trinitarische Gottesbegriff
je verschieden akzentuiert. Eckharts Trinitätstheorie ist die
Ausführung des Gedankens vom 'unum' als Prinzip des Geschaffenen wie auch des Ungeschaffenen.

C. Schluß

I. Leistungen von Eckharts Trinitätsspekulation

1. Konservative und innovative Züge

Zur richtigen Beurteilung von Eckharts Trinitätslehre ist zunächst auf ihre traditionellen Züge zu achten.

Dazu gehört Eckharts Rezeption Augustins und des Platonismus
der Vätertheologie (allerdings unter Beseitigung aller kosmi-
schen Vermittlungsinstanzen), besonders die durchgehaltene
Denkstruktur Gott - Mensch - Welt in ihrer ontologischen De-
szendenz, sowie das Verständnis der 'Gottesgeburt' und der
Gottesebenbildlichkeit. Für seine Generation ist auch der
Aristotelismus nicht mehr 'neu', philosophische und theologische Kritik daran bereits geleistet. So kann er ihm seinen
Platz anweisen bei der Erkenntnis der Naturdinge und besonders
die Geisttheoreme rezipieren.[1]

Eckhart erlebt die ersten Versuche, die Lehre des Thomas von
Aquin (wenigstens innerhalb des Dominikanerordens) zur Herr-
schaft kommen zu lassen - und die Kritik an Thomas.[2] Über weite Strecken kann er ihm folgen - und gerade in Grundfragen ihm
mit Nachdruck widersprechen. So verändert sich die Perspektive:
Die Übernahme thomanischer Trinitätstheologie erfolgt unter
Korrektur durch die Orientierung am 'unum'.

Doch auch hierin ist zunächst noch ein 'konservativer' Grundzug
zu erblicken: Mehr noch als in der dionysischen[3] steht Eckhart
(über den 'Liber de causis') unmittelbar in der proklischen Tradition. Wie Proklos identifiziert er das Eine mit dem Intellekt.
Im Verständnis Gottes als des Einen, des ursprungslosen Ursprungs, und des Vaters als des Ursprungs der ganzen Gottheit,
steht er der von der neuplatonischen Einheitsmetaphysik beeinflußten 'griechischen' Trinitätslehre näher als der an der
Unterscheidung von Einheit des Wesens und Dreiheit der Personen
orientierten 'lateinischen' Tradition, genauer: Eckharts Trinitätstheorie kann als der Versuch verstanden werden, beide An-

sätze zusammenzudenken. Das 'unum' ist Wesen (lateinische
Tradition) u n d Vater (griechische Tradition); Unbezüglichkeit und Bezüglichkeit sind Aspekte des Einen selbst, die dieses selbst aus sich verwirklicht, d. h. als 'distinctio rationis' (= intellectus) zugleich 'distinctio realis'. So kann
sie auch als Versuch verstanden werden, die Bezüglichkeit des
Einen unter Wahrung seiner Einheit zu denken, m. a. W. Trinität als Theo-logie, als Gottes in seinem Reden von sich aus
unterschiedene und darin doch eine Einheit zu begründen.

In dieser Konzeption Gottes als eines von sich aus Redenden
liegt die Berechtigung, von Eckharts Trinitätstheorie zu sagen, sie lehre die Einheit Gottes denken, wird hier doch die
Einheit Gottes (als Wesen) nicht von einem anderen Aspekt her
- sei es aufgrund geschöpflicher 'vestigia' oder aufgrund von
'Offenbarung' - (als Vater, Sohn und Geist) differenziert, sondern das Eine unterscheidet sich von sich aus, ist Denken, das
von sich aus differenziert, Differenz erst konstituiert: Differenz in sich (als Vater - Sohn - Geist) und Differenz zu
sich (als Schöpfer). Weil das Setzen von Differenz aber allein
s e i n Tun ist, bleibt das Eine als Denken (wie das Denken)
darin eines, wobei die Differenz aus Rücksicht des Konstituierten jeweils unterschiedlich (univok oder analog) zu verstehen ist, mithin auch die Einheit aus dieser Rücksicht als reine
Einheit oder Viel-Einheit zu unterscheiden ist.[4]

Hier zeigt sich der 'innovative' Grundzug der eckhartschen
Gotteslehre: Er versteht die Einheit des Wesens als Grund
(principium) der Personen, faßt die Unterscheidung also von
der Einheit her. Das Eine ist Grund des Seins, aufgrund dessen
das Sein sich unterscheidet. So ist das Eine in je verschiedener Hinsicht Wesen, Sein und Vater zugleich; die Gleichheit
wie auch die Unterschiedenheit der Personen verdankt sich dem
Vater oder dem göttlichen Wesen nicht im Sinne einer Alternative, sondern dem Einen als Wesen Gottes und Vater der ganzen
Gottheit. Damit erweist dieser Begriff Gottes als Von-sich-aus-
Redender die Substanz als Denken, Denken als sprachlich und die
Trinität Gottes als Vollzug seines Denkens, des reinen 'intelligere'.

Beziehung ist nicht etwas, das nachträglich zur beziehungslo-
sen Substanz, zum reinen Einen hinzutritt, sondern 'Modus' des
Einen, insofern es als es selbst auch Ursprung ist. Die Beziehung von Unbezüglichkeit und Bezüglichkeit ist im Einen
selbst, ist das Eine selbst. Gottes Göttlichkeit besteht also
darin, daß er 'unbezüglich-bezüglich' in ihrer Bezogenheit
aufeinander ist.

Eckharts Gottesbegriff führt so bis an die Schwelle der Einsicht in die Bezüglichkeit des Absoluten.[5] Scheint diese Interpretation auch zunächst über Eckhart hinauszuführen - ausdrücklich bestimmt er ja Gott als Substanz u n d Relation -
impliziert sein Begriff des Einen als Wesen, Sein und Vater
doch den Gedanken von Gott als subsistenter Relation. Das Problem wird von Eckhart noch explizit ausgesprochen: "Dicunt
etiam d o c t o r e s communiter quod potentia generandi non
est essentia absolute, sed essentia cum relatione. Quid autem
principialius, nodosa quaestio est."[6]

Im Vergleich zur Trinitätslehre des Thomas werden die Hervorgänge nicht in Analogie zur Tätigkeit des menschlichen Geistes
('psychologisch') entwickelt, sondern als Tätigkeit des Geistes
selbst interpretiert. Zwischen den göttlichen Personen herrscht
nicht Gleichheit, sondern Einheit. Grundsätzlich ist die Zahl
von der Trinität fernzuhalten. Die göttliche Trinität als Denken erschließt sich dem Denken.[7]

Wie Jakob von Metz versucht er, Wesen und Relation in ihrer
Unterscheidung als Einheit zu denken, indem er diese Kategorien 'modalisiert', d. h. als verschiedene 'modi' desselben interpretiert. So verhalten sich Wesen und Relation wie 'unum'
und 'principium'.

Kann Eckhart an Elemente der thomanischen Tradition anknüpfen
(so entsprechen seine Aussagen über das Einssein denjenigen
des Thomas über das Einssein im Zustand der 'visio'),[8] müssen
seine Thomas-Zitate jedoch von Eckharts Gottesgedanken her interpretiert werden: Geht Thomas aus von der (scheinbar) größeren Bekanntheit des Geschöpfes, sind für Eckhart nicht die
Dinge, sondern ihre 'rationes' das Klare und Wahre, nicht das
Geschaffene, sondern der Schöpfer.

2. Anthropotheologie

Diesem ´platonischen´ Grundzug Eckharts korrespondiert seine
Aufnahme des ´Johannismus´.[9]

Der Mensch ist unzureichend bestimmt, wenn er allein in seiner Defizienz und im Gegenüber zu Gott verstanden wird, denn
Gott ist ´bei´ den Menschen, ´im´ Menschen.

In seiner Univozitätstheorie weiß Eckhart, daß sich nur unterscheiden läßt, was eins ist. Der Mensch ist nicht nur Bild
Gottes, Wort Gottes, sondern differenziert ´Bild der ganzen
Dreifaltigkeit´. Darin aber ist er nicht auf sein Geschöpfsein
festgelegt (so daß er analog ´ad imaginem´ von der univoken
´imago´ zu trennen wäre), sondern in einer Hinsicht auch univok eins mit dem Einen als Urbild. Geschaffensein ist keine
hinreichende Bestimmung für den Menschen, er umfaßt ´divina´
und ´naturalia´, ist (wie Christus und in Christus) Gott-Mensch.

Damit wird Theologie (als Reden Gottes wie auch als Rede von
Gott) zur ´Anthropotheologie´,[10] bezieht sie den Menschen in
sich ein. Der dreifache Modus jeder theologischen Aussage (als
Aussage über Gott, über den Menschen und die Beziehung von Gott
und Mensch) wird in dieser Konzeption gesteigert zur Identität:
Ihre Wahrheit ist die Wahrheit Gottes selbst. Gott ist in seinem Wesen Gott - Ich.

II. Kritische Anfragen und Rückfragen

Mit Beginn der modernen Eckhart-Forschung zeigte auch die
evangelische Theologie anfänglich Interesse und beteiligte
sich an der kritischen Gesamtausgabe seiner Werke. Seit
Kriegsende ließ ihr Beitrag nach, kritische theologische Anfragen überwogen.[11]

Die Lutherforschung fragt mit historischem Recht nur bis zu
einem Einfluß Taulers auf Luther (über die 'Theologia deutsch')
zurück.[12] Luthers Kenntnis von vier echten Eckhartpredigten
– unter dem Namen Taulers durch den Augsburger Druck von 1508
überliefert[13] – reicht nicht aus, von einer Rezeption zu sprechen.[14] Obendrein gilt hier der Hinweis O b e r m a n s :
"Trotz einer gewissen Nähe von Eckhart und Tauler gibt es be-
achtliche Verschiedenheiten zwischen beiden, die man gerade
von Luther her unmöglich übersehen kann."[15] (Allerdings konstatiert z u r   M ü h l e n "eine eigentümliche Paralleli-
tät der theologischen Denkstruktur" zwischen Eckhart und
Luther.)[16]

Nach der Wiederentdeckung der Schriften Eckharts im 19. Jahrhundert stand das Interesse an Eckhart auch im Raum der evangelischen Theologie zunächst unter dem Einfluß der Philosophie
Hegels.[17] Idealistische Deutung,[18] Interesse an den trans-
zendental-philosophischen Motiven[19] und 'lutherische' Kritik[20]
sind Kennzeichen theologischer Stellungnahmen der ersten Hälf-
te des 20. Jahrhunderts. Man wehrt sich gegen eine 'katholische Vereinnahmung' Eckharts bis hin zu einer eigenen Inan-
spruchnahme seiner Gedanken.[21] Nach dem Scheitern des Versuches, eine 'äußere Verbindung' von Eckhart zu Luther herzu-
stellen, sucht man eine 'innere Beziehung'.[22] Dabei gelingt
es, einige Motiventsprechungen festzumachen, ohne Eckhart nun
gänzlich 'reformatorisch' deuten zu wollen.[23] Trotz zutreffen-
der Einsichten in einzelne Züge eckhartschen Denkens[24] und
neuerer theologiegeschichtlicher Würdigung der 'Deutschen
Mystik'[25] sowie erneuter theologischer Reflexion über das
Phänomen 'Mystik' überhaupt,[26] kann jedoch bis heute von
einer Rezeption Eckharts nicht die Rede sein, die sein Werk in
Zustimmung und Ablehnung historisch und sachlich gerecht wür-

digte. Die folgenden Bemerkungen wollen dazu einige mögliche
Perspektiven aufzeigen.

Entzündet sich das Interesse protestantischer Theologie an
Eckharts Ruf als 'Ketzer', macht es sich fest an seiner unbe-
dingten Verwerfung der Werkgerechtigkeit,[27] so erhebt sie
drei zentrale theologische Anfragen an seine Lehre: Wahrt Eckhart die Freiheit Gottes, die Personalität des Menschen (und
darin den Glauben im Unterschied zum Denken), die Weltlichkeit
der Welt? Hierin konkretisieren sich die Schwierigkeiten, die
sie mit seiner 'Mystik' und seinem 'Platonismus' hat.

1. Zur Freiheit Gottes

Eckharts Lehre von der Einheit von Gott und Mensch scheint die
Freiheit Gottes in Frage zu stellen.

Im Anschluß an Luthers Betonung des 'extra nos', übernommen
aus der Mystik zur Charakterisierung der 'iustitia fidei',[28]
sucht evangelische Theologie Gott vorzustellen in seinem dem
Menschen gegenüber von 'außen' zukommenden Wort, das ihn aus
seiner Tendenz zur Selbstbegründung und zum Selbstzwang heraus-
ruft. Die Befreiung verdankt der Mensch dem von ihm aus gese-
henen 'extra' Gottes, dessen Freiheit darin liegt, dem menschlichen Eigensein zuvorzukommen.

Für Eckhart ist demgegenüber das Eigensein des Geschöpfes zunächst als Konstituiertsein zu durchschauen. Zwar kann er aus
der Perspektive des Geschöpfes Gott als 'extra' verstehen, so
daß das 'Eigene' des Geschöpfes die Sünde ist,[29] die Zerstreut-
heit an das Viele - aber aus dieser beschränkten Perspektive
des Gegenüber von Schöpfer und Geschöpf kann Gott nicht 'mein
Gott' genannt werden: Was nämlich wirklich 'mein' ist, kann
nicht außerhalb meiner sein, von einem anderen abhängen.[30]
Dieser Gedanke kann so fortgeführt werden: Gott hängt nicht
von einem anderen ab, daher kann er 'mein' Gott sein und ist
nicht 'extra'. Die Entlarvung des Beharrens auf dem Eigensein
als Sünde, gefolgt vom Hinweis auf die Geschöpflichkeit, wird
noch einmal überstiegen: Das Heil des Menschen ist die Imma-

nenz von Gott und Mensch.[31] So gerät der Mensch 'in sich'
'außer sich': Er lebt nicht 'zwischen' dem Einen und dem Vielen,
sondern das Eine destruiert ihn in seiner Orientierung am Vielen, ruft ihn 'extra se'. Im Einen aber ist er wiederum Ich,
'in se'.[32] Die Perspektive der 'Freiheit' Gottes ist für Eckhart die begrenzte des Geschöpflichen: Was vom Geschöpf her
als 'Un-Freiheit' Gottes gilt, gilt von Gott her als Vollzug
seines Wesens. Dies ergibt sich aus der Perspektive der Univozität.

Wenn hier von einem 'Abhängigsein' Gottes die Rede ist, dann
ist nicht Abhängigkeit vom Geschöpf gemeint, sondern das Wort
- Beiwort - Verhältnis.[33] Nur in diesem Kontext kann Eckhart
Formulierungen reziproker Abhängigkeit gebrauchen, wobei es
sich um die 'Abhängigkeit' des Einen im Einen vom Einen handelt.[34]

Hieraus ergibt sich die Bedeutung der Rede vom 'Müssen' Gottes:
Auf den Vorwurf, Gott werde hier 'notwendig' gemacht, ist zu
antworten mit der Frage nach dem Sinn von 'Notwendigkeit',[35]
vom 'Müssen' Gottes: Notwendigkeit meint hier kein 'Drittes',
das zur Beziehung von Gott und Mensch als ihr 'movens' hinzu-
käme, sie ist vielmehr Gott selbst als dieses Verhältnis. Ihr
Gegenbegriff ist nicht Freiheit, sondern Gottlosigkeit (Sünde,
bzw. Unverstand). Es ist Gottes Freiheit, beim Menschen zu sein.
Diese Selbstbewegung Gottes hat das menschliche Denken zu achten.

Wendet sich die   Theologie mit der Rede vom Ereignischarakter
der Trinität g e g e n die 'Notwendigkeit', so kann demgegenüber bei Eckhart gezeigt werden, wie sich die Freiheit Gottes - der sich zeigen muß aufgrund seines Wesens, als Selbst-
vollzug - wahren läßt auch angesichts der 'Freiheit' des Geschöpfes: Es ist der Ort dieses Ereignisses; was in Gott (in
der Korrelation Gott - Mensch) notwendig geschieht, kann im
Geschöpf scheitern, insofern es auf seinem Eigensein beharrt.

Fruchtbar ist der Hinweis O z m e n t s auf die Einheit von
Gott und Mensch bei Luther als Inhalt des Glaubens: Der Glaubende stimmt ein in Gottes Urteil über den Menschen als Sünder
und bekennt Gott allein als gerecht.[36] Im Glauben kommt es

zum´fröhlichen Wechsel´: Die Seele nimmt an Christi Gerechtigkeit, während Christus die Sünde auf sich nimmt.[37] Darin sieht
B o r n k a m m den wesentlichen Unterschied zu Eckhart, den
Ozment - darin wohl die herrschende Ansicht korrekt resümierend
- so formuliert: Wenn Luther von Einheit sprach, "he was simp-
ly expressing the peculiar Protestant teaching that, through
faith, the believer becomes perfectly one with what he be-
lieves, despite his continuing great distance from it."[38]

Das historische Urteil ist hier zugleich systematisches. Wenn
dieses nun aber als historisches zu differenzieren ist in der
Weise, daß die Luther meinende Kennzeichnung der Einheit als
"a new understanding of the distance between God and man"[39]
nun im Sinne einer auf der Einheit ruhenden Unterscheidung (indistinctione distinctus) für Eckhart gilt, muß auch das systematische Urteil differenziert werden.

Wenn ferner das systematische Verständnis formulieren muß, daß
der Glaube unterscheidet, was die Liebe eint[40] - dann wächst
die Nähe zu Eckhart, für den der Glaube gegenüber dem Einen in
der Differenz verbleibt. (Auch dieser Aspekt ist beim eckhartschen Glaubensbegriff zu sehen, nicht nur seine ´Auflösung ins
Denken´.)

Nach der These Z e l l e r s kam es im Luthertum zur Wiederentdeckung der Mystik als Weg zur Überwindung der ´Frömmig-
keitskrise´.[41]

P h i l i p p N i c o l a i (1556 - 1608) nahm Luthers
´Mystik des Wortes´ auf und verstand die ´unio mystica´ als
Willensgleichförmigkeit.[42] J o h a n n A r n d t (1555 -
1621) rezipierte zwar nicht die Lehre von der ewigen Sohnschaft
des Menschen, konnte aber immerhin Taulers Einheitsgedanken
neben Luthers Lehre vom ´fröhlichen Wechsel´ stellen: "Mystical union is presented as a higher religious stage, beyond
that attainable by faith alone. ... Arndt did not, however,
believe it was contradictory for Lutheran faith and piety to
culminate in a true mystical union of the believer with God."[43]

Daneben gibt es eine eigenständige ´unio´-Theorie in der lu-
therischen Orthodoxie aus biblischen Motiven und aus Luthers Lehre

über die zwei Naturen in Christus und über die Gegenwart Christi im Abendmahl, die über die Einheit im Glauben hinausgeht:[44] "By analogy, Christ was believed to be in the soul of the believer in a real and essential way."[45] Wenn die Forschung den Unterschied dieses 'unio'-Verständnisses von dem der sogenannten 'Deutschen Mystik' betont (sei es nun unter Anerkennung oder Ablehnung einer historischen Verbindung),[46] dann versteht sie die 'mystische' 'unio' als Vergottung.[47] Diese These aber ist zu undifferenziert, um weiter aufrechterhalten werden zu können. Stimmt umgekehrt die Deutung des 'unio'-Verständnisses der Orthodoxie nach dem Modell der Christologie als Personeinheit bei unterschiedenen Naturen,[48] so liegt hier zwar ein deutlicher Unterschied zur Auffassung Eckharts von der Wesenseinheit, Personeinheit und Natureinheit vor (sozusagen nach dem vollen Modell der Trinität statt dem der Christologie), doch dürfte der Hinweis auf Eckharts Analogiegedanken hinreichen, um das Urteil über die 'mystische' Einheit von Gott und Mensch, die Gott seine Freiheit nehme, zumindest wieder zur Revision zuzulassen. Zur Debatte steht dabei nicht der Gedanke einer Einheit von Gott und Mensch als solcher, sondern seine präzise Fassung: Ist die 'substantielle' Identität - über eine Vollzugsidentität (im glaubenden Erkennen) hinaus - eine des g ö t t l i c h e n Wesens, in dem, aus dem und durch das der Mensch konstituiert ist? Ist diese Einheit somit selbst göttlich - oder von Gott noch einmal zu unterscheiden im Sinne einer Enhypostasie der menschlichen Natur in der göttlichen?

2. Zur Personalität des Menschen

Die kritische Frage nach der Personalität des Menschen[49] stellt sich angesichts von Eckharts Einheitslehre, die das Absehen von allen individuellen Zügen ('Abscheidung') des Menschen fordert: "... wan wissent, das da in der ainichait ist weder chûnrat noch heinrich. ich wil üch sagen, wie ich der läute gedenck: ich fleiß mich des, das ich mein selbs vnd aller menschen vergesse, vnd füge mich für sy in ainichait."[50] Geht Einheit damit auf Kosten der Personalität? Bedeutet m. a. W. die Allgemeinheit des Denkens den Verlust des individuellen Glaubens?

a) Individualität und Personalität

In der Tat steht für Eckhart das Individuum hinsichtlich seiner Mannigfaltigkeit der Vereinigung mit Gott im Wege. Insofern gilt die Aufforderung des 'abnegare omne personale'. Andererseits zählt das Einssein des Individuums: Es gibt eine
Person-Einheit im Einen, in Gott. Demnach ist das Beharren auf
dem konkreten, psychologisch vorgestellten Ich für Eckhart gerade dessen Verlust; es zu gewinnen ist nur möglich in der
Kraft des Einen, die dem Mannigfaltigen gilt, so daß die Vieleinheit empirischer 'Personalität' nur Bestand hat im Einen,
das sich selbst unterscheidet, 'bewegt' und insofern 'lebendig'
ist.[51] Personalität ist die Personalität Gottes als Trinität,
nicht psychologische Individualität, darin aber auch die des
Menschen, sofern er eins ist mit dem trinitarischen Gott.

Wirkungsgeschichtlich wird die sogenannte 'Deutsche Mystik'
als Individualismus und Subjektivität gegenüber sowohl för-
derlich als auch kritisch und hemmend eingestellt beurteilt.

Von Eckhart her lassen sich beide Züge belegen: Im Ablegen des
Individuellen gewinnt sich das Subjekt. Problemgeschichtlich
gesehen beginnt hier die Reflexion des 'neuzeitlichen' tran-
szendentalen (nicht-empirischen) Subjekts. Gegenüber allem Individuellen wird das Subjekt als das in seiner Einheit mit dem
Intellekt als dem Prinzip die Wirklichkeit konstituierende gedacht. 'Mystik' verneint hier also nicht die Individualität,
nachdem sie sie zunächst gesetzt hat,[52] sondern Eckhart gewinnt Individualität unter Kritik an ihrer empirischen Gestalt.

b) Universalität

Ist diese Einheit jedem Menschen gegeben oder nur aufgegeben?
Ist sie wenigstens jedem Menschen zu erreichen möglich? Oder
ist sie erst in der jenseitigen 'Schau' zu vollziehen?

Einen 'eschatologischen Vorbehalt' macht Eckhart nicht grundsätzlich. Seine Predigt will vielmehr aufrufen zum Einssein
in d i e s e m Leben. Dabei steht die Forderung des 'Abscheidens' in der Spannung universeller und partikulärer Mo-

mente. Der Mensch ist eins mit Gott und ist es nicht. Er ist
es nicht (genauer: nur auf analoge Weise) als Geschöpf und insofern er am Geschöpflichen, am Vielen orientiert ist. Er ist
es, weil er nur in der Einheit mit dem Einen die Orientierung
am Vielen überwinden kann. Die 'Allgemeinheit' des Einssein
im Einen schließt die Forderung an den Einzelnen nicht aus,
sondern ermöglicht es j e d e m Einzelnen, sie zu vollziehen, darin aber jedem E i n z e l n e n .

Das Wort Joh 1,9 ('Das Licht erleuchtet alle die, welche in
diese Welt kommen') spricht zu Eckhart nicht von der allgemeinen 'Illumination' aller Menschen, nicht von dieser 'groben' Welt, sondern von der reinen Erkenntnis der Trinität.[53)]
Universalität und Partikularität sind die des Denkens. 'Ab-
scheiden' ist Umkehr vom Vielen zum Einen, in der Einheit von
theoretischem und praktischem Verhalten.

c) Glaube

So kommt nun der Glaube bei Eckhart zunächst scheinbar hinsichtlich seiner Psychologie in den Blick. Dabei ist er zwar -
getreu der augustinisch-anselmischen Tradition - individuelle,
empirische Voraussetzung des Wissens, das insofern darauf angewiesen bleibt, daß geglaubt wird - verhält sich aber zum Wissen wie das Unvollkommene zum Vollkommenen.[54)]

Im Unterschied zu Thomas kann bei Eckhart ein und dasselbe geglaubt und gewußt werden, jeweils unterschieden nach dem 'Zustand' verschiedener, bzw. desselben Menschen: ob 'grob' oder
'erleuchtet', d. h. abhängig vom Einssein mit Gott. 'Glauben'
und 'Wissen' verhalten sich wie 'Differenz' und 'Identität',
wie 'Geschaffenes' und 'Eines'. Wenn Eckhart also von der Entwicklung des Glaubens zum Wissen spricht, geht es ihm nicht
darum, den Glauben empirisch-psychologisch zugunsten des Wissens zu kritisieren, so daß der Gläubige statt zu 'glauben'
vielmehr 'wissen' solle (woraus sich der gängige Vorwurf einer 'Auflösung' des Glaubens in Wissen ergäbe), sondern unter
den Begriffen 'Glaube' und 'Wissen' geht es Eckhart um s e i n
Thema, die Einheit mit Gott. Dabei ordnet er dem Wissen das
Einssein und dem Glauben das Einswerden zu. So verbleibt der

Glaube noch in Differenz zum Einen.

Fremd ist Eckhart die (von Luther unter Verweis auf das 'Seelenfünklein' Ockham vorgeworfene)[55] Vorstellung einer Selbst-
erlösung wie auch der (beim frühen Luther selbst noch vorhan-
dene) Gedanke einer Verdienstlichkeit innerer guter Werke
(fides humilitate formata):[56] Nicht ist 'Demut' ein Ver-
dienst, sondern Entsprechung des glaubenden Menschen zu seiner vorgegebenen Einheit mit Gott.

d) Theo-logie

Theologie bestimmt Eckhart weder wie Thomas als 'scientia'
aus geoffenbarten Prinzipien (den 'articuli fidei')[57] noch
wie Albert und Dietrich als Quasi-Ethik:[58] Den Begriff 'Theologie' nennt er im Sinne einer wissenschaftlichen Spezialdis-
ziplin der theoretischen Philosophie neben Mathematik und
Physik, vertauschbar mit dem der Ethik, aber zu unterscheiden
von Philosophie als Logik und Ethik.[59]

'Theologie' hat es also weder mit den praktischen Schlußre-
geln der Logik noch mit den Regeln sittlichen Verhaltens zu
tun. Vielmehr wird sie zusammen mit der Ethik, sofern auch
diese als theoretische Disziplin genommen wird, in Gott ver-
ankert als Wissen der Ideen der Dinge: "Ethicus sive theolo-
gus ideas rerum, quae in mente divina, antequam prodirent in
corpora, ab aeterno quo modo ibi intelligibiliter exstiterunt,
subtilius intuetur."[60]

Die 'Identifikation' von Theologie und Ethik erfolgt hier im
Rahmen einer Subsumption unter die Wissenschaft der allgemein-
sten Prinzipien, so daß "die Ethik in die Identität von Theologie des Evangeliums und Metaphysik aufgenommen ist",[61] und
Ethik wie Theologie und Metaphysik hier als Wissen der Ideen
im göttlichen Geist verstanden werden. M. a. W.: Theologie
wie Ethik denken die 'Gedanken' Gottes, Gottes schöpferisches
Wort, sind Theo-logie (als genitivus subjectivus). 'Theologie'
als wissenschaftliche Disziplin der 'philosophia theoretica'
ist inhaltlich damit als Theo-logie bestimmt. Eckharts 'neue
Metaphysik' erweist sich als Theo-logie.[62]

3. Zur Wirklichkeit der Welt

Da 'jede Wahrheit aus einer Wurzel kommt',[62 a)] relativiert
sich jede wissenschaftliche Disziplinentrennung wie auch die
für Thomas so fundamentale Unterscheidung von Natur und Gnade: Auch die Gnade ist Kreatur![63)] Ob etwas von Natur oder
Gnade ist, ist gleichgültig, wenn es nur von Gott ist.[64)]
Das Werk der Natur ist ebenso Schöpfung Gottes, wird jedoch
"widergegeben allez in der vernünftigen sêle."[65)]

Wenn Vernunft das Geschaffene (Natur und Gnade) 'destruiert',
hat Eckhart dann überhaupt die Weltlichkeit der Welt, ihre
Wirklichkeit erfaßt? Oder bleibt er 'Platoniker' im Verfehlen
des Weltlichen?[66)]

Offenkundig hat Eckhart einen präzisen (allerdings nicht-
aristotelischen) Begriff von Welt: "mundus pater diaboli... .
Mundus enim et amor eius parit in nobis diabolum, pater eius
est."[67)] Welt ist das Geschaffene ohne Orientierung an Gott,
das den Menschen verführt, sich an ihm, dem Vielen, statt am
Einen zu orientieren. Im Denken hat der Mensch den Zug zur
Endlichkeit abzuwerfen, das Geschaffene, das an sich Nichts
ist, als Geschaffenes zu erkennen, d. h. vom Einen her zu sehen in seiner beständigen Angewiesenheit auf Gott. Andernfalls
ist das Geschaffene diabolisch, setzt sich für den Menschen an
die Stelle Gottes. 'Weltflucht' ist das Gegenteil von Vergöt-
zung der Welt, Voraussetzung für Moralität im Sinne einer
Orientierung am Guten.[68)]

Nicht die Schöpfung wird hier 'abgewertet', sondern das Ver-
fallen des Menschen an 'Welt' als Abfall vom Einen entlarvt.
Dabei schließt diese Perspektive die empirische Erforschung
des 'Wirklichen' (im Sinne der Dinge) nicht aus.

Wenn die theologische Kritik 'Platonismus' diagnostiziert,
steht sie stets in der Gefahr, bei der Berufung auf Welt,
Wirklichkeit und Schöpfung als Entdeckungen christlichen
Selbstverständnisses sich ihrer aristotelisierenden Deutung
auszuliefern.[69)] Eckhart war sich der Unterschiede beider
Philosophien bewußt und hat sie bewußt auf verschiedene Gel-
tungsbereiche verteilt. Dabei schien ihm die (neu-)platonische

Rede vom Einen zum Verständnis des Evangeliums unverzicht-
bar.

III. Probleme gegenwärtiger Trinitätstheologie
      aus der Sicht Eckharts

Historisch wurde die christliche Trinitätslehre (bis zur Formel des II. Konstantinopolitanischen Konzils von der μία φύσις,
bzw. οὐσία und den τρεῖς ὑποστάσεις πρόσωπα [70]) in vielfäl-
tiger Variation gewonnen als Interpretament des neutestament-
lichen Zeugnisses, wobei es um die in theologischer Rede durch
Entsprechung zu wahrende Wirklichkeit der Erlösung ging.[71]
Vom ursprünglichen Sitz im Leben als Taufbekenntnis zum einen
Gott, dem Vater, Sohn und Geist, her wurde die Trinität zu einer 'Kurzformel' des christlichen Gottesverständnisses, ja als
der 'unterscheidend christliche' Gottesbegriff verstanden.[72]

Dennoch wurde für die Trinitätstheologie in der Wirkungsgeschichte der lateinischen[73] (und damit auch reformatorischen)
Tradition ein weitreichender Funktionsverlust konstatiert, der
weniger auf die Wirkung explizit unitarischer Bestrebungen
(Michael Servet,[74] Sozinianer und unitarische Gesellschaften
des 19. Jahrhunderts[75]) als auf aufklärerische Kritik zurückgeführt werden kann.[76] Entscheidend dafür aber war bereits
der Funktionswandel, den das trinitarische Dogma im Osten wie
im Westen als 'Waffe' gegen den Arianismus erfahren hat: "Die
Notwendigkeit, die strikte Einheit des göttlichen Wesens zu
betonen, führt auch hier dazu, daß die trinitarische Ökonomie
als Gebetsstruktur (G l o r i a   P a t r i   p e r   F i l i u m
i n   S p i r i t u   S a n c t o) von der stärker ‹homousiani-
schen› et-et-Formel verdrängt wird."[77] Der Glaube verliert so
seine trinitarische Struktur, Trinität wird zum Denkrätsel:
zum 'Schwanken zwischen Einheit und Dreiheit'.[78] Hand in Hand
mit dem Verlust der Differenzierung des göttlichen Handelns
geht der Verlust der soteriologischen Funktion der Trinität
einher. Die 'ökonomische' Trinität wird bedeutungslos, die
'immanente' zum 'mysterium stricte dictum'.

Von diesem Mysterium allerdings ist zu reden, denn gilt die
göttliche Trinität theologisch als Geheimnis, wird sie als Geheimnis   g e d a c h t . Damit besteht die Aufgabe, die Beziehung dieses 'Geheimnisses' zum menschlichen Denken zu untersuchen. Zum Verständnis des Trinitätsgedankens selbst ist
der Vorstellung zu wehren, es ginge um eine Art 'Balance' von

'Einheit' und 'Dreiheit', vielmehr ist die 'Dreiheit' Bestäti-
gung der Einheit Gottes: Gott ist der Eine, weil er Vater,
Sohn und Geist ist. Er ist Ursprung von allem und auch im
Vielen derselbe eine Gott.

Regte schon S c h l e i e r m a c h e r eine "auf ihre ersten
Anfänge zurükkgehende Umgestaltung"[79] der Trinitätslehre an
(die er sich allerdings nur als 'ökonomische', als Lehre über
den 'deus revelatus' vorstellen konnte),[80] stehen gegenwärtige Neuansätze vor der Aufgabe, die Einheit von ökonomischer
und immanenter Trinität zu denken, die göttliche Trinität in
ihrem Bezug zu Denken, Mensch und Welt zu reflektieren, um
nicht hinter dem Niveau der altkirchlichen Trinitätslehre zu-
rückzubleiben und die eigentliche theologische Aufgabe zu erfüllen. Dabei werden Defizite der Tradition benannt und zu
überwinden versucht.[81]

1. Funktionsverlust

Wenn nun die Theologie der Gegenwart den Funktionsverlust des
Trinitätsdogmas beklagt, dann in doppelter Hinsicht: mit Bezug auf seinen Stellenwert in der Theologie und bezogen auf
den Vollzug des Glaubens. Der Christ glaube an einen Gott und
an die Erlösung in Christus, 'Trinität' bleibe bestensfalls ein
Glaubensinhalt neben anderen.

a) im Glauben

Für Eckhart ist die Trinität Gottes Gottes Entsprechung zum
'pro me' des Glaubens: Der Glaubende verläßt sich im Denken
auf das Für-ihn-Dasein Gottes. Von Gott her gesehen heißt
das: Gott ist von sich aus für den Menschen, weil er als Intellekt als er selbst beim anderen ist, indem er es setzt
und - insofern er es in die Einheit mit sich setzt - auch
seine Rückwendung zu sich setzt. Vom Menschen her gesehen
heißt das: Wenn der Glaubende um diese Selbstunterscheidung
Gottes weiß, ist er eins mit Gott in und mit dieser Selbstunterscheidung. Das Denken kann beide Perspektiven (ex parte
Dei - ex parte hominis) denken, weil es beide in ihrer Einheit

ist und in ihrer Unterscheidung begründet. Trinität ist also
nicht nur Glaubens-, bzw. Gedankeninhalt, sondern Vollzug des
Denkens selbst und darin der Beziehung des Menschen zu Gott
aufgrund der Beziehung Gottes zum Menschen. Insofern diese
Beziehung Identität ist, ist der Mensch das Eine als Wesen
Gottes, insofern sie univoke Korrelation ist, ist er Moment
dieser Beziehung, insofern sie analoge Relation ist, ist er
als Glaubender im Abstand von Gott. Gott aber ist ´pro homi-
ne´: als Grund, Vater und Schöpfer. Damit stellt der trinitarische Gottesgedanke die Fülle der Beziehungen von Gott und
Mensch dar, er ist das Wissen dieser Beziehungen.

Mit seiner Auffassung von der Identität des ´in se´ und ´pro
me´ Gottes überholt Eckhart die gängige Vorstellung,[82] die
ein angeblich ´mittelalterliches´ (metaphysisch-mystisches)
Interesse an der Existenz Gottes von einem (durch Ockham vor-
bereiteten) ´protestantischen´ Interesse an seinem Willen, am
Heil des Menschen abhebt.

b) in der Theologie

Hinsichtlich der Theologie läßt sich ein Funktionsverlust des
Trinitätsdogmas konstatieren aufgrund seiner Isolation gegen-
über anderen Hauptstücken der Dogmatik, besonders in seiner
Trennung vom Traktat ´De Deo uno´.

Eckhart zeigt in seiner literarischen Tätigkeit die Absicht,
überkommene Einteilungen dadurch fruchtbar zu machen, daß er
sie neu aufeinander bezieht: so die Entsprechung der Ausle-
gungen der ´divina, naturalia et moralia´. Auch bei der Pla-
nung seines in vierzehn - jeweils durch den Gegensatz geglie-
derten - Traktaten aufgebauten ´opus propositionum´ gilt sein
Interesse den ´nova et rara´.[83] Diese Methodologie - Inno-
vation durch das Aufeinanderbeziehen von Gegensätzen - führt
sachlich zur Begründung von Unterscheidungen durch Rücksicht
auf ihre Einheit.

Für die Gotteslehre bedeutet das: Eckhart gewinnt die Unterscheidungen von Schöpfer und Geschöpf, von Gott und Mensch,
von Vater, Sohn und Geist, von Gott und Gottheit aufgrund ih-

rer (jeweils anderen) Einheit. Vom Einen her reflektiert Eckhart die Unterscheidungen, überwindet und begründet sie so in-
eins. Was die Darstellung nur nacheinander explizieren kann,
ist in Wahrheit eins.

Dementsprechend spricht Eckhart nie isoliert von Gott oder dem
Menschen oder der Welt, sondern seine eigentümliche Leistung
und der prägende Zug seiner Theorie bestehen im Aufeinanderbeziehen von Trinitätsspekulation, Anthropologie, Kosmologie.
So erneuert er die in der Geschichte der (westlichen) Trinitätslehre auseinandergetretene Einheit von Gottes- und Welt-
betrachtung durch Verankerung des Weltbezuges in den 'processiones'.

2. Christologie und Trinität

Neuere Versuche in der Trinitätstheologie kommen darin überein, daß sie in der Christologie ansetzen.

Demgegenüber wird die Christologie bei Eckhart zwar breit ausgeführt, jedoch nicht im heutigen Sinn zum 'Movens' der Trinitätslehre. Der Versuch, die Rede vom Geist aus der Rede vom
Sohn als Wort zu entwickeln, bleibt eine Analogiebildung.[84]
Andererseits ist es die eckhartsche Fassung der Natureinheit
von Gott und Mensch im Sohn, sein Verständnis der 'imago Dei',
die den Gedanken von der Identität Gottes und des Menschen
denken helfen. Insofern spielen diese christologischen Motive
bei der Erkenntnis des Einsseins im Vater als Vater und im
Geist als Geist eine hervorragende Rolle. Darüber hinaus gelten 'Sohnschaft' und Bildtheorie auch im Bereich der Naturdinge, so daß Eckhart mit dieser Terminologie besonders gut
die Fülle der Beziehungsverhältnisse anschaulich machen kann.
Ziel ist jedoch nicht Christus, sondern die Einheit mit Gott
im Sinne der Bewegung 'per Christum in Spiritu Sancto ad
Patrem'.

Sein Entwurf der Trinität vom sich als Vater setzenden Einen
her zeigt dabei die Perspektive auf, von der her Christologie
in den Blick zu nehmen ist, damit ein 'solus Christus' als
Selbstaussage Gottes verstanden werden kann, Christologie so-

mit T h e o logie bleibt.

3. Mono- und Tritheismus

Wird für die heutige Trinitätslehre der Begriff der 'Person'
zusehends problematisch, da er die Charakteristik des Individuellen, des Selbständigen im Sinne menschlicher 'Persönlich-
keit' angenommen hat, kann diese Gefahr beim Ansatz Eckharts
vermieden werden. Für ihn stellt sich nicht die Frage, wie
die göttlichen Personen als 'relationes subsistentes' nachträglich zu einer Einheit vermittelt werden können, vielmehr
ist der Sohn 'Person' aufgrund seiner Relation zum Vater, wobei in dieser Relation Einheit univok unterschieden, aber
nicht verlassen wird.

Damit wird die Crux der Trinitätstheorie, wie sie nachdrücklich Schleiermacher als 'Schwanken' zwischen Mono- und Tri-
theismus aufgewiesen hat,[85] im Ansatz unterlaufen. Das Problem der Trinität ist n i c h t das (logische) Problem, wie
sich Einzahl und Dreizahl von Gott aussagen lassen, sondern
die Aufgabe, Gott als Denken zu denken. Als Prinzip ist Gott
ohne Zahl, auch ohne Ein-Zahl zu denken. Auch seine Selbstunterscheidung bedeutet keine Verdopplung (Wesen - Personen)
oder Verdreifachung (Vater - Sohn - Geist), sondern zeigt, was
das Eine ist: Ursprung, Offenbarung und darin ein und dasselbe,
eins.

4. Einheit von immanenter und ökonomischer Trinität

Nachdem die Unterscheidung von immanenter und ökonomischer
Trinität im Gefolge der Transzendentalphilosophie dazu umge-
bildet wurde, von 'Gott an sich' zu schweigen zugunsten der
Rede vom 'Gott für uns', Trinität bei vielen Theologen also
nur als ökonomische gedacht werden konnte, versuchte K. R a h -
n e r seinen Neuansatz der Trinitätstheorie auf den Grundsatz
der Einheit von immanenter und ökonomischer Trinität zu gründen: Gott zeigt sich, wie er ist.[86]

Für Eckhart ist dieses Axiom perspektivisch zu differenzieren:

Dem Geschöpf zeigt sich Gott als Analogans, dem Denken als
immanentes Prinzip. Die Trinität in der Welt verdankt sich
der Trinität in Gott, sie besteht in der Einheit des Abbildes,
je nach Rücksicht in Analogie oder Univozität.

Dabei erreicht Eckhart die Absicht des Grundsatzes, die Realität der Gemeinschaft mit Gott und damit der Erlösung sicher-
zustellen, durch seine Betonung des Einsseins mit Gott, in
der Sprache des Axioms formuliert: mit der immanenten Trinität. Wenn dem Grundsatz heute die scheinbare Alternative eines 'Gottes an sich' oder eines 'Gottes für uns' unterliegt,
ist für Eckhart festzuhalten, daß nicht nur im Resultat der
'Gott an sich' als der 'Gott für uns' einsichtig wird, daß
dies vielmehr auch dank des Einheitsgedankens Anfang, Verlauf
u n d Ziel der Darstellung Eckharts bestimmt.

Einheit ist Identifizieren, Identisch-Machen; Gottes Wirken
'nach außen' seine Selbstbestimmung: Gott ist sein Sich-Zeigen,
Gott 'in se' ist Gott 'pro me', ökonomische Trinität für den
gerechtfertigten Menschen die immanente.

5. Sein und Werden

Das Verhältnis von immanenter zu ökonomischer Trinität stellt
auch vor die Frage nach Sein und Werden, nach dem Verhältnis
von Gottes Wesen und Geschichte. (So versucht im Anschluß an
die Kosmologie W h i t e h e a d s die 'Prozeßtheologie',
Sein und Werden im Gottesbegriff zusammenzudenken.)[87] Einen
besonderen Akzent erhält dieses Problem durch die Frage nach
der Bedeutung der konkreten Geschichte Jesu, seines Leidens
und Sterbens für den christlichen Gottesbegriff.

Bei Eckhart ist die geschichtliche Wahrheit immer vorausgesetzt;[88] Geschichte gehört jedoch zum Geschaffenen, das als
Werden und Vielheit vom Sein nachdrücklich abgesetzt wird.
Der Einwand liegt nun (allzu) nah, Eckhart 'vernachlässige'
das Konkrete: die Geschichte, das Individuelle, überhaupt
das Geschaffene.[89]

Demgegenüber ist auf den Unterschied von Geschichte und

'begriffener' Geschichte, d. h. gedanklich erfaßter, von Werden und dem Gedanken 'Werden' hinzuweisen: Eckhart treibt nicht Einzelwissenschaft (Geschichte oder dergleichen), sondern Metaphysik. In ihr aber hat der Begriff des Werdens erst seinen Ort, ohne selbst im empirischen Sinn zu 'werden'. Wohl aber gibt es eine Genese des Begriffs, so daß man von einem 'Werden ohne Werden' sprechen könnte. Darin kommt erneut die unüberbrückbare Differenz von Schöpfer und Geschöpf zur Geltung: So wird das Geschehen der Gottesgeburt als ein 'Werden' beschrieben, dessen Ziel allerdings das Eins-Sein ist. 'Werden' wird hier also nur mit Rücksicht auf den Menschen als Geschöpf ausgesagt, mit Blick auf den Vorgang des 'Abscheidens'.

Demgegenüber geschehen Selbstunterscheidung und Selbstbeziehung Gottes im Einen, ohne Zeit. Was nur nacheinander ausgesprochen werden kann, ist Eins. Da jedoch das Eine sich aus sich selbst von sich selbst als es selbst unterscheidet und bezieht, kann von einem 'Werden als Gewordensein' oder 'Werden ohne Werden' gesprochen werden, sofern nur der Unterschied zu allem geschöpflichen Werden gewahrt bleibt.

Der angemessene Begriff, ein solches Werden zu denken, ist der Begriff des Denkens selbst, rein als Denken genommen: Zwar braucht das Denken psychologisch gesehen Zeit, als Denken jedoch konstituiert es Zeit, Raum und alle Inhalte, 'wird' alles im Denken, so daß das Werden im Denken seinen Ort hat, zeitliches Werden jedoch erst im Geschaffenen, das vom Denken in sich als außerhalb seiner gedacht wird, geschieht. So ließe sich im Anschluß an Eckhart das 'Werden' vom Werden unterscheiden.[89 a)]

Mit Bezug auf das Leiden spricht Eckhart ausdrücklich in Gott von einem 'Leiden ohne Leiden': "Ist mîn lîden in gote und mitlîdet got, wie mac mir danne lîden leit gesîn, sô lîden leit verliuset und mîn leit in gote ist und mîn leit got ist?"[90)] Hier ist 'lûter lîden'; in Gott vermag der Mensch 'ohne Leiden' zu leiden. Und nur in diesem Sinn kann von einem 'Leiden' Gottes gesprochen werden: "Gote enkunde niht leider geschehen dan an der marter und an dem tôde unsers herren Jêsû Kristî, sînes eingebornen sunes, den er leit umbe unsers saelicheit."[91)] "Wan gotes sun in der gotheit und in der êwicheit niht lîden

enmohte, dar umbe sante in der himelische vater in die zît,
daz er mensche würde und lîden möhte."[92]

Von hier aus sind die Aussagen zu interpretieren, die von einem Leiden Christi dem Leibe und der geschaffenen Seele nach,
nicht aber nach seinem Einssein mit Gott sprechen.[93] Eckhart
gibt damit nicht die Einheit Christi auf, sondern begründet
sie in Gott: Das Leben der Seele ist m i t dem Leibe
ü b e r dem Leibe in Gott. Mit dem Leibe leidet sie.

Was für Christi Leiden gilt, gilt für den Menschen, er soll
im Reichtum des Reichtums und im Leiden des Leides 'ledig'
sein. Anti-stoisch heißt es: "Er wirt wol beweget, er enwirt
aber niht entworfen."[94]

Zwar heißt es: "daz got mit uns ist in lîdenne, daz ist, daz
er mit uns lîdet selbe."[95] Auf seine Weise leidet er mehr
als ein Mensch, der um seinetwillen leidet. Aber wenn wir allein um Gottes willen leiden, dann leidet Gott ohne Leiden:
"Lîden ist im sô wünniclich, daz lîden enist im niht lîden.
Und dar umbe, waere uns reht, sô enwaere ouch uns lîden niht
lîden; ez waere uns wunne und trôst."[96]

Gottes Leiden ('auf seine Weise') ist (ontologisch) 'früher';
er tritt zwischen den Menschen und dessen Leiden, so daß es
den Charakter des Leidens verliert.[97] Da in Gott alles Eins
ist, ist auch die Identifizierung von Leiden und Gott notwendig - nur ist das Leiden in der ersten Ursache nicht das
Leiden des Geschöpfes: 'Leiden ohne Leiden'.

Auf diese Weise ist es mit Eckhart möglich, Sein und Werden,
Gott und Leiden, zusammenzudenken - und zugleich den Unterschied von Schöpfer und Geschöpf zu wahren.

IV. Meister Eckhart und die Frage
    einer christlichen Gotteslehre

Die Theologie, die Gottes Einheit mit der Vergänglichkeit denken will, wird vom Werk Meister Eckharts nachdrücklich auf den
Unterschied von Grund und Begründetem hingewiesen. Sie wird
dieser Unterscheidung nicht von 'außen', durch eine Analyse
des Geschaffenen, ansichtig, sondern das Denken weiß sich
noch in der Differenz eins mit dem Einen, das als Prinzip die
Unterscheidungen der Korrelation und Relation setzt.

Mit seiner Lehre vom Einen als Intellekt steht Eckhart in der
Geschichte der Entwicklung des trinitarischen Dogmas: Trinität ist die Ermöglichung von Theologie als des Redens Gottes
und des Redens von Gott. Gott konstituiert den Menschen in
der Identität, er ist von sich aus nicht ohne den Menschen,
beim Menschen. Damit wird von Eckhart her die theologische
Aufgabe der rechten Unterscheidung von Gott und Mensch zur
Aufgabe der Unterscheidung ihrer Einheit. Dabei erweist sich
ihre Unterscheidung als Schöpfer und Geschöpf gehalten und
ermöglicht in ihrer Einheit des Prinzips: Die Differenz stiftet im Auseinander-Setzen Beziehung und hält so zusammen,
identifiziert das Getrennte. Differenz und Identität sind
zwei Modi von Relation und ermöglichen zusammen erst unser
Denken und Reden. Die in dieser Funktion stehende göttliche
Trinität wird bei Eckhart nicht nur als denkbar und sagbar
vorgestellt, sondern wirklich gedacht: als das Denken selbst.
Gott und Mensch sind eins als 'trinitas', d. h. unterschieden
aufgrund ihres Einsseins.

Auf dem zum Einen als Nichts (von allem) führenden Erkenntnisweg der negativen Theologie begegnet der Mensch der trinitarischen Selbstmitteilung des Einen und erfährt sich in seiner
Einheit mit ihm als Prinzip.

Die Unterscheidung des Menschen als Schöpfer und Geschöpf
präludiert geistesgeschichtlich die Unterscheidung von trans-
zendentalem und empirischem Ich: Es ist Eckharts Einsicht, daß
der Mensch nicht schlechthin Denken ist, aber auch dann Denken
ist, wenn er sich als 'Gedachter' weiß. Zugleich thematisiert
er in der Konzeption des Individuums die Erfahrung der Gebro-

chenheit von Identität, den in der gegenwärtigen philosphi-
schen Reflexion gedachten 'Verlust des Subjekts',[98] als den
sich das sogenannte 'Ende der Metaphysik' gegenwärtig versteht.

Man mag somit beim 'mittelalterlichen' Eckhart sowohl 'neu-
zeitliche' als auch 'nach-neuzeitliche' Züge finden, als Beitrag zur Frage einer christlichen Gotteslehre ist sein Werk
von Bedeutung aufgrund der schlechthin zentralen Stellung
der Trinitätstheorie sowie ihrer ihm eigenen Konzeption: Gott
ist ein redender Gott, der den Menschen in seiner Differenz
zu ihm mit sich eins erhält, der selbst erst ist, weil er
als Prinzip Beziehung stiftet: Beziehung zu sich und zum anderen; dessen Wesen diese Beziehung ist.

Wie kaum ein zweiter Denker vermag Eckhart in seinem Werk dem
Anspruch einer jeden theologischen Aussage gerecht zu werden,
sie sei zugleich eine Aussage über Gott, über den Menschen
und über das Verhältnis von Gott und Mensch; ja, sein Denken
kann geradezu als Auslegung dieses Anspruches verstanden werden.

Problemgeschichtlicher Anhang zum
Verhältnis von Trinität und Denken

In einem Anhang soll in der Weise einer knappen Rückschau auf
einige dogmengeschichtliche Positionen aufmerksam gemacht werden, die als Vorbereitung und Grundlage für die Lehre Meister
Eckharts von besonderer Bedeutung sind. Dabei wird deutlich
werden, daß die göttliche Trinität nicht nur als dem menschlichen Denken entzogen gedacht wurde und daß schon vor Eckhart das Thema einer (wie auch immer genauer gefaßten) Intel-
ligibilität der Trinität dem (Funktions-)Verlust des Dogmas
entgegenarbeitete. Es werden hier Traditionen sichtbar (und
in einer problemgeschichtlichen Darstellung anderen gegenübergestellt), in denen die göttliche Trinität immer schon
bezogen ist auf Denken; philosophiegeschichtlich gesehen handelt es sich eher um platonisch-neuplatonische denn aristo-
telisch-thomistische Interpretationen von Gott und Welt.[1]

1. Plotin - Porphyrios - Marius Victorinus

An erster Stelle ist in einer Problemgeschichte des Verhältnisses von Trinität und Denken, die aus der Perspektive Meister Eckharts zurückblickt, der Neuplatoniker P l o t i n
(205 - 270)[2] zu nennen. Zwar lehnte er das Christentum ab,
sachlich gehört er jedoch zu den Wegbereitern für das trinitarische Denken.[3] Sein Werk liegt erst seit der Übersetzung
durch Marsilio Ficino im lateinischen Sprachraum vor, so daß
seine Wirkung bis ins 15. Jahrhundert eine mittelbare blieb.

Im sogenannten Neuplatonismus erscheint das platonische Gute
als das Eine.[4] Hatte bereits Platon gegen das Identitäts-
denken des Parmenides[5] das Nichtsein als Anderssein und damit Differenz in der Identität, bzw. Identität in der Differenz gedacht,[6] beschränkt Plotin jede Relationsstruktur auf
die Hypostase des Geistes, von der er das Eine als reine Identität, αἴτιον ἑαυτοῦ , reine Wirklichkeit getrennt wissen will:
"Das Eine ist als das von Allem Verschiedene oder das Nichts
von Allem das schlechthin Nicht-Viele. Darin aber besteht seine wahre Identität."[7] "Erste Vielheit oder Andersheit, die
sich nicht total vom Ursprung löst, oder Wesens-Vollzug des

ersten Seins durch und in Andersheit ist im Sinne Plotins:
"Geist" ($\nu o \tilde{u}_f$)."[8] Geist und intelligible Welt sind rela-
tionale Einheit;[9] Reflexion ist als Befreiung von Andersheit
die der henologischen Verfaßtheit des Menschen adäquate Weise
von Freiheit für das Eine.[10] Das Eine ist im Seienden und
im Nichtseienden.[11] Damit hat es den Vorzug vor allem Ding-
haften und allem ideehaft Bestimmten. Es ist aber weder Substanz noch Sein noch Denken, nichts als das Eine.

Schon auf dem Wege, Immanenz und Transzendenz des Einen zu
denken, zerstört Plotins Versuch, das Eine von allen Bestimmungen freizuhalten, somit letztlich dann doch die Möglichkeit der Rede vom Einen. Eine mögliche Selbstaussage des Einen
könnte sprachlich nur als Iteration ausgedrückt werden: ´bin
bin´ und ´ich ich´.[12] Demgegenüber konzipiert Plotin den
Geist als Reflexion, als Rückgang des Einen im Sein in das
Eine selbst, somit als "Selbstreflexion des Seins".[13] So
sind Sein und Denken im Denken identisch, das Gedachte ist
dem Denkenden nicht äußerlich, sondern ´Moment´ des Denkenden: Leben. "Das denkende Sich-selbst-Durchdringen des Seins
und die Selbstreflexion des Geistes als wahres, eigentliches
und ursprüngliches Sein ist also das 'Leben', die dem Sein
eigentümliche ständige Bewegtheit."[14]

Hatte Plotin damit bereits eine Theorie vorgelegt, die den
Geist trinitarisch reflexiv dachte, ihn jedoch streng von
seinem Gottesbegriff, dem Einen, trennte, griff das christliche Denken diesen Ansatz zunächst nicht positiv auf, sondern
entwickelte sich in der Kritik des Neuplatonismus,[15] die in
der Auseinandersetzung mit dem (den Gedanken Plotins näher-
stehenden) Arianismus die Gestalt der Selbstkritik annahm.

So wurde nur bei M a r i u s   V i c t o r i n u s (275/300
- nach 362)[16] die im Rückgriff auf vorplotinische Philosophie erfolgte Leistung des Porphyrios (233 - 304), eines Philosophen der
Plotin-Schule, fruchtbar: "Die Identifizierung von Gott und
Sein, Denken u n d   E i n e m hat im Gegensatz zu Plotin
und zum späteren Neuplatonismus einzig P o r p h y r i o s
vollzogen."[17] "PORPHYRIOS hat seinen Einheitsbegriff durch
die Integration der aristotelischen Nus-Lehre in das erste
Eine gegenüber PLOTIN modifiziert,"[18] so hat er "als erster

beide Aspekte: Sein und Über-Sein, welches r e i n e s Denken ist, ineinsgedacht".[19] Ihm folgt darin der Christ Marius
Victorinus: Als ´Unum´ ist Gott ´supra omnia´, zugleich aber
´esse purum´ und Denken.[20] So versucht er, "durch die Rezeption der Kategorien des platonischen ´Sophistes´ und des ´Par-
menides´ in der plotinisch-porphyrianischen Modifikation die
trinitarische Einheit als Homousie einsichtig zu machen."[21]
Der Vater als reine vor dem Sein seiende Einheit zeugt den
Sohn als das seiende Eine. Es ist hervorgegangen, um durch
Rückkehr in seinen Ursprung dessen Erkennen seiner selbst zu
ermöglichen. "Vollendender V o l l z u g dieses reflexiven
Rückgangs ist der aus Vater und Sohn hervorgehende Heilige
Geist."[22] Trinität ist "eine in sich differente, weil reflexive Einheit".[23] Die durch Porphyrios entwickelte Trias
von ὕπαρξιϛ - ζωή - νόησιϛ (esse - vivere - intellegere) identifiziert er mit Vater, Sohn und Geist: "Das Sein des Vaters
ist Grund und Ursprung des mit ihm substanzgleichen Lebens
und Erkennens, des Sohnes und des Geistes."[24] "Wenn sapientia, theologisch gedacht, der Geist im eigentlichen Sinne ist,
der i m Vater (als dessen potentia) als spiritus spirans in
semet ipsum 'uneigentlich', 'verborgen' ist, durch den Logos
aber erscheint und in seinen 'Anfang', das Ganze zur Einheit
verbindend (copula, conexio, conplexio) zurückgeht, dann ist
das Sein der Trinität als ganzer die zwar in sich unterscheid-
bare, aber dennoch als einigste Vermittlung zusammengehörende
Einheit von Sein - Leben - Denken, Einheit - Leben - Weisheit
oder Vater - Sohn - Geist."[25] Formelhaft gesprochen: "altera
in identitate, sive eadem in alteritate."[26] "Jedes der drei
Momente in der Dreiheit ist ein unterschiedlich Bestimmtes
als es selbst, zugleich aber treffen alle Prädikate des Einzelnen auf das Sein des Ganzen zu."[27] Zwar kann hier von einer ´Selbstkonstitution der Trinität´ gesprochen werden, aber -
aufgrund der Zeitlosigkeit dieses Prozesses - nicht von einem
´werdenden Gott´: "das absolute, über-seiende Eine ist sich
selbst durch die Vermittlung des seienden Einen (des Sohnes)
´gegenständig´ geworden und bleibt im Sich-selbst-Sehen (in-
spectio) durch das reflexive Band (Spiritus Sanctus) mit sich
selbst geeint."[28]

2. Augustin

Steht Eckhart nur der Sache nach in der plotinisch-porphyria-
nisch-victorinischen Tradition, ist A u g u s t i n (354 -
430)[29] die bei ihm meistzitierte Autorität.

Augustins Rezeption des Neuplatonismus ist schwankend, neben
anfänglicher Zustimmung und späterer Kritik bleibt die Bezug-
nahme auf die 'Platoniker' immer gebrochen. Auch sein Nach-
denken über die Trinität nimmt teil an seiner theoretischen
Entwicklung.[30] Seine anfänglich fast problemlose Übertragung
welthafter Bestimmungen auf die Erkenntnis Gottes wird zusehends problematisiert, die biblisch-kirchliche Tradition
gewinnt an Gewicht. Unter dem Druck seiner Gnadenlehre verschärft sich der Kontrast von Schöpfer und Geschöpf, doch hat
auch der beim späten Augustin als rezeptiv vorgestellte
menschliche Geist noch Anteil am Denken Gottes.[31]

In seinem Werk 'De Trinitate libri XV' macht Augustin durch
eine Analyse des menschlichen Geistes deutlich, daß dieser
nicht nach dem Inhärenzschema, d. h. in der Alternative von
Substanz oder Akzidens, gedacht werden kann. Darin besteht
seine Gottähnlichkeit. "Damit thematisierte Augustin die Erfahrung wesenhafter Interdependenz."[32]

Geist ist Selbstgewißheit. Dies zeigt die Analyse des Zwei-
fels.[33] "In einem Wesen, das wesenhaft unruhig ist, muß ein
Moment der Ruhe sein. Wir dürfen uns also nicht nur unter dem
Aspekt unseres Getrennseins von Gott verstehen."[34] Geist ist
wesenhafte Beziehung zu sich selbst, universale Vermittlungsfunktion für die Wissensgegenstände und tätige Konstitution
seiner selbst. Geistige Tätigkeit in der wesenhaften Interdependenz dreier substantieller Momente 'mildert' den Abstand
von Schöpfer und Geschöpf, indem der Geist diesen Abstand weiß.

'Psychologische' Trinitätslehre[35] ist die Theorie Augustins
im Sinn einer Metaphysik des Geistes, beschreibt sie ja nicht
empirische, sondern quasi 'transzendentale' Sachverhalte:[36]
"Das Wissen hat in sich eine ermöglichende Voraussetzung, die
ihm gewöhnlich entgeht."[37] (memoria interior). Apriorische
Erkenntnis gibt es auch für den späten Augustin, "aber auf-

grund des in uns einstrahlenden göttlichen Lichts."[38] "Göttliche
Erleuchtung und geistig-selbständige Tätigkeit in Gegensatz zu
stellen, das ist Augustins eigene, plotinfremde Perspektive."[39]
Im Unterschied zu Plotin wird der Geistbegriff abgeschwächt (die
intelligible Welt wird aus dem Geist heraus in den göttlichen Logos gelegt), dafür dann aber im göttlichen Einen Vieleinheit, Denken und Sprechen gedacht. Da die Trinität bezüglich der Geschöpfe
einheitliches Prinzip ist,[40] liegt hier der Ansatz zur Unterscheidung einer immanenten Trinität bei gleichzeitigem Verlust eines Weltbezuges der einzelnen göttlichen Personen.[41] Aber auch
deren Eigenständigkeit (nach 'innen') läßt sich nach Augustins
ausdrücklichem Eingeständnis[42] aus der Analogie mit den drei Funktionen unseres Geistes (memoria, intelligentia, voluntas) nicht erheben. Grob gesprochen bleibt es bei Augustin bei einem (vielfältigen) 'Nebeneinander' von trinitarischer Gotteslehre und trinitarischer Anthropologie.

Die enorme Bedeutung, die Augustin für die christliche Theologie
nach ihm gewonnen hat, wird durch die innere Unausgeglichenheit
seines Werkes relativiert. Wer sich auf Augustin beruft, kann
sich auf die verschiedensten Motive seines Denkens berufen. Jede
Augustinrezeption wird in der Folgezeit eine Konstruktion. So ist
mit der Übernahme der 'vestigia'-Theorie z. B. längst nicht über
ihren Stellenwert entschieden, hier kann an Ähnlichkeits- oder
Unähnlichkeitsmotive angeknüpft werden.

3. Proklos

Von großer Bedeutung für Eckharts trinitarisches Denken ist der
neuplatonische Einheits- und Reflexionsgedanke nach dem System
des P r o k l o s (412 - 485),[43] das sowohl direkt[44] (über
Wilhelm von Moerbekes Übersetzung der 'στοιχείωσις θεολογική'
als 'Elementatio theologica'[45] von 1268 als auch indirekt
(über den sogenannten Liber de causis,[46] einem arabischen Aus-
zug daraus, um 1180 von Gerhard von Cremona übersetzt) nachhal-
tigen Einfluß auf das 13. Jahrhundert ausübte.

Wie für Plotin ist bei Proklos das Eine einziges Prinzip.[47]
Selbst überseiend, gibt es an sich durch Vermittlung teil.

Alles Seiende ist bestimmt vom Urgegensatz $\pi \acute{\epsilon} \rho \alpha_{\int} - \overset{\text{'}}{\alpha} \pi \epsilon \iota \rho o \nu$. Das Problem der Beziehung des an sich bezuglosen Einen zum vielheitlichen Seienden ("die crux neuplatonischer Philosophie: Wie kann das Eine 'geben', was es selbst weder ist noch hat?")[48] geht Proklos mit seiner Lehre von den beiden ersten Prinzipien und den Henaden als Vermittlung an, ohne es lösen zu können.

Nicht das Eine, sondern Andersheit und Selbigkeit sorgen auf jeder Stufe des Seienden für Entfaltung und Begrenzung, für Hervorgang und Rückkehr. Es vollzieht sich der ´Kreis´ von $\mu o \nu \acute{\eta} - \pi \rho \acute{o} o \delta o_{\int} - \overset{\text{'}}{\epsilon} \pi \iota \sigma \tau \rho o \phi \acute{\eta}$. [49] Demgegenüber soll das Eine auch von jedem Anschein innerer Relationalität frei sein, es ist ´vor dem Unterschied´. Seiendes ist durch das Wirken von Andersheit und Selbigkeit vermittelte Einheit (Identität i n der Differenz). "In sich differenzierte Einheit oder d y - n a m i s c h e Identität ist der Grundgedanke der proklischen Triadik überhaupt."[50] Zwischen den Elementen dieser Einheit herrscht die Ordnung: $\kappa \alpha \tau' \ \alpha \overset{\text{'}}{\iota} \tau \acute{\iota} \alpha \nu - \kappa \alpha \theta' \ \overset{\text{'}}{\upsilon} \pi \alpha \rho \xi \iota \nu - \kappa \alpha \tau \grave{\alpha}$ $\mu \acute{\epsilon} \theta \epsilon \xi \iota \nu$, d. h. "Jedes Element einer Reihe ist in dem ihm Vorhergehenden 'ursächlich' impliziert, in sich 'existiert' es im eigentlichen, ganz nur i h m eigenen Sinne, in dem ihm nachfolgenden Element ist es im Modus der Teilhabe."[51] Damit will Proklos deren ´unvermischte Einung und unzertrennliche Geschiedenheit´ denken.[52] Was er von allem Seienden sagt, gilt auch von der Seele. Er erkennt die Dreiteilung und Einheit von ´erkannt´- ´erkannt-erkennend´- ´erkennend´.

So herrscht bei aller Differenz die Einheit vor: "Omnis multitudo participat aliqualiter uno."[53] "Omnis ordo ab unitate incipiens procedit in multitudinem unitati coelementalem, et omnis ordinis multitudo ad unam reducitur unitatem."[54] Selbsterkenntnis ist Reflexion[55] - Gott aber ist ´supersubstantialis´ und ´superintellectus´.[56]

Diese Gedanken nehmen im L i b e r d e c a u s i s geradezu handbuchartigen Charakter an und werden zugleich transponiert: So wird der Begriff der Ursache stark hervorgehoben unter "Wahrnehmung der Immanenz der Erstursache in ihren Wirkungen (und umgekehrt)".[57] Folgenreich wird Propositio IV: "Prima rerum creatarum est esse et non est ante ipsum creatum

aliud."[58] Das Sein ist 'über' allen geschaffenen Dingen –
allerdings als erste Form aller Wirklichkeit selbst geschaffen, dabei dem 'esse purum' und dem Einen nahe. Das geschaffene Sein ist eines und vielfältig, einfach und zusammengesetzt: "Et esse quidem creatum primum est intelligentia totum,
verumtamen intelligentia in ipso est diversa."[59] Die Verschiedenheit der 'formae intellectibiles' bedeutet aber
nicht deren Trennung: "... uniuntur absque corruptione et separantur absque seiunctione, quoniam sunt unum habens multitudinem et multitudo in unitate."[60] Von der 'causa prima' gehen über die ersten Intelligenzen alle Vollkommenheiten bis
zu den letzten. Da ihr keine Ursache vorausgeht, Erkennen und
Reden aber immer einer Ursache bedarf,[61] ist die 'causa prima' unsagbar.[62]

Demzufolge wird die 'causa prima' bei aller Verschiedenheit als
'bonitas pura' erkannt.[63] "Primum est dives per seipsum et
non est dives maius."[64] In seiner Transzendenz ist das Prinzip doch die Fülle der Vollkommenheiten.

Für die Selbsterkenntnis als Erkenntnis des eigenen Wesens
prägt der Liber de causis den Ausdruck von der 'reditio completa'.[65]

In dieser Gestalt ist der neuplatonische Ansatz auf dem Weg,
die Inhaltslosigkeit des Einen zu überwinden und seine Transzendenz gegenüber dem Bestimmten, der Welt, als Voraussetzung
für das Entstehen des Bestimmten zu verstehen, mithin 'Schöpfung' zu denken.[66]

4. Dionysius Areopagita

Die Autorität eines vermeintlichen Paulusschülers (Apg 17,17-
34) verhalf dem anonymen Autor (Pseudo-) D i o n y s i u s
A r e o p a g i t a [67] (um 500) zu ungeheurem Einfluß, so
daß die Forschung neben dem augustinischen einen eigenständigen
dionysischen Neuplatonismus samt seiner Wirkungsgeschichte
nennt.[68] Im Westen wird sein Einfluß greifbar nach Übersetzzungen im 9. Jahrhundert;[69] das Hochmittelalter liest ihn in
der Übersetzung des Johannes Saracenus.[70]

Ist bei Proklos alles Sein, nicht jedoch das Eine triadisch
vermittelt, treten im Gottesbegriff des Dionysius die Bestimmungen des Einen und des Seienden in paradoxer Weise nebeneinander: Gott i s t und i s t n i c h t , ist triadische
und reine Einheit. So kann von Gott gesprochen werden wie vom
Geist und vom Einen: "der Vielnamige ist im Grunde der nicht
im Namen Nennbare."[71]

Gott unterscheidet sich in sich als Vater, Sohn und Geist,
außerhalb seiner als Schöpfer - und bleibt darin einer: "unita
discretione, et unitione discreta."[72] Reale Unterschiedenheit
ist erst durch die Existenz von Geschaffenem. Die proklische
Trias Sein - Leben - Denken fehlt.[73]

Stellenwert und Bedeutung der dionysischen Theorie von der
'trina unitas' in Gott sind in der Forschung umstritten. Kritisieren Theologen allgemein scharf die Dominanz des Neuplatonismus über die Offenbarung,[74] weist dagegen z. B. der Phi-
losoph B e i e r w a l t e s darauf hin, daß der paradoxe
Gottesbegriff als 'Sein jenseits des Seins' der Wahrung des
christlichen Verständnisses von Gott als Trinität dient.[75]
"Freilich beschränkt sich das trinitarische Denken des Dionysius weithin, die Trias als einen göttlichen 'Namen' unter anderen zu nennen."[76] L o s s k y kommt zu dem Ergebnis:
"... il s'agit toujours de Dieu-Trinité, ineffable dans sa
«suressence», recevant tous les noms dans ses δυνάμει, mani-
festatrices."[77] Die göttlichen Namen sind Offenbarungen der
Erkennbarkeit Gottes, er selbst ist jenseits des Seins (supersubstantialis). Affirmative und negative Theologie stehen insofern nebeneinander.[78]

Erfolgt die Begründung der Dreiheit also einerseits aus der
Scheidung 'ad extra', wird die Scheidung 'ad intra' proklisch
als Sein καθ' ὕπαρξιν beschrieben.[79] Damit werden die Hypostasen zwar untereinander differenziert, aber es stellt sich
die Frage nach ihrer Unterscheidbarkeit von den Ideen im göttlichen Geist.[80]

Der Vater ist 'fons supersubstantialis deitatis', 'fontana
deitas', Sohn und Geist sind "deigene deitatis".[81] Ihre Be-
schaffenheit kann weder gesagt noch gedacht werden. Sie über-

schreiten die Einfachheit der göttlichen Einheit, "in qua omnia singulariter congregata sunt".[82] Statt diese Bemerkung
als Aufgeben des trinitarischen Gottesbegriffs zu verstehen,
kann hier der Hinweis gesehen werden auf eine Unterscheidung
der Einheit der Ideen der Dinge in Gott von der Einheit der
göttlichen Personen. Die göttliche Trinität kann dann nur als
Aussage negativer Theologie zugelassen werden [83] - aber auch
die Rede von der Einheit Gottes: "Propter quod et unitas lau-
data, et trinitas quae est super omnia deitas non est neque
unitas, neque trinitas, quae a nobis aut ab alio quodam exi-
stentium sit cognita. Sed et super unum ipsius et deigenum
vere laudemus, Trinitatis et unitatis dei nominationem super-
nominabilem nominamus, et existentibus superessentialem."[84]
Auch der ´Name´ des Guten verdankt sich nur dem Bemühen, vom
Unerkennbaren etwas zu erkennen und sagen zu können.

So führt die Erkennbarkeit der Unerkennbarkeit Gottes über
die Verneinung der Namen, die insofern in negativer Weise seine Erkennbarkeit offenbaren: Affirmative Theologie zielt auf
negative Theologie. Die Nus-Reflexion tritt bei Dionysius zurück: "Allerdings wurde die anfänglich reiche Entfaltung des
Gedankens innerhalb der christlichen Trinitätsspekulation
durch Ps.-Dionysius Areopagita wieder zurückgenommen. Dieser
nämlich denkt das Wesen Gottes nicht in Analogie zum neuplatonischen νοῦς, sondern in entscheidenden Zügen gemäß dem Begriff des plotinischen und proklischen E i n e n selbst,
welches in sich selbst und aus sich selbst r e l a t i o n s -
l o s nur es selbst im Modus des Über-Seins ist. Die darin
begründete geringe Bedeutung der Relation für das Sein Gottes
hat eine tiefdringende und umfassende, das Problem der Selbstreflexion neu entfaltende Trinitätsspekulation im theologischen System des Ps.-Dionysius verwehrt."[85]

5. Johannes Scottus Eriugena

Einen von der theologischen Forschung wenig beachteten Höhe-
punkt erreicht die Reflexion auf die Beziehung von Trinität
und Denken im Werk des J o h a n n e s S c o t t u s
E r i u g e n a (um 810 - um 880).[86] Eckhart dürfte es gekannt
haben.[87] "Auf Dionysius gründend und ihn zugleich überwindend

interpretiert Johannes Scottus Eriugena die Trias essentia
- vita - sapientia trinitarisch. Sie legt die causa ter subsistens aus."[88]

Lateinische und griechische Tradition kommen bei ihm zusammen:
Er geht aus von der Einheit des göttlichen Wesens als ´una essentialis causa´, gebraucht jedoch für die Personen die Bezeichnung ´substantia´ (als Übersetzung von ὑπόστασιϛ) und
schließt sich dem Personbegriff der Kappadozier an, indem er
das Eigentümliche der Personen im verschiedenen ´Besitz´ der
Wesenheit sieht.[89] Er kritisiert die Anwendbarkeit der aristotelischen Kategorien (auch der Relation: Gegen sie spricht
zusätzlich, daß sie als Akzidens gilt, weshalb er lieber von
´habitus´ (= habitudo) als von ´relatio´ sprechen möchte) auf
das göttliche Wesen.[90] Darin zeigt sich die Dominanz der negativen Theologie. Sie verhindert, daß Eriugenas große relations-
theoretische Entdeckung, "die Zulassung der Relation in alle
anderen Kategorien, vor allem auch in die der Substanz",[91]
fruchtbar wird für den Gottesbegriff.

"Die wesentliche Beziehung ist weder ein Akzidens noch ein ens
rationis."[92] Sie liegt der Kategorienlehre voraus: Die Grund-
bestimmungen des Denkens und Seins sind korrelativ. Im Rückfall hinter diese Einsicht wird ´habitudo´ für Gott aber zwar
´non incongrue´, aber doch nicht ´proprie´ zugelassen.[93] So
wird Bezüglichkeit nicht als das Wesen Gottes erkannt.

Andererseits ist es der platonisch-neuplatonische Gedanke vom
´bonum´, der Eriugena die Einheit Gottes unterscheiden läßt:
"Die 'fecunditas bonitatis divinae' ist für ihn der Grund zur
Annahme von innergöttlichen Hervorgängen."[94] Der Hervorgang
des Sohnes erfolgt nicht aus dem Wesen, sondern aus der ´pro-
pria substantia Patris´. Im Sinn der griechischen Tradition
wird der Vater als Prinzip verstanden, aus dem die Personen
hervorgehen, als ´principalis substantia´ und ´principalis
causa´. Der Sohn ist ´substantialis causa genita et non gignens´,
der Heilige Geist ´substantialis causa procedens et non ingenita, nec genita, nec gignens´. Damit bestimmt Eriugena die
Personen durch ihr Entstehen,[95] wobei der Sohn aufgrund seines In-Seins im Vater an der ´processio´ des Heiligen Geistes
mitbeteiligt ist. Die ´psychologische´ Erklärung des Hervor-

gangs bleibt Eriugena fremd.[96] Bei Eriugena wird die Trini-
tätslehre in die Erklärung des Weltprozesses hineinverwoben
('trinitas creatrix'). "Der Gedanke der absoluten Einheit und
Einfachheit Gottes führt Eriugena zur Leugnung jedweder Unterscheidung zwischen Wesen und Eigenschaften, zwischen Sein und
Wirken und zwischen den einzelnen göttlichen Tätigkeiten."[97]
So ist Gottes Sein sein Schaffen: "Deus ergo non erat prius
quam omnia faceret? - Non erat."[98] Gottes Sein, Denken und
Handeln werden also identifiziert. Darüber hinaus wird eine
Einheit von Gott und Welt beansprucht: "Proinde non duo a se
ipsis distantia debemus intelligere deum et creaturam sed unum
et id ipsum."[99] Da der Akt des göttlichen Geistes nicht akzidentell ist, ist Schöpfung als eine Setzung von Formen und
Ideen im göttlichen Wort identisch mit der Zeugung des göttlichen Wortes.[100]

Gott schafft sich selber, d. h. sein Sein tritt in den Geschöpfen hervor: "Nam et creatura in deo est subsistens et
deus in creatura mirabili et ineffabili modo creatur se ipsum
manifestans, inuisibilis uisibilem se faciens ...."[101] Die
Ursächlichkeit des Vaters ist dabei immanent, die des Sohnes
transeunt. So setzt sich die Bewegung des Vaters zum Sohn und
Heiligen Geist in die Bewegung des Sohnes und Geistes zur Welt
fort.[102] "Der Logos ist für Eriugena nicht Ausdruck der göttlichen Selbsterkenntnis, sondern primär Ausdruck des göttlichen Welterkennens",[103] genauer: Gott erkennt sich selbst in
der Welt. Diese Selbsterkenntnis ist sein 'Werden': "... fieri
dicitur figurata quadam locutione dici manifestum est. Fieri
siquidem aestimatur in creaturis suis uniuersaliter dum in
eis non solum intelligitur esse sine quo esse non possunt sed
etiam eorum essentia sit."[104]

Die Unterscheidung von Schöpfer und Geschöpf kommt hier in
den Blick als Unterscheidung zwischen Transzendenz und Theo-
phanie: "John's basic distinction between transcendence and
theophany thus entails a noetic contrast between the unknow-
ability of the divine nature subsisting in itself and its
knowability in its expressive manifestations."[105] Die Schöpfung ist Symbol Gottes und in diesem Sinn Offenbarung. Der
Mensch vermag den Unerkennbaren nur durch dessen Gegenwart
in ihm zu erkennen: "Die Selbsterkenntnis Gottes im Menschen

ist also der vorlaufende ontologische Grund der Erkenntnis Gottes durch den Menschen."[106] Das Geschaffene als solches hat kein Sein, sonder i s t in Gott: "Non seulement cette supra-existence originelle possède plus de vérité que sa ma- nifestation dans le monde de la troisième division, mais el- le seule mérite le nom d'<être> sans lequel l'effet manifesté n'est que néant privatif".[107]

Wie die Prozessionen werden auch die Proprietäten inhaltlich aus dem Verhältnis der Personen zur Schöpfung bestimmt: "... in conditione primordialium causarum sanctae Trinitatis suadetur proprietas."[108] So wird auch kein Unterschied zwi- schen Proprietäten und Appropriationen deutlich.

Dementsprechend kommt es zu unterschiedenem Handeln der gött- lichen Personen bei der Schöpfung: "Wenn Eriugena nämlich er- klärt, daß, wie in der göttlichen Natur die essentielle Ein- heit in den substantiellen (= personalen) Differenzen existie- re, so auch die göttliche Tätigkeit als eine und zugleich per- sonal differenzierte gedacht werden könne, so zeigt er doch eben, daß er keinen Unterschied zwischen der innertrinitari- schen Gesetzlichkeit und den Wirkungen nach außen gelten läßt. Dann sind die Personen aber nicht mehr durch ihre inneren Re- lationen voneinander unterschieden, sondern durch ihre außer- göttlichen Beziehungen, was gegen das trinitarische Grundge- setz verstößt."[109]

Problematisch ist ferner die Unterscheidung von Logos und Entstehungsgründen, den 'causae primordiales'. Sie gehören wesentlich zum Logos, sind in ihm ewig, eines Seins mit ihm - andererseits sind sie nicht wesensgleich, sondern geschaf- fen, im Logos 'causaliter', ist er ihre 'forma':[110] "Der Begriff der Entstehungsgründe soll also Schöpfung und Schöp- fer als eine ungeschiedene Einheit aussagbar machen, in der aber die Unterschiedenheit von Schöpfer und Schöpfung nicht nur nicht aufgehoben, sondern als notwendig begriffen ist."[111] Die originäre Leistung des Eriugena besteht also darin, mit Hilfe dieses Begriffs eine Vermittlung zwischen Schöpfer und Geschöpf denkbar zu machen.[112]

Für den Begriff der 'wahren Ursache' legt Eriugena fünf Merkmale fest: "Causa siquidem si uere causa est omnia perfectissime quorum causa est in se ipsa praeambit effectusque suos priusquam in aliquo appareant in se ipsa perficit et dum in genera formasque uisibiles per generationem erumpunt perfectionem suam in ea non deserunt sed plene et immutabiliter permanent nulliusque alterius perfectionis indigent nisi ipsius unius in qua semel et simul et semper subsistunt."[113] Eriugena zeigt sich weniger an einer genetischen als an einer ontologischen Erklärung des Verursachten interessiert.[114] Darin ist bis in die Einzelheiten hinein Eckharts Akzentuierung der 'causa essentialis' präludiert. Gemeinsam ist ihnen die Überzeugung: Was etwas nach seinem Wesen ist, ist es in seinem Ursprung. Für die Vermittlungsfunktion der 'causae primordiales' heißt das: Der Begriff soll sicherstellen, "daß jedes geschaffene Ding das, was es seinem Wesen nach ist, in seinem Schöpfer ist und es daher nur in seinem Schöpfer selbst zu sein vermag."[115]

Darin unterscheidet er sich vom Begriff der Idee bei Augustin:[116] "Der Begriff der Idee steht für die Exemplarursache einer Sache als Ganzes; der Begriff der Entstehungsgründe für die Exemplarursachen der einzelnen Beschaffenheiten dieser Sache."[117] Damit ist Gott nicht nur als Urheber schlechthin gedacht, sondern auch als Urheber der Beschaffenheiten, die den Dingen kraft ihrer Natur zukommen.[118] M. a. W.: "Der Begriff der Entstehungsgründe ist das geeignetste Instrument, um die gesamte Wirklichkeit als göttliche Erscheinung zu denken."[119]

Es ist eben die Lehre von den 'causae primordiales', die für Eriugena der systematische Ort der Trinitätslehre ist. Er wendet sich damit kritisch gegen eine Isolation dieser Lehre.[120] Sie wird "als der Versuch angesehen, auf der Ebene der Glaubenslehre Gottes Schöpfertätigkeit sowohl als auch in ihrer inneren Struktur näher zu erläutern."[121] Wie Eriugena hier die jeder Person eigentümliche Tätigkeit akzentuiert,[122] so auch die der drei Seelenvermögen des Menschen als des Bildes Gottes. Während die göttliche Trinität aus nichts, d. h. aus sich selbst erschafft,[123] erschafft die menschliche alles aus etwas.[124]

Nachdem die göttliche Trinität hier zunächst in sich dargestellt wurde und auf das Verhältnis von Schöpfer und Schöpfung an Hand des Vermittlungsbegriffs der ´causae primordia-
les´ hingewiesen wurde, die sich als Ort der Trinitätslehre
darstellten, an dem das Thema Trinität und Denken in Gott und
im Menschen reflektiert wurde, so ist nun noch auf das für
Eriugena entscheidende Verhältnis von affirmativer und negativer Theologie zu achten: Göttliche und menschliche Trinität
haben von sich kein Wesenswissen im Sinn des kategorial aussagbaren Wissens.[125] Kategorial aussagbar ist Gott, wenn er
erscheint, und der Intellekt, wenn er tätig ist, d. h. sich
in seinen Inhalten eine Form gibt und seine Inhalte zu sinn-
lichen Zeichen gestaltet:[126] "... die Analogie mit dem sich
selbst in doppelter Formung zum Sein gestaltenden menschlichen Geist soll verständlich machen, wie das Übergegenständ-
liche gegenständlich wird, ohne in irgendeinem Gegenstand auf-
zugehen, d. h. wie die Kategorien zu Metaphern herabgesetzt,
aber als solche beibehalten werden können."[127]

Die damit intendierte Einheit von affirmativer und negativer
Theologie weicht dem Übergewicht der Negation: "Die Theopha-
nien sind geschöpfliche modi des Einen, nie dieses selbst."[128]
Der mit dem Trinitätsgedanken begonnene Versuch, die Unbezüglichkeit des Einen zu überwinden, bleibt stecken. Nicht ´Pan-
theismus´ ist die crux im Denken Eriugenas, sondern die Ver-
borgenheit Gottes. Das ἕν denkt sich im νοῦς, es ist nicht
als es selbst νοῦς.

6. Anselm von Canterbury

Ist für Eckhart die Rezeption Augustins, Proklos´ (sowie des
Liber de causis) und Dionysius´ sachlich relevant und literarisch nachgewiesen, steht er zudem nachdrücklich in der problemgeschichtlichen Linie von Plotin und Eriugena, ist demgegenüber die Wirkung des A n s e l m v o n C a n t e r -
b u r y[129] (1033/34 - 1109) literarisch nur vereinzelt nach-
zuweisen und sachlich von geringerer Bedeutung für die Theorie Eckharts:[130] Der anselmische Gottesgedanke wird augustinisch modifiziert als ´quo nihil melius excogitari potest´,[131]
die ´creatio ex nihilo´ im Sinne Anselms interpretiert als ´non

ex aliquo'.[132]

Anselms explizite Trinitätslehre ist hier jedoch problemgeschichtlich von Belang als Theorie einer rationalen Erkenntnis der göttlichen Trinität aus augustinischer Tradition:[133]

"Sola ratione zu verfahren heißt für Anselm, in geschöpflicher
Entsprechung zum dreieinigen Gott trinitarisch-christologisch
zu denken."[134] Mit der 'ratio' ist schon immer die zweite Person der Trinität thematisiert. "Dieser trinitarische Denkan-
satz ist allerdings nicht geschichtlich-christologisch begründet..., sondern schöpfungstheologisch konzipiert, und zwar
unter Berufung auf die im Sinn der augustinischen vestigia-
Lehre interpretierte imago-Dei-Struktur des Menschen."[135]

Anselm geht im Sinne der lateinischen Tradition aus von der
Einzigkeit Gottes und gewinnt die Dreiheit mit Hilfe des Begriffs der Relation.[136] Im Unterschied zu Augustins Ausgehen
von der Abbildlichkeit Gottes im Menschen liegt Anselms Ansatz also beim göttlichen Wesen und seinem schöpferischen
Sprechen. Die Gegenläufigkeit der 'ratio cognoscendi' verändert aber nicht die 'ratio essendi'. Aus der augustinischen
Verschränkung von Liebe und Erkennen jedoch wird bei Anselm
ein Primat des Erkennens.[137]

Wer das, was die Christen von der 'una summa natura' 'neces-
sarie' glauben, nicht gehört hat oder nicht glaubt - der kann
sich selbst 'sola ratione' davon überzeugen "ex magna parte,
si vel mediocris ingenii est",[138] wie die nur schwachen Ein-
schränkungen lauten. (So sollen auch Anselms Konklusionen nur
als 'quasi necessarium' gelten, wenn ihnen keine Autorität
entspreche).[139] Voraussetzung ist, "cum omnes frui solis
iis appetant, quae bona putant".[140] Wer dies 'rationabiliter'
analysiert, gelangt zu dem, was er bislang 'irrationabiliter'
nicht weiß: zum Begriff des Guten, das durch sich selbst gut
ist und durch das alles gut ist, dem 'summe bonum'.[141] Es
ist zugleich 'summe magnum'[142] und 'unum' und darum i s t
es.[143]

Wie kann diese höchste Natur durch sich selbst sein? Anselm
vergleicht sie mit dem Licht, von dem gesagt wird, daß es

durch sich selbst leuchte:

'Summa essentia', 'summa esse' und 'summe ens' entsprechen
einander wie das Licht, das Leuchten und das Leuchtende.[144]
Wie das 'summum' aus sich selbst ist, ist alles andere aus
ihm: "Quippe nihil omnino vel cogitari potest esse praeter id
illud summum omnium, quod est per se ipsum, et universitatem
eorum, quae non per se, sed per idem summum sunt."[145] "Nicht
als Wirkursache, nicht als Stoff und nicht als Instrument,
sondern durch seine immanente und zugleich transzendente An-
wesenheit in jedem Einzelnen bewirkt es dessen Gutsein."[146]
Die der Existenz der Dinge vorausgehende Form im Denken des
Schöpfers wird beschrieben als 'quaedam in ipsa ratione locutio'.[147]

Die höchste Natur ist in der Weise die höchste, daß sie auch
als nicht-höchste verstanden werden kann, ohne dadurch größer
oder kleiner zu werden: "Quare si quid de summa natura dicitur relative, non est eius significativum substantiae."[148]
Wird die höchste Natur z. B. gerecht genannt, wird nicht gesagt 'qualis sit, sed quid sit'.[149] Kein Akzidens kann von
ihr ausgesagt werden: denn was keine Veränderlichkeit bewirkt
(Relation) kann nur "improprie dici accidentia".[150] Weil ohne
Akzidens, kann sie auch 'substantia' nur im Sinne von 'essentia' genannt werden.[151] Sie ist als höchste 'individuus spiritus'.

Gegenüber diesem Geist ist alles andere nicht: "alia vero omnia fere non esse et vix esse." Es ist zwar nicht gänzlich
nichts, sondern "de nihilo aliquid facta".[152]

Anselm führt die Untersuchung des Sprechens des höchsten Geistes weiter: Es ist nichts anderes als er, seine Erkenntnis,
ihm wesensgleich, "ut non sint duo, sed unus spiritus."[153]
In seinem Wort, durch das alles geschaffen wurde, ist die
'vera et simplex essentia'; in den geschaffenen Dingen nur
ihre 'imitatio'.[154]

Daß der höchste Geist nichts erkennt, wird von Anselm als absurd verworfen. "Ergo summus ille spiritus, sicut est aeter-
nus, ita aeterne sui memor est et intelligit se ad similitu-

dinem mentis rationalis; immo non ad ullius[155] similitudinem, sed ille principaliter et mens rationalis ad eius similitudinem. At si aeterne se intelligit, aeterne se dicit. Si
aeterne se dicit, aeterne est verbum eius apud ipsum."[156] Mit
Nachdruck betont Anselm hier den Wechsel der Perspektive:
Nicht ist der höchste Geist (abstrahierend) vom geschaffenen
her zu verstehen, sondern die menschliche ´mens´ als Abbild
seines Urbildes. Dementsprechend spricht die höchste Weisheit
nicht durch das Wort der Schöpfung, sondern durch ihr eigenes
Wort: "Uno igitur eodemque verbo dicit seipsum et quaecumque
fecit."[157]

Der Mensch kann verstehen, daß er nicht verstehen kann, ´quo-
modo´ der Geist spricht.[158] Aber er weiß, daß der Geist und
sein Wort zur Schöpfung ´unus creator et unum principium´
sind,[159] zueinander dagegen es sich um eine ´ineffabilis
pluralitas´ handelt. So kann man nicht sagen, ´quid duo´ der
Geist und das Wort sind, aber "proprium est unius esse ex altero, et proprium est alterius alterum esse ex illo."[160]

Unter der ´memoria´ des höchsten Geistes wird der Vater,[161]
unter der ´intelligentia´ der Sohn verstanden: "manifestum est
quia a patre pariter et filio summi spiritus amor procedit."[162]
Diese Liebe zwischen Vater und Sohn besteht, ohne daß es ein
Geschöpf gäbe: Sie ist also selbst ´summa essentia´.[163] Sie
geht aus dem hervor, worin beide eins sind: "Nam non ex relationibus suis, quae plures sunt - alia est enim relatio patris, alia filii -, sed ex ipsa sua essentia, quae plurali-
tatem non admittit, emittunt pater et filius pariter tantum
bonum."[165] Das Hervorgehen der Liebe bezeichnet Anselm durch
´spirando´, die Liebe also auch als ´spiritus´. Auffälliger-
weise kann er auch vom Hervorgehen des ´verbum´ und des ´spi-
ritus´ aus der ´incommutabilis essentia´ (nicht nur aus dem
´pater´) sprechen, ohne dies als Problem zu reflektieren.[165]
Es ist ihm nicht gelungen, "die »ratio formalis« der innergöttlichen Hervorgänge als bestimmter, von der göttlichen essentia verschiedener Wirklichkeiten innerlich einsichtig zu
machen, oder sie gar zu beweisen."[166]

Um die Dreiheit zu bezeichnen, ist von Vater, Sohn und Geist
zu reden: "non tamen possum proferre uno nomine propter quid

tres".[167] So bedeuten drei Personen drei Substanzen:
Das aber kann im höchsten Wesen nicht sein. Diese Termini
sind nur ein sprachlicher Notbehelf und gelten nicht ´proprie´.[168]

Nach Anselm erfolgt die menschliche Erkenntnis der göttlichen
Trinität ´rationibus necessariis´, wenn sie auch nur hinreicht
zu erkennen, daß sie ist und nicht ´quomodo´ sie ist, d. h.
wie die höchste Weisheit sich ausspricht.[169] Er reflektiert
abschließend über seine Arbeit: Wie verträgt sich ihr Wahr-
heitsanspruch mit dem Wissen um die Verschiedenheit ihrer Ergebnisse von Gott? Anselm stellt beides - affirmative und negative Theologie - nebeneinander: "... et verum esse ... et
ipsam tamen nihilominus ineffabilem persistere".[170] Das göttliche Wesen wurde nicht durch seine Eigentümlichkeiten ausgedrückt, sondern "per aliud designata."[171] Alle Namen zeigen
nur eine ´similitudo´ an. Dem göttlichen Wesen am nächsten
kommt die menschliche ´mens rationalis´ als sein Abbild.[172]
Sie gilt es zu erkennen, "hanc imaginem sibi per naturalem po-
tentiam impressam per voluntarium effectum exprimere"[173] und
so "ad memorandum et intelligendum et amandum summum bonum"[174]
alles aufzuwenden, was menschenmöglich ist.

So versucht Anselm, den christlichen Gottesbegriff "als Implikat menschlicher Selbsterkenntnis"[175] zu erweisen. Im Anschluß an Augustin liegt seine besondere Leistung hier in der
Systematisierung der verschiedenen Traditionselemente.[176]

7. Schulen des 12. Jahrhunderts

Im 12. Jahrhundert steht auch der Trinitätsgedanke unter dem
Einfluß der konkurrierenden Schulen, die sich u. a. unterscheiden lassen durch die verschiedenen patristischen Autori-
täten, auf die sie Bezug nehmen. Augustin und Boethius werden
zu Alternativen: Beschreiten die einen unter Berufung auf Augustin den Weg von den geschaffenen Ternaren zur Erkenntnis
des trinitarischen Gottes, so lehnen die anderen mit Boethius
die Tauglichkeit von ´imagines´ ab und denken die Transzendenz
der reinen ´divinitas´.[177]

a) Hugo und Richard von St. Viktor - Thierry von Chartres

In der Schule von Chartres ist bei H u g o (1096 - 1141) und
R i c h a r d v o n S t . V i k t o r († 1173) zunächst der
augustinische Einfluß stark.[178] Richard leitet den trinitarischen Gottesgedanken aus dem Begriff des 'summum bonum' als
'plenitudo' und 'caritas' ab und nimmt notwendige Gründe für
die Erkenntnis der Trinität an: "... comme tous[?] les autres
auteurs de cette époque, il croit que la Trinité a marqué sa
création au chiffre trois. Cette ressemblance est constitutive:
Il ne s'agit pas d'une simple analogie comparative."[179] "Il
[der Mensch] est à l'image de Dieu «intus» et à l'image du
monde «foris»."[180] Die 'mens' ist dieses Bild Gottes, doch
auch Natur und Körper haben eine Ähnlichkeit mit Gott.[181] Die
Alternativen (des 13. Jahrhunderts) von 'unum' oder 'esse',
von intellektueller oder affektiver Erkenntnis, von Natur oder
Übernatur sind hier noch weitgehend zusammen.[182]

Bei T h i e r r y v o n C h a r t r e s († nach 1149) über-
wiegt die boethianische Tradition:[183] Gott ist Einheit, die
Einheit 'forma essendi' aller Dinge. Selbst die Materie leitet
ihre Existenz aus der Gegenwart der Gottheit ab. Das Eine hat
keine Teile: "Non est ergo nisi una substantia unitatis et unica essentia quae est ipsa divinitas et summa bonitas."[184] "At
ex vera unitate quae deus est omnis pluralitas creatur. Nulla
igitur in deitate pluralitas: quare nec numerus."[185] Als Prinzip der Zahl ist die Eins keine Zahl. Von der Einheit wird die
Gleichheit gezeugt: "Ex se autem et ex sua substantia nichil
aliud generare potest nisi aequalitatem."[186] "Unitas igitur
et aequalitas unitatis unum sunt."[187] Proprietät der Einheit
ist es, Erzeuger zu sein, Proprietät der Gleichheit, erzeugt
zu sein. Zur Bezeichnung dieser Proprietäten haben 'divini
philosophi' das Wort 'Person' eingeführt, "ita ut ipsa aeterna
substantia dicatur persona genitoris secundum hoc quod ipsa
est unitas: persona vero geniti secundum hoc quod ipsa est
aequalitas."[188] Diese Gleichheit ist das Wort der Gottheit.[189]
Der Gedanke der 'connexio'der Gleichheit und Einheit, die von
beiden hervorgeht, wird nicht mehr ausgeführt.[190]

Diese Entwicklung des trinitarischen Gottesgedanken als 'pro-
batio per arithmeticam' verneint ausdrücklich Relationen in

Gott. Die Ideen der Dinge sind mit Gottes absoluter Einfachheit identisch: "Die f o r m a e r e r u m liegen also
nicht im Sohn, wie die augustinische Tradition lehrt, sondern
in der s i m p l e x f o r m a d i v i n a , insofern diese
sich als u n i t a t i s a e q u a l i t a s darstellt. Damit ist einem wichtigen Element der Tradition, dem augustinischen Exemplarismus, die Stoßkraft genommen."[191] Das Eine
ist transzendent, der Unterschied der Personen ist nicht nach
Art der Zahl.

b) Gilbert von Poitiers

Auch G i l b e r t v o n P o i t i e r s († 1154)[192] -
aus der Schule von Chartres und selbst Begründer der Porretanerschule - weist die augustinische Trinitätsdeutung zurück:
"Die Identität von q u o e s s e und q u o d e s s e
macht die beispiellose und nichtabbildbare u n i t a s D e i
aus und begründet die fundamentale Unterschiedenheit von Gott
und Welt. Deshalb können weder Analogien aus der Schöpfung das
dreifaltige Leben Gottes erhellen, noch auch kann die u n i -
t a s Gottes aus der Schöpfung einsichtig gemacht werden. Die
Einheit ist das, was Gott zu Gott macht. Als Theologe stellt
sich Gilbert dem philosophischen Problem vom Einen und Vielen.
Die Auseinandersetzung mit diesem Problem wird bei ihm und in
seiner Schule das Problem der Gotteslehre."[193]

Gilbert lehrt einen realen Unterschied von Gott und Gottheit,
zwischen göttlichen Personen und Proprietäten.[194] Er unter-
streicht den numerischen Unterschied der Personen. Bei ihm
und in seiner Schule kommt es zu einer entwickelten Proprien-
spekulation, die sich mehr und mehr auf das Wesen des dreifaltigen Gottes konzentriert.[195] "Die Konstruktion und die
Form erarbeitete der frühscholastische Trinitätstraktat auf
Grund des vorherrschenden Wissens- und Erkenntnisbegriffes.
Danach haben die personenbezogenen Aussagen (z. B. gignens -
genitus - procedens) nur relative Gültigkeit, da sie nicht
das Wesen betreffen, sondern nur die personalen Unterschiede.
Eine Aufwertung der relativen Gottesnamen setzte demnach eine
vertiefte Erkenntnis der Relationen voraus. Solange die Be-

ziehung nur als dem Wesen anliegend, anhaftend verstanden wurde, mußte sich die Trinitätstheologie um Wesensbezeichnungen
bemühen."[196)]

c) Simon von Tournai - Alain von Lille

Seit den sechziger und siebziger Jahren des 12. Jahrhunderts
treten die Themen über die Proprien und Appropriationen auseinander. Anders als im 13. Jahrhundert wird die Appropriation
zwar noch als gültige Aussage über Gott verstanden,[197)] doch
mit dem Ausscheiden der Proprien (Größe - Weisheit - Güte) als
Approprianda aus den trinitarischen Kernaussagen wird Gott lediglich in der 'appropriatio' als wirkender Gott betrachtet,
so daß es zu einer Abschwächung der heilsgeschichtlichen Betrachtung der Trinität kommt.[198)]

Innerhalb der Porretanerschule findet sich die appropriative
Trinitätstheorie bei S i m o n   v o n   T o u r n a i (um
1130 - 1201) und bei A l a i n   v o n   L i l l e (= Alanus
ab Insulis, † 1202).[199)] Sie "ist der theologische Ort der
Lehre von den Eigenschaften Gottes."[200)]

Statt von 'rationes', die einen 'motus mentalis' implizieren,
spricht Simon in Gott von 'notiones' der zu schaffenden Dinge,
"denn sie sind die in der göttlichen Einheit aufgehobenen
drei   f o r m a e   s u p e r n a e   alles Erschaffenen und zu
Erschaffenden".[201)] Der dreieine Gott ist der 'Deus unus',
wobei die 'unitas' dem Vater als 'origo' appropriiert wird.
Damit kann auch der augustinische Seelenternar wieder verwendet werden: "Die drei Personen sind die schöpferischen Ideen
Gottes, abgebildet in der einen Seele, in der aus einer Grund-
kraft die zwei anderen   f a c u l t a t e s   entspringen."[202)]
Gegen den augustinischen Exemplarismus ist die ganze Dreifaltigkeit "das Urbild der Schöpfung: das ist zu Beginn des
13. Jahrhunderts   s e n t e n t i a   c o m m u n i s   der
Theologen."[203)]

Bei Alain von Lille kommt noch eine andere Tradition zum Tra-
gen: Seit 1160 werden authentische Texte des (neuplatonischen)

H e r m e t i s m u s bekannt,[204] so der 'L i b e r X X I V
P h i l o s o p h o r u m'.[205] Dabei handelt es sich um eine
Einheitsmetaphysik, die das Eine als Intellekt versteht: "Deus
est monas, monadem gignens, in se suum reflectens ardorem."[206]
In präzisen Lehrsatzdarlegungen geht es um die Transzendenz
gerade in der Immanenz, bevorzugt werden mathematische Ver-
gleiche.[207] So wird die Unähnlichkeit Gottes betont: "Deus
est, quem solum voces non significant propter excellentiam,
nec mentes intelligunt propter dissimilitudinem."[208]

In seinen 'Regulae'[209] übernimmt Alain diese Gedanken als
Ausdruck der Trinität Gottes: "Unitas de se gignit unitatem,
de se profert aequalitatem. Sic Deus a nullo, quilibet ab ipso; sic gignit alterum se idest Filium; de se profert aequalem
sibi, idest Spiritum Sanctum."[210] Zwischen Gott und Schöpfung
besteht nur eine 'similitudo nuncupativa'.[211] Für den Schöpfer gibt es kein geschaffenes Bild.[212] Sowohl der Liber XXIV
Philosophorum als auch die Gedanken des Alain von Lille fanden
Eingang in das Werk Eckharts.

d) Aus der Lombardenschule

Von geringer Bedeutung bleiben für Eckhart zwei weitere Trini-
tätserklärungen des 12. Jahrhunderts: die augustinische des
P e t r u s L o m b a r d u s († 1160)[213] und des B e r n -
h a r d v o n C l a i r v a u x (†1153), gänzlich unbeach-
tet bleibt die geschichtstheologische des J o a c h i m v o n
F i o r e (†1202).

In den Sentenzen des Lombarden, d e m theologischen Lehrbuch
für Jahrhunderte, wird nach dem Vorbild der 'Summa Sententiarum' des O d o v o n L u c c a [213 a] die Gotteslehre in
einem selbständigen Traktat als Trinitätslehre entfaltet und
der Schöpfungslehre vorgeschaltet. Nach Thomas von Aquins Erklärung liegt dem von Petrus selbst aufgestellten (augustinischen) Gliederungsprinzip der vier Bücher in 'res' (quibus
fruendum - quibus utendum sit) und 'signa' die Einteilung:
Gott als 'principium' und 'finis' zugrunde.

Trotz des vorherrschenden Essentialismus[214] bleibt die ge-
schichtsmächtige Trinität im Blick: Die 'missio' des Heiligen
Geistes steht im Zusammenhang mit der 'processio'; Petrus
lehrt die Einheit des Heiligen Geistes mit der in den Glaubenden waltenden Liebe.[215]

In der Lombardenschule verteidigt besonders R o b e r t
v o n   M e l u n (um 1100 - 1167) unter Berufung auf die
Schrift die Legitimität, ja Notwendigkeit des Bilddenkens gegen die Porretaner.[216] Doch treten bei ihm bereits die Erkenntnis des Wesens und des Wirkens des dreieinigen Gottes
auseinander.[217]

Damit wird im 12. Jahrhundert der Zweiteilung des Traktates
über die Gotteslehre bei Thomas von Aquin vorgearbeitet:

In einem ersten Schritt werden die 'similitudines' als geschaffene verstanden (und entweder argumentativ zugelassen
oder verworfen), in einem zweiten wird Wesen und Wirken des
'Deus trinus'gedanklich unterschieden, in einem dritten der
'Deus trinus' als e i n e Ursache gegenüber der Welt betont.
M. E. trägt an dieser Entwicklung die augustinisch-anselmisch-
lombardische Tradition den größeren Anteil,[218] denn hier wird
das Wesen Gottes nicht vorrangig in seiner trinitarischen
Selbstbegründung gedacht wie in der neuplatonischen, griechischen Tradition.

8. Das 13. Jahrhundert

Zu Beginn des 13. Jahrhunderts[219] wird die Trinitätstheorie
bestimmt durch die Dogmatisierung des Gedankens des Petrus
Lombardus von Gott als der 'una summa res' auf dem IV. Late-
rankonzil (1215).[220]

An der um 1200 aus den Pariser Schulen entstehenden Universität Paris beginnt mit W i l h e l m   v o n   A u v e r g n e
(† 1249) die Rezeption der Araber Avicenna und Averroes und
damit des Aristoteles. Bei der Bildung von Lehrtraditionen,
theologischen 'Schulen', spielen die neuen Orden der Mendi-
kanten eine tragende Rolle, obwohl ihr Gegensatz (z. B. hin-

sichtlich der Frage nach dem Primat des Willens oder des Erkennens) keineswegs ein ausschließlicher ist: So bleiben die ältere
Dominikanerschule und die franziskanische[221] beide noch augustinisch bestimmt, desgleichen der dem Weltklerus angehörende
H e i n r i c h v o n G e n t († 1293).

Die Tätigkeit des akademischen Lehrers vollzieht sich als Magister
in 'lectio', 'quaestio' und 'praedicatio'. Neben der Kommentierung
der Bibel steht die der Sentenzen des Lombarden, zu der seit dem
Franziskaner A l e x a n d e r v o n H a l e s († 1245) als
neue Gattung die 'Summa' hinzutritt: Schon vor Thomas findet
sich bei ihm die Erörterung der Dreiheit der göttlichen Personen
n a c h der Lehre von der Einheit der göttlichen Natur. Die erste bekannte deutschsprachige Darstellung der Trinitätslehre stammt
von dem Franziskaner D a v i d v o n A u g s b u r g (†1272).[222]

Direkt wird die Trinitätstheorie wenig durch die Kontroversen um
den 'neuen' Aristoteles beeinflußt. Anders sieht es aus mit der ausdrücklichen Reflexion auf das Verhältnis von Trinität und Denken
(unter dem Thema der 'imago Dei'): Diese wird geprägt durch die Auseinandersetzung um das Verständnis des Intellekts, d e m philoso-
phisch-theologischen Thema des Jahrhunderts. E i n Ergebnis ist
die "«Entdivinisierung» des Intellekts und dessen Analyse als naturale Potenz, die der Perfektibilität durch das «intelligibile» fä-
hig ist. Das «intelligibile» ist als «forma intelligibilis» die formale und wesentliche Vollkommenheit des Erkenntnisvermögens und als
solche Bedingung der Möglichkeit des Erkennens überhaupt."[223] Umgekehrt erfolgt aber auch eine 'Divinisierung des Intellekts', wenn
er nicht als Potenz, sondern als Substanz gefaßt wird und auf die
Weise seines göttlichen Prinzips erkennt.

Mit den Verurteilungen des 'Aristotelismus' von 1270 und 1277 nahm
der Einfluß des Augustinismus weiter zu[224] und verstärkte sich die
Rezeption des Neuplatonismus (Übersetzungen des Proklos, des 'Liber
de causis' und des Dionysius, sowie Kommentare).[225] In diese Tradition gehören D i e t r i c h v o n F r e i b e r g (ca.1240-1311
U l r i c h v o n S t r a ß b u r g (†1277)[226] und Meister Eckhart (später dann B e r t h o l d v o n M o o s b u r g (um
die Mitte des 14. Jahrhunderts), mit ihrem Lehrer A l b e r t
d e m G r o ß e n (um 1193 - 1280) die bedeutendsten Vertreter
der deutschen Dominikanerschule.[227]

a) Albert der Große

Das Problem der Beziehung von Trinität und Denken erörtert
Albert[228] in seinem Sentenzenkommentar[229] als Frage nach
der trinitarischen Gottesebenbildlichkeit des Menschen: Bei
der Frage nach der Erkennbarkeit der göttlichen Trinität geht
es um eine Analyse des Menschen.[230]

Kritisch sieht er die ´vestigia´-Lehre: Jedes ´vestigium tri-
nitatis´ stellt nur einen Teil und den auch noch unklar dar.
Es weist nur hin auf die göttlichen Wesenseigenschaften, nicht
auf die personalen Eigentümlichkeiten. So gelangt Albert zu
der These, "daß die Philosophen auf Grund der natürlichen
menschlichen Erkenntnisfähigkeit kein sicheres Wissen von
der göttlichen Trinität gewinnen konnten".[231] Er begründet
diese These (im Unterschied zu Thomas, der mit der Einheit
des göttlichen Wirkens ´nach außen´ argumentiert) aus Gottes
Transzendenz, zu der es kein Bild in der Schöpfung gibt.[232]
Wenn die Philosophen von Dreiheit in Gott sprechen, reden sie
nur von einer Dreiheit von Wesenseigenschaften.[233]

Grundsätzlich besteht die Bildhaftigkeit eines Bildes in seiner Relation zum Abgebildeten, daneben hat es seine eigene
Realität.[234] Zwar ist die Erkenntnis Gottes dem Menschen von
Natur angeboren, aber erst mittels der Erleuchtung durch die
göttliche Offenbarung gelangt er zur Erkenntnis der ´mens´
als Subjekt des trinitarischen Gottesbildes. Immerfort ist
sie sich und Gott zugewandt. ´Memoria´, ´intellectus´ und
´voluntas´ dagegen sind nicht in jeder Hinsicht Bild, nur
"insofern sie jenem Wahren und Guten zugewandt sind, das die
sich selbst immer gegenwärtige Geistseele ist, sowie jenem
Wahren und Guten in ihr, das Gott selbst ist."[235] Sie werden dem Menschen in einem ungeteilten Tun der drei göttlichen
Personen eingeschaffen. Zwischen dem Bild und Gott besteht
keine Natur-, sondern eine Beziehungseinheit.

Hatte Augustin die Relativität der Ternarglieder als gegen-
seitiges Verhältnis verstanden, so ist dieser Aspekt bei Albert sekundär gegenüber der Vorstellung von der Relativität
der Relation zu den Inhalten.[236] In der Frage nach der ge-
genseitigen Inexistenz gibt er Augustin vor Averroes den Vor-

zug und lehrt, daß der Intellekt in jedem Intelligiblen sich
immer selbst schaut und zugleich die beiden anderen Glieder.

Den Ternar 'mens - notitia - amor' versteht Albert vom Geist
und den (konsubstantialen) Habitus des Geistes. Im Falle der
Selbsterkenntnis bildet der Ternar mit dem erkennenden Sein
eine Substanz. "Substantiell sind also der erkannte Geist und
der erkennende Geist identisch - bei gegenseitiger relativer
Verschiedenheit zwischen dem Erkennenden und Erkannten."[237]
Der (da der Erkenntnis die Liebe folgt) geliebte Geist "wiederum ist substantial identisch mit dem erkennenden und lie-
benden Geist, wobei die Relation zu dem geliebten und lieben-
den Geist besteht".[238]

Albert hält an der trinitarischen Grundkonzeption Augustins
fest, bei der der Akzent auf der Einheit des Wesens liegt vor
der Dreiheit der göttlichen Personen.[239] Die 'psychologische'
Erklärung der Hervorgänge wird nur gestreift,[240] was - mit
Ausnahme Anselms - bis in die Mitte des 13. Jahrhunderts üb-
lich war. "Auf jeden Fall darf man behaupten, daß Albert in
den geistigen Ternaren, welche das Ebenbild des dreieinigen
Gottes konstituieren, Metaphern sieht, deren Bildwert sich darauf beschränkt, die im Wesen gründende Einzigkeit Gottes, die
Verschiedenheit und den Relationscharakter der Personen sowie
deren Identität mit dem göttlichen Wesen zu veranschaulichen."[241]
'Bild' Gottes ist der Mensch nur 'per analogiam': "tali inquam
analogia quae nihil unum ponit in utroque, sed potius ponit
totum in uno, et in alio ponit ab illo et ad illud esse.
... aliquid est in homine a deo, quod per prius in deo invenitur."[242]

In seiner Intellekttheorie[243] wird der Einfluß der aristotelischen Philosophie stärker, zugleich setzt er sich mit deren
Interpretation durch die Araber auseinander.[244] Es geht um die
Streitfrage: "Hat jeder Mensch eine ihm eigene geistige Wesensform mit einem ihm eigenen Verstandesvermögen, oder aber hat
dieses Vermögen seinen Sitz in einer eigenständig über den
menschlichen Individuen stehenden und von ihnen dem Sein nach
getrennten Substanz, die nur im Vollzug des verstehenden Erkennens mit dem einzelnen Menschen verbunden ist und in ihm tätig wird?"[245] Die Geistseele erkennt Albert als substanziale

Wesensform.[246] Sie ist 'essentialiter' zusammengesetzt, nicht jedoch aus Materie und Form, sondern aus 'quod est' und 'quo est' (als Form, nicht Teil des Ganzen), aus 'intellectus possibilis' und 'intellectus agens'.[247] Die Seelensubstanz ist einfach, bei Verschiedenheit ihrer Vermögen.[248] Denken versteht Albert als Tätigkeit des Individuums und entscheidet sich so gegen die Araber und den lateinischen Averroismus:[249] "die konkrete geistbegabte Natur der Menschen ist n a t u r a d e t e r m i n a t a unaufhebbar bestimmte und individuierte Natur."[250] So kann die Geistseele niemals numerisch eine sein.[251]

Im Verhältnis zu den Sinneskräften ist der Intellekt überformende Einheit: "Der Intellekt des Menschen ist zwar auf die Sinnesorgane angewiesen, aber nicht, um von diesen etwas zu empfangen, vielmehr um diese am Licht der Erkenntnis partizipieren zu lassen."[252] Der 'intellectus agens' formt ohne Vermittlung der Sinnesdaten (anders als bei Thomas!) im aufnehmenden Intellekt die Denkinhalte, die in die Erfahrungsinhalte Ordnung bringen: "Der i n t e l l e c t u s   a g e n s ist Formkraft, die nicht ihrerseits durch die Sinneserfahrung informiert werden kann."[253] "Der subjektive materiale Intellekt des Menschen (i n t e l l e c t u s   p o s s i b i l i s) ist der offene Grund, in dem der formgebende Intellekt die Erkenntnis als seine eigene Form und Fülle aufgehen läßt."[254]

"Die menschliche Geistigkeit ist keine spezifisch andere als die göttliche; aber der Mensch vollzieht und verwirklicht sie in der Potentialität des Geschöpfes."[255] "La théorie albertinionne de l'intellect est donc à la fois circulaire et progressive."[256] 'Circulaire', insofern der Intellekt (als 'agens') alle Inhalte besitzt und (als 'possibilis') empfangen kann, 'progressive', insoweit er (als 'possibilis') zunimmt in der Erkenntnis einzelner 'intelligibilia'. "Ce n'est que la possession du savoir complet qui permet la constance dans la c o n v e r s i o   a d   i n t e l l e c t u m   a g e n - t e m . Albert reprend donc sans modification notable la théorie averroiste de la continuité, ainsi qu'il le signale lui même."[257]

b) Thomas von Aquin

Thomas (1225 - 1274) bedenkt in seiner ´Summa theologiae´ die
Trinitätslehre[258] nach der Erörterung der Einheit des Wesens
Gottes, vor der Schöpfungslehre.[259]

In Analogie zur Tätigkeit des Geistes unterscheidet er wie
Augustin ´secundum rationem similitudinis´ und ´secundum ope-
rationem voluntatis´ die beiden ´processiones´ ´generatio´und
´amor´.[260] Die göttlichen Personen werden unterschieden durch
reale Relationen. (Dagegen sind Gottes Beziehungen zu den Geschöpfen nicht real in ihm.) In Gott haben sie das Sein des
göttlichen Wesens.[261] Da sie auf die ´processiones´ gegrün-
det sind, entsprechen jeder ´processio´ zwei Relationen: generatio - paternitas und filiatio, amor - spiratio und processio.[262] Eine göttliche Person ist subsistente Relation: "Et
hoc est significare relationem per modum substantiae quae est
hypostasis subsistens in natura divina."[263]

In der göttlichen Trinität "intelligitur et numerus, et personae numeratae."[264] In Gott gibt es keine ´differentia´, aber
´distinctio´, d. h. Gott ist weder ´singularis´ noch ´unicus´.
´Alius´ meint die Unterscheidung des ´suppositum´.[265]

Eine ´natürliche´ Erkenntnis der Trinität ist nicht möglich,
weil Gott nur hinsichtlich der Einheit seines Wesens aus den
Kreaturen erkannt werden kann: "Virtus autem creativa Dei est
communis toti Trinitati: unde pertinet ad unitatem essentiae,
non ad distinctionem Personarum."[266] Wer es dennoch versucht,
vergeht sich am Glauben: Der Glaube richtet sich ja auf das,
was den menschlichen Verstand übersteigt; und unzureichende
Gründe zum ´Beweis´ des Glaubens lassen die Ungläubigen Anstoß
nehmen. Thomas verwirft entgegenstehende Ansichten: Die Philosophen haben nur göttliche Attribute erkannt und dann einzelnen Personen appropriiert.[267] Dazu muß er allerdings ihre Aussagen abschwächen: Die Platoniker erkannten nur eine zweite
Substanz u n t e r der ersten (gegen Augustins Deutung), und
die Reflexionsstruktur des Trismegistus (die für Eckhart so
wichtig wird) "non est referendum ad generationem Filii vel
processionem Spritus Sancti, sed ad productionem mundi".[268]
Der Mensch gelangt nur zu Konvenienzgründen - unter Voraus-

setzung der Trinität.[269] Recht verstanden, diene der Gedanke
der Trinität zur Wahrung der Freiheit Gottes als Schöpfer und
Erlöser.[270]

Aus der Logik der trinitarischen Beziehungen entwickelt Thomas
die 'Tafel' der Begriffe: 3 notiones personales (paternitas,
filiatio, processio), 4 relationes (paternitas, filiatio, processio, communis spiratio), 4 proprietates (paternitas, filiatio, processio, innascibilitas), 5 notiones (paternitas, filiatio, processio, communis spiratio, innascibilitas).[271]

Im Zentrum seiner Überlegungen steht die Relationenlehre: Gegen die Bestimmung der Relationen als 'assistentes' argumentiert er für ihre Realität: "Relatio autem, ad essentiam comparata, non differt re, sed ratione tantum: comparata autem
ad oppositam relationem, habet, virtute oppositionis, realem
distinctionem."[272] Die Relationen unterscheiden sich also
real voneinander, nicht aber unterscheiden sie das Wesen. Dementsprechend werden einzelne 'nomina essentialia' in der Ein-
zahl vom Wesen, andere in der Mehrzahl von den Personen ausgesagt.[273]

Thomas schärft den Unterschied zwischen 'res significata'
und dem 'modus significandi' ein: Weil also zwischen 'deus'
und 'deitas' als der 'forma abstracta' zu unterscheiden ist,
können die Proprietäten der Personen von Gott, nicht aber von
der Gottheit ausgesagt werden.[274]

Wie vertragen sich diese Gedanken mit der Behauptung der
Nichtbeweisbarkeit der Dreiheit der Personen? Die 'essentialia attributa' werden den Personen appropriiert: "quia ex
creaturis, ex quibus cognitionem accipimus, possumus per cer-
titudinem devenire in cognitionem essentialium attributorum;
non autem in cognitionem personalium proprietatum".[275] Der
menschliche Intellekt betrachtet Gott ausgehend von der Erkenntnis der Geschöpfe und gelangt so zu unterschiedlichen
Appropriationen.[276]

Die Relationen sind mit den Personen identisch, deren Proprietäten als Formen der Personen 'in personis' und die Personen
selbst sind.[277] Die göttlichen Personen unterscheiden sich

hinsichtlich des Ursprungs und der Relation; dabei ist dies
eine Unterscheidung "secundum modum significandi: nam origo
significatur per modum actus, ut g e n e r a t i o ; relatio
vero per modum formae, ut p a t e r n i t a s ."[278] Thomas
bestreitet nun die Bedeutung der ´origo´ zugunsten der ´rela-
tio´: Das, wodurch sich Zeugendes und Gezeugtes voneinander unterscheiden, hat logische Priorität; ferner "oportet quod ipsa
distinguentia constituant res distinctas".[279] Also müssen es
die Relationen sein, die die Personen unterscheiden und konstituieren. (Damit hat Thomas eine Entscheidung getroffen, die
im Schülerkreis des Lombarden noch offengeblieben war.)[280]
Die Unterscheidung nach dem Ursprung ist demgegenüber eine des
Aktes: "Ad designandum igitur ordinem originis in divinis personis, necessarium fuit attribuere personis actus notionales."[281]
Als Attributionen treten sie an Bedeutung zurück gegenüber den
realen subsistenten Relationen.

Vater, Sohn und Geist sind in jeder Beziehung (secundum essentiam, relationem et originem) jeweils ineinander - das ergibt
sich aus der Logik der trinitarischen Begriffflichkeit.[282] Zwischen ihnen besteht ´aequalitas´.[283]

Die Beziehung der göttlichen Trinität auf Mensch und Welt lei-
sten bei Thomas die Begriffe ´missio´ und ´datio´.[284] Während
sich ´processio´ (der göttlichen Personen) und ´exitus´ (der
Schöpfung) nur auf den Ursprung beziehen, bestimmen ´generatio´
und ´spiratio´ auch das ewige Ziel, ´missio´ und ´datio´ aber
mit der Beziehung auf den Ursprung das z e i t l i c h e Ziel:
"mittitur enim aliquid ad hoc ut sit in aliquo, et datur ad hoc
quod habeatur; Personam autem divinam haberi ab aliqua creatura, vel esse novo modo existendi in ea, est quoddam tempo-
rale."[285] Nicht ist es Gott, der sich hier verändert, sondern
die Kreatur, die Beziehung des Menschen zu Gott. Dabei spricht
Thomas nicht nur von einer Wirkung Gottes, sondern von einem
wirklichen Insein und Gehabtwerden des Sohnes und des Geistes
´per gratiam gratum facientem´.[286] So schließt ´missio´(dementsprechend auch ´datio´) die ewige ´processio´ ein und fügt
die zeitliche Wirkung hinzu,[287] so daß auch die ´processio´
(dementsprechend auch der ´exitus´) - hinsichtlich ihres Zieles! -
ewig und zeitlich ist.[288]

In einem zweiten Modell sucht Thomas die Vermittlung der göttlichen Trinität zum Menschen über die 'imago Dei'.[289]

Zuhöchst ist der Mensch 'ad imaginem Dei' hinsichtlich seines
Intellekts: "Imitatur autem intellectualis natura maxime Deum
quantum ad hoc, quod Deus seipsum intelligit et amat."[290]
Allerdings ist sein Bildsein dreifach zu unterscheiden: Jeder
Mensch kann aufgrund der 'natura mentis' Gott erkennen und
lieben; allein die Gerechten erkennen und lieben ihn 'actu
vel habitu', wenn auch unvollkommen; allein die Seligen erkennen und lieben ihn vollkommen.[291] Nun ist dieses gestufte
Bild Gottes im Menschen auch Bild der Trinität: "et quantum
ad naturam divinam, et quantum ad Trinitatem Personarum."[292]
Das ist möglich, weil die Einheit der göttlichen Natur nur
durch Relationen unterschieden wird, und deshalb das Sein 'ad
imaginem dei' als 'imitatio' der Natur nicht ausschließt (wie
es erkennbar vorsichtig heißt),Sein "secundum repraesentationem trium Personarum" zu sein.[293] Absichern muß Thomas dann
aber seine Lehre von der Unerkennbarkeit der Trinität: Darum
wird schnell versichert, diese 'repraesentatio' sei nur unvollkommen[294] (wobei die angeführten Augustin-Zitate die von
Thomas gewünschte These allerdings nicht beweisen).[295] Gleichwohl ist der Mensch "ad imaginem suam, idest totius Trinitatis"
(aufgrund der Gleichheit des Wesens also nicht nur 'ad imaginem
Filii').[296]

Thomas präzisiert diese 'repraesentatio' und bezieht sie zugleich auf die anderen Geschöpfe: Hinsichtlich der göttlichen
Natur ist der Mensch eine 'repraesentatio speciei' (im Sinne
des Erkenntnisbildes), weil er denkt - in den anderen Geschöpfen ist lediglich ein 'vestigium' des schöpferischen Intellekts.
Ähnlich verhält es sich hinsichtlich der Trinität: "in creatura
rationali, in qua invenitur processio verbi secundum intellectum, et processio amoris s e c u n d u m voluntatem, potest
dici imago Trinitatis increatae per quandam repraesentationem
speciei."[297] In den anderen Kreaturen handelt es sich wiederum um ein 'vestigium': 'substantia - species - ordo'.

Damit ist nach dem Verlust des Weltbezuges der Trinitätslehre,
noch verschärft durch die Behauptung der Unerkennbarkeit der
Trinität, mit Hilfe der 'mens' - Analogie ein zweiter Versuch

unternommen worden, ihn zurückzugewinnen: "Sic igitur in homine invenitur Dei similitudo per modum imaginis secundum mentem; sed secundum alias partes eius, per modum vestigii."[298]

Als Bild ist die Trinität im Menschen unablösbar von Gott. "Attenditur igitur divina imago in homine secundum verbum conceptum de Dei notitia, et amorem exinde derivatum. Et sic imago Dei attenditur in anima secundum quod fertur, vel nata est ferri in Deum."[299] Nicht jede ´trinitas´ ist also ´imago´ oder ´vestigium´ Gottes, wenngleich die ´imago Dei in mente´ eine bleibende ist.[300]

In seiner Erkenntnislehre orientiert sich Thomas am aristotelischen Substanzbegriff. Der Intellekt inhäriert der Geistseele als Potenz, so unterscheidet Thomas "das Wesen der Geistseele von den Potenzen und diese von ihrer Aktuierung."[301] "Das «medium quo» des Erkennens ist das «intelligibile» als Selbstbestimmung des Intellekts."[302] Der tätige Intellekt bringt das sinnenhafte Material unter die Form des Intelligiblen. Die arabische Frage nach der Einheit des Intellekts interpretiert Thomas als die Frage nach der Einheit des Intelligiblen. Dieses ist kein Gegenstand, sondern Form und Vollzug der Erkenntnis.[303] Wie für Albert gilt für Thomas der neuplatonische Grundzug: "Das Wissen um das Einfache im Erkennen ist die Bedingung jeder gegenständlichen Erkenntnis."[304] Kommt es bei Thomas grundsätzlich zwar zu einer ´Entmachtung´ der Form, so daß sie des Aktes bedarf, um zu sein, ist das Grundschema des geschaffenen Seienden (forma : esse ≙ potentia : actus), die Realdistinktion von Wesen und Sein, auf den Intellekt aber nur begrenzt anzuwenden: "Die Umwertung der Form vom Akt in die Potenz ist so ohne weiteres nicht möglich, da Potentialität beim Geiste wegen dessen Lebendigkeit und Aktivität nur in einem sehr eingeschränkten Sinn überhaupt denkbar ist."[305] So lehrt Thomas, daß die höhere Intelligenz aufgrund ihrer Nähe zum Ersten weniger an Potenz, mehr an Akt hat. "Offensichtlich ist die gesamte aristotelische Konzeption von Potenz und Akt und vom menschlichen Intellekt hier durch das im Hintergrund stehende Gefüge der Partizipation erklärt."[306]

c) Jakob von Metz

Besonders gegen den neuralgischen Punkt der Gedanken des Thomas, gegen seine Lehre von den Relationen, wurde Widerspruch
laut.

So lehnt J a k o b v o n M e t z († 1308) die ´mens´-
Analogie ab: "non enim dicimus intellectum et voluntatem, ut
dicunt perfectiones attribuibiles, distinguere processiones
personarum";[307] denn wird die Zeugung als Denkakt und die
Hauchung als Willensakt verstanden, sind auch die Produkte nur
begrifflich unterschieden.[308] So sieht er genau den schwachen
Punkt der augustinisch-thomanischen Analogie. Im Gegensatz zum
Thomas der ´Summa theologiae´ gründet er die Fruchtbarkeit allein auf die ´natura´: Wesenheit ist das Zeugungsprinzip.[309]
Die Relationen sind (nun wieder mit Thomas) real voneinander
unterschieden.[310]

Mit Hilfe des vom ´subiectum´ unterschiedenen Begriffs des
´fundamentum´ versucht Jakob, die Relation von den Akzidenzien abzusetzen, ihr jeden Inhärenzcharakter abzusprechen und
sie als realen Modus des Fundamentes zu denken:[311] "relatio
est in alio solum sicut in fundamento, non sicut in subiecto.
... Et hoc manifestum est in divinis. ... Et eadem ratio est
de relatione in creaturis. - Dices: si paternitas non est in
patre subiective nec relatio est in suo fundamento subiective,
sequitur quod relatio non est plus in fundamento quam in termino. ... Dico quod relatio est in fundamento sicut in illo,
quod facit dependere, sed in termino sicut in illo, ad quod
terminatur huiusmodi dependentia."[312]

Gegen Thomas besteht Jakob auf der realen Differenz von Wesen
und Relation, charakteristisch ist jedoch sein Verständnis dieser Differenz: Wesen und Relation unterscheiden sich "secundum
diversum modum se habendi".[313] Weder sind sie zusammengesetzt
noch ist die Relation ´fundamentum´ einer realen Relation, sondern "modus essendi in eo, cuius est."[314] M. a. W.: "relatio
differt realiter ab essentia eo modo, quo sufficit realitas
ad distinctionem praedicamentorum".[315] Dabei ist das Reale
in seinem Moduscharakter zu nehmen, so daß die Realität der
Unterscheidung von Relation und Wesen die Unterscheidung ihres

Modus ist. Damit läuft diese Unterscheidung auf eine 'distinctio rationis' hinaus, die als solche eine wirkliche Unterscheidung meint, so daß Jakob auch sagen kann: "differunt ratione".[316]
Thomas radikalisierend heißt es, daß allein die Relationen die
Personen konstituieren: "Quia enim pater per respectivum con-
stituitur, ideo non est pater, quia generat, sed quia est pater, ideo generat."[317]

E r g e b n i s

Trotz ihrer Begrenztheit vermögen diese problemgeschichtlichen
Hinweise zweierlei exemplarisch deutlich zu machen:

Historisch steht Eckhart vor einem Konglomerat von Traditionen,
die idealtypisch als lateinische (personale Trinitäts-Psycholo-
gie) und griechische (ontologisch orientierte Trinitätsreflexion)
unterschieden werden können.

Systematisch wird die Beziehung von Trinität und Denken je verschieden gefaßt. Das Problem der Denkbarkeit der göttlichen
Trinität ist nicht identisch mit dem Urteil über den Wert trinitarischer Analogien im Geschaffenen für die Erkenntnis des
dreieinen Gottes.

Anmerkungen

Die in den Anmerkungen erwähnte Literatur wird beim ersten
Hinweis bibliographisch vollständig angeführt, später dann
mit dem Verfassernamen (bzw. zusätzlich mit Kurztitel) abge-
kürzt zitiert.

A. 1) Zur ersten Orientierung über Eckhart vgl. jetzt Udo
Kern, Art. Eckhart, in: Theologische Realenzyklopädie,
hrsg. von Gerhard Krause und Gerhard Müller, Bd. IX,
Berlin-New York 1982, 258 - 264.

2) Vgl. zur Biographie immer noch grundlegend Josef Koch,
Kritische Studien zum Leben Meister Eckharts, jetzt in:
Ders., Kleine Schriften, Bd. I, Rom 1973 (Storia e
Letteratura. Racolta di Studi e Testi 127), 247 - 347.
Vgl. ferner Till Beckmann, Daten und Anmerkungen zur
Biographie Meister Eckharts und zum Verlauf des gegen
ihn angestrengten Inquisitionsprozesses. Mit einer Bi-
bliographie von Texten, Übersetzungen und Interpreta-
tionen, Frankfurt 1978.

3) Vgl. die Constitutio 'In agro dominico' vom 27. März
1329, in: Enchiridion symbolorum, definitionum et declarationum de rebus fidei et morum, hrsg. von Heinrich Denzinger und Adolf Schönmetzer, Freiburg[36]1976,
n. 950 - 980.

4) Grundsätzlich beginnt im Hauptteil jeder Abschnitt mit
einer These, die aus Eckhart-Texten belegt wird. Danach wird sie mit divergierenden Texten konfrontiert
oder vor dem Hintergrund von Traditionen diskutiert, um
dann Eckharts besonderen Akzent festzuhalten.

5) Vgl. Christian Schütz, Gegenwärtige Tendenzen in der
Gottes- und Trinitätslehre, in: Mysterium Salutis.
Grundriß heilsgeschichtlicher Dogmatik, Ergänzungsband,
hrsg. von Magnus Löhrer u. a., Zürich-Einsiedeln-Köln
1981, 264 - 322 (insb. ab 311); Ulrich Ruh, Das unterscheidend Christliche in der Gottesfrage. Zu neueren
Entwicklungen in der Trinitätstheologie, in: Herder

Korrespondenz 36 (1982) 187 - 192; Bernard Sesboüé,
Bulletin de théologie dogmatique: Trinité et Pneumatologie, in: Recherches de science religieuse 70 (1982)
379 - 413 und Trinität. Aktuelle Perspektiven der Theologie, hrsg. von Wilhelm Breuning, Freiburg-Basel-Wien
1984 (Quaestiones disputatae 101).

Nach Karl Barth und Karl Rahner ist besonders auf die
Arbeiten Jürgen Moltmanns und Eberhard Jüngels zu verweisen. (Vgl. Claude Welch, The Trinity in Contemporary
Theology, London 1953; Joseph A. Bracken, What Are They
Saying About the Trinity?, New York 1979 und Werner Löser, Trinitätstheologie heute. Ansätze und Entwürfe, in:
Trinität, 19 - 45.)In den Untersuchungen von Klaus Hemmerle, Anton Brunner und Leo Scheffczyk wird das trinitarische Gottesverständnis im Kontext eines theologischen 'Personalismus' eher repetiert denn rekonstruiert.
(Vgl. aber die Weiterführung der Lehre von der Einwohnung der Trinität im Menschen von der geschichtlichen
Menschwerdung des Logos her bei Leo Scheffczyk, Dreifaltigkeit im inwendigen Leben, in: Glaube als Lebens-
inspiration. Gesammelte Schriften zur Theologie, (Bd.
2), Einsiedeln 1980 (Sammlung Horizonte N.F. 18), 137 -
152.) Vgl. insb. noch Helmut Fritzsche, Der christliche
Gott als der trinitarische Gott, in: Theologische Literaturzeitung 107 (1982) 1 - 12.

6) Hier ist zu verweisen auf Théodor de Régnon, Études de
Théologie Positive sur la Sainte Trinité, 3 Bde in 4,
Paris 1892 - 1898, der zuerst auf unterschiedliche Strö-
mungen in der Trinitätstheorie aufmerksam gemacht hat
und die Unterscheidungen einer 'lateinischen' von einer
'griechischen' Tradition erarbeitete.

7) Aus den literarischen Formen der 'propositio', 'quaestio' und 'expositio' sind die Aufgaben eines Magisters
der Theologie nach mittelalterlicher Lehrordnung zu erkennen: die 'lectio', die 'disputatio' und die 'praedicatio'.

8) Vgl. Sermo II, 2. n. 11: "de ... essentiae unitate et
personarum trinitate ...": "magis ad scholas pertinet".
Vgl. aber die Predigt im Rahmen des wissenschaftlichen
Kommentars In Ioh. n. 227 - 248 und die auch zur Be-
lehrung vorgetragenen Gedanken der Predigt (zur Bild-
lehre) DW I, Pr. 16, p. 270, 6 - 8: "Diz enist niht
gesprochen von den dingen, diu man sol reden in der
schuole; sunder man mac si wol gesprechen ûf dem stuo-
le ze einer lêre." Vgl. ferner DW I, Pr. 15, p. 247,
4f.: "Ich sprach ze paris in der schûl ..." und DW I,
Pr. 3, p. 147, 3 und p. 152, 9 - 11.

9) Vgl. Christa Ortmann, Eckharts Lehre für die Ungelehrten. Zum Verhältnis von Deutsch und Latein in der
deutschen Predigt, in: Befund und Deutung. Zum Verhältnis von Empirie und Interpretation in Sprach- und
Literaturwissenschaft, hrsg. von Klaus Grubmüller u. a.,
Tübingen 1979, 356 Anm. 14: "Es handelt sich nicht,
grob gesagt, um didaktische Umsetzung von Lehre in
Handlungs- oder Verhaltensanweisung, von theologischer Lehre in religiöse Praxis. Es geht vielmehr um
die Vermittlung dieser theologischen Lehre selbst im
Akt der Interpretation durch den betroffenen Hörer, d.
h. um Realisierung des Werts dieser Lehre hier und
jetzt, und damit um eine qualitative Steigerung ihrer
wissenschaftlichen Lebensform in eine lebensprakti-
sche. Das Beispiel hat die Funktion, dies zu bewirken."

10) Dies gilt - in einer ersten Annäherung - für die Themen 'Gottwerden' und 'imago Dei', 'Einssein' und 'intelligere', 'Gottesgeburt' und 'filiatio'.

11) Vgl. Heribert Fischer, Meister Eckhart. Einführung in
sein philosophisches Denken, Freiburg-München 1974, 43.

12) Vgl. In Ioh. n. 39: "Notandum autem quod verba praemissa ad hoc multis modis sunt exposita, ut ex ipsis
lector nunc unum, nunc alium pro libito accipiat, prout
ipsi videbitur expedire. Quem etiam modum exponendi
idem multis modis teneo in multis nostris expositio-
nibus." Das erlaubt die Vermutung, daß das enzyklopä-

disch angelegte, aber nur fragmentarisch vorliegende
Werk doch den 'ganzen Eckhart' darstellt. Vgl. auch
In Sap. n. 142.

13) Vgl. die naturphilosophischen Schwerpunkte in den Ge-
nesisauslegungen, die Rezeption der negativen Theologie des Maimonides im Exoduskommentar, das Thema von
der Geburt Gottes in der Seele (deus - trinitas -
anima) In Sap. und die Geistphilosophie des Johanneskommentars. Die Lösung der Frage nach Eckharts Lehrentwicklung ist über die Anerkennung mehrerer Phasen
noch nicht hinausgekommen. (Vgl. einführend immer
noch Ernst Reffke, Studien zum Problem der Entwicklung Meister Eckharts im Opus tripartitum, in: Zeitschrift für Kirchengeschichte 57 (1938) 19 - 95 (Eckhartiana IV.). Er gibt folgende Reihenfolge an: In
Gen. I, In Ex., In Eccl.; In Sap., In Gen. I (2.);
In Gen. II, In Ioh.).

14) Vgl. die Arbeiten Denifles und Quints, die die Eckhartforschung nicht nur gefördert haben.

15) Vgl. In Gen. II n. 8: "sub his verbis innuitur primo
productio sive emanatio filii et spiritus sancti a
patre aeternaliter, item productio sive creatio generalis totius universi ab uno deo temporaliter, et plura quantum ad proprietates tam creatoris quam creaturarum." - In Ioh. n. 56: "divinarum personarum emanatio
et ipsarum distinctio notatur, statim evangelista se
convertit ad ea quae divinae naturae conveniunt quantum ad absoluta." Vgl. In Ioh. 59 und bereits Augustin,
Conf. XI, 9, 11.

16) Die hier vertretene Eckhartinterpretation widerspricht
als theologisch-systematische Arbeit dem an Duns Scotus geschulten Ansatz von Heinz Wipfler, Grundfragen
der Trinitätsspekulation. Die Analogie in der Trinitätstheologie, Regensburg 1977, der ausgehend von einer 'doppelten Analogie' - der von Geschöpf und Gott
sowie der von natürlicher Gotteserkenntnis (ratio) und
trinitarischer (fides) - zur These von einer 'Analogie

in Gott' kommt (vgl. a. a. O., 207: 'analoger Verständ-
nissinn innerhalb des göttlichen Seins'): im Verhältnis des 'a nullo esse dei' und des 'a nullo esse
patris'.

17) Vgl. dazu die Monographie von Kurt Ruh, Meister Eckhart. Theologe, Prediger, Mystiker, München 1985, die
hier leider nicht mehr berücksichtigt werden konnte.

Zur Einführung in die theologische Diskussion seiner
Zeit vgl. jetzt Édouard-Henri Wéber, Eckhart et l'on-
tothéologisme: histoire et conditions d'une rupture,
in: Maître Eckhart à Paris. Une critique médiévale de
l'ontothéologie. Les Q u e s t i o n s p a r i s i -
e n n e s n° 1 et n° 2 d'Eckhart. Études, textes et
traductions par Émilie Zum Brunn u. a., Paris 1984
(Bibliothèque de l'école des hautes études, section des
sciences religieuses 86), 13 - 83.

18) Vgl. Gottfried Fischer, Geschichte der Entdeckung der
deutschen Mystiker Eckhart, Tauler und Seuse im XIX.
Jahrhundert, Diss. Freiburg i. Ue. 1931.

19) Vgl. die Bibliographien bei Beckmann, a. a. O., 74 -
108 (fehlerhaft); in: The Thomist 42 (1978) 313 - 336
und bei Wolfram Malte Fues, Mystik als Erkenntnis?
Kritische Studien zur Meister-Eckhart-Forschung, Bonn
1981 (Studien zur Germanistik, Anglistik und Kompari-
stik 102), 425 - 463 (sehr zuverlässig).

20) Vgl. Ingeborg Degenhardt, Studien zum Wandel des Eckhartbildes, Leiden 1967 (Studien zur Problemgeschichte
der antiken und mittelalterlichen Philosophie 3);
Ernst von Bracken, Meister Eckhart: Legende und Wirklichkeit. Beiträge zu einem neuen Eckhartbild, Meisenheim 1972 (Monographien zur philosophischen Forschung
85); Fues.

21) Exotische Blüten gedeihen auf dem Boden des Marxismus
und des 'Drogenkultes'. Vgl. Alois Maria Haas, Meister
Eckhart im Spiegel der marxistischen Ideologie, jetzt

in: Ders., Sermo mysticus. Studien zu Theologie und
Sprache der deutschen Mystik, Freiburg/Schweiz 1979
(Dokimion 4), 238 - 254 und ders., Meister Eckhart
und die deutsche Sprache, in: Freiheit und Gelassenheit. Meister Eckhart heute, hrsg. von Udo Kern, München und Mainz 1980, 146f. Anm. 2 und 4.

22) Vgl. die Arbeiten von Ueda und Bernard Barzel, Mystique de l'ineffable dans l'hindouisme et le christianisme. Çankara et Eckhart, Paris 1982.

23) Vgl. besonders die Arbeiten von Josef Koch und Heribert Fischer.

24) S. u. S. 139 und Heiko A. Oberman, Die Bedeutung der
Mystik von Meister Eckhart bis Martin Luther, in: Von
Eckhart bis Luther. Über mystischen Glauben, hrsg. von
Wolfgang Böhme, Karlsruhe 1981 (Herrenalber Texte 31),
9 - 20. Nicht zugänglich ist leider die Jenaer Disser-
tation von Udo Kern, Theologische Anthropologie bei
Meister Eckhart, 1983.

25) Vgl. das umfangreiche Verzeichnis der Literatur bei
Haas, Meister Eckhart und die deutsche Sprache, 153f.
Anm. 23; besonders aber John Margetts, Die Satzstruktur bei Meister Eckhart, Stuttgart 1969 (Studien zur
Poetik und Geschichte der Literatur 8). Vgl. ferner
Georg Steer, Germanistische Scholastikforschung. Ein
Bericht, I - III, in: Theologie und Philosophie 45
(1970) 204 - 226; 46 (1971) 195 - 222; 48 (1973) 65 -
106. Zum Streit um die Herkunft der 'mystischen' Terminologie vgl. den Aufsatz von Hans Bayer, Mystische
Ethik und empraktische Denkform. Zur Begriffswelt Meister Eckharts, in: Deutsche Vierteljahresschrift 50
(1976) 377 - 405 und die anschließende Diskussion (a.
a. O., 406 - 413).

26) Vgl. den Forschungsbericht von Ruedi Imbach, Le (néo)-
platonisme médiéval, Proclus latin et l'école dominicaine allemande, in: Revue de Théologie et de Philosophie 110 (1978) 427 - 448.

27) Alain de Libera, Introduction à la Mystique Rhénane
d'Albert le Grand à Maître Eckhart, Paris 1984; zu
Eckhart vgl. 231 - 316.

28) Vgl. die neuesten Literaturberichte: Ruedi Imbach, Intellectus in deum ascensus. Philosophische Bemerkungen
zu einer Veröffentlichung über Grundfragen der Mystik,
in: Freiburger Zeitschrift für Philosophie und Theologie 23 (1976) 198 - 209; Josef Sudbrack, Die Wahrheit
der Geschichte - zur Interpretation Meister Eckharts,
in: Geist und Leben 51 (1978) 385 - 393; Karl Albert,
Meister Eckhart und die Quellen seiner Philosophie,
in: Philosophischer Literaturanzeiger 32 (1979) 168 -
177; Udo Kern, Aspekte der neueren Eckhartforschung,
in: Gespräch mit Meister Eckhart, hrsg. von Udo Kern
u. a., Berlin 1982 (Aufsätze und Vorträge zur Theologie und Religionswissenschaft 77), 97 - 101 (vgl. ders.,
Gründende Tiefe und offene Weite. Ein Bericht über die
internationale Erfurter Eckhartwoche, in: Freiburger
Zeitschrift für Philosophie und Theologie 27 (1980)
356 - 382); Karl Albert, Meister Eckhart und die deutsche Mystik, in: Philosophischer Literaturanzeiger 36
(1983) 196 - 207. Zum Problem der Fragestellung vgl.
besonders Kurt Flasch, Die Intention Meister Eckharts,
in: Sprache und Begriff. Festschrift für Bruno Liebrucks, hrsg. von Heinz Röttges u. a., Meisenheim 1974,
292 - 318.

29) Den Begriff 'mystice' verwendet Eckhart nur als exege-
tischen Terminus (vgl. In Gen. II n. 1f.) und interpretiert die 'Verzückung' des Paulus (2 Kor 12,2f.) im
Sinne seiner Lehre von der Einheit von Gott und Mensch
(vgl. DW I, Pr. 23, p. 403, 1 - 407,9).

30) Burkhard Mojsisch, Meister Eckhart. Analogie, Univozität und Einheit, Hamburg 1983. Vgl. Claus Wagner, Eckharts neue Metaphysik. Anzeige einer Monographie von
Burkhard Mojsisch, in: Freiburger Zeitschrift für Philosophie und Theologie 31 (1984) 191 - 206.

31) Vgl. neuerdings wieder die Arbeit von Eckhard Wulf,
(eines Schülers von Walter Schulz), Das Aufkommen neuzeitlicher Subjektivität im Vernunftbegriff Meister
Eckharts, Diss. Tübingen 1972.

B. 1) Vgl. Karl Albert, Der philosophische Grundgedanke
Meister Eckharts, in: Tijdschrift voor Filosofie 27
(1965) 320 - 339 und ders., Meister Eckharts These
vom Sein. Untersuchungen zur Metaphysik des «opus tripartitum», Saarbrücken 1976 (Rez. Ludwig Hödl, in:
Theologische Revue 73 (1977) 319 - 321 und Burkhard
Mojsisch, in: Archiv für Geschichte der Philosophie
60 (1978) 221 - 226).

2) Anders verhält es sich mit dem Begriffspaar ´esse -
nihil´: ´nihil´ kann auch das göttliche Wesen und
´esse´ auch das göttliche Sein bezeichnen.

3) Prol. in op. prop. n. 1. Vgl. Prol. gen. in op. trip.
n. 12: Zur Analyse dieser Proposition vgl. Mojsisch,
Meister Eckhart, 44 - 47.

4) Mojsisch, Meister Eckhart, 44. Mojsisch verweist als
Vorbild für dieses Verfahren auf den ´Liber de causis´,
prop. II, hrsg. von A. Pattin in: Tijdschrift voor
Filosofie 29 (1966) 138.

5) Prol. in op. prop. n. 4. Vgl. a. a. O. n. 2: "ens solum esse significat."

6) Vgl. Prol. in op. prop. n. 3.

7) Vgl. die Interpretation von Alain de Libera, Maître
Eckhart et la controverse sur l´unité ou la pluralité
des formes, in: Von Meister Dietrich zu Meister Eckhart, hrsg. von Kurt Flasch, Hamburg 1984 (Corpus Philosophorum Teutonicorum Medii Aevi, Beiheft 2), 148:
"Dans la perspective ultime d´Eckhart qui est celle de
la causalité de la première et vraie Cause, les formes
substantielles elles-mêmes doivent être regardées comme

autant de causes secondes et l'être qu'elles confèrent comme un simple être accidentel." Zur 'causa essentialis' s. u. I. 4..

8) Vgl. Prol. in op. prop. n. 3.

9) A. a. O..

10) Vgl. Prol. gen. in op. trip. n. 8.

11) Vgl. RS, 193.

12) In Gen. I n. 24.

13) Die Gedanken des Thomas werden in dieser Arbeit 'thoma-nisch' genannt im Unterschied zum Schulthomismus, der als 'thomistisch' bezeichnet wird.

14) In Gen. I n. 25.

15) Mojsisch, Meister Eckhart, 49.

16) Vgl. In Gen. I n. 25.

17) Vgl. In Gen. I n. 77.

18) Q.P. 1 n. 4.

19) Q.P. 1 n. 8.

20) Q.P. 1 n. 9. Zur hier angedeuteten weiteren Differenzie-rung des Seinsbegriffes s. u. III. 3.

21) Mojsisch, Meister Eckhart, 49.

22) Vgl. a. a. O., 47f. und 50.

23) Vgl. In Gen. II n. 66. Vgl. aber u. S. 31 .

24) Vgl. Augustin, De trin. VIII 3, 4. Vgl. ferner De lib.
arb. II 3, 7 - 17, 46 und De ver. rel. XXX, 55f. . Mojsisch, Meister Eckhart, 49 verweist für die Disjunktion
von absolutem ´esse´ und ´esse hoc aut hoc´ auf Albertus Magnus
(in Anlehnung an Boethius, De trin. c. 2).

25) Vgl. die augustinische Anwendung In Ex. n. 102. Vgl. ferner den Hinweis auf Adelhard von Bath (Beginn des 12. Jhs.)
bei Gerda von Bredow, Platonismus im Mittelalter. Eine
Einführung, Freiburg 1972 (rombach hochschul paperback 47),
36: "Es sind die Universalien selbst, die das Sein der
Einzeldinge ausmachen, ...".

26) Prol. gen. in op. trip. n. 16 u. ö..

27) Vgl. a. a. O. n. 17.

28) Vgl. a. a. O. . Vgl. Vladimir Lossky, Théologie négative
et connaissance de Dieu chez Maître Eckhart, Paris 1960
(Études de philosophie médiévale 48), 76: "Ainsi l´oppo-
sition de Dieu au néant n´est possible que dans son action créatrice, c´est-à-dire - par l´intermédiaire de
l´être crée."

29) Vgl. In Ioh. n. 45: "res omnes universi non erant ´ante
constitutionem mundi´ nihil, sed esse quoddam virtuale
habebant". Zum ´nihil´ bei Eckhart vgl. auch III. 2.

30) Vgl. Augustin, Conf. IV 11, 17.

31) Klaus Kremer, Meister Eckharts Stellungnahme zum Schöpfungsgedanken, in: Trierer theologische Zeitschrift 74
(1965) 81.

32) In Gen. II n. 34.

33) In Ex. n. 39.

34) Z. B. DW I Pr. 4, p. 69,8 - 70,7.

35) Vgl. DW III Pr. 68, p. 149,2 - 4.

36) Votum Avenionense, a. 6, hrsg. von Franz Pelster, Ein Gutachten aus dem Eckhart-Prozeß in Avignon, in: Aus der
Geisteswelt des Mittelalters. Festschrift für Martin Grabmann, hrsg. von Albert Lang u. a., Münster 1935 (Beiträge
zur Geschichte der Philosophie und Theologie des Mittelalters, Supp. III), 1113.

37) A. a. O..

38) A. a. O..

39) A. a. O..

40) Édition critique des pièces relatives au procès d'Eckhart
contenues dans le manuscrit 33^b de la bibliothèque de
Soest, hrsg. von Gabriel Théry, in: Archives d'histoire
doctrinale et littéraire du moyen age 1 (1926/27) 208.

41) Über Zeit und Ewigkeit bei Eckhart vgl. Alois M. Haas,
Meister Eckharts Auffassung von Zeit und Ewigkeit, in:
Freiburger Zeitschrift für Philosophie und Theologie 27
(1980) 325 - 355.

42) In Gen. I n. 7. Vgl. die abschwächenden Lesarten bei Herbert Wackerzapp, Der Einfluß Meister Eckharts auf die ersten philosophischen Schriften des Nikolaus von Kues (1440
- 1450), hrsg. von Josef Koch, Münster 1962 (Beiträge zur
Geschichte der Philosophie und Theologie des Mittelalters
XXXIX, 3), 120 Anm. 2: "... eo quod non esset nec fuerat
prius" oder "eo quod non esset aut fuerat prius". Wenn
die Abschwächung auch nicht durchschlagend ist, so ist
doch der Text von LW als 'lectio difficilior' vorzuziehen.
Zudem wäre der Folgesatz ansonsten eine Verdoppelung. Vgl.
außerdem den Text der Verurteilungsbulle, art. 1: "deus
non potuit primo producere mundum, quia res non potest
agere, antequam sit; unde quamcito deus fuit, tamcito mundum creavit." (DS n. 951).

43) Vgl. Augustin, Conf. XI 10, 12 - 14, 17, insb. Conf. XI 13,
15: "Non enim erat 'tunc', ubi non erat tempus."; und Conf.

XI 14, 17: "Nullo ergo tempore non feceras aliquid, quia
ipsum tempus tu feceras.".

44) In Ioh. n. 214.

45) In Ioh. n. 215. Vgl. Serm. XLV n. 458 (obwohl hier die
substantivische Übersetzung von ´ante´ und ´prius´ nicht
zwingend notwendig ist).

46) In Ioh. n. 215.

47) Vgl. z. B. Fernand van Steenberghen, Le mythe d´un monde
éternel, in: Revue philosophique de Louvain 76 (1978) 157 -
179. Zu Siger von Brabant als Befürworter dieser These
vgl. jetzt ders., Maître Siger de Brabant, Paris 1977
(Philosophes médiévaux 21); als Gegner vgl. z. B. Ulrich
von Straßburg, De summo bono IV,1 (Stemma, Text und Studie
von Sabina Pieperhoff, Diss. Bochum 1982).

48) In Gen. I n. 7. Vgl. DW II, Pr. 30, p. 95,9 - 96,6: Hier
bezieht Eckhart die Tradition einer zeitlichen Schöpfung
(´vor 6000 Jahren - in 1000 Jahren´) auf die Zeitlosigkeit "in dem innigesten und in dem hoehsten der sêle".

49) Vgl. DW I, Pr. 10, p. 166,5: "Dâ ist diu zît in einem gegenwertigen nû." Vgl. ferner DW II, Pr. 39, p. 261,4 -
262,1: "In êwicheit enist weder vor noch nâch."

50) Vgl. DW III, Pr. 77, p. 336,1 - 6.

51) Vgl. Albert, Meister Eckharts These vom Sein, 232: "Für
Eckhart hat die Welt einen Anfang, aber dieser Anfang
liegt im 'nunc aeternitatis', in der absoluten Gegenwart
des ewigen Jetzt."

52) Wenn man von einer ´Dialektik´ bei Eckhart sprechen will,
darf die Einlinigkeit und Unumkehrbarkeit dieses Verhältnisses nicht außer acht gelassen werden.

53) RS, 194.

54) "... sed mundo coaeterna." (Wiedergabe der eckhartschen
These im Vot. Av., a. 2, ed. Pelster, 1110). Sollte diese
Formulierung auf Eckhart zurückgehen, wird noch deutlicher, daß das Erschaffensein der Welt ihre ´Ewigkeit´
(d. h. die Ewigkeit ihrer Schöpfung) nicht ausschließt.
Vgl. a. a. O., 1111: "Potest concedi mundum fuisse ab
eterno."

55) Vot. Av., a. 1 und a. 2, ed. Pelster, 1109 - 1111.

56) A. a. O., 1109.

57) A. a. O., 1110.

58) Vgl. a. a. O..

59) In Ioh. n. 216.

60) Albert, Meister Eckharts These vom Sein, 186.

61) In Ioh. n. 216. Im Unterschied zu Thomas (z. B. ST I q.
10 a. 5) identifiziert Eckhart ´aevum´, ´aeternitas´ und
´nunc aeternitatis´.

62) Q.P. 1 n. 9. Vgl. a. a. O. n. 8: "nihil est formaliter in
causa et causato, si causa sit vera causa.".

63) Vgl. Q. P. 5 n. 6: "omnis effectus est in causa sua, et
ibi solum est."

64) Vgl. In Gen. II n. 20: "ipsum principium rei nunquam est
res ipsa, sed est extra et supra genus rei, cuius est
principium."

65) In Sap. n. 21. Vgl. Q. P. 2 n. 10: "Nullum enim univocum
habet vere rationem causae."

66) In Gen. II n. 47.

67) A. a. O..

68) Vgl. In Gen. II n. 51: "Effectus enim in sua causa analo-
    ga latet, absconditur, tacet, non loquitur nec auditur."

69) Vgl. Mojsisch, Meister Eckhart, 27 - 29.

70) Vgl. a. a. O., 24 - 27. Vgl. ders., "Causa essentialis"
    bei Dietrich von Freiberg und Meister Eckhart, in: Von
    Meister Dietrich zu Meister Eckhart, 106 - 114.

71) Q. P. 1 n. 9.

72) Vgl. Hans Hof, Scintilla animae. Eine Studie zu einem
    Grundbegriff in Meister Eckharts Philosophie ..., Lund
    und Bonn 1952 und Josef Koch, Zur Analogielehre Meister
    Eckharts, jetzt in: Ders., Kleine Schriften Bd. I, Rom
    1973 (Storia e Letteratura. Racolta di Studi e Testi 127),
    367 - 397.

73) Vgl. Dietrich von Freiberg, De subiecto theologiae, in:
    Ders., Schriften zur Naturphilosophie und Metaphysik, hrsg.
    von Jean-Daniel Cavigioli u. a., Hamburg 1983 (Corpus Phi-
    losophorum Teutonicorum Medii Aevi II, 3), 279 - 282.

74) Mojsisch, Meister Eckhart, 51. Vgl. In Eccl. n. 61.

75) Thomas von Aquin, In I. Ethic., lc. 7, n. 13. Vgl. Eber-
    hard Jüngel, Gott als Geheimnis der Welt. Zur Begründung
    der Theologie des Gekreuzigten im Streit zwischen Theis-
    mus und Atheismus, Tübingen [4]1982, 369: "Verhält sich in
    der analogia proportionalitatis a zu b wie c zu d, so
    verhalten sich in der analogia attributionis b und c und
    d in jeweils verschiedener Weise zu a, von dem her sie ge-
    meinsam benannt werden."

76) Thomas von Aquin, S T I q. 13 a. 5 c. a..

77) Jüngel, Gott, 372.

78) Oder aber das Sein wird als ein Drittes angesehen, auf das
    Gott und Welt sich beziehen im Sinne jenes ersten Typs des
    zweiten Analogiemodells, den Thomas aber für das Verhältnis

von Gott und Welt ablehnt.

79) ST I q. 13 a. 5 c. a..

80) In der 'Summa contra Gentiles' unterscheidet Thomas drei
    Typen der Analogie: 'ad unum alterum' wie 'gesund' zum
    Lebewesen und Medikament, 'ad unum ipsorum' wie 'seiend'
    zu Substanz und Akzidens, 'ad unum ipsorum' wie 'gerecht'
    zu Gott und den Geschöpfen. (Vgl. Alain de Libera, Le pro-
    blème de l'être chez Maître Eckhart: logique et métaphy-
    sique de l'analogie, Genf - Lausanne - Neuchâtel 1980
    (Cahiers de la Revue de Théologie et de Philosophie 4),
    6f..) Die verschiedenen Fassungen der thomanischen Analo-
    gielehre lassen sich nicht widerspruchslos miteinander ver-
    einen. Vgl. Wolfgang Kluxen, Art. Analogie I, in: Histori-
    sches Wörterbuch der Philosophie, Bd. 1, hrsg. von Joachim
    Ritter, Basel 1971, 214 - 227.

81) Vgl. Pierre Faucon, Aspects néoplatoniciens de la doctrine
    de saint Thomas d'Aquin, Lille - Paris 1975, 675: "Telle
    qu'elle fut conçue par lui, l'analogie exprime le paradoxe
    d'une créature dépendant radicalement et différant absolu-
    ment de Dieu."

82) Vgl. ScG I c. 34: "Sic igitur, quia ex rebus aliis in Dei
    cognitionem pervenimus, res nominum de Deo et rebus aliis
    dictorum per prius est in Deo secundum suum modum, sed ra-
    tio nominis per posterius. Unde et nominari dicitur a suis
    causatis."

83) Vgl. De ver. q. 21 a. 4 ad 1: "... unde non sequitur quod
    creatura dicitur bona bonitate increata nisi sicut forma
    exemplari." Vgl. die Interpretation von Fernand Brunner, .
    L'analogie chez Maître Eckhart, in: Freiburger Zeitschrift
    für Philosophie und Theologie 16 (1969) 341: "... saint
    Thomas considère la détermination analogique comme inhé-
    rente à la créature et comme la dénommant d'une manière
    intrinsèque."

84) Jüngel, Gott, 376.

85) Es ist gerade die Attributionsanalogie mit ihrem Beharren
    auf dem Verhältnis von ´causa - causatum´, die eine mög-
    liche Proportionalität zerstört. Vgl. dgg. Brunner, L´ana-
    logie, 342: "... l´analogie de proportionnalité propre se
    rencontre entre des êtres qui n´ont entre eux aucune pro-
    portion, ou au moins aucune proportion définie, mais dont
    quelque chose se dit intrinsèquement de tous les deux,
    quoique selon le mode propre à l´un et à l´autre." (Unter-
    streichungen von mir) Der Versuch, ´äußere´ Attributions-
    analogie auf Proportionalitätsanalogie zurückzuführen,
    scheitert im Selbstwiderspruch der Behauptung einer ´ana-
    logie de proportionnalité propre´ zwischen Seienden, zwi-
    schen denen es ´aucune proportion´ gibt.

86) ST I q. 13 a. 6 c..

87) De ver. q. 2 a. 11 c..

88) De ver. q. 23 a. 7 ad 9.

89) Vgl. Josef de Vries, Grundbegriffe der Scholastik, Art.
    Analogie, Darmstadt 1980, 31.

90) Vgl. Kurt Flasch, Einleitung zu: Dietrich von Freiberg,
    Schriften zur Metaphysik und Theologie, hrsg. von Ruedi
    Imbach u. a., Hamburg 1980 (Corpus Philosophorum Teutoni-
    corum Medii Aevi II,2), XXIV.

91) CPTMA II, 3, 279 - 282.

92) A. a. O., 279.

93) A. a. O., 280f..

94) Proklos, Elementatio theologica, prop. XXI, hrsg. von C.
    Vansteenkiste, in: Tijdschrift voor Filosofie 13 (1951)
    273f..

95) Dietrich von Freiberg, CPTMA II, 3, 281.

96) Vgl. Aristotelis Opera cum Averrois Commentariis, Bd. VIII: Aristotelis Metaphysicorum Libri XIV ..., Venedig 1572 (= Frankfurt 1962), 64 L - M und 68 H.

97) Gott erschiene in einer Reihe mit dem Vielen, bezogen auf ein - ihm übergeordnet erscheinendes - ´unum´. Vgl. Jüngel, Gott, 373f..

98) Vgl. In Ex. n. 54.

99) Bemerkenswert ist die Ausnahme: "Dico ergo quod relatio, quamvis dicatur minime ens, tamen aeque primum genus praedicamenti sicut ipsa substantia." (In Ex n. 54).

100) Vgl. Koch, In Eccl. n. 52, LW II, p. 281 Anm 1. Vgl. dgg. Brunner, L´analogie, 343f.: Er interpretiert den ´circulus´ als den Faßreifen, um seine Auslegung vom ´Gemeinsamen´ (der ´attribution intrinsèque´) in den Analogaten zu stützen, derzufolge "la créature a un être propre." Hier wird Eckhart thomistisch zurechtgelegt, wie schon Thomas selbst. S. o. Anm. 85. Seine Interpretation des Beispiels stützt Libera, Le problème de l´être, 11f.. Trotz einer gewissen ´relecture´ seiner früheren Übersetzung (der oberste Faßreifen wird als das Emblem ´Kranz´ verwendet) verharrt Brunner in einer neueren Untersuchung bei seiner Interpretation dieses Beispiels als eines ´signe naturel´ mit der Konsequenz: "L´être des choses est en Dieu, mais il est aussi dans les choses." (Fernand Brunner, Compabilité chez Maître Eckhart de la thèse "esse est deus" et de l´affirmation de "l´esse rerum", in: Von Meister Dietrich zu Meister Eckhart, 145.).

101) In Eccl. n. 52f.. Zur Analogie vgl. Mojsisch, Meister Eckhart, 53 - 55.

102) In Eccl. n. 52. Vgl. In Ex. n. 54.

103) Für die Herkunft des Begriffes verweisen Koch, Zur Analogielehre, 393 Anm. 42 a und Mojsisch, Meister Eckhart, 53 Anm. 49 auf Albertus Magnus.

104) Vgl. In Eccl. n. 52.

105) Vgl. In Ioh. n. 97. 472 und In Gen. I n. 128.

106) Serm. XLIV, 2. n. 446.

107) Vgl. In Gen. I n. 128.

108) Q. P. 1 n. 11.

109) Vgl. a. a. O.: "Cum igitur omnia causata sunt entia formaliter, deus formaliter non erit ens." Und: "Cum accidentia dicuntur in habitudine ad substantiam, quae est
ens formaliter et sibi competit ens formaliter, accidentia
non sunt entia nec dant esse substantiae."

110) Grundsätzlich ist dieses Analogiemodell allerdings - wenn
auch mit Abschwächungen - bereits bei Albert entwickelt.
Vgl. Mojsisch, Meister Eckhart, 53 Anm. 49.

111) Mojsisch, Meister Eckhart, 54.

112) Vgl. In Ioh. n. 6: "fit aliud in natura, et sic non ipsum
principium. Nihilominus tamen, ut est in illo, non est
aliud in natura, sed nec aliud in supposito."

113) Mojsisch, Meister Eckhart, 53 Anm. 49.

114) Vgl. CPTMA II, 3, 281 f. und Flasch, Einleitung zu:
CPTMA II, 3, XXIV.

115) Vgl. In Eccl. n. 53.

116) Vgl. schon Richard Schneider, Eckhart's Doctrine of the
Transcendental Perfections in God and Creatures, Diss.
Toronto 1965, 193: Analogie als Differenz!

117) Vgl. die Ausführungen zur Geschichte dieses Problems bei
Werner Beierwaltes, Identität und Differenz, Frankfurt 1980
(Philosophische Abhandlungen 49), sowie seine Interpreta-
tion dieser Formulierung Eckharts, a. a. O., 97 - 104.

118) In Ex. n. 126.

119) Vgl. zum Folgenden In Ex. n. 112 - 117.

120) In Ex. n. 113.

121) Vgl. In Sap. n. 154f.. Vgl. die Analyse dieser Stelle bei
Mojsisch, Meister Eckhart, 88 - 91.

122) In Ex. n. 117.

123) Beierwaltes, Identität und Differenz, 99f..

124) In Ex. n. 117.

125) Die sachliche Identität der beiden Aspekte veranlaßt Beierwaltes, den Satz vom Unterschied durch Un-Unterschiedenheit
dialektisch zu interpretieren: "Das ´distinctissimum esse´
Gottes ist demnach mit einer größtmöglichen ´indistinctio´
gegenüber dem Seienden in eine dialektische Einheit zu vermitteln." (Identität und Differenz, 101). Wird das Verhältnis von Gott und Welt als dialektische Einheit verstanden -
welches ist dann die Differenz von Gott und Gott (Trinität)? Demgegenüber ist zu zeigen, daß Eckhart die Differenz
in Gott und die Differenz Gottes von der Welt unterscheidet. S. u. B. IV..

126) Serm. XXXIV, 2. n. 344. Vgl. DW III, Pr. 77, p. 340, 7f.:
"wan gotes.gotheit liget dar ane, daz er ungescheiden ist
von allen dingen".

127) Identität ist hier als differenzierte Identität zu verstehen.

128) In Ex. n. 40.

129) Serm. IV, 1 n. 28.

130) Allerdings gilt auch umgekehrt: Sie wird daraus entwickelt.

131) Prol. in op. prop. n. 6. Vgl. Mojsisch, Meister Eckhart,

25: "Das Eine ist nicht nur transzendental-univokes Eines, sondern Einheit, negatio negationis, in der auch die Unterschiedenheit des Ununterschiedenen von sich selbst aufgehoben ist."

132) Prol. in op. prop. n. 6.

133) S. u. IV. 1.

134) Vgl. DW I, Pr. 23, p. 401, 7f.: "Swaz ein ist, dâ ist al ander abegeleget; mêr doch daz selbe, daz dâ abegeleget ist, daz selbe daz ist zuogeleget, in dem daz ez andert."

135) In Ex. n. 74. Vgl. Imbach, Le (néo)platonisme médiéval, 433.

136) Vgl. In Ioh. n. 562: "Est enim unum in se indistinctum, distinctum ab aliis."

137) In Sap. n. 154. Vgl. Serm. XXX, 2 n. 317: "creatura suo modo indistinctione distinguitur. Est enim indivisa in se, divisa ab aliis." Das Modell ´indistinctione distinctus´ erscheint hier lediglich in abgeleiteter Weise (´suo modo´): Die Kreatur ist ´divisa´, nicht ´distincta ab aliis´, sie ist zwar auch ein ´unum´, aber ein ´unum compositum´.

138) Vgl. In Sap. n. 155: "Indistinctum et unum idem." Vgl. die Analyse bei Mojsisch, Meister Eckhart, 91f..

139) Vgl. dgg. Beierwaltes, Identität und Differenz, 97 - 104, wo Identität und Differenz nur im Hinblick auf diese Formel aufgewiesen werden. Es ist jedoch notwendig, auf die Identität zu achten, die mit der Umkehrung ´distinctione indistinctus´ ausgesprochen wird.

140) In Sap. n. 155.

141) In Sap. n. 282.

142) Vgl. a. a. O.. Außerhalb der Predigten spricht Eckhart sonst nicht vom Einswerden.

143) Vgl. Serm. XXXVI, 2 n. 374: "cum dicitur deus appropinquare nobis, li appropinquare non debet accipi passive,
quasi deus nobis appropinquetur sive approximetur, sed debet accipi active, quia deus appropinquat nos sive facit
nos propinquos sibi, approximat nos sibi." Vgl. DW I,
Pr. 6, p. 114, 4f.: "Got und ich wir sint ein in disem ge-
würke; er würket, und ich gewirde."

144) Vgl. Serm. XXIX n. 304 und Serm. LV, 4. n. 556.

145) DW I, Pr. 6, p. 111, 5 - 7.

146) Vgl. Eckehart Andreas Marenholtz, Das glîchnisse Meister
Eckharts: Form, Inhalt und Funktion. Kleine Studie zur negativen Metaphorik, Frankfurt 1981 (Europäische Hochschulschriften, Reihe 1, Band 374), insb. 81: "Danach ist das
g l î c h n i s s e formal ein katachrestischer m o d u s
s i g n i f i c a n d i und inhaltlich ein sprachlicher
Ausdruck der a n a l o g i a e n t i s ."

147) DW I, Pr. 6, p. 106, 1 - 3.

148) DW III, Pr. 77, p. 338, 7 - 9.

149) DW III, Pr. 84, p. 462, 3 - 5.

150) DW III, Pr. 73, p. 269, 1f..

151) In Ioh. n. 123. 194f.; In Sap. n. 6. 209. Vgl. In Ioh.
n. 26. Vgl. ferner Aristoteles, De anima Γ c. 3, 427 a 28
und b 5.

152) Vgl. Vot. Av., a.   20, ed. Pelster, 1118 und Bulle, a.
10, in: DS n. 960.

153) Also muß man interpretieren: Wie die vielen einzelnen Brote in denselben Leib Christi gewandelt werden, so wir vielen "in eandem imaginem transformamur a claritate in cla-
ritatem" (2 Kor 3, 18 Vulgata), in denselben Sohn Gottes
´s i n e o m n i d i s t i n c c i o n e ´. Eckharts
Klarstellung erlaubt es, das ´ohne jede Unterscheidung´

auf die Einzigkeit und Einheit Jesu als des Sohnes Gottes
zu beziehen. Sein Zensor verschiebt den Vergleichspunkt
auf unsere Einheit mit Jesus ´sine omni distinccione´,
allerdings mit sachlichem Recht: Wie Jesus eins ist mit
Gott, so gilt auch für den Menschen, der in ihn als das
Bild Gottes ´transformiert´ wird, dieselbe Einheit des
Bildes: "Nû sol der mensche alsô leben, daz er ein sî mit
dem eingebornen sune und daz er der eingeborne sun sî.
Zwischen dem eingebornen sune und der sêle enist kein underscheit." (DW I, Pr. 10, p. 169, 2 - 4). Eckharts Verteidigung ist jedoch geschickt, insofern er diesen Aspekt
hier nicht ausspricht (ohne ihn auszuschließen) zugunsten
der unumstrittenen Einheit Jesu mit Gott und der Einzigkeit des Sohnes.

154) Vgl. Vot. Av., a.   20, ed. Pelster, 1118: "Per hoc eciam
quod unus est Dei filius in quem transformamur, non effi-
cimur nos unum esse indistinctum cum eo, ut articulus
dicit."

155) RS, 197, Anm. f.

156) RS, 199.

157) S. u. IV. 2. c).

158) DW II, Pr. 40, p. 277, 7 - 9. S. o. II. 3.

159) DW II, Pr. 40, p. 277, 9 - 15.

160) Vgl. aber auch In Sap. n. 107: "In illo uno sibi sociantur
deus et anima, quin immo deus et omnia." Vgl. ferner In
Sap. n. 297.

161) DW I, Pr. 13, p. 220, 4 - 8.

162) DW I, Pr. 13, p. 221, 1 - 222, 2.

163) DW I, Pr. 2, p. 40, 1 - 4.

164) DW I, Pr. 2, p. 43, 7 - 44, 2. Vgl. DW III, Pr. 83, p. 437, 11 - 438, 1: "Schowet si got, als er got ist oder als er bilde ist oder als er driv -, es ist ir ein gebreste. Swenne aber alle bilde der selen abegescheiden werden vnd si allein schowet das einig ein, so vindet daz bloze wesen der selen das blose formlose wesen gotlicher einkeit, dc do ist ein vberwesende wesen, lidende ligende in ime selben."

165) Vgl. z. B. DW II, Pr. 25, p. 11, 1.

166) S. u. III. 4 und IV. 1.

167) Vgl. DW II, Pr. 52, p. 496, 3 - 497, 1: "... einez ist in der sêle, von dem vliuzet bekennen und minnen; daz enbekennet selber niht noch enminnet niht alsô als die krefte der sêle. ... ez ist selbe daz selbe, daz sîn selbes gebrûchet nâch der wîse gotes." S. u. IV. 4.

168) Es ist zu beachten, daß dieses pythagoreisch-platonische Bild (vgl. aber auch Weish 9, 15) hier als solches erkannt wird und eine präzise erkenntnistheoretische Bedeutung hat. Vgl. DW I, Pr. 17, p. 285, 1 - 6 und Serm. LV, 4 n. 548, sowie den Exkurs.

169) Vgl. In Gen. I n. 303.

170) Vgl. zum Folgenden DW III, Pr. 64, p. 86 - 90.

171) DW III, Pr. 64, p. 89, 7f.. Vgl. DW III, Pr. 73, p. 267, 7f..

172) DW III, Pr. 64, p. 90, 3 - 6. Vgl. DW III, Pr. 77, p. 338, 6 - 9.

173) Vot. Av., app. 1, ed. Pelster, 1112: "tunc anima secundum aliquid sui esset Deus".

174) Vgl. DW I, Pr. 13, p. 220, 4f.. S. o. S. 50.

175) Vgl. RS, 188 und 201, sowie DW V, BgT, p. 11, 10 - 14.

216

176) RS, 214.

177) Schon Augustin spricht vom ´Haupt der Seele´, vom ´prin-
cipale mentis humanae´, der ´abstrusior profunditas nostrae
memoriae´. Vgl. Burkhard Mojsisch, Die Theorie des Intellekts bei Dietrich von Freiberg, Hamburg 1977 (Beihefte
zu Dietrich von Freiberg Opera omnia 1), 42.

178) Vgl. a. a. O., 42f.: "Die Substanz des abditum mentis mit
ihren relationslos-relativen Funktionen, die sie selbst
ist, steht jedoch nicht nur in Relation zur cogitatio,
die, da sie als Begründetes des abditum mentis nichts anderes ist als das abditum mentis in seiner Andersheit, als
Moment ihres Grundes das Nicht-Andere desselben und somit
für ihn konstitutiv ist, sondern ist zugleich die Relation zu dem ihr vorausgesetzten Prinzip, Gott."

179) De vis. beat., prooem. (5), CPTMA II, 1, 14.

180) S. u. III. 3.

181) Vgl. DW II, Pr. 29, p. 88, 6f.: "Und etlîche pfaffen die
enverstânt des niht, daz etwaz sî, daz gote alsô sippe
ist und alsô ein ist."

182) Vgl. DW V, VA, p. 400 - 434. Vgl. Erwin Waldschütz, Meister Eckhart. Eine philosophische Interpretation der Traktate, Bonn 1978 (Studien zur Germanistik, Anglistik und
Komparatistik 71).

183) Vgl. DW V, VA, p. 406, 2 - 7.

184) DW V, VA, p. 403, 3 - 5.

185) Vgl. DW II, Pr. 46, p. 383, 8: "got ist dîn eigen."

186) DW V, VA, p. 404, 3 - 5.

187) Auch dieser Gedanke ist erst von der Intellekttheorie her
zu verstehen. S. u. III. 3.

188) DW V, VA, p. 405, 3 - 5.

189) Vgl. DW V, VA, p. 413, 6 - 414, 1 und p. 414, 6 - 9.

190) DW V, VA, p. 411, 1 - 5.

191) DW v, VA, p. 412, 4 - 6.

192) Vgl. DW V, VA, p. 414, 1 - 416, 7. (Vgl. dgg. Eckharts
     grundsätzliche Kritik des Bittgebetes DW V, VA, p. 426,
     7 - 9: "... abegescheideniu lûterkeit enkan niht beten,
     wan swer betet, der begert etwaz von gote, daz im werde,
     oder begert aber, daz im gote etwaz abeneme.") Der Sache
     nach handelt es sich um die These, daß 'Abgeschiedenheit'
     die Vielheit im Kreatürlichen 'aufhebt', nicht vernichtet,
     es sei denn hinsichtlich ihrer Vielheit.

193) Zum Topos vom 'inneren Menschen' vgl. Eberhard Jüngel,
     Zur Freiheit eines Christenmenschen. Eine Erinnerung an
     Luthers Schrift, München 1978 (Kaiser Traktate 30), Ex-
     kurs, 116 - 120.

194) Vgl. DW V, VA, p. 421, 6 - 8.

195) Vgl. DW V, VA, p. 426, 9 - 427, 3.

196) DW V, VA, p. 428, 7 - 9.

197) DW V, VA, p. 434, 3f..

198) DW II, Pr. 30, p. 107, 4 - 108, 2.

199) Vgl. auch u. IV. 2.

200) In Ioh. n. 23 - 27. Vgl. DW I, Pr. 16 b, p. 265, 4 - 270,
     6. Vgl. die Analyse bei Mojsisch, Meister Eckhart, 79 - 81.

201) Vgl. Serm. XLIX, 2 n. 510.

202) Vgl. In Sap. n. 283 mit der ausdrücklichen Absage an die

218

Wirk- und Finalursächlichkeit und der terminologischen Unterscheidung von ´bullitio´ und ´ebullitio´.

203) Die Frage nach dem Charakter der Unterscheidung im Sinne
einer ´distinctio realis´ oder ´rationis´ greift also zu
kurz. Vgl. Serm. XLIX, 1 n. 505: " ´imago´ in quantum
huiusmodi nec intellectu potest separari ab eo, cuius
imago est." S. u. IV. 4.

204) Vgl. Q. P. 1 n. 7. Hier wird ´non ens´ von der ´imago´ im
Kontext eines Vergleiches ausgesagt: Zur Bekräftigung der
These von der Seinslosigkeit Gottes und des ´ens in anima´
führt Eckhart an, daß das Abbild nicht von seiner ´enti-
tas´ her zu verstehen ist, sondern allein von seinem Urbild her.

205) Serm. XLIX, 2 n. 510.

206) Vgl. Hof, 210.

207) S. o. I. 5.

208) S. o. I. 2.

209) Vgl. In Ioh. n. 23 und 27.

210) In Ioh. n. 549.

211) DW II, Pr. 40, p. 276, 7 - 277, 1.

212) Vgl. DW II, Pr. 40, p. 277, 3 - 5.

213) In Sap. n. 283.

214) S. o. II. 1. Vgl. RS, 199 und Thomas von Aquin, ST I q.
93 a. 1. 2 und 6: Er versteht das ´ad imaginem Dei´ als
´imperfectio´.

215) Vgl. RS, 201: "Hominem autem utpote creatum, fecit ad
ymaginem, non ymaginem, et vestivit non se ipso, sed se-

cundum seipsum." Vgl. RS, 244: "Unde non sequitur quod
nos simus deus, sicut in Christo primogenito, homo est
deus, qui est ymago et similitudo dei patris genita, nos
autem ad ymaginem et similitudinem et creati."

216) In Gen. II n. 194. Zum Begriff des ´concreatum´ vgl. In
Sap. n. 33: "accidentia et etiam rerum principia, cum non
habeant aliud esse quam suppositi, non dicuntur creata,
sed concreata." Demzufolge akzentuiert ´concreatum´ die
Einheit des Seins. Vgl. dazu Thomas von Aquin, ST I q.
7 a. 2 ad 3; q. 45 a. 4 und a. 8: Was ´concreatum´ ist
wie die Akzidenzien, die Formen oder die ´materia prima´,
hat keine Selbständigkeit, keine Subsistenz wie z. B. das
Geschaffene. Vgl. insb. q. 77 a. 7 obi 1: "omnes poten-
tiae animae sunt simul animae concreatae."

218) Vgl. DW III, Pr. 69, p. 168, 1 - 10 und DW I, Pr. 16 b,
p. 266, 2 - 5.

219) Vgl. DW III, Pr. 70, p. 197, 4 - 198, 2.

220) Vgl. Serm. XLIX, 2 n. 509: "secundum A r i s t o t e l e m
contra P l a t o n e m cognoscitur res per sui speciem,
non per ideam."

221) Vgl. Johannes Hirschberger, Platonismus und Mittelalter,
in: Platonismus in der Philosophie des Mittelalters, hrsg.
von Werner Beierwaltes, Darmstadt 1969 (Wege der Forschung
197), 68.

222) Faucon, 660 unter Hinweis auf Augustin: Es ist "... dans
la théorie augustinienne du Verbe que Thomas d´Aquin dé-
couvrit les normes d´une théorie de la connaissance qui
porta au comble de ses possibilités la ressemblance divine de l´homme en manifestant la fécondité originale du
savoir humain et en définissant la noèse en tant que gé-
nératrice de verbes."

223) S. u. III. 3.

224) DW III, Pr. 70, p. 194, 13 - 195, 3.

225) Jetzt in: Ders., Symbole der Kirche. Die Ekklesiologie
der Väter, Salzburg 1964, 13 - 87.

226) A. a. O., 18.

227) A. a. O., 81. Vgl. auch die ´chaîne de témoins´ für das
Geburtsmotiv bei Pierre Miquel, La naissance de Dieu dans
l´âme, in: Revue des sciences religieuses 35 (1961) 378 -
406.

228) DW II, Pr. 38, p. 239, 5f..

229) DW II, Pr. 40, p. 276, 3 - 6.

230) DW II, Pr. 40, p. 277, 3 - 5.

231) DW I, Pr. 22, p. 376, 7 - 377, 1.

232) DW III, Pr. 75, p. 299, 4 - 7.

233) DW III, Pr. 76, p. 316, 8 - 317, 1.

234) S. u. III. 3.

235) Vgl. DW I, Pr. 10, p. 171, 8 - 11: "Diu sêle, diu dâ stât
in einem gegenwertigen nû, dâ gebirt der vater in sie sînen eingebornen sun, und in der selben geburt wirt diu
sêle wider in got geborn. Daz ist ein geburt, als dicke
si widergeborn wirt in got, sô gebirt der vater sînen eingebornen sun in sie."

236) DW I, Pr. 22, p. 382, 6 - 383, 1.

237) Diese Formulierung bringt den Gedanken prägnant zum Ausdruck. Vgl. die abschwächende Redeweise DW I, Pr. 22, p.
383, 7f.: "In dem selben, daz er gebirt sînen eingebornen
sun in mich, sô gebir ich in wider in den vater." Insofern
hier zwischen dem Sohn und dem Menschen unterschieden wird,
könnte fälschlich der Eindruck eines ´Dreiecksverhältnis-
ses´ entstehen. Vgl. DW I, Pr. 14, p. 239, 4 - 8.

238) Vgl. DW I, Pr. 1, p. 19, 6 - 20, 3. Ohne diese Rücksicht
    bleibt der Gedanke tautologisch: "Diu sêle gebirt ûzer
    ir got ûz got in got; sie gebirt in rehte ûzer ir; daz
    tuot sie in dem, daz si ûzer ir got gebirt in dem, dâ
    sie gotvar ist: dâ ist si ein bilde gotes." (DW II, Pr.
    43, p. 328, 10 - 329, 1).

239) DW III, Pr. 75, p. 301, 2f..

240) Vgl. z. B. DW I, Pr. 14, p. 240, 6f..

241) Vgl. den neuplatonischen Grundsatz: ´bonum est diffusi-
    vum sui´ (z. B. Dionysius Areopagita, De div. nom., c. 4,
    transl. Johannes Saracenus, CCCCI C - CCCCIII D. S. u.
    Anhang Anm. 70.). Bei Eckhart heißt es: ´bonum´ "diffun-
    dit se" (Serm. XII, 2 n. 141), oder er spricht vom ´amor
    diffusivus´ (Serm. VI, 1 n. 52).

242) DW I, Pr. 22, p. 387, 3 - 6.

243) DW II, Pr. 25, p. 9, 1f..

244) DW III, Pr. 76, p. 329, 2 - 4.

245) Vgl. zur Terminologie In Ioh. n. 130 und In Sap. n. 219.

246) In Sap. n. 281.

247) Die im Ansatz unterschiedliche Terminologie wird jedoch
    schon im klassischen Latein vermischt gebraucht: ´gignere´
    und ´parere´ bedeuten gleichermaßen ´zeugen´ wie ´gebären´.
    Vgl. Oxford Latin Dictionary, Oxford 1968 - 1982, 764f.
    und 1298f..

248) Serm. VI, 2 n. 57.

249) Serm. XL, 3 n. 405.

250) In Gen. II n. 180.

251) Vgl. z. B. den Hinweis auf Bernhard von Clairvaux: H. Rahner, a. a. O., 67f..

252) Vgl. In Ioh. n. 108 und 679.

253) Vgl. Serm. LV, 2 n. 544: "... partus dei in anima,qui partus perficitur spiritu sancto irrigante animam."

254) DW I, Pr. 6, p. 105, 2f.. Vgl. a. a. O., p. 106, 4 - 114, 4 und DW II, Pr. 39, p. 252, 3 - 263, 4.

255) In Ioh. n. 14.

256) In Ioh. n. 14 - 22. Vgl. die Analyse bei Mojsisch, Meister Eckhart, 65 - 70.

257) Vgl. In Ioh. n. 15 und 19.

258) In Ioh. n. 15.

259) In Ioh. n. 16.

260) In Ioh. n. 17.

261) In Ioh. n. 19.

262) Vgl. DW V, BgT, 1, p. 9, 4 - 15, 5. Zur Herkunft der Formel ´totus intus - totus foris´ vgl. Alessandro Klein, Meister Eckhart, La dottrina mistica della giustificazione, Mailand 1978 (Biblioteca di Filosofia, Ricerche 4), 94f. Anm. 15.

263) Mojsisch, Meister Eckhart, 70.

264) Vgl. In Ioh. n. 16.

265) Wer hier fälschlich eine weitere Unterscheidung von ´iustitia genita´ und ´iustus genitus´ im Sinne einer Abstufung annimmt, der wird das ´iustitia - iustus´ Modell notwendig als Analogie - und nur als solche - auslegen, verfehlt je-

doch damit den entscheidenden Punkt der reziproken Einheit: 'iustus in iustitia - iustitia in iusto'. Vgl. dgg.
In Sap. n. 44: Hier wird das Modell als Analogie ausgelegt.

266) In Sap. n. 64. Vgl. In Ioh. n. 511.

267) Vgl. In Gen. II n. 116 - 127. Vgl. Mojsisch, Meister Eckhart, 59 - 61.

268) Vgl. In Ioh. n. 14. 26 und DW V, BgT, 1, p. 10, 11 - 16.
Zu verweisen ist auch auf die Begriffspaare 'superior -
inferior' und 'producens - productum', die sowohl im Sinne der Univozität als auch der Analogie verwendet werden
können. Vgl. In Ioh. n. 182 und 4 - 6: Daher kann hier von
'procedere' gesprochen werden "tam in divinis quam etiam
in naturalibus et artificialibus", ohne daß der (fundamentale) Unterschied außer acht gelassen würde.

269) In Ioh. n. 182.

270) Vgl. Mojsisch, Meister Eckhart, 58.

271) A. a. O., 61.

272) DW V, BgT, 1, p. 11, 10 - 14.

273) RS, 186. Vgl. a. a. O., 193: "... in divinis quidem univoce, in creaturis autem et deo analogice se habet. Est
ergo eadem justitia sive bonitas simpliciter et absolute
in divinis; in creaturis autem analogice." Vgl. In Sap.
n. 44.

274) RS, 240 (Unterstreichung von mir).

275) Vgl. dasselbe Vorgehen RS, 186: "... qui boni sumus" (Unterstreichung von mir). Vgl. ferner DW V, BgT, 1, p. 12,
10 - 12: "Swaz des gerehten ihtes ist, sunder, daz sîn
gerehticheit ist und daz er gereht ist, daz ist sun und
hât vater ûf ertrîche und crêatûre und ist gemachet und
geschaffen, wan sîn vater ist crêatûre gemachet oder ge-

schaffen."

276) RS, 219.

277) Der Aspektcharakter der Rede vom Gerechten wird ausdrücklich thematisiert: "Iustus enim, de quo nunc est sermo in
exemplo, secundum se, secundum id quod est in se ipso, lux
non est." (In Ioh. n. 22, Unterstreichung von mir)

278) Vgl. z. B. Thomas von Aquin, De ver. q. 1 a. 1

279) Mojsisch, Meister Eckhart, 48.

280) Zur Transzendentalientheorie Eckharts vgl. Albert, Meister
Eckharts These vom Sein, 110 - 172.

281) Prol. gen. in op. trip. n. 8.

282) Vgl. insb. Prol. in op. prop. n. 4 - 24.

283) Prol. in op. prop. n. 4.

284) Vgl. Prol. in op. prop. n. 2f. und s. o. I. 1.

285) Vgl. In Gen. n. 128.

286) Vgl. Prol. in op. prop. n. 10.

287) Vgl. Prol. in op. prop. n. 15.

288) Vgl. In Gen. II n. 54f.. Vgl. Aristoteles, Met. E 1027
b 25 - 27.

289) Vgl. In Gen. II n. 94 - 97.

290) Vgl. In Gen. II n. 97.

291) Vgl. In Ioh. n. 512 - 515.

292) S. u. S. 73.

293) Vgl. In Gen. II n. 98. Vgl. auch die Rückbindung des Guten an Gott als Ziel: "bonitas oritur ex ordine et relatione operis in finem qui deus est." (In Ioh. n. 647).

294) In Ioh. n. 512.

295) Vgl. In Ioh. n. 513.

296) Vgl. Aristoteles, Met. I 1053 b 9 - 1054 a 29.

297) Vgl. a. a. O., 1054 a 7f.

298) Vgl. a. a. O., 1054 a 26.

299) Mojsisch, Meister Eckhart, 83.

300) A. a. O..

301) A. a. O., 84.

302) In Sap. n. 148.

303) Mojsisch, Meister Eckhart, 85.

304) In Ioh. n. 513.

305) Vgl. In Ioh. n. 514f..

306) Zuvor hat Eckhart einen anderen Ansatz versucht und das Eine mehr boethianisch denn augustinisch nicht auf eine Person, sondern auf das Wesen bezogen. Vgl. In Ioh. n. 360: "li unum personam dicitur non respicere, quia nullam rationem positive addit super ens". Vgl. dazu u. IV. 1.

307) Vgl. zum Folgenden In Ioh. n. 562.

308) Alle Zitate aus In Ioh. n. 562.

309) DW I, Pr. 18, p. 301, 6 - 302, 4.

310) Vgl. DW I, Pr. 9, p. 145, 5 - 7: "Got würket über wesene
in der wîte, dâ er sich geregen mac, er würket in unwese-
ne; ê denne wesen waere, dô wohrte got; er wohrte wesen,
dô niht wesen enwas."

311) DW I, Pr. 9, p. 153, 3 - 5. Vgl. a. a. O., p. 148, 3 - 5:
"Got enist niht wesen noch güete. Güete klebet an wesene
und enist niht breiter dan wesen; wan enwaere niht wesen,
sô enwaere niht güete, und wesen ist noch lûterer dan güete. Got enist noch guot noch bezzer noch allerbeste." Vgl.
auch DW I, Pr. 19, p. 314, 6 - 8: "Diu bekantnisse diu loe-
set abe, wan diu bekantnisse ist bezzer dan diu minne.
Aber zwei sint bezzer dan ein, wan diu bekantnisse treget
die minne in ir." Vgl. Rolf Siller, Zur Ermöglichung von
Freiheit bei Meister Eckhart, Diss. München 1972, 53:
"Sein und Wahrheit entstammen dem immer schon früheren
intellektuellen Nichtsein Gottes."

312) DW I, Pr. 9, p. 149, 9f..

313) Vgl. DW I, Pr. 13, p. 219, 4f. mit dem Aspekt des reinen
Einen und DW I, Pr. 21, p. 361, 6 - 9.

314) S. u. IV. 1.

315) DW I, Pr. 21, p. 364, 1 - 3.

316) DW I, Pr. 23, p. 401, 4f..

317) Bulle, a.   2 (der umstrittenen Artikel), in: DS n. 978.
Vgl. DW I, Pr. 9, p. 148, 3 - 7. S. o. Anm. 310 und 311.

318) Vgl. Vot. Av., a.   5, ed. Pelster, 1112.

319) A. a. O..

320) A. a. O..

321) Vgl. DW I, Pr. 23, p. 402, 1 - 3.

322) Vgl. die Aufsatzsammlungen La Mystique Rhénane. Colloque
de Strasbourg 16 - 19 mai 1961, Paris 1963; Altdeutsche
und altniederländische Mystik, hrsg. von Kurt Ruh, Darmstadt 1964 (Wege der Forschung 23); Alois Maria Haas, Sermo mysticus. Studien zu Theologie und Sprache der deutschen Mystik, Freiburg (Schweiz) 1979 (Dokimion 4).

323) Vgl. z. B. Fischer, Meister Eckhart, 139 - 141 und Flasch,
Die Intention, 301f.. Vgl. dgg. z. B. die Arbeiten von
Haas.

324) Deutungen von einem religionswissenschaftlichen, verglei-
chenden (allgemeinen) Mystikbegriff her sind demgegenüber
nicht unzulässig, aber notwendig sekundär. Vgl. z. B. die
Arbeiten von Stephenson und Aschtiani.

325) Gerard O'Daly, Art. Dionysius Areopagita, in: Theologische Realenzyklopädie, hrsg. von Gerhard Krause und Gerhard Müller, Bd. VIII, Berlin-New York 1981, 775.

326) A. a. O..

327) A. a. O..

328) Dionysius Areopagita, De myst. theol, transl. Eriugena,
PL 122, 1176 A-B; transl. Johannes Saracenus, CCCCXIIII.

329) Vgl. Joannis Scoti De divisione naturae libri quinque,
in: PL 122, hrsg. von Heinrich Joseph Floss, 897 D: "propter superessentialitatem suae naturae nihil dicitur".
Vgl. Johannis Scotti Eriugenae Periphyseon (De Divisione
Naturae), Bd. III, hrsg. von I. P. Sheldon-Williams,
Dublin 1981 (Scriptores Latini Hiberniae XI), 166 (= PL
122, 681 A): "Dum ergo incomprehensibilis intelligitur
per excellentiam nihilum non immerito uociatur".

330) Vgl. a. a. O. (= 680 D).

331) Vgl. Donald F. Duclow, Divine Nothingness and Self-
Creation in John Scotus Eriugena, in: Journal of Religion
57 (1977) 110f..

332) Vgl. Eriugena, Periphyseon I 166 - 168 und III, 62
(= 499 D - 501 A und 634 D).

333) Duclow, 111. Vgl. Werner Beierwaltes, Das Problem des absoluten Selbstbewußtseins bei Johannes Scotus Eriugena,
in: Platonismus in der Philosophie des Mittelalters,
hrsg. von Werner Beierwaltes, Darmstadt 1969 (Wege der
Forschung 197), 499: "Nur das Nichts begründet Gottes
absolute, über allem Endlichen seiende, unendliche Transzendenz."

334) Vgl. Eriugena, Periphyseon II, 142 - 146 (= 589 A - 590 D).

335) Vgl. a. a. O., 152 (= 593 D); "Num tibi uidemur aliud sua-
dere dum dicimus deum se ipsum quid sit ignorare quam in
nullo eorum quae sunt se esse intelligere?"

336) Beierwaltes, Das Problem des absoluten Selbstbewußtseins,
501. Vgl. Duclow, 113.

337) Beierwaltes, Das Problem des absoluten Selbstbewußtseins,
503 Anm. 90.

338) Vgl. Eriugena, Periphyseon III, 166 (= 681 A). Vgl. Duclow, 114.

339) Vgl. Duclow, 115.

340) Dies gilt in Fortführung der bisherigen Mystik-Kritik, die
nachweisen konnte, daß Eckhart nicht über Sondererfahrun-
gen spricht und über 'Erfahrung' allenfalls im Sinne von
Denken als Erfahrung. Vgl. die Arbeiten von Koch, Hödl,
Fischer, Flasch; dgg. Haas (bei zunehmender Rezeption der
Kritik).

341) DW III, Pr. 71, p. 211 - 231.

342) Denn wer die Dinge als Nichts sieht, erkennt Gott. Gotteserkenntnis ist also kein 'Sonderfall' von Erkenntnis, sondern Erkenntnis in der Erkenntnis.

343) DW III, Pr. 71, p. 211, 6f..

344) A. a. O., p. 222, 11 - 223, 2.

345) Vgl. a. a. O., p. 223, 3 - 6.

346) Vgl. a. a. O., p. 225, 2 - 4: "Er sach got, dâ alle crêa-
     tûren niht ensint. Er sach alle crêatûren als ein niht,
     wan er hât aller crêatûren wesen in im. Er ist ein wesen,
     daz alliu wesen in im hât."

347) A. a. O., p. 224, 7 - 225, 1.

348) A. a. O., p. 224, 4f..

349) Vgl. die Interpretation Shizuteru Uedas, Die Gottesgeburt in
     der Seele und der Durchbruch zur Gottheit. Die mystische An-
     thropologie Meister Eckharts und ihre Konfrontation mit der
     Mystik des Zen-Buddhismus, Gütersloh 1965 (Studien zu Reli-
     gion, Geschichte und Geisteswissenschaft 3), insb. 140 - 169.
     Problematisch ist sein Verständnis des ʹNichtsʹ im Zenbuddhis-
     mus (von dem er Eckhart mit Recht unterscheidet), insofern es
     zu beurteilen wäre als Zerstörung aller Rede ("eine totale
     Negation der Frage selbst", a. a. O., 166), mithin als eine
     Position, die am Anfang der westlichen Tradition steht und im
     Lauf der Geschichte denkend zu überwinden versucht wird. (Vgl.
     z. B. Platon, Parmenides 163 b 7 - 164 b 3.) M. a. W.: Die
     Kritik Eckharts durch den Zenbuddhismus bleibt bei Ueda ohne
     die Kritik des Zenbuddhismus durch Eckhart. So bleibt die An-
     frage, ob die ʹUberlegenheitʹ des Verstandnisses des Nichts
     im Zenbuddhismus nicht nur eine vermeintliche ist. Darüber
     hinaus lehrt Eckhart, was Ueda allein für den Zenbuddhismus
     reklamiert: die Bezüglichkeit des Absoluten (also auch des
     Nichts). Vgl. IV. 4 und Ueda, a. a. O., 166.

350) DW III, Pr. 71, p. 228, 9.

351) Vgl. a. a. O., p. 230, 4.

352) DW I, Pr. 23, p. 402, 1 - 3. Vgl. DW III, Pr. 62, p. 58,

2 - 59, 2: "Die iht in gote suochent, ez sî wizzen, bekantnisse oder andâht oder swaz ez sî, - vindet er ez,
nochdenne envindet er got niht, swie daz er nochdenne
vindet wizzen, verstân, innicheit, daz ich doch wol lobe;
aber ez enblîbet im niht. Aber suochet er niht, sô vindet
er got und alliu dinc in im, und diu blîbent im."

353) DW III, Pr. 82, p. 431, 2 - 5.

354) Lies wohl ´concedenda´!

355) Vot. Av., a.   5, ed. Pelster, 1112.

356) DW I, Pr. 20 b, p. 346, 13 - 347, 1.

357) A. a. O., p. 347, 4.

358) Vgl. In Gen. II n. 146 - 152.

359) Vgl. Ruedi Imbach, Deus est intelligere. Das Verhältnis
von Sein und Denken in seiner Bedeutung für das Gottesverständnis bei Thomas von Aquin und in den Pariser
Quaestionen Meister Eckharts, Freiburg (Schweiz) 1976
(Studia Friburgensia, N. F. 53) 144 - 200 und Albert,
Meister Eckharts These vom Sein, insb. 254 - 257. Vgl.
ferner die Beiträge im Sammelband Maître Eckhart à Paris
und Émilie Zum Brunn, Les premières «Questions parisiennes» de Maître Eckhart, in: Von Meister Dietrich zu
Meister Eckhart, 128 - 137.

360) Vgl. Serm. XXIX n. 300: "unitas sive unum videtur proprium et proprietas intellectus solius."

361) Vgl. die detaillierte Interpretation bei Mojsisch, Meister
Eckhart, 30 - 41.

362) Vgl. Imbach, Deus est intelligere, 142: "Die thomanische
Synthese besteht darin, daß er den Primat des Seins und
die damit verbundene Rezeptivität des Denkens als die Weise des endlichen Verhältnisses von Sein und Denken ver-

steht, ihre Identität als die Weise des Bezugs, wie er im
Transzendenten herrscht."

363) Q. P. 1 n. 4.

364) A. a. O..

365) Vgl. Kurt Flasch, Einleitung zu: Dietrich von Freiberg,
Schriften zur Intellekttheorie, hrsg. von Burkhard Moj-
sisch, Hamburg 1977 (Corpus Philosophorum Teutonicorum
Medii Aevi II, 1), XXIIf.: "Der Intellekt bewirkt res pri-
mae intentionis in aliquo genere praedicamentali. Diet-
rich denkt dabei u. a. an die Zeit und die Relation." Vgl.
Dietrich, De int. I 2 (3), CPTMA II, 1, 137 und Rudolf
Rehn, Quomodo tempus sit? Zur Frage nach dem Sein der
Zeit bei Aristoteles und Dietrich von Freiberg, in: Von
Meister Dietrich zu Meister Eckhart, 1 - 11.

366) Q. P. 1 n. 4. Vgl. den Liber de causis, prop. IV, ed. Pattin, 142: "Prima rerum creatarum est esse et non est ante
ipsum creatum aliud."

367) Q. P. 1 n. 4.

368) Vgl. Q. P. 1 n. 1 - 3.

369) Vgl. Q. P. 2 n. 1. (Zeitlich ist die zweite Quaestio die
erste. Vgl. Imbach, Deus est intelligere, 291 Anm. 47.)

370) Vgl. Imbach, Deus est intelligere, 172: "esse, ens ist
abkünftiges (a), art- und gattungsbestimmtes (b) Was (c)."

371) Q. P. 1 n. 5.

372) Vgl. a. a. O. n. 5f.. Dagegen folgt Eckhart In Ioh. n. 63
wieder Thomas (vgl. ST I q. 4 a. 2), indem er ´in abstrac-
to´ das ´esse´ vorordnet, ´in concreto´ aber das ´intelli-
gere´. Beim Verweis auf Proklos wird diese Unterscheidung
aber wieder zurückgenommen: "Hinc apparet quod primus terminus creationis est ens s i v e   e s s e ." (In Ioh. n.

65, Sperrung von mir). Als Entsprechung im deutschen Werk
vgl. DW I, Pr. 8, p. 129, 8 - 130, 3 mit DW III, Pr. 76,
p. 316, 5 - 317, 1. Vgl. ferner Augustin, De lib. arb.
II 3, 7.

373) Aristoteles, Met. E 1026 a 34f.. Vgl. 1027 b 25.

374) Q. P. 1 n. 7.

375) Vgl. a. a. O.: "Quae ergo ad intellectum pertinent, in
quantum huiusmodi, sunt non-entia."

376) Vgl. a. a. O. n. 8.

377) A. a. O..

378) Q. P. 1 n. 8 - 12.

379) Vgl. In Ioh. n. 31 und o. I. 4.

380) Q. P. 1 n. 8.

381) A. a. O. n. 9.

382) Vgl. a. a. O. n. 10. Vgl. Imbach, Deus est intelligere,
186: "Eckhart verweigert also Gott das Sein, weil er die
virtuelle Präsenz des Verursachten in der Ursache mit
größt möglicher Klarheit scheiden will von der Wirkung."

383) Vgl. Q. P. 1 n. 11 und n. 8.

384) Vgl. Aristoteles, De anima B 418 b 27 und ⌐ 429 a 24.

385) Q. P. 1 n. 12.

386) Vgl. Mojsisch, Meister Eckhart, 37 Anm. 79: Eckhart bringt
"allein die Geschiedenheit der absoluten Vernunft gegenüber dem geschaffenen Sein zum Ausdruck".

387) A. a. O., 37.

388) Q. P. 1 n. 9.

389) A. a. O. n. 8.

390) Diesen Hinweis beachtet zuerst Mojsisch, Meister Eckhart, 38f..

391) Q. P. 1 n. 4.

392) Vgl. Q. P. 1 n. 12: "... ut sic non negatur deo quod suum est, sic negetur eidem quod suum non est." (unter Hinweis auf Johannes Damascenus). Vgl. die These von Hans Liebeschütz, Mittelalterlicher Platonismus bei Johannes Eriugena und Meister Eckhart, in: Archiv für Kulturgeschichte 56 (1974) 265f., der Wechsel vom ´esse´ zum ´intelligere´ geschehe unter dem Einfluß des Eriugena.

393) Vgl. Imbach, Deus est intelligere, 148: "Eckhart teilt die Auffassung Gott sei kein Seiendes. Das Jenseits-des-Seins bedeutet für ihn aber Geist."

394) Vgl. a. a. O., 140f..

395) Vgl. a. a. O., 142 und 205: "Sein ist deshalb der eigenste Name Gottes, weil er der unbestimmteste ist."

396) Vgl. Flasch, Einleitung zu CPTMA II, 1, XVIIf.. Vgl. schon ders., Die Intention, 312 - 316. Zu Dietrichs Intellekttheorie vgl. ders., Kennt die mittelalterliche Philosophie die konstitutive Funktion des menschlichen Denkens? Eine Untersuchung zu Dietrich von Freiberg, in: Kant - Studien 63 (1972) 182 - 205 (zu lesen unter Berücksichtigung der ´Retractationes´ in ders., Bemerkungen zu Dietrich von Freiberg, De origine rerum praedicamentalium, in: Von Meister Dietrich zu Meister Eckhart, 34 - 45); Mojsisch, Die Theorie des Intellekts und ders., Einleitung zu: Dietrich von Freiberg, Abhandlung über den Intellekt und den Erkenntnisinhalt, hrsg. von Burkhard Mojsisch, Hamburg 1980 (Philosophische Bibliothek 322), XV - XXXIV.

Zur Deutung des ´ens conceptionale´ vgl. die Diskussion
zwischen Theo Kobusch, Die Modi des Seienden nach Dietrich von Freiberg, in: Von Meister Dietrich zu Meister
Eckhart, 46 - 67; Alain de Libera, La problématique des
«intentiones primae et secundae» chez Dietrich von Freiberg, in: Von Meister Dietrich zu Meister Eckhart, 68 -
94 und Burkhard Mojsisch, Sein als Bewußt-Sein. Die Bedeutung des ens conceptionale bei Dietrich von Freiberg,
in: Von Meister Dietrich zu Meister Eckhart, 95 - 105.

Gegen die Kritik Kobuschs an der Vorstellung, die Naturdinge würden durch den Intellekt konstituiert, wird diese
These präzisiert: Dietrich steigert die Konstitutionsleistung bis zur ´ratio rei´ (Flasch, Bemerkungen, 40); zwar
handelt es sich um keine Konstitution des Dinges oder eine Konstitution auf naturhafte Weise, aber um die Konstitution einer ´res primae intentionis´ in der äußeren Realität (de Libera, La problématique, 84ff.), vermag der Intellekt als Exemplargrund das aus Form und Materie zusam-
mengesetzte Naturding von seiner Washeit zu unterscheiden,
beides im Satz zu vereinen und es so zu begründen (Mojsisch, Sein als Bewußt-Sein, 101f.). "Die vom Intellekt
konstituierten Seienden bestimmt der Intellekt zu Formen
und modi von Naturdingen." (Kurt Flasch, Einleitung zu:
Dietrich von Freiberg, Schriften zur Naturphilosophie und
Metaphysik, hrsg. von Jean-Daniel Cavigioli u. a., Hamburg
1983 (Corpus Philosophorum Teutonicorum Medii Aevi II, 3),
LXXII).

Im Anschluß an diese erneute Erörterung des Problems der
Konstitutionsleistung läßt sich von einer Simultankausali-
tät sprechen, einer Integration des als Prinzip gedachten
Intellekts in die traditionellen Prinzipien Gott und Na-
tur, im Unterschied zu Kant jedoch ohne Thematisierung des
Betrachters (vgl. a. a. O., LXXXf.).

397) A. a. O., XVIII.

398) Vgl. Ludwig Hödl, Das «intelligibile» in der scholastischen Erkenntnislehre des 13. Jahrhunderts, in: Freiburger

Zeitschrift für Philosophie und Theologie 30 (1983) 365.

399) Vgl. Mojsisch, Einleitung, XXI.

400) Flasch, Die konstitutive Funktion, 199.

401) Vgl. Ruedi Imbach, Gravis iactura verae doctrinae. Prolegomena zu einer Interpretation der Schrift D e e n t e
e t e s s e n t i a Dietrichs von Freiberg O. P., in:
Freiburger Zeitschrift für Philosophie und Theologie 26
(1979) 412: "Die Konvertibilität von Sein und Wesen gründet darin, daß ´Sein´ eine D e n k b e s t i m m u n g
ist."

402) Flasch, Einleitung zu CPTMA II, 3, LXXV.

403) Vgl. Mojsisch, Die Theorie des Intellekts, 78.

404) A. a. O., 66. Vgl. ders., Einleitung, XXIII: "Der tätige
Intellekt ist demnach als dynamische Einheit gedacht: Indem er seinen Ursprung erkennt, erkennt er sein Wesen;
indem er sein Wesen erkennt, erkennt er die Gesamtheit
der Seienden, erkennt   sich selbst somit in seinem Ursprung als der Gesamtheit der Seienden."

405) Mojsisch, Die Theorie des Intellekts, 85.

406) Zur Rezeption der dietrichschen Intellekttheorie bei Eckhart von Gründig vgl. Loris Sturlese, Alle origini della
mistica speculativa tedesca. Antichi testi su Teodorico
di Freiberg, in: Medioevo 3 (1977) 48 - 87.

407) Vgl. Imbach, Deus est intelligere, 192: "Gott ist das Eine, Gott ist Denken, diese beiden Formulierungen meinen
also das Selbe." Vgl. zum Verhältnis Dietrich - Eckhart
Flasch, Die Intention, 312 - 316; ders., Einleitung zu
CPTMA II, 1, XX - XXV.

408) Vgl. Aristoteles, De an. III 429 a 18, a 24, b 23.

409) Q. P. 2 n. 2. Das ´nihil´ ist relativ, nämlich "nihil
eorum quae intelligit." S. u. S. 89 .

410) Vgl. a. a. O. n. 3.

411) S. u. S. 89 . Anders ist die Perspektive des ´intelligere´,
das sich dieser Unterscheidung enthoben weiß.

412) Vgl. Aristoteles, Met. E   1026 a 34ff..

413) Vgl. Q. P. 2 n. 4.

414) Vgl. a. a. O. n. 5.

415) Vgl. a. a. O. n. 6.

416) A. a. O..

417) Vgl. a. a. O. und n. 3: Das vom wissenden Einzel-Subjekt
her ´äußere´ und ´innere´, das sich als ´innen´ und den
Intellekt als ´außen´ weiß, ist dem Intellekt ´innen´.
S. u. S. 89 .

418) Vgl. In Eccl. n. 10: "nec hic in quantum natura sive ens
naturae, sed in quantum altius quid natura."

419) Vgl. Q. P. 2 n. 7. Vgl. z. B. auch Serm. XXIV, 2 n. 248.

420) Vgl. III. 1.

421) Vgl. Aristoteles, Met. B   996 a 29.

422) Vgl. Q. P. 2 n. 8. Das gilt für alles, was zum Intellekt
gehört, so für ´genus´ und jedes ´universale´. Vgl. a. a.
O. n. 9.

423) Vgl. a. a. O. n. 10.

424) Mojsisch, Meister Eckhart, 35.

425) Vgl. III. 1.

426) Vgl. Q. P. 3.

427) Vgl. a. a. O. n. 9 - 11.

428) A. a. O. n. 25.

429) Vgl. a. a. O. mit Q. P. 1 n. 8 und Q. P. 2 n. 10.

430) Vgl. z. B. In Gen. I n. 168: "deus sit intellectus purus, cuius esse totale est ipsum intelligere." Vgl. In Ex. n. 176: Gott die Vollkommenheiten der Dinge beilegen, d. h. er sei nicht ´intellectus se toto purus´; In Ioh. n. 34: "intellectus in deo maxime, et fortassis in ipso solo, utpote primo omnium principio, se toto intellectus est per essentiam, se toto purum intelligere." Vgl. ferner In Ioh. n. 38: "ipsum principium semper est intellectus purus, in quo non sit aliud esse quam intelligere"; In Ioh. n. 669: "in primo intellectu, qui se toto intellectus est, non habens esse praeter intelligere, ..."

431) In Gen. II n. 214.

432) DW I, Pr. 9, p. 146, 4 - 6 und p. 150, 3 f. (Vgl. Q. P. 1 n. 12: "... ut sicut non negatur deo quod suum est, sic negetur eidem quod suum non est.") Vgl. DW III, Pr. 76, p. 322, 6: "... daz blôze wesen gotes, und daz ist daz blôze wesen des geistes."

433) DW I, Pr. 10, p. 162, 2 - 4.

434) A. a. O., p. 173, 7 - 9. Vgl. DW II, Pr. 43, p. 322, 7 - 323, 1: "Diu sêle enhât niht, dâ got în gesprechen müge, dan vernünfticheit."

435) Hödl, Das ≪intelligibile≫, 367. Er versteht sie als "Spannung und Dynamik des Ursprünglichen, Einfachen und Abhängigen, Differenten" (a. a. O., 368).

238

436) DW III, Pr. 76, p. 320, 8 - 321, 4.

437) Vgl. Serm. XXIX n. 300 - 305 und In Sap. n. 5.

438) Serm. XXIX n. 301. Der entscheidende Punkt dieses eckhartschen ´Gottesbeweises´ ist also die traditionelle Unterscheidung von ´simplex´ und ´compositum´, modifiziert durch
den Intellektbegriff.

439) Vgl. a. a. O. n. 302f.: Die Rede vom ´unum in multis´ ist
nicht zu verwechseln mit der Vieleinheit des Geschaffenen,
die Eckhart sonst so nennt. Vgl. die ergänzende Bemerkung
a. a. O. n. 303: "quod nusquam est et nunquam nisi in intellectu, nec est, sed intelligitur". Vgl. IV. 1.

440) A. a. O. n. 304.

441) Vgl. Thomas von Aquin, ST I q. 4 a. 1 ad 3: "ipsum esse
est actualitas omnium rerum, et etiam ipsarum formarum."
Für die (aristotelische) Unterscheidung von ´actus primus´
(´esse´) und ´actus secundus´ (´operari´) vgl. z. B. ST I
q. 48 a. 5 c. und I - II q. 3 a. 2 c..

442) Vgl. Serm. XXIX n. 305.

443) In Gen. I n. 11.

444) Jürgen Eberle, Die Schöpfung in ihren Ursachen. Untersuchung zum Begriff der Idee in den lateinischen Werken
Meister Eckharts, Diss. Köln 1972, 51.

445) In Gen. I n. 168. Vgl. Q. P. 2 n. 2; Serm. LIV, 1 n. 525;
Serm. LIV, 2 n. 531. Vgl. den Gedanken des Anaxagoras bei
Aristoteles, De anima Γ 429 a 18 - 20, b 23.

446) In Gen. I n. 115.

447) Die (nach Walter Schulz, Der Gott der neuzeitlichen Metaphysik, Pfullingen 1957 (= [6]1978), 12f.) von Eckhard Wulf,
Das Aufkommen neuzeitlicher Subjektivität im Vernunftbe-

griff Meister Eckharts, Diss. Tübingen 1972, 27. 37. 112
vertretene These von der ´Entsubstanzialisierung´ ist insoweit richtig, als sie sich auf einen dingorientierten
Substanzbegriff bezieht. Tatsächlich aber versteht Eckhart gerade den Intellekt als Substanz. Vgl. Proklos, Elementatio theologica, prop. CLXIX, ed. Vansteenkiste, 515f..

448) Serm. XIV, 2 n. 152.

449) Imbach, Intellectus in deum ascensus, 204.

450) Serm. L n. 515.

451) Serm. XXIX n. 304.

452) Vgl. die Verwerfung der Theorie der natürlichen ´beatitudo´
der ´naturalis natura´ durch das Konzil von Vienne am 6.
Mai 1312, in: DS,n. 895. Bereits in der um 1312/13 ent-
standenen Pariser Quaestio heißt es vom ´esse´ , es sei
´primum´, ´unum´ und ´simplicissimum´. Vgl. Q. P. 5 n. 5.
Im Unterschied dazu gelangt der sich ebenfalls auf Dietrich beziehende Eckhart von Gründig bis zu den Thesen der
Begarden. Vgl. Sturlese, Alle origine della mistica speculativa tedesca (66 und) 85: "Eckhart di Gründig ci testi-
monia concretamente la possibilità di leggere l´intelletto
agente di Teodorico in chiave di presenza essenziale di
Dio nell´ individuo".

Was die Beziehung Eckharts zu den Beginen angeht, sollte
das Urteil m. E. doch etwas behutsamer ausfallen als bei
Émilie Zum Brunn, Une source méconnue de l´ontologie eckhartienne, in: Métaphysique, Histoire de la Philosophie.
Recueil d´études offert à Fernand Brunner, Neuchâtel 1981,
111 - 117 und Kurt Ruh, Meister Eckhart und die Spiritualität der Beginen, jetzt in: Ders., Kleine Schriften, Bd. II:
Scholastik und Mystik im Spätmittelalter, hrsg. von Volker
Mertens, Berlin-New York 1984, 327 - 336. Eckhart beweist
größere Selbständigkeit - auch in seiner Entwicklung -
als hier angenommen wird.

453) Vgl. Imbach, Deus est intelligere, 206 - 209. Seit Dietmar Mieth, Die Einheit von vita activa und vita contem-
plativa in den deutschen Predigten und Traktaten Meister
Eckharts und bei Johannes Tauler. Untersuchungen zur Struktur des christlichen Lebens, Regensburg 1969 (Studien zur
Geschichte der katholischen Moraltheologie 15), insb. 119
- 233 wird Eckharts Begriff des Seins gern als ´dynamisch´
einem ´statischen´ Seinsbegriff gegenübergestellt (z. B.
in den Arbeiten von Haas). Nun ist jeder Begriff die Einheit von Ruhe und Bewegung: ´statisch´ und ´dynamisch´
sind keine Alternativen, sondern Momente. Um dem Wahrheits-
momente dieser Terminologie gerecht zu werden, zugleich
aber die Differenz des Seins vom Werden ausdrücklich zu
wahren, sollte m. E. von einem ´intellektuellen´ Seinsbegriff gesprochen werden.

454) Vgl. Ueda, Die Gottesgeburt in der Seele, 144: "Die apophatische Gottheit ist das Wesen bzw. der Grund des trinitarischen Gottes."

455) Vgl. a. a. O., 119: "Göttlich ist Gott in seiner Zuwendung
zum Menschen, in seinem Wesen aber, wo er in sich selbst
ist, ist er nicht mehr göttlich: in seinem Wesen ist Gott
des Gottseins ledig." Vgl. ders., Das »Nichts« bei Meister
Eckhart und im Zen-Buddhismus unter besonderer Berücksichtigung des Grenzbereiches von Theologie und Philosophie,
in: Transzendenz und Immanenz. Philosophie und Theologie
in der veränderten Welt, hrsg. von Dietrich Papenfuss und
Jürgen Söring, Stuttgart 1977, 258: "Gott ist göttlich in
seiner Hinwendung zur Kreatur. Gott ist in seinem Wesen,
jenseits des Gegenübers von Gott und Kreatur, schlechthin
ein Nichts." Vgl. ferner das sog. ´Durchbruchsmotiv´: "Die
Seele bricht durch Gott hindurch bis zum Grund Gottes; das
bedeutet sowohl für die Seele als auch für Gott die Rückkehr zu ihrem einen gemeinsamen Grund." (Ueda, Die Gottesgeburt in der Seele, 125).

456) Vgl. In Gen. II n. 109; Serm. XIV n. 151; In Ioh. n. 152.
323. 540. 566 und DW V, BgT, 2, p. 37, 2f.. Vgl. auch Thomas von Aquin, ST I q. 13 a. 7 ad 6.

457) DW I, Pr. 21, p. 357 - 370.

458) Vgl. a. a. O., p. 360, 10 - 361, 4. Die dionysische Formel vom Vater als ´fons deitatis´ liegt sachlich also schon
bei Augustin vor, im Nebeneinander mit der Vorstellung
von der Usia als Grund der Einheit Gottes bereits bei den
Kappadoziern. Vgl. Michael Schmaus, Die psychologische
Trinitätslehre des heiligen Augustinus, Münster 1967
(= 1927 mit einem Nachtrag) (Münsterische Beiträge zur
Theologie 11), XI.

459) DW I, Pr. 21, p. 363, 9f.. Der Ausdruck ist eine ungenaue,
weil verkürzte Wiedergabe des augustinischen Grundsatzes:
´pater principium est totius deitatis´ und seiner Identifikation Gottes mit dem Vater. Vgl. Serm. II, 1 n. 4. Vgl.
Augustin, De trin. IV 20, 29; Petrus Lombardus, Sent. I
d. 29 c. 1 n. 254 und Thomas von Aquin, ST I q. 33 a. 1
s. c..

460) DW I, Pr. 21, p. 368, 5 - 8. Hier ist mit ´gotheit´ die
Trinität gemeint!

461) Vgl. IV. 1.

462) DW II, Pr. 26, p. 31, 5 - 8. Vgl. Édouard-Henri Wéber,
Mystique parce que théologien: Maître Eckhart, in: La vie
spirituelle 652 (1982) 740: "C´est, dans l´optique trinitaire grecque sans doute lue chez Denys, pour remonter
jusqu´à la Personne du Père Source et Un."

463) DW II, Pr. 48, p. 420, 8 - 421, 1. Vgl. DW III, Pr. 67,
p. 133, 5 - 7: "Dar obe nimet si [= die Seele] êrste die
lûter a b s o l û c i o des vrîen wesens, daz dâ ist
sunder dâ, dâ ez ennimet noch engibet; ez ist diu blôze
isticheit, diu dâ beroubet ist alles wesens und aller
isticheit. Dâ nimet si got blôz nâch dem grunde dâ, dâ
er ist über allez wesen."

464) A. a. O.,p.421, 1 - 3.

465) Vgl. DW I, Pr. 2, p. 40, 3 - 41, 5; p. 43, 7 - 44, 2.

465a) So wird Plato schon von Cassiodor genannt. Vgl. Katharina
Comoth, Werden zu Gott. Ein Beitrag zur spekulativen Theologie Meister Eckharts, in: Neue Zeitschrift für systematische Theologie und Religionsphilosophie 21 (1979) 94
Anm. 8.

466) DW II, Pr. 28, p. 68, 1f..

467) Vgl. In Ioh. n. 566: "deus, in quantum dominus vel deus,
principium est creaturae, ut pater vero principium est
filii." S. o. S. 91 .

468) Vgl. Prol. gen. in op. trip. n. 12 und 17.

469) In Ioh. n. 513. Vgl. In Ioh. n. 515: "ipsum unum ex sui
ratione propria redundat, germinat, floret et spirat sive
diffunditur in omne ens tam increatum quam creatum."

470) Vgl. den Liber de causis, prop. XX (XXI), ed. Pattin, 180
und Serm. XXXIV, 3 n. 348.

471) Vgl. den Gedanken des Origenes vom Vater als αὐτόθεος .
Vgl. Leo Scheffczyk, Lehramtliche Formulierungen und Dogmengeschichte der Trinität, in: Mysterium Salutis. Grundriß heilsgeschichtlicher Dogmatik, hrsg. von Johannes
Feiner und Magnus Löhrer, Bd. II, Zürich-Einsiedeln-Köln
1967, 172.

472) Vgl. In Ioh. n. 516f..

473) Vgl. In Ioh. n. 562. S. o. III. 1.

474) A. a. O.. Vgl. In Ioh. n. 161: "naturae enim non est actio
nec agere, sed suppositi seu suppositorum."

475) A. a. O..

476) Serm. II, 1 n. 6. Vgl. DW II, Pr. 27, p. 52, 1 - 4.

477) Serm. II, 1 n. 6.

478) Vgl. In Ioh. n. 43 und Thomas von Aquin, ST I q. 41 a. 5.

479) Serm. II, 1 n. 7.

480) A. a. O. n. 8.

481) A. a. O.: "Quarto, quia deus cum dicitur unus, li ´unum´ non pertinet ad genus numeri nec aliquid ponit in deo. Igitur non profundit numerum, sed ´tres unum sunt´." Vgl. In Gen. II n. 20: "unum, quod est principium numerorum: ipsum enim non est numerus".

482) Serm. II, 1 n. 8: "Non autem respicit ratio sive relatio essentiam, sed se mutuo respiciunt. Sic ergo ratio et relatio sunt in essentia rei, in essentia esse accipiunt, sed ipsam non distinguunt, quia ut sic, in esse scilicet, iam exuit naturam relationis, naturam distinctionis, sicut et relatio in vita et in esse animae rationalis."

483) Vgl. Augustin, De trin. V 6, 7 und Thomas von Aquin, ST I q. 28 a. 2 c.: "relatio realiter existens in Deo, est idem essentiae secundum rem" und a. 3 c.: "in Deo sit realis distinctio, non quidem secundum rem absolutam, quae est essentia". Hier bleibt die Spannung, wie eine reale Relation einerseits mit dem Wesen identisch ist, andererseits dieses selbst aber nicht unterscheidet. Vgl. ST I q. 39 a. 1.

484) Vgl. In Ioh. n. 548: "ipsae relationes personarum non sunt distinctae in essentia nec ab essentia".

485) Serm. II, 1 n. 8.

486) Vgl. Q. P. 1 n. 4. S. u. S. 123 - 127.

487) DW I, Pr. 10, p. 173, 2 - 5 unter Verweis auf eine lateinische Predigt, wohl Sermo II oder IV. Vgl. insb. Serm. IV, 1 n. 28.

244

488) DW II, Pr. 39, p. 263, 4 - 6. Vgl. In Gen. II n. 44:
"dicimus generare patrem filium natura, non voluntate
principiante, sed concomitante". Vgl. ferner DW II, Pr.
49, p. 435, 4 - 8: "er welle oder enwelle, er muoz diz
wort sprechen und gebern âne underlâz; wan es ist mit
dem vater als ein wurzel in aller der natûre des vaters
natiurlîche, als der vater selber ist. Sehet, her umbe
sprichet der vater diz wort williclîche und niht von willen, und natiurlîche und niht von natûre." Das Hervorgehen ist weder Ergebnis eines Entschlusses noch Naturgeschehen, sondern Vollzug von Gottes Göttlichkeit.

489) Vgl. In Ex. n. 28: "potentia generandi in patre est essentia potius quam paternitas".

490) Vgl. a. a. O.: "deus pater generat filium deum, sed non
generat ipsum patrem." Vgl. In Ioh. n. 162: "Filius enim
non solum est similis patri in divinis, sed potius est
ipse pater alius; generans enim non solum generat sibi simile, quod ad alterationem pertinet, sed generat alterum
se."

491) In Gen. II n. 112.

492) Vgl. a. a. O. n. 148.

493) Vgl. a. a. O. n. 147: "Iustitia loquendo iustificat, iustus
audiendo iustitiam iustificatur."

494) Vgl. a. a. O. n. 151: "deus loquitur omnibus quae sunt ...
Sed alia ipsum audiunt, ipsi respondent sub proprietate
esse, ... Alia vero ipsum audiunt et suscipiunt verbum
dei, ut est vita prima et vera ... . Suprema vero in enti-
bus ipsum audiunt deum ... per intelligere et in ipso intelligere. Intellectio enim et locutio illic idem."

495) Vgl. In Gen. I n. 10.

496) A. a. O. n. 11.

497) A. a. O..

498) A. a. O. n. 12.

499) Vgl. a. a. O. n. 10 und Siger de Brabant, Questions sur
la Métaphysique, lib. V, q. 11, ed. Cornelio Andrea Graiff,
Löwen 1948 (Philosophes médiévaux 1), 302 - 305. (Vgl. zur
selben Stelle die Edition, bzw. Neuedition der verschiedenen Handschriften: Siger de Brabant, Quaestiones in Metaphysicam, lib. V, q. 11, ed. William Dunphy, Löwen 1981
(Philosophes médiévaux 24), 256 - 258 und Siger de Brabant, Quaestiones in Metaphysicam, lib. V, q. 11 und lib.
V, q. 5, ed. Armand Maurer, Löwen 1983 (Philosophes médiévaux 25), 207f. und 436 - 438.)

500) In Gen. I n. 12.

501) Vgl. In Ioh. n. 517.

502) A. a. O..

503) Vgl. In Gen. II n. 9 - 20. Vgl. Lossky, 63: "Sur ce point,
le dominicain allemand est plus proche de la tradition néo-
platonicienne: ayant identifié l'Un avec la première hypostase de la Trinité chrétienne, Eckhart en a fait le
principe commun de la théogonie et de la cosmogonie." Vgl.
a. a. O., 65. Dagegen ist Gott nicht allein als Vater,
sondern als Vater - Sohn - Geist 'unum' und 'principium'.
Vgl. IV. 4. Lossky sieht diese Perspektive nicht, weil er
das 'Sein' dem 'Einen' vorordnet. Vgl. a. a. O., 64.

504) DW II, Pr. 52, p. 486 - 506.

505) A. a. O., p. 488, 5f..

506) A. a. O., p. 492, 3 - 493, 2. Die von dieser Predigt über-
lieferte lateinische Version gibt keinen Hinweis auf eine
besondere 'Kühnheit' des 'deutschen' Eckhart. Vgl. die Pa-
rallelstelle a. a. O., p. 518, 47 - 55: "quando steti in
mea prima causa, tunc deum non habui, et tunc fui c a u s a
mei ipsius et tunc nichil volui et nichil concupiui, sed
fui absolutus et cognitor mei ipsius secundum debitam per-

fruicionem veritatis, et tunc volui me ipsum et non aliud,
et illud, quod volui, hoc fui, et illud, quod fui (...),
volui, et ibi steti liber sine deo et omni re creata. Sed
c u m excepi meam liberum arbitrium et postposui meam
liberam voluntatem Et concepi meam creatam voluntatem,
tunc habui unum deum, [...] sed ille fuit, qui fuit. Sed
cum creature create fuerunt et susceperunt suam creatam
essenciam, tunc deus non fuit deus in se ipso, sed deus
fuit deus in creaturis." Auslassung [...] und Hinzufügung
(unterstrichen) halten sich die Waage.

507) A. a. O., p. 496, 7 - 497, 1.

508) A. a. O., p. 502, 5 - 504, 3. Vgl. wieder die lateinische
Überlieferung a. a. O., p. 520, 124 - 137: "quod ubi lo-
cus, ibi est discrecio, et vbi discretio, ibi cognicio et
sic ultra. peto ergo deum, ut me liberum faciat a deo,
Quia meum scire nescire est supra deum, ita secundum quod
deum accipio principium creaturarum. Quia in essencia dei,
vbi deus est super essenciam et super discrecionem, ibi
ego ipse fui, et ibi inveni me ipsum et cognoui me ipsum
me ipsum eundem hominem facere, qui iam sum. Et ideo causa
sum mei ipsius post ... esse meum et cognoscere, quod eternum est, non secundum fieri meum, quod corporale est. et
ideo natus sum, et quia natus sum secundum naturalem essenciam, oportet me mori; sed secundum innatam essenciam
eternaliter fui et sum et in eternum permanebo. Et illud,
quod sum secundum natam essenciam, est mortale; in eo, quod
sum secundum innatam essenciam, sum immortalis. In mea na-
tiuitate omnia nata fuerunt, et ideo fui personaliter causa
mei ipsius et habui potestatem super omnia. Si ego non
essem, et omnia non essent: Tunc deus eciam non esset, et
quod deus deus est, istius causa ego sum, et si ego non
essem, deus non esset deus". Zahl und Art der Modifikatio-
nen (unterstrichen, dazu eine Umstellung) erlauben die Vermutung des sekundären Charakters dieser Fassung.

509) A. a. O., p. 504, 8.

510) Vgl. z. B. In Ioh. n. 5f..

511) Vgl. oben II. 4 - 6.

512) DW II, Pr. 27, p. 53, 4f..

513) Vgl. In Ioh. n. 193 und 517.

514) Vgl. a. a. O., n. 194.

515) Vgl. a. a. O. n. 197 und In Ex. n. 126.

516) In Ioh. n. 197. Vgl. In Sap. n. 101: "pater ut pater non
est in alterato, sed in genito filio; et e converso filius ut filius nusquam est nisi in patre. ... Pater enim et
filius simul sunt natura, opere et intellectu."

517) Vgl. In Ioh. n. 425.

518) Vgl. a. a. O. n. 33.

519) Vgl. a. a. O. n. 34.

520) Vgl. a. a. O. n. 35.

521) DW II, Pr. 34, p. 166, 4 - 6. Vgl. In Sap. n. 89.

522) Vgl. In Ioh. n. 162 und In Sap. n. 31. S. o. S. 59f. und 96.

523) Vgl. DW III, Pr. 72, p. 244, 4 - 245, 1: "Sô spriche ich
mê: der sun ist ein bilde gotes obe bilde; er ist ein bilde einer verborgenen gotheit."

524) Vgl. In Ioh. n. 656 und DW II, Pr. 27, p. 52, 1 - 4: "Dô
was ein vrâge: gap er im ouch sîne eigenschaft? Und ich
sprach: jâ! wan diu eigenschaft des vaters, daz er gebirt,
daz enist niht anders wan got; wan ich hân gesprochen, daz
er im selber niht behalten enhât. Jâ, ich spriche: die wurzel der gotheit, die sprichet er alzemâle in sînen sun."

525) Vgl. In Ioh. n. 656.

526) Vgl. Augustin, In Ioh., tr. LXV, 1.

527) ST I q. 33 a. 3 c. a..

528) In Ioh. n. 117.

529) A. a. O. n. 118.

530) A. a. O. n. 119.

531) Vgl. den Gedanken der ´assumptio humanae naturae´ (s. u.
S. 107 - 109) und RS, 199: "... quia filius in me genitus,
ipse est filius sine omni distinctione nature cum patre,
ipse unus, sine omni distinctione indistinctus, non alius
in me et alius in alio homine. Item indistinctus a me et
indivisus sive non separatus, quasi non sit in me. Ipse
enim in omnibus et ubique est utpote deus." Vgl. ferner
Serm. XLII, 1 n. 422.

532) Serm. XLII, 1 n. 422.

533) In Ioh. n. 106. Vgl. n. 117 und Thomas von Aquin, ST I q.
33 a. 3 c. a..

534) In Ioh. n. 123.

535) Vgl. Serm. XLII, 1 n. 422. Thomas lehrte im Unterschied
dazu nicht die Sohnschaft des Menschen gegenüber dem Vater, sondern gegenüber der Trinität: ST III q. 23 a. 2.

536) Vgl. In Ioh. n. 455: "In ipso enim non erat aliud esse
praeter esse suppositi divini. ... In nobis autem, cum sit
aliud esse praeter id quod est esse iustum, hinc est quod
homo iustus, licet peccare non possit, in quantum iustus,
potest tamen esse praeter iusti esse et non iustus esse,
et sic potest peccare."

537) DW I, Pr. 4, p. 72, 14 - 73, 2.

538) Vgl. DW I, Pr. 5b, p. 87, 7: "Disiu natûre ist ein und
einvaltic."

539) DW II, Pr. 59, p. 632, 3 - 7.

540) DW I, Pr. 16b, p. 273, 5f..

541) DW I, Pr. 22, p. 381, 5 - 382, 2.

542) A. a. O., p. 382, 6 - 383, 1.

543) A. a. O., p. 383, 7f..

544) Vgl. DW I, Pr. 1, p. 11f. und Pr. 2, p. 32, 6 - 8: "Wan
der êwige vater gebirt sînen êwigen sun in dirre kraft
âne underlâz, alsô daz disiu kraft mitgebernde ist den
sun des vaters und sich selber den selben sun in der einiger kraft des vaters." Vgl. a. a. O., p. 40, 1 - 41, 5.

545) Vgl. IV. 3.

546) Vgl. Vot. Av., a.   17f., ed. Pelster, 1117.

547) Vgl. a. a. O., a.   19, ed. Pelster, 1117.

548) Vgl. a. a. O., 1117f..

549) Lies: ´caput!

550) Vgl. a. a. O., a.   21, ed. Pelster, 1119. Vgl. a. a. O.:
"... quia licet Deus dando nobis filium dederit nobis omnia sua sicut nobis dedit filium, non tamen dedit nobis
que sunt filii sicut dedit filio." Vgl. auch a. a. O.,
a.   22, ed. Pelster, 1119f..

551) A. a. O., a.   23, ed. Pelster, 1120.

552) A. a. O., 1121.

553) Vgl. auch die Rezeption von Meister Eckharts Konzeption
des göttlichen ´verbum´ bei Jordan von Quedlinburg († 1380):
"Non enim intelligendum est. habitavit in nobis quasi in
unitate suppositi in quolibet nostrum sicut in Christo.
Set intelligendum est in unitate nature humane quam com-
munem habuit nobiscum." (Zitiert nach Jeremiah Hackett,

250

Verbum mentalis conceptio in Mei-
ster Eckhart and Jordanus of Quedlinburg. A Text Study,
in: Sprache und Erkenntnis im Mittelalter, hrsg. von
Wolfgang Kluxen, 2. Halbband, Berlin 1981 (Miscellanea
Mediaevalia 13/2), 1008.) Jordans Eckhartkritik bleibt
von Eckhart belehrt.

555) In Ioh. n. 285.

556) Sein Person-Sein ist das Sein Gottes: "in homine assumpto
a verbo concedimus unicum esse personale hypostaticum ipsius verbi, et nihilominus Christus vere fuit homo univoce cum aliis hominibus." (Prol. in op. prop. n. 19).

557) In Ioh. n. 289.

558) Vgl. a. a. O. .

559) Vgl. dgg. Ludwig Hödl, Naturphilosophie und Heilsbotschaft
in Meister Eckharts Auslegung des Johannes-Evangeliums, in:
La filosofia della natura nel Medioevo. Atti del terzo
Congresso internazionale di filosofia medioevale, Mailand
1966, 650.

560) Vgl. In Ioh. n. 289: "Quod quidem verbum, si bene intelligatur, utique verum est secundum praemissa, quamvis hoc
ibidem reprobet quantum ad intellectum haereticorum."

561) Vgl. a. a. O. n. 383.

562) Vgl. oben II. 6.

563) A. a. O. n. 382 (Dieser Beleg fehlt DS,n. 963, Anm.).

564) Vgl. Serm. LII n. 523.

565) DW I, Pr. 24, p. 420, 9 - 11. Vgl. Serm. LII n. 523: "Natura autem assumpta communis est omni homini sine magis
et minus."

566) DW II, Pr. 25, p. 13, 13 - 14, 5.

567) Vgl. DW II, Pr. 46, p. 380, 2.

568) A. a. O., p. 380, 2 - 5.

569) A. a. O., p. 383, 6 - 8.

570) Es fehlt auch nicht der ausdrückliche Hinweis auf die
'Kraft in der Seele': a. a. O., p. 382, 8 - 10.

571) Vgl. Richard Schneider, The Functional Christology of
Meister Eckhart, in: Recherches de Théologie ancienne et
médiévale 35 (1968) 307: "Thus for Eckhart Christology
becomes a statement about the essence of man."

572) DW I, Pr. 5b, p. 87, 1 - 8.

573) Peter Heidrich, Meister Eckharts »gefährliche« Rede von
Gott. Gemeindevortrag im Erfurter Predigerkloster, in:
Freiheit und Gelassenheit. Meister Eckhart heute,
hrsg. von Udo Kern, München und Mainz 1980, 230.

574) Vgl. die Bestimmung des Wortes Gottes mit Hilfe des christologischen Dogmas DW II, Pr. 49, p. 428, 8 - 429, 1 und
439, 9 - 440, 1.

575) DW I, Pr. 9, p. 157, 3 - 8.

576) A. a. O., p. 158, 4 - 7. Vgl. a. a. O., p. 155, 3 und
p. 158, 8.

577) Vgl. Ortmann, 387: "Trinität ist das theologische Modell
für die deutsche [?] Auslegung gottmenschlicher unio und
ist die theologische Beschreibung der unio selbst. Die
Seele ist relationales b î -sein wie der Sohn und ist
der Sohn im trinitarischen Werk. ... Diese Identifikation
von trinitarischer und gottmenschlicher unio ist die Leistung des deutschen b î w o r t ... ."

578) Vgl. In Gen. II n. 110 - 112.

579) In Gen. II n. 148. (Zugleich liegt hier ein Beispiel vor
für die Verwendung von 'superior - inferior' im Sinne
der Univozität. S. o. Anm. 268.) Vgl. In Gen. II n. 51
und 150, sowie In Ioh. n. 507.

580) Vgl. Alois Maria Haas, Meister Eckhart und die deutsche
Sprache, in: Freiheit und Gelassenheit, 168:
Eckhart "s p r i c h t und macht sich Gedanken über sein
Sprechen und begründet sein Sprechen im Wunder der Wort-
werdung und der Geburt Gottes als Wort in der Seele. Er
hat eine Theologie des Wortes, aber keine der deutschen
Sprache."

581) In Ioh. n. 158.

582) Vgl. a. a. 0.: "credere et videre sive perfecte cognoscere se habent quasi opinio et demonstratio, utpote imper-
fectum et perfectum. ... Est ergo credere et fides quasi
motus et fieri ad esse filium; omne autem quod movetur,
movebatur et movebitur, utrumque terminum sapit."

583) Vgl. Thomas von Aquin, ST II-II q. 2 a. 1 c. und Augustin,
De praed. sanct. 2, 5. Vgl. dazu Flasch, Augustin, 314 -
326.

584) Vgl. Augustin, De div. quaest. XLVIII.

585) Vgl. Flasch, Augustin, 322f..

586) DW II, Pr. 39, p. 253, 3. Vgl. a. a. 0., p. 262, 5f..

587) Vgl. DW V, RdU, p. 270, 2 - 4: "... wan ein ganz glouben
ist vil mêr dan ein waenen in dem menschen. In im sô han
wir ein wâr wizzen."

588) Vgl. DW II, Pr. 32, p. 142, 3f.. S. u. S. 144 - 146. Vgl. Joachim Kopper, Die Analysis der Sohnesgeburt bei Meister Eckhart, in: Kant - Studien 57 (1966) 100: "Wir haben den
christlichen Glauben in einer ursprünglichen Gewißheit,

deren wir versichert sein dürfen; diese Gewißheit aber
besitzen wir nur, indem wir zugleich in natürlicher Einsicht denken und verstehen: nur indem wir schon in diesem
natürlichen Denken stehen, sind wir auch die Glaubenden."

589) In Gen. II n. 50.

590) A. a. O. n. 51. Vgl. Serm. II, 1 n. 6.

591) In Gen. II n. 51.

592) Serm. XLIX, 3 n. 512.

593) Vgl. DW III, Pr. 75, p. 301, 2f.: "Dar umbe gebirt got
sînen sun in einer volkomenen sêle und liget alsô kindes
inne, ûf daz si in vort ûzgebaere in allen irn werken."

594) In Ioh. n. 73.

595) Eberle, 49. Vgl. Kremer, 70f..

596) In Gen. II n. 47.

597) Vgl. a. a. O. n. 148. S. o. S. 110.

598) Vgl. In Ioh. n. 57.

599) A. a. O. n. 56.

600) A. a. O. n. 59. Vgl. n. 60: "sicut agens hoc aut hoc agit
hoc aut hoc, et patiens hoc aut hoc formatur et produci-
tur hoc aut hoc in filio agentis hoc aut hoc, sic universum ipsum, caelum et terra, productum est in filio primi
agentis, quod nec est hoc aut hoc, sed est ens et esse
ipsum, quod est deus."

601) Vgl. a. a. O. n. 44: "filius in mundo est non iam sub proprietate verbi sive rationis et intellectus cognoscentis,
sed sub proprietate esse."

602) Vgl. DW V, BgT, 2, p. 38, 3 - 42, 8.

603) Vgl. DW V, VeM, p. 109 - 119. 'Äußerer' und 'innerer'
Mensch verhalten sich nicht wie Leib und Seele, 'äußerer
Mensch' meint auch die Seele in Bezug auf den Leib: vgl.
a. a. O., p. 109, 12 - 15.

604) Vgl. zum Folgenden DW III, Pr. 67, p. 129 - 135.

605) A. a. O., p. 134, 1f..

606) A. a. O., p. 135 - 137, Anm. 1. Angesichts der unsicheren
Textkonstituierung (vgl. auch den stark interpretierenden
Übersetzungsversuch Quints) muß die hier vertretene Deu-
tung hypothetisch bleiben.

607) Vgl. DW V, VeM, p. 112, 19 - 24: Ewiges Leben ist die Got-
teskindschaft!

608) (Es wäre also in diesem Sinne die Umkehrung möglich: Ewigkeit und Zeit werden hier gegenübergestellt.) Zum Verständnis von Eckharts Ausführungen schlage ich eine Rücküber-
setzung in die (christologische) Fachterminologie vor:
understantnisse ≙ hypostasis, understandicheit ≙ unio in
hypostasi, understôz ≙ subiectum. Bei Eckharts mhd. Begriffen handelt es sich m. E. um genaue Lehnübersetzungen.
Vgl. Thomas von Aquin, ST I q. 29 a. 2.

609) DW III, Pr. 67, p. 134, 8f..

610) A. a. O., p. 134, 12.

611) A. a. O., p. 134, 16f..

612) A. a. O., p. 134, 17 - 135, 4.

613) In Ioh. n. 162. Vgl. Thomas von Aquin, ST I q. 36. a. 4
und q. 37, sowie Augustin, De trin. V 14, 15. Vgl. auch
Eckhart, In Ioh. n. 556 und Serm. II, 1 n. 5.

614) Vgl. In Ioh. n. 364.

615) A. a. O. n. 163.

616) Vgl. a. a. O. und In Sap. n. 65f..

617) In Ioh. n. 165. Vgl. a. a. O. n. 166 und 364 sowie In
Gen. II n. 3.

618) Vgl. In Ioh. n. 364.

619) A. a. O..

620) In Gen. II n. 44.

621) Vgl. a. a. O. n. 45.

622) Vgl. In Sap. n. 243 und In Ioh. n. 35. 82. 160 und Eriugena, Homélie sur le prologue de Jean, hrsg. von Édouard
Jeauneau, Paris 1969 (Sources chrétiennes 151), 240 - 242
(= 288 A - B). Es handelt sich um ein Zitat aus Johannes
von Damaskus, De fide orthodoxa I c. 7, in: PG 94, 803 -
806, transl. Burgundio von Pisa.

623) Vgl. In Sap. n. 65.

624) Vgl. DW II, Pr. 27, p. 51, 2 - 4 und Pr. 29, p. 84, 11 -
85, 1.

625) Vgl. In Ioh. n. 364 und 656.

626) In Sap. n. 192. Vgl. Serm. II, 2 n. 11: "quia finis sive
ultima persona non in esse, sed origine sive processione."
Vgl. auch In Ioh. n. 656.

627) Vgl. In Sap. n. 193.

628) Plotin, Enneaden, II 4, 5, 31 - 34, in: Plotini Opera,
hrsg. von Paul Henry und Hans-Rudolf Schwyzer, Bd. I, Oxford 1964, 170:"ἀόριστον δὲ καὶ ἡ κίνησις καὶ ἡ ἑτερότης
ἡ ἀπὸ τοῦ πρώτου,κακείνου πρὸς τὸ ὁρισθῆναι δεόμενα·
ὁρίζεται δέ, ὅταν πρὸς αὐτὸ ἐπιστραφῇ·"

629) Werner Beierwaltes, Andersheit. Grundriß einer neuplatonischen Begriffsgeschichte, in: Archiv für Begriffsgeschichte 16 (1972) 171. Vgl. ders., Deus est esse - esse
est Deus. Die onto-theologische Grundfrage als aristotelisch-neuplatonische Denkstruktur, in: Ders., Platonismus
und Idealismus, Frankfurt 1972, 17 - 24 und ders., Einleitung zu: Plotin, Über Ewigkeit und Zeit, hrsg. von Werner Beierwaltes, Frankfurt 1967, 20: "Ohne Andersheit gäbe es keinen denkenden Rückgang, dieser aber fängt nur
durch die Kraft des Einen im Anderen an. Der Rückgang des
Geistes aber ist Vollendung des eigenen Wesens in der
Überwindung seiner Andersheit."

630) Vgl. Beierwaltes, Deus est esse, 24f..

631) Vgl. ders., Andersheit, 194.

632) Ders., Deus est esse, 26. Vgl. ders., Andersheit, 195
Anm. 139: "Vollendender V o l l z u g dieses reflexiven
Rückgangs ist der aus Vater und Sohn hervorgehende Heili-
ge Geist (processio → conversio, conexio, conplexio)."

633) Vgl. Kurt Flasch, Augustin. Einführung in sein Denken,
Stuttgart 1980, 364f..
634) Vgl. z. B. Augustin, Conf. X 6, 10. Vgl. zum Ganzen
Augustin, De ver. rel. XXXI, 57.

635) Vgl. Augustin, De trin. VI 7, 8.

636) Vgl. a. a. O., De trin. XV 6, 10.

637) Vgl. a. a. O., VIII 3, 4 und Flasch, Augustin, 362 - 364.

638) Vgl. einschränkend Flasch, Augustin 358f.. Augustin behauptet zwar "Nec aliquid ad naturam dei pertinet quod ad
illam non pertineat trinitatem, et tres personae sunt
unius essentiae non sicut singulus quisque homo una persona" (De trin. XV 7, 11), kann dies aber nicht mit Hilfe
seines Geistbegriffes zeigen, sobald er ihn durch Einfüh-

rung des Gegensatzes von Gott und Mensch aufteilt und damit (gegenüber Plotin) zerstört. Augustins Rede von Gott
als ´simplex multiplicitas vel multiplex simplicitas´
(De trin. VI 4, 6) meint nicht die Vieleinheitlichkeit
des Geistes.

639) Beierwaltes, Andersheit, 181f. und 184.

640) Proklos, Elementatio theologica, prop. XV und XVII, ed.
Vansteenkiste, 271 und 272.

641) Vgl. a. a. O., prop. XXXI - XXXIV, ed. Vansteenkiste,
278f. und prop. XXXV, ed. Vansteenkiste, 279f..

642) A. a. O., comm. in prop. XXXIV, ed. Vansteenkiste, 279.

643) Vgl. a. a. O., prop. XLII - XLIV, ed. Vansteenkiste, 282.

644) A. a. O., prop. LXXXIII, ed. Vansteenkiste, 296.

645) Vgl. Beierwaltes, Andersheit, 188. Vgl. Dionysius Areopagita, De div. nom. IX, CCCCX B - C.

646) Vgl. Dionysius Areopagita, De div. nom. IX, CCCCX E - F.

647) Beierwaltes, Andersheit, 192.

648) Vgl. Brons, 165.

649) Beierwaltes, Andersheit, 194. Vgl. Dionysius Areopagita,
De div. nom. XIII, CCCCXII D - E.

Trotz des Neuansatzes in Richtung einer ´Rehabilitierung
der Relation´ bei Eriugena (s.u.S.168)und einer Geist-
theorie, die negative Anthropologie als negative Theologie entwirft, dürften hier die Unterschiede zu Eckhart
größer sein als die Gemeinsamkeiten: Für Eriugena wird sich
der Vater im S o h n seiner selbst bewußt (vgl. Periphyseon II, 72 - 74 (= 557 C)), auch schreibt er die Zurück-
führung der Dinge nicht dem Geist, sondern dem Logos zu

(vgl. Leo Scheffczyk, Die Grundzüge der Trinitätslehre
des Johannes Scotus Eriugena, in: Theologie in Geschichte
und Gegenwart. Michael Schmaus zum sechzigsten Geburtstag, hrsg. von Johann Auer und Hermann Volk, II. Halbband, München 1957, 517.). Nach seiner Natur ist der
Geist nicht selbst ´donum´, sondern ´distributor donorum´
(vgl. Periphyseon II, 88 (= 564 C)).

650) Wéber, Mystique, 739f..

651) Serm. IV, 1 n. 25.

652) Serm. II, 2 n. 11. Vgl. Serm. IV, 1 n. 23: "si aliquid sit
non in ipso spiritu sancto, spiritus sanctus non est deus."

653) Vgl. Serm. IV, 1 n. 24.

654) Serm. XXIII n. 220.

655) Vgl. Serm. VI, 1 n. 55.

656) Vgl. In Ioh. n. 326 und Serm. VI, 1 n. 55.

657) In Ioh. n. 620.

658) Vgl. a. a. O. n. 656 und DW II, Pr. 29, p. 84, 10f.: "Nieman enhât den heiligen geist, er ensî denne der eingeborne sun."

659) A. a. O., p. 85, 4 - 86, 1.

660) Vgl. DW I, Pr. 13, p. 218, 5f.: "der himelische vater der
gebirt in mich sîn glîch, und von der glîcheit sô kumet
ûz ein minne, daz ist der heilige geist."

661) DW I, Pr. 18, p. 302, 4 - 7. Vgl. DW I, Pr. 23, p. 394,
9 - 395, 2: "Alsô ist der heilige geist: er erhebet die
sêle ûf und underhebet sie und ziuhet sie ûf mit im, und
waere sie bereit, er züge sie in den grunt, dâ er ûzgevlozzen ist." Vgl. ferner a. a. O., p. 396, 2f.: "Diu

sêle, diu alsô alliu dinc überkomen hât, die erhebet der
heilige geist und underhebet sie mit im in den grunt, dâ
er ûzgevlozzen ist."

662) A. a. O., 3 - 6.

663) Vgl. DW II, Pr. 29, p. 76, 2 - 77, 1. Wenn Eckhart DW III,
Pr. 60, p. 22, 5 - 23, 1 die Liebe als oberste Kraft deutet, besteht hier kein Widerspruch zur durchgängigen Vor-
ordnung des Intellekts, denn 'Liebe' meint hier den Heiligen Geist: "Sô tritet diu oberste kraft her vür - daz
ist diu minne - und brichet in got und leitet die sêle
mit der bekantnisse und mit allen irn kreften in got und
vereinet sie mit gote; und dâ würket got obe der sêle
kraft, niht als in der sêle, sunder als in gote götlich."

664) DW V, BgT, 2, p. 41,11 - 13.

665) Vgl. a. a. O., p. 42, 1 - 4.

666) DW III, Pr. 65, p. 97, 10 - 98, 4.

667) Vgl. DW II, Pr. 39, p. 264, 4 - 6.

668) DW III, Pr. 75, p. 301, 6 - 8.

669) In Sap. n. 27.

670) In Ioh. n. 364.

671) Serm. XXIII n. 225.

672) Prol.in Gen. II. n. 3.

673) In Sap. n. 28. Vgl. Prol. in Gen. II n. 3.

674) Vgl. In Ex. n. 16. 17. 74; In Eccl. n. 10; In Sap. n. 5;
Serm. XLIX, 2 n. 510; In Ioh. n. 222.

675) In Ioh. n. 164. Vgl. den ersten Satz des Liber XXIV Phi-

losophorum, hrsg. von Clemens Baeumker, 208: "Deus est monas, monadem gignens, in se suum reflectens ardorem." S. u. S. 180.

676) Liber de causis, prop. XIV (XV), ed. Pattin, 167.

677) A. a. O., 167f..

678) A. a. O., 167.

679) In Ioh. n. 438 (Sperrung von mir).

680) Vgl. Proklos, Elementatio theologica, comm. in prop. XXXIV, ed. Vansteenkiste, 279. S. u. S. 164.

681) Vgl. z. B. In Sap. n. 64. Vgl. schon Lossky, 110 Anm. 45: "L'adverbe i n q u a n t u m , troisième terme qui doit signaler l'identité formelle du concret avec l'abstrait dans cette opération intellectuelle, a pour Maître Eckhart une fonction analogue à celle de la troisième personne i n d i v i n i s ." Vgl. a. a. O., 111f..

682) DW III, Pr. 80, p. 379, 6f..

683) Vgl. Serm. IV, 1 n. 24: "pater in filio non sit nec in patre filius, si pater non sit unum, id ipsum cum spiritu sancto, aut filius id ipsum, quod spiritus sanctus."

684) Vgl. a. a. O. n. 21: "Nota quod haec tria, e x , p e r et i n videntur non solum appropriata, sed propria divinis personis."

685) Die Unterscheidung ist eine 'distinctio rationis sive relationis': vgl. Serm. II, 2 n. 12.

686) A. a. O..

687) A. a. O. n. 14. Vgl. Serm. IV, 1 n. 21.

688) Serm. II, 2 n. 13.

689) Serm. IV, 1 n. 24. Vgl. Serm. XXXV n. 357f.: "e x q u o
patris habet filius quod ipse sit alius, e x q u o
alius, puta spiritus sanctus, aut e x q u o aliud,
puta creatura. Sic e x q u o aliud habet spiritus
sanctus a patre per filium." "filius habet a patre quod
sit e x q u o alius i n c a e l i s , id est in natura dei, puta spiritus sanctus, et etiam quod ipse filius et spiritus sanctus sint e x q u o aliud i n
t e r r a , id est in creatura."

690) Vgl. zum Folgenden: Heinrich Dörrie, Präpositionen und
Metaphysik. Wechselwirkung zweier Prinzipienreihen, in:
Museum Helveticum 26 (1969) 217 - 228.

691) Eckhart kennt in seiner Auslegung von Joh 1,3f. die Inter-
punktion, die die Prinzipienreihe deutlich hervortreten
läßt, wenn er ´quod factum est´ zum Folgesatz nimmt: Vgl.
In Ioh. n. 54 - 69 und Dörrie, Präpositionen, 220 und
220 Anm. 7. Exegetisch bleibt die angemessene Abteilung
umstritten. Vgl. z. B. Kurt Aland, Eine Untersuchung zu
Joh. 1, 3.4., in: Zeitschrift für die neutestamentliche
Wissenschaft 59 (1968) 174 - 209 und Siegfried Schulz,
NTD 4, 19f..

692) Dörrie, Präpositionen, 226.

693) Vgl. a. a. O., 228.

694) Vgl. Augustin, De trin. VI 10, 11 und Contra Max. II 23, 4.

695) Vgl. Thomas von Aquin, ST I q. 39 a. 8 c.a.:Einzig das ´per´
im Sinne einer ´causa media´ gilt ´proprie´ für den Sohn.
Ihm ist aber auch das ´in´ in dem Sinne zu appropriieren,
in dem Gott die ´similitudines´ aller Dinge enthält.

696) Vgl. Serm. II, 2 n. 13 und IV, 2 n. 29.

697) Schneider, Eckhart´s Doctrine of the Transcendental Perfections, 24. Vgl. ders., The Functional Christology, 303f..

698) Vgl. In Gen. II n. 215.

699) A. a. O..

700) Vgl. DW I, Pr. 9, p. 147, 5 - 8. Vgl. In Ex. n. 54: "Dico ergo quod relatio, quamvis dicatur minime ens, tamen aeque primum genus praedicamenti sicut ipsa substantia."

701) In Eccl. n. 10. Vgl. In Ex. n. 66.

702) Vgl. zum Ganzen In Ex. n. 63 - 72.

703) Vgl. In Eccl. n. 12.

704) In Ex. n. 64.

705) A. a. O..

706) A. a. O. n. 70.

707) Vgl. a. a. O. und n. 72: Als Kategorien gehören Substanz und Relation verschiedenen Gattungen an. Als Argument behält diese Unterscheidung für Eckhart auch angesichts von Gottes Einheit ihre Geltung.

708) Vgl. a. a. O. n. 65 und 71. Eckhart folgt damit Gilbert von Poitiers. Vgl. Thomas von Aquin, De pot. q. 8 a. 2.

709) Vgl. Serm. IV. 1. n. 24.

710) Lies: ´gignens´!

711) RS, 187.

712) Q. P. 1 n. 4. Vgl. In Sap. n. 297: "non entia ab anima et in anima sunt entia".

713) Vgl. Serm. II, 1 n. 8. Vgl. In Ioh. n. 548: "ipsae relationes personarum non sunt distinctae in essentia nec ab essentia".

714) Lies: ´quaedam´!

715) RS, 186. Vgl. In Ex. n. 56.

716) Vgl. a. a. 0.. Zur von Maimonides beeinflußten Kritik
Eckharts an der Attributenlehre vgl. Hans Liebeschütz,
Meister Eckhart und Moses Maimonides, in: Archiv für Kul-
turgeschichte 54 (1972) 76 - 79. Im Unterschied zu Tho-
mas hängt für Eckhart die Unterscheidung der Attribute in
Gott völlig von unserem Intellekt ab. Vgl. Lossky, 91.

717) Vgl. Serm. IV, 1 n. 21 - 26 und In Ioh. n. 163: "omne
autem quod in divinis ad processionem pertinet, proprium
est personae vel personis."

718) In Gen. II n. 216.

719) Vgl. In Ex. n. 60: "unitas, qua deus unus est, non est
unitas, quae numerum faciat aut sit principium numerum
constituens. ... Nulla igitur in ipso deo distinctio esse
potest aut intelligi." Vgl. Vot. Av., a. 24, ed. Pelster, 1121f..

720) DW V, VeM, p. 115, 1 - 4. Vgl. Vot. Av., a. 25, ed.
Pelster, 1122.

721) Vot. Av., a. 24, ed. Pelster, 1121.

722) Vgl. a. a. 0., a. 25, ed. Pelster, 1122.

723) A. a. 0..

724) Vgl. a. a. 0..

725) DW V, VeM, p. 115, 4f..

726) In Ex. n. 58.

727) A. a. 0. n. 61.

728) Vgl. a. a. 0. n. 69: "Scientia ergo in deo et substantia
sunt unius rationis praedicamenti, quae est ratio substantiae utrobique". Vgl. a. a. 0. n. 58 - 72.

729) Vgl. Wéber, Mystique, 740: "C'est le nombre trois, enten-
du en rigueur comme multiplicité et donc absence d'union,
qui est à dépasser pour discerner cette unité absolue où
communient les Personnes divines." So sind die Personen
'plures', aber nicht 'mult_a': Vgl. In Sap. n. 38 und 112;
sowie DW II Pr. 38, p. 234, 3 - 5: "Der underscheit künde
genemen âne zal und âne menige, dem waeren hundert als
ein. Waeren joch hundert persônen in der gotheit, der underscheit künde genemen âne zal und âne menige, der en-
bekente doch niht dan einen got." M. a. W.: "deus est
unus sine unitate, trinus sine trinitate". (Serm. XI, 2.
n. 118).

730) Serm. IV, 2 n. 30.

731) A. a. O..

732) Vgl. Thomas von Aquin, ST I q. 32 a. 1.

733) In Ioh. n. 160. Es gibt auch für Eckhart 'in vita' keine
Gotteserkenntnis 'per se ipsum': Vgl. In Ioh. n. 696.

734) A. a. O. n. 137.

735) Vgl. a. a. O. und In Gen. II n. 3.

736) Vgl. Flasch, Die Intention, 294 - 299.

737) Vgl. a. a. O., 298f. mit dem vollständigen Zitat In Ioh.
n. 137: "Sic ergo sub veritate historica loquens evangelista de proprietate personarum divinarum docet simul naturam et proprietatem omnium productorum, producentium et
productionum. N e c   m i r u m ,   q u i a   s e m p e r
p r i m a   s u n t   e x e m p l a r i a   i d e a l i t e r
s e c u n d o r u m ." (Sperrung von mir).

738) DW I, Pr. 10, p. 172, 2 - 4.

739) DW II, Pr. 40, p. 274, 9 - 12. Vgl. die verkürzte Redeweise DW II, Pr. 58, p. 615, 5 - 7: "Die einunge unsers herren gotes sol man merken bî einem underscheide: als got

drîfaltic ist an den personen, alsô ist er ein an der nature. Alsô sol man ouch verstân die einunge unsers herren
Jêsû Kristî mit sînem vater und der sêle."

740) DW III, Pr. 75, p. 301, 6 - 8.

741) DW V, BgT, 2, p. 41, 21 - 42, 4. Vgl. RS, 200 Anm. b:
"posset etiam dici quod anima vult et appetit uniri deo
toti in se qui partem et partem non habet ita ut aliquit
... ejus sit pater, aliquit filius, sed unus et idem totus est pater ut generans, idem per omnia totus filius
est ut genitus et idem totus spiritus sanctus ut spiritus;
cum ergo anima appetit uniri toti deo in se, non solum appetit uniri filio, sed etiam patri et spiritui sancto, quia
deus unus ipse est pater et filius et spiritus sanctus; in
natura ... hii tres sunt unus indivisus deus."

742) Mit seiner Lehre von der Einheit des Heiligen Geistes mit
der in den Glaubenden waltenden Liebe kannte Petrus Lombardus noch einen Zusammenhang der 'missio' mit der 'processio'. Vgl. Ludwig Hödl, Von der Wirklichkeit und Wirksamkeit des dreieinen Gottes nach der appropriativen Trinitätstheologie des 12. Jahrhunderts, München 1965 (Mitteilungen des Grabmann-Instituts 12), 9f..

743) In Sap. n. 64. Vgl. In Gen. II n. 180.

744) Die (sekundäre) Tabula In Sap. c. 5 v. 16 unterscheidet
hier eine 'trinitas creata in anima' von der 'trinitas
increata'. Sofern hier nicht augustinisch die Seelenpo-
tenzen gemeint sind, sondern - was der Kontext nahelegt -
die Rechtfertigung, wird man 'creata' wie im Haupttext als
'genita' verstehen müssen. Zu dieser Möglichkeit vgl. Q. P.
1 n. 4, wo Eckhart kein Problem sieht, den Schrifttext
Jes Sir 24,14 so (um)zudeuten.

745) Vgl. In Ioh. n. 342f. sowie n. 557: die Unterscheidung von
'formellem' Ineinander von Vater und Sohn und 'virtuellem'
Ineinander von Schöpfer und Geschöpf.

746) Regula LXI, in: PL 210, 650. Vgl. Augustin, z. B. De trin.
I 4,7: "quamvis pater et filius et spiritus sanctus sicut
inseparabiles sunt, ita inseparabiliter operentur."

747) Vgl. In Ioh. n. 360 und In Gen. II n. 15.

748) Vgl. In Ioh. n. 518 sowie Serm. XXV n. 358: "Totum est a
patre, e x q u o primo sive primo e x q u o ." Vgl.
ferner a. a. O. n. 357: "etiam in creaturis omne e x
q u o descendit a patre. Improprie tamen et imperfecte
ipsi creaturae competit ut sic e x q u o ."

749) Vgl. DW I, Pr. 1, p. 16, 3 - 16, 8.

750) In Ioh. n. 360. Vgl. Augustin, De doctr. christ. I 5, 5.

751) Vgl. In Ioh. n. 513.

752) Vgl. In Sap. n. 46.

753) Vgl. a. a. O. n. 219.

754) Vgl. In Ioh. n. 441 und das Beispiel vom Erkenntnisbild
a. a. O. n. 367.

755) Vgl. In Sap. n. 27f. und 219; In Ioh. n. 164 und 361; In
Gen. II n. 3.

756) In Ioh. n. 361.

757) Vgl. den Terminus ´ostendere´ a. a. O. n. 160.

758) Vgl. Serm. XXIX n. 304: "Deus enim unus est intellectus,
et intellectus est deus unus."

759) Vgl. M. A. Schmidt, Art. Eckehart, in: RGG, Bd. 2, Tübingen 1958, 304f.: "Den Ursprung, in dem nichts geschieden
ist und der doch der Grund aller Unterscheidung ist, sucht
E. jenseits der drei göttlichen Personen und doch in ihnen
als ihr Wesen."

760) Vgl. DW III, Pr. 83, p. 437 - 448.

761) Vgl. DW I, Pr. 22, p. 375 - 389.

762) Vgl. DW II, Pr. 52, p. 486 - 506.

763) A. a. O., p. 502, 8.

764) Vgl. DW II, Pr. 48, p. 413 - 421. Der Gedanke der Einheit
     des Seelengrundes mit der Gottheit ist m. E. als höchstes
     Niveau Eckharts anzusehen, das jedoch keineswegs immer
     durchgehalten wird.

268

C. 1) Vgl. Serm. XLIX, 2 n. 509: Hier gibt Eckhart ausdrücklich
Aristoteles den Vorzug vor Platon, wenn es um die Erkenntnis der ´res´ geht. Die Begründung aber zeigt die geist-
theoretische Rezeption: Aristoteles lehre nachdrücklicher
die totale Abhängigkeit des Bildes vom Abgebildeten. Ein
weiteres Beispiel: Eckhart vertritt die Lehre von der
´species´ als Erkenntnisbild und lehrt zugleich "nec posset intelligi quis albus, nisi prius intelligatur albedo"
(In Ioh. n. 172).

2) Vgl. Imbach, Gravis iactura verae doctrinae, 388 - 390.
Um 1300 (und selbst noch nach der Kanonisation des Thomas
von 1323) war der Thomismus unter den Dominikanern noch
nicht beherrschend. Vgl. Josef Koch, Neue Forschungen über
Meister Eckhart, in: Theologische Revue 26 (1927) 422.

3) Vgl. Josef Koch, Augustinischer und Dionysischer Neuplatonismus und das Mittelalter, in: Kant-Studien 48 (1956/57)
117 - 133 (jetzt in: Ders., Kleine Schriften, Bd. I, Rom
1973 (Storia e Letteratura. Racolta di Studi e Testi 127)
3 - 25).

4) Vgl. DW V, VeM, p. 115, 2 - 5: "Diu götlîche natûre ist
ein, und ieglîchiu persône ist ouch ein und ist daz selbe
ein, daz diu natûre ist. Underscheit in wesene und in wesunge wirt genomen ein und ist ein. Dâ ez niht inne enist,
dâ nimet ez und hat und gibet underscheit."

5) Vgl. den historisch-systematischen Entwurf dieses Gedankens bei Julius Schaaf, Beziehung und Idee. Eine platonische Besinnung, in: P a r u s i a . Studien zur Philosophie Platons und zur Problemgeschichte des Platonismus.
Festgabe für Johannes Hirschberger, hrsg. von Kurt Flasch,
Frankfurt 1965, 3 - 20.

6) In Eccl. n. 11. John Loeschen, The God who becomes. Eckhart on divine relativity, in: The Thomist 35 (1971) 405
- 422 sieht beide Aspekte, hebt aber die Bezüglichkeit des
Wesens hervor: "God i s his birthing relation, and apart
from this relation one cannot speak of God having a ´na-

ture.´... the One is the limitation upon the divine gene-
rative activity" (a. a. O., 411). Die vermeintliche ´Be-
züglichkeit des Wesens´ heißt bei Eckhart: Das Eine ist
auch Vater!

7) Zum Thema Eckhart und Thomas vgl. (allerdings harmonisie-
rend) Heribert Fischer, Thomas von Aquin und Meister Eckhart, in: Theologie und Philosophie 49 (1974) 213 - 235.

8) Vgl. ST I - II q. 3. Keineswegs aber steht Eckhart nun
umgekehrt allein im Gegensatz zu Thomas: Vielmehr ist die
Lehre des Thomas vielschichtiger und differenzierter als
ihre neuscholastische Handbuchauslegung. Historisch und
systematisch setzt Eckhart Thomas voraus, wobei er mit
dessen Ansatz bricht und problematisiert, was Thomas für
´gegeben´ hält.

9) Vgl. als den originellen Versuch einer Legitimierung der
´Hellenisierung´ des Christentums aus einer Interpretation
des Johannismus Hermann Timm, Geist der Liebe. Die Ursprungsgeschichte der religiösen Anthropotheologie (Johannismus), Gütersloh 1978, insb. 145 - 156: Von seiner Ver-
kündigung geht aus "der Impuls für die Entwicklung der
anthropologischen Triplizitätsstruktur" (17), sie ist Vorbereitung einer metaphysischen Trinitätsaussage (148).

10) Zum Terminus ´Anthropotheologie´ vgl. die Arbeit von Timm.

11) Vgl. Degenhardt, 287 - 294 und die Hinweise bei Klein,
159 - 163 und 171 - 173. Für Ritschl, Harnack und Holl
sind Protestantismus und ´Mystik´ unvereinbar. Vgl. besonders auch Emil Brunner, Die Mystik und das Wort. Der
Gegensatz zwischen moderner Religionsauffassung und christ-
lichem Glauben dargestellt an der Theologie Schleiermachers, Tübingen [2]1928.

12) Vgl. die Literatur bei Haas, Meister Eckhart und die deutsche Sprache, 150 Anm. 15. Vgl. ferner Karl-Heinz Zur Mühlen, Mystik des Wortes. Über die Bedeutung mystischen
Denkens für Luthers Lehre von der Rechtfertigung des Sünders, in: Von Eckhart bis Luther, 33 - 52.

13) Vgl. Philipp Strauch, Zu Taulers Predigten, in: Beiträge
zur Geschichte der deutschen Sprache und Literatur 44
(1920) 19 und Winfried Zeller, Luthertum und Mystik, in:
Ders., Theologie und Frömmigkeit. Gesammelte Aufsätze,
Bd. 2, hrsg. von Bernd Jaspert, Marburg 1978 (Marburger
theologische Studien 15), 37. Luther begann seine Taulerlektüre 1516; 1521 ([2]1522) erschien dann der Bas-
ler Taulerdruck mit 58 Eckhartpredigten im Anhang. Zu diesem Zeitpunkt hatte Luthers Interesse bereits wieder abgenommen. Nach seiner anfänglichen Würdigung Taulers und
der 'Theologia deutsch' als in großer Nähe zum Evangelium
und Antizipation der neuen Wittenbergischen Theologie (WA
1, 152 und 378f.) ging er im Kampf gegen die 'Schwärmer'
zusehends auf Distanz zur 'Deutschen Mystik'. Gleichwohl
sind ihm Tauler und der Frankfurter stets bedeutsam ge-
blieben für seinen Gedanken der "Innigkeit der unio zwischen Christus und dem Glaubenden" (Heiko A. Oberman ,
Simul gemitus et raptus: Luther und die Mystik, in: Kirche,
Mystik, Heiligung und das Natürliche bei Luther. Vorträge
des Dritten Internationalen Kongresses für Lutherforschung,
hrsg. von Ivar Asheim, Göttingen 1967, 34f. Anm. 50). Vgl.
z. B. WA 40/1, 286, 1. So kommt es noch im Galaterkommen-
tar von 1531 zur "Identifikation Christi und des Christen"
(a. a. O., 44f.). Vgl. auch Zeller, Luthertum und Mystik,
40: "Bei dem Streit mit den Schwärmern geht es im Grunde um das
rechte reformatorische Verhältnis zur Mystik." Nach der
Lutherdeutung Elerts, der wie E. Seeberg vom Neukantianis-
mus beeinflußt ist, ist das Subjekt des Glaubens bei Luther das transzendentale Ich; er habe hier Vorläufer an
den deutschen Mystikern (vgl. ders., Morphologie des Luthertums, Erster Band: Theologie und Weltanschauung des
Luthertums hauptsächlich im 16. und 17. Jahrhundert, München 1958 (Verbesserter Nachdruck der ersten Auflage von
1931), 69f.). Nach Elert ist für Luther allerdings entscheidend, "daß die Einwohnung das Ich=Du=Verhältnis keineswegs aufhebt" (a. a. O., 149, vgl. auch 154); es bleibt
ein 'Spitzensatz' Luthers aus einer Predigt von 1526, daß
Gott "Christum seynen lieben son ausschuttet uber uns und
sich ynn uns geust und uns ynn sich zeucht, das er gantz
und gar vermenschet wird und wyr gantz und gar vergottet

werden... und alles mit eynander eyn ding ist, Gott, Christus und du." (WA 20, 229, 30 - 33; 230, 10). Der Unterschied zu Eckhart allerdings bleibt offenkundig. Vgl. auch
WA 28, 187, 18 - 21: "Variae sunt naturae et tamen quaeque
s i n d totum w e s e n , qua quam natura alia deitatis
quam Christianitatis, tamen sicut pater et filius unum di-
vinum w e s e n s i n d , sic Christus cum sua Christia-
nitate i s t e i n C h r i s t l i c h w e s e n ."
(Wenn neuerdings Bengt R. Hoffman , Luther and the Mystics. A re-examination of Luther´s spiritual experience
and his relationship to the mystics, Minneapolis 1976
´mysticism as foundation of Luther´s theology´ ansieht,
liegt dieser These ein abgeschwächter Mystikbegriff (als
´Fühlen von Gottes Gegenwart´) zugrunde, so daß auch Luther zum Mystiker erklärt wird (vgl. z. B. a. a. O., 222),
seine Gemeinsamkeit mit den Mystikern in der ´experience
of justification´ (a. a. O., 224) bestehe, bei ihm jedoch
wenig Interesse an Mystik als ´Begriffssystem´ vorliege.)

14) Vgl. Steven Ozment, Eckhart und Luther: German Mysticism
and Protestantism, in: The Thomist 42 (1978) 260. Von li-
terarischer Beeinflussung zu unterscheiden ist die lebendige Geschichte des Problems. Vgl. z. B. Johann Arndts
unio-Theorie: "Mystical union is described as the ´trans-
fusion of the overflowing fulness of God´s essence into
the believer, a union with the holy Trinity." (a. a. O.,
275). S. u. S. 142f..

15) Oberman , Simul gemitus et raptus, 39.

16) Karl-Heinz zur Mühlen, Nos extra nos. Luthers Theologie
zwischen Mystik und Scholastik, Tübingen 1972 (Beiträge
zur historischen Theologie 46), 116.

17) Vgl. Hans Lassen Martensen, Meister Eckhart. Eine theologische Studie, Hamburg 1842. Die erste Arbeit aus der Fe-
der eines Theologen war die von Charles Schmidt, Meister
Eckhart. Ein Beitrag zur Geschichte der Theologie und Philosophie des Mittelalters, in: Theologische Studien und
Kritiken 12 (1839) 663 - 744 (vgl. Degenhardt, 117 - 124).

Später gilt Eckhart dann als 'Reformator vor der Reformation' (Ullmann, Mandel, v. Below, K. Müller).

18) Vgl. Emanuel Hirsch, Rez. Martin Grabmann, Neuaufgefundene
Pariser Quaestionen Meister Eckharts und ihre Stellung in
seinem geistigen Entwicklungsgange. Untersuchungen und Texte, München 1926 (Abhandlungen der Bayrischen Akademie der
Wissenschaften Bd. 32, Abh. 7), in: Theologische Literaturzeitung 53 (1928) 41 - 44.

19) Vgl. die Arbeiten von E. Seeberg.

20) Vgl. Heinrich Bornkamm, Eckhart und Luther, Stuttgart 1936.

21) Vgl. die Arbeiten von Benz, Bornkamm und v. Loewenich mit
denen von Siedel, Lindemann und Michaelis (Degenhardt,
287 - 294).

22) Vgl. z. B. Rudolf Otto, West-östliche Mystik. Vergleich
und Unterscheidung zur Wesensdeutung, Gütersloh 1979 (Text
der 3. Auflage, hrsg. von Gustav Mensching, München 1971)
(GTB 319), insb. 224 - 227 und 273f.. Neuestens nennt Udo
Kern, Art. Eckhart, 263 die Lehre von der Gerechtigkeit,
die christologisch bestimmte Theologie des Wortes, seinen
kreativen Umgang mit der Sprache und die Konzentration
auf Gott.

23) Dies lehnt Heinrich Ebeling, Meister Eckharts Mystik.
Studien zu den Geisteskämpfen um die Wende des 13. Jahr-
hunderts, Stuttgart 1941 (= Aalen 1966) (Forschungen zur
Kirchen- und Geistesgeschichte 21) - eine der wenigen
Monographien protestantischer Provenienz - mit Nachdruck
ab: a. a. 0., insb. 347.

24) Erwähnung verdient der Aufsatz von Reinhard Schwarz, Meister Eckharts Meinung vom gerechten Menschen, in: Geist
und Geschichte der Reformation. Festgabe Hanns Rückert
zum 65. Geburtstag, Berlin 1966 (Arbeiten zur Kirchengeschichte 38), 15 - 34. Er arbeitet die "trinitätstheolo-
gische Verankerung der Rechtfertigungslehre" (a. a. 0.,
29) heraus, betont Identität und modale Differenz von

göttlichem und menschlichem Sein (a. a. O., 33), ohne jedoch die Perspektive der Analogie grundlegend zu übersteigen (vgl. aber a. a. O., 28: "Und es ist die gebore-
ne, gleichwohl ungeschaffene, göttliche Gerechtigkeit,
in welcher und durch welche der iustus Sohn der Gerechtigkeit ist.").

25) Vgl. Ozment, Eckhart and Luther, 259 - 280.

26) Vgl. Fritz-Dieter Maaß, Mystik im Gespräch. Materialien
zur Mystik-Diskussion in der katholischen und evangelischen Theologie Deutschlands nach dem Ersten Weltkrieg,
Würzburg 1972 (= Berlin 1981); Jürgen Moltmann, Theologie
der mystischen Erfahrung. Zur Rekonstruktion der Mystik,
in: Freiheit und Gelassenheit, 127 - 145; Herausforderung:
Religiöse Erfahrung. Vom Verhältnis evangelischer Frömmigkeit zu Meditation und Mystik, hrsg. von Horst Reller
und Manfred Seitz, Göttingen 1980.

27) Vgl. DW V, RdU, p. 196, 5 - 198, 9.

28) Vgl. zur Mühlen, Nos extra nos, 114. Der Zusammenhang von
´extra nos´ und ´raptus´ spricht allerdings gegen eine
bloß ´forensische´ Interpretation von Luthers Rechtfertigungslehre. Vgl. Oberman, Simul gemitus et raptus, 54.

29) Vgl. Serm. XLII, 1 n. 421: "omne tuum peccatum est."

30) Vgl. Serm. XXXVII n. 376: "nihil proprie aut vere meum est,
quod extra me est, quod auferri potest ab altero, aut etiam
quod dependet ab altero". Vgl. In Ioh. n. 118.

31) Vgl. Carl Franklin Kelley, Meister Eckhart on Divine
Knowledge, New Haven 1977, 216: "But it is not possible
for man in his individual, unregenerate condition to un-
derstand that the pronouncement ´I am apart from God´ is
false before he realizes that it is true. ... Man must
know God as other than himself before there is a reali-
zation of the primal truth that there ultimately is no
otherness."

32) Erich Seeberg, Meister Eckhart und Luther, in: Die Tatwelt 12 (1936) 7 spricht von der Gottesgeburt "im Menschen jenseits des Menschen".

33) Vgl. DW I, Pr. 9, p. 158, 4 - 7. S. o. S. 110.

34) Der Terminus 'Dialektik'- wenn im strengen Sinn als Er-
weis der Einheit des Entgegengesetzten gebraucht - ist
also für das Denken Eckharts unzutreffend.

35) Vgl. die Analyse des aristotelischen Notwendigkeitsbe-
griffs bei Jüngel, Gott, 16 - 44: Der Begriff des τὸ μὴ
ἐνδεχόμενον ἄλλωϛ ἔχειν ist für Gott unangemessen, denn
über 'Notwendigkeit' entscheidet hier immer Seiendes. Demgegenüber versteht Eckhart Notwendigkeit nicht als 'non
posse aliter se habere', sondern als 'non posse sic non
se habere'.

36) Vgl. Ozment, Eckhart and Luther, 265 - 267. Allerdings
sieht er den Gegensatz zu Eckhart darin, daß bei diesem
jede Unterscheidung von Gott und Mensch verlorengehe.
Vgl. Luthers Wort von der 'fides' als 'divinitas in opere'
(WA 40.1, 417, 7) in der Interpretation Reinhold Seebergs,
Die religiösen Grundgedanken des jungen Luther und ihr
Verhältnis zu dem Ockamismus und der deutschen Mystik,
Berlin 1931 (Greifswalder Studien zur Lutherforschung und
neuzeitlichen Geistesgeschichte 6), 29: "Glaube i s t
die im Menschen wirksame Gottheit, und zwar als die al-
leinige Ursache der Rechtfertigung, die sodann wegen des
formenden Prinzips Gottes oder des Glaubens auch dem ganzen Menschen als dem bildsamen Stoff mitgeteilt wird, also sich auch auf seine Werke erstreckt."

37) Vgl. Martin Luther, Von der Freiheit eines Christenmen-
schen, WA 7, 25.

38) Ozment, Eckhart and Luther, 266f.. Philosophisch gesehen,
handelt es sich hier um eine Variante der aristotelischen
Einheitsvorstellung von der Einheit von Erkennendem und
Erkanntem im Erkennen, der sogenannten Vollzugsidentität.

S. o. Anm. 36. In einer Marginalie zu Taulers Predigten
ersetzt Luther den Begriff ´apex mentis´, bzw. ´synthe-
resis´ durch ´fides´. Vgl. WA 9, 99, 39f. mit WA 9, 103,
41 (Vgl. Oberman, Simul gemitus et raptus, 32 Anm. 45.
Bei Ozment, Eckhart and Luther, 265 fehlt die entscheidende Belegstelle.).

39) Ozment, Eckhart and Luther, 264.

40) Vgl. Jüngel, Gott, 468 - 470.

41) Zeller, Luthertum und Mystik, 43.

42) A. a. O., 44f..

43) Ozment, Eckhart and Luther, 276f..

44) Vgl. a. a. O., 278 - 280.

45) A. a. O., 279. Vgl. Elert, Morphologie I, 138: So spricht
Stephan Gerlach 1585 von einer ´coniunctio realis´, we-
sentlicher Einigung mit der menschlichen Natur Christi und
substantieller mit dem Heiligen Geist, wohl unterschieden
vom Glauben! Nach Brenz werden die Gläubigen Gottes Söhne,
d. h. ´dii ipsi´! Vgl. auch a. a. O., 140.

46) Vgl. Wilhelm Koepp, Wurzel und Ursprung der orthodoxen
Lehre von der Unio Mystica, in: Zeitschrift für Theologie
und Kirche N. F. 2 (1921) 46 - 71, 139 - 171. Er spricht
von der "hochorthodoxen Lehre von der u n i o   m y s t i -
c a der Gläubigen mit Gott, genauer mit ´Christus und
der heiligen Dreieinigkeit´" (a. a. O., 49) als einer
Neubildung der Orthodoxie: "die G e s c h i c h t e der
u n i o   m y s t i c a   i s t   n a c h   i h r e m   G r u n d -
z u g e   n i c h t s   a l s   d i e   t h e o l o g i s c h
e r z ä h l t e   G e s c h i c h t e   d e r   l u t h e -
r i s c h e n   F r ö m m i g k e i t !" (a. a. O., 166).
Gegen Koepp weist Elert nach, daß die ´unio´-Lehre schon
vor Arndt ausgebildet ist. Ferner weist er auf biblische
Anlässe, die Zweinaturenlehre und die Abendmahlslehre hin.
Vgl. ders., Morphologie I, 135 - 143.

47) Vgl. Koepp, 54 und Ozment, Eckhart and Luther, 279.

48) Vgl. Ozment, Eckhart and Luther, 280: "Lutheran [?, besser: altkirchliche] Christology provided the decisive model of a mystical union in which distance is maintained between the parties united. As the divine and human natures of Christ remained distinct and integral despite a union in which the properties of each nature were shared by the other, so in the mystical union of the believer with Christ, the believer and Christ became as one person, while nonetheless remaining in two distinct natures." Hinzuweisen wäre noch auf Chemnitz (1522 - 1586) ("die Gesamtfrömmigkeit des Luthertums gewinnt schon andere, altkirchlich-leise-mystische Tönungen", Koepp, 169) und G. Wernsdorf (1668 - 1729), bei dem neben die orthodox-forensische-formale Glaubens-'unio' die mystische 'unio' tritt (vgl. Koepp, 170). Eckhart erstaunlich nah kommt Augustin Fuhrmann (1591 - 1644), wenn er ihn zustimmend zitiert und lehrt: "Dieses ist unser Gebuhrt aus Gott: Gottes Gebuhrt in uns" (zitiert nach Winfried Zeller, Augustin Fuhrmann und Johann Theodor von Tschesch, in: Theologie und Frömmigkeit. Gesammelte Aufsätze, (Bd. 1), hrsg. von Bernd Jaspert, Marburg 1971 (Marburger theologische Studien 8), 131). Wie Tschesch (1595 - 1649) spricht Fuhrmann vom 'Christus in uns'. Vgl. auch Klein, 150f., 167 und 171 mit Hinweisen auf Tschesch, Hoburg und Arnold.

Das Verhältnis Eckharts zu Weigel (1533 - 1588) untersucht Winfried Zeller, Meister Eckhart bei Valentin Weigel. Eine Untersuchung zur Frage der Bedeutung Meister Eckharts für die mystische Renaissance des sechzehnten Jahrhunderts, in: Zeitschrift für Kirchengeschichte 57 (1938) 309 - 355 (jetzt in: Ders., Theologie und Frömmigkeit. Gesammelte Aufsätze, Bd. 2, hrsg. von Bernd Jaspert, Marburg 1978 (Marburger theologische Studien 15),55 - 88):

"Weigel ist a u c h ein Beitrag zur Frage 'Eckhart und
Luther', und ich glaube, kein ganz schlechter, weil es -
ein historischer ist! Das Rechtfertigungsproblem lebendig
erlebt und zugleich vertieft durch Eckhart, das ist einer
der wesentlichsten Kernpunkte der Mystik des frühen Weigel." (a. a. 0., 350 Anm. 111).

Neben dem Problemkreis 'Eckhart und der Pietismus' (für
Angelus Silesius findet sich eine Zusammenstellung von
Parallelstellen bei Adelheid von Eperjesy, Johannes Scheff-
ler und Meister Eckhart, Diss. Wien 1942, insb. 12 - 50)
wäre noch hinzuweisen auf die Bedeutung der 'Mystik' für
Täufer und Spiritualisten in der ersten Generation der Reformation. Hier ist jedoch erst wenig historisch gesichert.
[Vgl. z. B. Gerhard Wehr, Profile christlicher Spirituali-
tät, Schaffhausen 1982 und ders., Deutsche Mystik. Ge-
stalten und Zeugnisse religiöser Erfahrung von Meister
Eckhart bis zur Reformationszeit, Gütersloh 1980 (GTB 365).]
Systematisch wurde hier der Hinweis auf die lutherische
Orthodoxie vorgezogen, um aufgrund der - bei aller Kritik
am 'mystischen' 'unio'- Modell - trotz allem Unterschied
gleichwohl vorhandenen Nähe das Problem der Einheit von
Gott und Mensch erneut zur Diskussion zu stellen.

49) So spricht z. B. Bornkamm, Eckhart und Luther, 20 mit
Holl von der 'Zertrümmerung des Ichbewußtseins'. Vgl.
auch Reinhold Niebuhr, The Nature and Destiny of Man. A
Christian Interpretation, Bd. I, New York 1943, 58: "Unique
individuality is identified with natural creatureliness in
mysticism and is therefore regarded as the very root of
evil which must be overcome."

50) DW III, Pr. 64, p. 90, 3 - 6.

51) Vgl. In Ioh. n. 311: "Vivum enim est quod habet motum
sive quod movetur ab intra ex se ipso".

52) Vgl. Niebuhr, 58.

53) Vgl. DW III, Pr. 61, p. 39, 4 - 6.

54) S. o. S. 110f..

55) Vgl. WA 56, 275, 18 - 24.

56) Vgl. Ernst Bizer, Fides ex auditu. Eine Untersuchung über
die Entdeckung der Gerechtigkeit Gottes durch Martin Luther, Neukirchen ^{2}1961, 21.

57) Vgl. ST I q. 1 a. 2.

58) Vgl. Mojsisch, Meister Eckhart, 15 - 17.

59) Vgl. Serm. die b. Aug. Par. hab. n. 2.

60) A. a. O..

61) Mojsisch, Meister Eckhart, 15.

62) Damit ist Theologie bei Eckhart weder Fundamentaltheologie
im Sinne sekundärer argumentativer Rechtfertigung von vor-
gängig Geglaubtem noch gilt die Proportionalität Theologie : Philosophie ≙ Glauben : Wissen.

62a) Vgl. In Ioh. n. 185: ´una radix veritatis´.

63) Vgl. DW I, Pr. 24, p. 419, 3.

64) Vgl. DW III, Pr. 62, p. 61, 3 - 62, 1 und DW V, RdU,
p. 307, 2 - 4.

65) DW II, Pr. 28, p. 65, 6f..

66) Vgl. die von Luther her geübte Kritik Bornkamms, Eckhart
und Luther, 28: "Die Welt ist keine Aufgabe, sondern etwas
Aufzugebendes." Vgl. Hirsch, 44.

67) In Ioh. n. 671.

68) Vgl. die Analysen in den Arbeiten von Mieth.

279

69) Vgl. dgg. die These vom ´Platonismus´ der ´Dialektischen
    Theologie´ und als Beleg den Vortrag von Heinrich Barth,
    Gotteserkenntnis (jetzt in: Anfänge der dialektischen
    Theologie, hrsg. von Jürgen Moltmann, Teil I, München
    1962 (Theologische Bücherei 17), 221 - 255).

70) Vgl. DS, n. 421 zurückgehend auf die Theologie der drei
    Kappadozier (um 380).

71) Vgl. neuestens Basil Studer, Zur Entwicklung der patristi-
    schen Trinitätslehre. Die äußeren Faktoren in der Ge-
    schichte der frühkirchlichen Lehre von der Dreifaltig-
    keit, in: Theologie und Glaube 74 (1984) 81 - 93.

72) Vgl. z. B. Leo Scheffczyk, Trinität: Das Specificum Chri-
    stianum, in: Ders., Schwerpunkte des Glaubens. Gesammelte
    Schriften zur Theologie, (Bd. I), Einsiedeln 1977, 156 -
    173 (Sammlung Horizonte N. F. 11).

73) Dies gilt freilich in gewisser Hinsicht auch für die
    ´östliche´ Trinitätstheologie: Vgl. Dorothea Wendebourg,
    Geist oder Energie. Zur Frage der innergöttlichen Veran-
    kerung des christlichen Lebens in der byzantinischen Theo-
    logie, München 1980 (Münchener Monographien zur histori-
    schen und systematischen Theologie 4): Sie spricht bei
    Palamas von einer ´Entfunktionalisierung´ der Trinitäts-
    theologie aufgrund seiner Realdistinktion von Wesen und
    Wirken in Gott.

74) Vgl. Michael Servet, De trinitatis erroribus libri 7,
    o. O. 1531 (= Frankfurt 1965).

75) Vgl. Gustav Adolf Benrath, Der Antitrinitarismus, in:
    Handbuch der Dogmen- und Theologiegeschichte, hrsg. von
    Carl Andresen, Bd. 3: Die Lehrentwicklung im Rahmen der
    Ökumenizität, Göttingen 1984, 49 - 70.

76) Vgl. Kants berühmtes Wort: "Aus der Dreieinigkeitslehre,
    nach dem Buchstaben genommen, läßt sich schlechterdings
    nichts fürs Praktische machen." (Der Streit der Fakultä-
    ten, Akademie-Ausgabe, Bd. VII, 38).

77) Christoph von Schönborn, Immanente und ökonomische Trini-
    tät. Zur Frage des Funktionsverlustes der Trinitätslehre
    in der östlichen und westlichen Theologie, in: Freiburger
    Zeitschrift für Philosophie und Theologie 27 (1980) 257.

78) Vgl. die ´klassische´ Kritik Friedrich Schleiermachers,
    GL ^{2}§ 171.

79) GL ^{2}§ 172.

80) Vgl. Wilfried Brandt, Der Heilige Geist und die Kirche
    bei Schleiermacher, Zürich 1968, 228: "Die· Trinitätslehre
    ist eben eine Lehre über den in Christus und dem Heiligen
    Geist e r s c h i e n e n e n Gott, nicht über Gottes
    Wesen an und für sich." Vgl. dgg. (m. E. unzutreffend)
    Robert R. Williams, Schleiermacher the Theologian. The
    Construction of the Doctrine of God, Philadelphia 1978, 157:
    "Schleiermacher´s essential trinity i s an assertion
    about the being of God, and one which is very close to
    the Athanasian orthodoxy."

81) S. o. A. Anm. 5.

82) Vgl. z. B. Ozment, Eckhart and Luther, 271f..

83) Vgl. ProL gen. in op. trip. n. 2.

84) S. o. S. 115.

85) Vgl. GL ^{2}§ 171, 3 und 4.

86) Vgl. Karl Rahner, Bemerkungen zum dogmatischen Traktat
    »De Trinitate«, in: Schriften zur Theologie, Bd. IV, Ein-
    siedeln 1960, 103 - 133. Vgl. Eberhard Jüngel, Das Ver-
    hältnis von »ökonomischer« und »immanenter« Trinität. Er-
    wägungen über eine biblische Begründung der Trinitäts-
    lehre - im Anschluß an und in Auseinandersetzung mit Karl
    Rahners Lehre vom dreifaltigen Gott als transzendentem
    Urgrund der Heilsgeschichte, in: Ders., Entsprechungen:
    Gott - Wahrheit - Mensch. Theologische Erörterungen, Mün-
    chen 1980 (Beiträge zur evangelischen Theologie 88), 265
    - 275.

87) Vgl. Michael Welker, Universalität Gottes und Relativität
    der Welt. Theologische Kosmologie im Dialog mit dem ame-
    rikanischen Prozeßdenken nach Whitehead, Neukirchen -
    Vluyn 1981 (Neukirchener Beiträge zur Systematischen
    Theologie 1). Als Beispiel einer Interpretation Eckharts
    aus der Sicht eines 'Prozeßtheologen' vgl. den Aufsatz
    von Loeschen.

88) Vgl. In Ex. n. 211, In Ioh. n. 125. 137.

89) Vgl. z. B. Bornkamm, Eckhart und Luther, 20 und 28.

89a) Vgl. In Sap. n. 129, wo Eckhart von Gott als 'motus sine
    motu' spricht.

90) DW V, BgT, 2, p. 54, 1 - 3.

91) DW II, Pr. 25, p. 8, 6f.. Vgl. In Ioh. n. 626: "deus amat
    nos sine passione afficiente sive immutante, sicut etiam
    nobis irascitur sine passione irae." Vgl. DW V, BgT, 2,
    p. 45, 19 - 21.

92) A. a. O., p. 48, 5 - 7.

93) Vgl. insbesondere DW II, Pr. 49, p. 440, 5 - 444, 6 und
    DW V, RdU, 20, p. 270, 11 - 271, 3.

94) DW III, Pr. 81, p. 397, 12.

95) DW V, BgT, 2, p. 51, 4f..

96) A. a. O., p. 51, 13 - 15.

97) Vgl. a. a. O., p. 52, 1 - 3 und DW V, RdU, 11, p. 228,
    9 - 230, 4.

98) Vgl. z. B. Manfred Frank, Was ist Neostrukturalismus?,
    Frankfurt 1984 (es 1203).

Problemgeschichtlicher Anhang

1) Sowohl die Autoren als auch diese Fragestellung kommen in
   den gängigen Handbüchern und Dogmengeschichten zu kurz, so
   daß die Darstellung dieser Problemgeschichte erst aus ver-
   einzelten Monographien und einer Anzahl von Aufsätzen erar-
   beitet werden muß. Darüber hinaus liegen auch kaum neuere
   Darstellungen der Dogmengeschichte der Trinität vor. Vgl.
   aber Leo Scheffczyk, Lehramtliche Formulierungen und Dogmengeschichte der Trinität, in: Mysterium Salutis, Bd. II, Einsiedeln 1967, 146 - 217 und besonders Bertrand de Margerie,
   La Trinité chrétienne dans l'histoire, Paris 1975 (Théologie
   historique 31), der Eckhart wenigstens erwähnt, wenn auch im
   Rahmen der 'fausses systématisations trinitaires' aufgrund
   eines "panthéisme de la grâce et de l'existence (esse)" (a.
   a. O., 339) und einer Vernachlässigung der 'distinctio realis' zwischen den göttlichen Personen (a. a. O., 338).

2) Vgl. z. B. Jean Trouillard, La Purification plotinienne, Paris 1955 (Bibliothèque de philosophie contemporaine) und
   Werner Beierwaltes, Reflexion und Einung. Zur Mystik Plotins,
   in: Ders. u. a., Grundfragen der Mystik, Einsiedeln 1974, 7
   - 36 (Kriterien 33).

3) Vgl. Werner Beierwaltes, Deus est esse - esse est Deus. Die
   onto-theologische Grundfrage als aristotelisch-neuplatonische
   Denkstruktur, in: Ders., Platonismus und Idealismus, Frankfurt 1972, 18.

4) Vgl. ders., Identität und Differenz, Frankfurt 1980 (Philosophische Abhandlungen 49), 10. (Vgl. Plotin, Über Ewigkeit
   und Zeit, hrsg. von Werner Beierwaltes, Frankfurt 1967.)

5) Vgl. a. a. O., 14f.: "Der Grund-Satz des Parmenides ist dieser: Sein i s t , Nicht-Sein i s t n i c h t ."

6) Vgl. Sophistes 258 e 6 - 259 b 6.

7) Beierwaltes, Identität und Differenz, 26.

8) A. a. O., 29.

9) Vgl. Trouillard, 208: "Le plotinisme est donc u n e d o c -
t r i n e e t u n e m é t h o d e d e s m é t a m o r -
p h o s e s d u m o i . L´univers n´est pas autre chose
que l´aspect objectif des différentes formes mentales. La
vie noétique n´est pas dans le monde ni le monde en elle;
ils sont identiques."

10) Vgl. Beierwaltes, Identität und Differenz, 32 und 36.

11) Allzu schnell war hier oft die Vorstellung von der ´Emanation´
zur Stelle. Vgl. zur Kritik daran Heinrich Dörrie, Emanation.
Ein unphilosophisches Wort im spätantiken Denken, in: P a -
r u s i a . Studien zur Philosophie Platons und zur Problemgeschichte des Platonismus, Festgabe für Johannes Hirschberger, hrsg. von Kurt Flasch, Frankfurt 1965, 113 - 141, insb.
136f..

12) Vgl. Beierwaltes, Deus est esse, 22.

13) A. a. O., 18. Vgl. Trouillard, 208 Anm. 3: "L´essentiel du
plotinisme est peut-être une manière de lire la seconde par-
tie du P a r m é n i d e , qui y découvre la genèse mystique
de l´ê t r e à partir de l´ U n innomable, de telle sorte
que l´être ne puisse se réaliser dissemblable sans être ren-
voyé à son centre intérieur et universel."

14) Beierwaltes, Deus est esse, 20.

15) Vgl. Friedo Ricken, Das Homousios von Nikaia als Krisis des
altchristlichen Platonismus, in: Zur Frühgeschichte der
Christologie. Ihre biblischen Anfänge und die Lehrformel von
Nikaia, hrsg. von Bernhard Welte, Freiburg - Basel - Wien
1970 (Quaestiones disputatae 51), 74 - 99. (Die theologische
Platonismuskritik weicht allmählich einer Neubeurteilung.
Vgl. Adolf Martin Ritter, Platonismus und Christentum in der
Spätantike, in: Theologische Rundschau 49 (1984) 31 - 56.)

16) Vgl. besonders Anton Ziegenaus, Die trinitarische Ausprägung
der göttlichen Seinsfülle nach Marius Victorinus, München
1972 (Münchener Theologische Studien II/41).

17) Beierwaltes, Deus est esse, 24.

18) Ders., Andersheit. Grundriß einer neuplatonischen Begriffs-
    geschichte, in: Archiv für Begriffsgeschichte 16 (1972) 195
    Anm. 139.

19) A. a. O., 194.

20) Vgl. ders., Deus est esse, 25f..

21) Ders., Andersheit, 194f. Anm. 139.

22) A. a. O., 195 Anm. 139.

23) A. a. O..

24) Ders., Deus est esse, 26.

25) Ders., Identität und Differenz, 68.

26) A. a. O., 70.

27) A. a. O., 71.

28) A. a. O., 72.

29) Vgl. besonders Alfred Schindler, Wort und Analogie in Augu-
    stins Trinitätslehre, Tübingen 1965 (Hermeneutische Unter-
    suchungen zur Theologie 4) und Johann Mader, Die logische
    Struktur des personalen Denkens. Aus der Methode der Gottes-
    erkenntnis bei Aurelius Augustinus, Wien 1965.

30) Zur Notwendigkeit, die Theorie Augustins nicht als Resultat,
    sondern in ihrer Entwicklung darzustellen, vgl. Prosper Al-
    faric, L'évolution intellectuelle de saint Augustin, Bd. I:
    Du Manichéisme au Néoplatonisme, Paris 1918 und neuestens
    Kurt Flasch, Augustin. Einführung in sein Denken, Stuttgart
    1980. Zur Trinität vgl. a. a. O., 326 - 368 und 410 - 414 so-
    wie Olivier du Roy, L'intelligence de la foi en la Trinité
    selon saint Augustin. Genèse de sa théologie trinitaire
    jusqu'en 391, Paris 1966.

285

31) Vgl. Flasch, Augustin, 348: "Das Wissen des Menschen ist,
wenn es wahres Wissen ist, auch das Wissen, das Gott hat."
Vgl. Augustin, De trin. XIV 12, 15.

32) Flasch, Augustin, 336.

33) Vgl. Augustin, De lib. arb. II 3, 7 und De trin. X 10, 14
- 16.

34) Flasch, Augustin, 338.

35) Vgl. das Standardwerk von Michael Schmaus, Die psychologische Trinitätslehre des heiligen Augustinus, Münster 1967
(= 1972 mit einem Nachtrag) (Münsterische Beiträge zur Theologie 11).

36) Vgl. Flasch, Augustin, 348f..

37) A. a. O., 352.

38) A. a. O., 357.

39) A. a. O., 358.

40) Vgl. Augustin, De trin. V 14, 15.

41) Für Flasch, Augustin, 363 - 365 zeigt sich hier die Dominanz
des philosophischen Monotheismus. Vgl. dgg. Josef Koch, Augustinischer und Dionysischer Neuplatonismus und das Mittelalter, in: Kant-Studien 48 (1956/57) 123: "An die Stelle des
absoluten Einen Plotins tritt der dreieinige Gott." Zum Nach-
weis der Übernahme der Einheitsspekulation bei Augustin vgl.
Kurt Flasch, Der philosophische Ansatz des Anselm von Canterbury im Monologion und sein Verhältnis zum augustinischen
Neuplatonismus, in: Analecta Anselmiana. Untersuchungen über
Person und Werk Anselms von Canterbury, Bd. II, hrsg. von
Franciscus Salesius Schmitt, Frankfurt 1970, 1 - 43, insb.
35 - 41.

42) Vgl. Augustin, De trin. XV 22, 42 - 23, 43.

286

43) Vgl. die Diskussion bei Werner Beierwaltes, Proklos. Grundzüge seiner Metaphysik, Frankfurt [2]1979 (Philosophische Abhandlungen 24), 395f..

44) Ein Beispiel: Die erste 'propositio' der 'Elementatio' fehlt
im Kommentar des Thomas, weist also auf Eckharts direkte
Quellenkenntnis hin. Vgl. z. B. Beierwaltes, Proklos, 395,
Anm. 3.

45) Der Text heute hrsg. von C. Vansteenkiste, in: Tijdschrift
voor Filosofie 13 (1951) 263 - 302, 491 - 531.

46) Der Text heute hrsg. von A. Pattin, in: Tijdschrift voor Filosofie 28 (1966) 134 - 203.

47) Vgl. Beierwaltes, Proklos, z. B. 343 - 348.

48) Ders., Identität und Differenz, 39.

49) Vgl. a. a. O., 41. "Den Gedanken, daß Ähnliches im Unähnli-
chen oder Anderes im Selben und umgekehrt wirksam sind, hat
Proklos im Begriffsbereich von αναλογία, dem Struktur- und
Bewegungsprinzip der Welt, differenziert entfaltet." (a. a.
O., 42).

50) A. a. O., 44.

51) A. a. O., 45.

52) Vgl. ähnliche Formulierungen für das Verhältnis von οὐσία
und ὑποστάσειϛ in Gott bei Gregor von Nazianz (Beierwaltes,
Identität und Differenz, 45 Anm. 103). Vgl. Luise Abramowski,
Συνάφεια und ἀσύγχυτοϛ ἕνωσιϛ als Bezeichnung für trinitarische und christologische Einheit, in: Dies., Drei christologische Untersuchungen, Berlin 1981 (Beiheft zur Zeitschrift
für die neutestamentliche Wissenschaft und die Kunde der älteren Kirche 45), 63 - 109.

53) Proklos, Elementatio theologica, prop. I, ed. Vansteenkiste,
264.

54) A. a. O., prop. XXI, 273.

55) Vgl. a. a. O., prop. LXXXIII, 296.

56) Vgl. a. a. O., prop. CXV, 496.

57) Marie-Dominique Chenu, Die Platonismen des XII. Jahrhunderts,
    jetzt in: Platonismus in der Philosophie des Mittelalters,
    hrsg. von Werner Beierwaltes, Darmstadt 1969 (Wege der For-
    schung 197), 309.

58) Liber des causis, prop. IV, ed. Pattin, 142.

59) A. a. O., 143.

60) A. a. O., 144.

61) So ist Erkennen als Verursachtes auf das ´über´ ihm, als Ur-
    sache auf das ´unter´ ihm bezogen. Vgl. a. a. O., prop. VII
    (VIII), 152.

62) Vgl. a. a. O., prop. V (VI), 147f. und prop. XXI (XXII), 181.

63) Vgl. a. a. O., prop. IX (X), 158.

64) A. a. O., prop. XX (XXI), 180. Vgl. Proklos, a. a. O., prop.
    XII, 269f. (und Dionysius Areopagita, De div. nom., c. 4,
    transl. Johannes Saracenus, CCCCI E-F S. u. Anm. 70).

65) Vgl. den Liber de causis, prop. XIV (XV), 167.

66) Das ist das Wahrheitsmoment der Behauptung von Koch, Augu-
    stinischer und dionysischer Neuplatonismus, 127 Anm. 26, im
    ´Liber de causis´ sei vom Einen keine Rede.

67) Vgl. neuestens Gerard O´Daly, Art. Dionysius Areopagita, in:
    Theologische Realenzyklopädie, hrsg. von Gerhard Krause und
    Gerhard Müller, Bd. VIII, Berlin - New York 1981, 772 - 780.

68) Vgl. Koch, Augustinischer und dionysischer Neuplatonismus,

117 - 133 und Chenu, a. a. O., 298 - 307. Die Entgegensetzung darf allerdings die Gemeinsamkeit der plotinischen Tradition nicht übersehen lassen. Es stehen sich nicht einfach
gegenüber Augustins Rede vom trinitarischen Gott und Dionysius' Schweigen vom Einen. Vgl. dgg. Koch, Augustinischer
und dionysischer Neuplatonismus, 127.

69) Hilduin von St. Denis (nach 827) und Johannes Scottus Eriugena (852), die Übersetzung des Johannes Scottus in PL 122,
1029 - 1194.

70) Im Druck vorliegend in D. Dionysii Carthusiani ... Super
omnes S. Dionysii Areopagitae libros commentaria ..., Köln
1536, fol. CCCLXXVI D - CCCCXVIII F. (Der Text von De div. nom.
ist leichter zugänglich in: S. Thomae Aquinatis Doctoris Angelici
O.P. In Librum Beati Dionysii De Divinis Nominibus Expositio, hrs
von Ceslai Pera, Turin - Rom 1950 (Marietti-Ausgabe 23).)

71) Beierwaltes, Andersheit, 189. (Vgl. Dionysius Areopagita, De
div. nom., c. 1, transl. Johannes Saracenus, CCCXCVIII D:
"Hoc igitur scientes theologi et sicut innominabilem ipsam
laudant, et ex omni nomine."

72) Dionysius Areopagita, De div. nom., c.2, transl. Johannes
Saracenus, CCCXCIX D.

73) Vgl. Bernhard Brons, Gott und die Seienden. Untersuchungen
zum Verhältnis neuplatonischer Metaphysik und christlicher
Tradition bei Dionysius Areopagita, Göttingen 1976 (Forschungen zur Kirchen- und Dogmengeschichte 28), 129.

74) Vgl. katholischerseits Walter Martin Neidl, THEARCHIA. Die
Frage nach dem Sinn von Gott bei Pseudo-Dionysius Areopagita
und Thomas von Aquin, Regensburg 1976, XXIV, 137, 452 und
evangelischerseits Brons, 128 - 130, 175, 233f., 327 - 329.

75) Vgl. Beierwaltes, Andersheit, 194. Allerdings spricht auch er
von einer "Prävalenz der proklischen E i n h e i t s metaphysik" (a. a. O.).

76) O'Daly, 774.

77) Lossky, Théologie negative, 62.

78) Vgl. zum Problem insgesamt Josef Hochstaffl, Negative Theologie. Ein Versuch zur Vermittlung des patristischen Begriffs,
München 1976.

79) Vgl. Brons, 127f.. Damit ist aber differenzierte Einheit der
Hypostasen - und nicht das Verhältnis von ´species´ und ´ge-
nus´ gedacht.

80) Vgl. Brons, 328: "Die Trinitätslehre reduziert sich auf einen Aspekt der Ideenlehre."

81) Dionysius Areopagita, De div. nom., c. 2, CCCC A.

82) A. a. O., c. 13, CCCCXII D.

83) Koch, Augustinischer und dionysischer Neuplatonismus, 126f.
spricht von einer Abwertung sowohl der affirmativen wie der
negativen Theologie. Da aber präzise die Unerkennbarkeit erkannt und genannt wird (auch in De myst. theol., c. 5, CCCCXIV
B), handelt es sich gerade um eine Aussage negativer Theologie, nicht ein unaufgeklärtes Schweigen.

84) Dionysius Areopagita, De div. nom., c. 13, CCCCXII E - F.

85) Werner Beierwaltes, Das Problem des absoluten Selbstbewußt-
seins bei Johannes Scotus Eriugena, in: Platonismus in der
Philosophie des Mittelalters, hrsg. von Werner Beierwaltes,
Darmstadt 1969 (Wege der Forschung 197), 484f..

86) Vgl. lediglich Leo Scheffczyk, Die Grundzüge der Trinitätslehre des Johannes Scotus Eriugena, in: Theologie in Geschichte und Gegenwart, Festschrift für Michael Schmaus, hrsg.
von Johann Auer und Hermann Volk, II. Halbband, München 1957,
497 - 518. Zu Eriugena vgl. jetzt Gangolf Schrimpf, Das Werk
des Johannes Scottus Eriugena im Rahmen des Wissenschaftsverständnisses seiner Zeit. Eine Hinführung zu Periphyseon, Münster 1982 (Beiträge zur Geschichte der Philosophie und Theologie des Mittelalters, N. F. 23).

87) Vgl. Hans Liebeschütz, Mittelalterlicher Platonismus bei Jo-

hannes Eriugena und Meister Eckhart, in: Archiv für Kulturgeschichte 56 (1974) 241 - 269, insb. 260 und 266. (Allerdings war der Besitz seiner Bücher im 13. Jahrhundert bei
Todesstrafe verboten.)

88) Beierwaltes, Proklos, 115 Anm. 132.

89) Vgl. Johannis Scotti Eriugenae Periphyseon, Bd. II, hrsg.
von I. P. Sheldon - Williams, Dublin 1972 (Scriptores Latini Hiberniae IX), 168 (= PL 122, 600 A). Vgl. Scheffczyk,
Eriugena, 501 - 503.

90) Vgl. Eriugena, Periphyseon II, 140 (= 588 A).

91) Kurt Flasch, Zur Rehabilitierung der Relation. Die Theorie
der Beziehung bei Johannes Eriugena, in: Philosophie als Beziehungswissenschaft, Festschrift für Julius Schaaf, hrsg.
von Wilhelm Friedrich Niebel und Dieter Leisegang, Frankfurt
1971 (»eidos«. Beiträge zur Kultur 4), 11. (Vgl. die Unterscheidung von 'relatio extra usia' und 'relatio' der 'usia':
a. a. O., 9, wobei diese ausdrücklich von der ersten Substanz
und nicht nur vom sekundären Begriff als 'zweiter Substanz'
gilt: Vgl. a. a. O., 11 und Eriugena, Periphyseon I, 102
(= 471 A).) Vgl. auch Eriugena, Periphyseon I, 104 (= 471 D
- 472 A): "In ipsa uero OYCIA relatio est cum genus ad speciem refertur et species ad genus."

92) Flasch, Relation, 12.

93) Vgl. Eriugena, Periphyseon I, 96 (= 468 B). Zu den Konsequenzen und retardierenden Momenten vgl. Flasch, Relation, 12 - 16.

94) Scheffczyk, Eriugena, 506.

95) Vgl. a. a. O., 506f..

96) Vgl. a. a. O., 507 - 509.

97) A. a. O., 511.

98) Eriugena, Periphyseon I, 208 (= 517 C). Vgl. a. a. O., 208
(= 518 A).

99) A. a. O. III, 160 - 162 (= 678 C).

100) Vgl. Tullio Gregory, Vom Einen zum Vielen (Zur Metaphysik
des Johannes Scotus Eriugena), in: Platonismus in der Philosophie des Mittelalters, 349f..

101) Eriugena, Periphyseon III, 162 (= 678 C).

102) Vgl. Scheffczyk, Eriugena, 513. Dies geschieht aber nun gerade nicht 'unterschiedslos', sondern in der Unterscheidung
von 'immanent' und 'transeunt'.

103) A. a. O., 514.

104) Eriugena, Periphyseon I, 204 (= 516 C).

105) Donald F. Duclow, Divine Nothingness and Self-Creation in
John Scotus Eriugena, in: Journal of Religion 57 (1977) 118.

106) Beierwaltes, Das Problem des absoluten Selbstbewußtseins, 512.

107) Francis Bertin, Les origines de l'homme chez Jean Scot, in:
Jean Scot Érigène et l'histoire de la philosophie. Actes du
colloque international à Laon du 7 au 12 juillet 1975, hrsg.
von René Roques, Paris 1977, 307f.. Vgl. Eriugena, Periphyseon III, 74 (= 640 A).

108) Eriugena, Periphyseon IV, 786 B (zitiert nach PL 122, da keine kritische Ausgabe vorliegt). Vgl. Scheffzcyk, Eriugena,
515.

109) Scheffczyk, Eriugena, 515f.. Ausdrücklich spricht Eriugena
von einer 'trina actio'. Vgl. Eriugena, Periphyseon II, 92
(= 566 D) und Schrimpf, Eriugena, 195f..

110) Vgl. Scheffczyk, Eriugena, 516f..

111) Schrimpf, Eriugena, 264.

112) Die Unterscheidung von Schöpfer und Geschöpf ergibt sich

fraglos aus der zweifachen Dichotomie der ´divisio naturae´:
´quid creat et non creatur´- ´quid creatur et creat´- ´quid
creatur et non creat´- ´quid nec creatur nec creat´. (Vgl.
Duclow, 115.) Sie erscheint als Unterscheidung zwischen
dem Wesen Gottes und allem, was unter die Kategorien fällt
(vgl. Liebeschütz, Mittelalterlicher Platonismus, 264f.).

113) Eriugena, Periphyseon II, 50 (= 547 A).

114) Vgl. Schrimpf, Eriugena, 265 - 267.

115) A. a. O., 267. Eriugena, Periphyseon II, 76 (= 559 A): "Intellectus enim omnium in Deo essentia omnium est".

116) Vgl. a. a. O., 267 - 269.

117) A. a. O., 280. Zum Begriff der ´causae primordiales´ vgl.
ferner a. a. O., 256 - 295.

118) Selbst die Materie leitet Eriugena vom Einen ab. Vgl. Periphyseon III, 66 (= 636 D - 637 A).

119) Schrimpf, Eriugena, 288.

120) Vgl. Eriugena, Periphyseon II, 70 - 92 (= 566 A - 566 D)
und Schrimpf, Eriugena, 195.

121) A. a. O., 194f..

122) Vgl. a. a. O., 198: "»Vater« heißt, so darf resümiert werden, die gegebene grundsätzliche Möglichkeit, »Sohn« die
tatsächliche Gegebenheit und »Hl. Geist« die ständige Wirksamkeit von Entstehungsgründen in allem Geschaffenen. Darüber hinaus bedeutet »Hl. Geist«, daß der Gläubige die Wirksamkeit als solche von Entstehungsgründen in allem Geschaffenen zu entdecken vermag."

123) Vgl. Duclow, 114 und Eriugena, Periphyseon III, 166 (= 681 A)
und 172 (= 683 B).

124) Vgl. Eriugena, Periphyseon II, 122 - 134 (= 580 A - 585 D).

293

125) Vgl. Duclow, 111: "... on the basis of the divine n i h i l,
     he denies knowledge of the divine essence not only to all
     created intellects but also to God himself." Vgl. a. a. O.,
     113: "This ignorance coincides with divine wisdom when it
     indicates God's consciousness of his unconditional trans-
     cendence." Vgl. Eriugena, Periphyseon II, 146 (= 590 C - D):
     "Non enim suades deum se ipsum ignorare sed solummodo igno-
     rare quid sit, et merito quia non est quid." A. a. O. III,
     58 (= 633 B - C) zeigt Eriugena dasselbe für den menschli-
     chen Intellekt. "Man thus recapitulates within himself the
     entire dialectic of nothingness and self-creation." (Du-
     clow, 120).

126) Vgl. Eriugena, Periphyseon I, 64 (= 454 A - C).

127) Kurt Flasch, Die Metaphysik des Einen bei Nikolaus von Kues.
     Problemgeschichtliche Stellung und systematische Bedeutung,
     Leiden 1973 (Studien zur Problemgeschichte der antiken und
     mittelalterlichen Philosophie 7), 12.

128) A. a. O., 13. Vgl. Eriugena, Periphyseon I, 84 (= 462 C -
     D) und Werner Beierwaltes, Negati affirmatio: Welt als Me-
     tapher. Zur Grundlegung einer mittelalterlichen Ästhetik
     durch Johannes Scotus Eriugena, in: Philosophisches Jahr-
     buch 83 (1976) 267: "Die affirmativ faßbare Erscheinung des
     an sich Nicht-Erscheinenden, n e g a t i   a f f i r m a -
     t i o , wird für Denken und Sprache zum bewegenden Anhalt,
     auf das Nicht-Erscheinende als das Implicatum in der Er-
     scheinung zurückzugehen."

129) Zu Anselm vgl. jetzt Klaus Kienzler, Glauben und Denken
     bei Anselm von Canterbury, Freiburg 1981 und Ludwig Hödl,
     Art. Anselm von Canterbury, in: Theologische Realenzyklopä-
     die, hrsg. von Gerhard Krause und Gerhard Müller, Bd. II,
     Berlin - New York 1978, 759 - 778.

130) Vgl. Bardo Weiß, Der Einfluß Anselms von Canterbury auf Mei-
     ster Eckhart, in: Analecta Anselmiana, Bd. IV/2, hrsg. von
     Helmut Kohlenberger, Frankfurt 1975, 209 - 221. Als kriti-
     sche Erweiterung vgl. Mojsisch, Meister Eckhart, 75 Anm. 57.

131) Vgl. Anselm von Canterbury, Proslogion, c. 2, in: Opera omnia, hrsg. von Franciscus Salesius Schmitt, Stuttgart - Bad
Canstatt 1968, Bd. I, 101f. und Meister Eckhart, Serm. VI,
1 n. 53; XXIX n. 295; XXX, 2 n. 320. (Vgl. allerdings bereits
Anselms Rede vom 'melius': Proslogion, c. 3, Opera omnia I,
103.) Zum Proslogion vgl. jetzt die programmatische Interpretation von Ingolf U. Dalferth, Fides quaerens intellectum.
Theologie als Kunst der Argumentation in Anselms Proslogion,
in: Zeitschrift für Theologie und Kirche 81 (1984) 54 - 105.
[Die gelungene Einsicht in Anselms hermeneutisches Programm
verfehlt durch die m. E. unzulässige und an den Text herange-
tragene Trennung von Argumentation und Kontemplation (a. a.
O., 64f.) die Spitze des anselmischen Programms: Argumentation und Kontemplation sind eine Einheit. Vgl. Anselm, Proslogion, c. 4, Opera omnia I, 104: Nach der 'intellectio' Gottes ist die Nicht-'cogitatio' seiner Existenz unmöglich geworden, wird der Unglaube rein voluntaristisch ("non possim
non intelligere"). Das Programm des 'contemplari Deum' umfaßt
die Argumente der 'intellectio' als göttliche 'illuminatio'.]

132) Vgl. Anselm, Monologion, c. 8, Opera omnia I, 23. Für Meister
Eckhart s. o. I. 2 **und** III. 2.

133) Vgl. Renato Perino, La dottrina trinitaria di Sant' Anselmo
nel quadro del suo metodo teologico e del suo concetto di
Dio, Rom 1952 (Studia Anselmiana 29) und Walter Simonis, Trinität und Vernunft. Untersuchungen zur Möglichkeit einer rationalen Trinitätslehre bei Anselm, Abaelard, den Viktorinern,
A. Günther und J. Frohschammer, Frankfurt 1972 (Frankfurter
Theologische Studien 12).

134) Dalferth, a. a. O., 61 Anm. 34.

135) A. a. O.. Die als 'Problematik' von Anselms Auffassung über
Wesen und Funktion der 'ratio' bezeichnete Entgegensetzung
von "Implikat einer metaphysischen Anthropologie" und "Explikat der konkreten Geschichte Jesu Christi" bedarf allerdings des ergänzenden Hinweises, daß es 'Metaphysik' gerade
um die Wahrheit des Geschehens in Raum und Zeit geht, die
als sein Grund jedoch weder zeitlich noch räumlich gedacht
wird. M. a. W. beschreibt das Verhältnis von Implikat und

Explikat gerade die Einheit, die zu verstehen ´Metaphysik´
beansprucht; die Entgegensetzung ist als Begründungszusam-
menhang zu verstehen.

136) Zum Folgenden vgl. Michael Schmaus, Die theologiegeschichtliche Tragweite der Trinitätslehre des Anselm von Canterbury, in: Analecta Anselmiana, Bd. IV/1, hrsg. von Helmut
Kohlenberger, Frankfurt 1975, 29 - 45.

137) Vgl. Anselm, Monologion, c. 50, Opera omnia I, 65 und
Schmaus, Die theologiegeschichtliche Tragweite, 37.

138) Mon., c. 1, Opera omnia I, 13.

139) Vgl. Mon., c. 1, Opera omnia I, 14.

140) Mon., c. 1, Opera omnia I, 13.

141) Vgl. Mon., c. 1, Opera omnia I, 14f..

142) Vgl. Mon., c. 2, Opera Omnia I, 15.

143) Vgl. Mon., c. 3, Opera omnia I, 16.

144) Vgl. Mon., c. 6, Opera omnia I, 20.

145) Mon., c. 7, Opera omnia I, 21.

146) Kurt Flasch, Anselm von Canterbury, in: Klassiker der Philosophie, hrsg. von Otfried Höffe, Erster Band, München
1981, 188.

147) Vgl. Mon., c. 10, Opera omnia I, 24.

148) Mon., c. 15, Opera omnia I, 28.

149) Vgl. Mon., c. 16f., Opera omnia I, 30 - 32.

150) Mon., c. 25, Opera omnia I, 43.

151) Mon., c. 26f., Opera omnia I, 44f..

152) Mon., c. 28, Opera omnia I, 46.

153) Mon., c. 29, Opera omnia I, 48.

154) Vgl. Mon., c. 31, Opera omnia I, 50.

155) Lies wohl: ´illius´!

156) Mon., c. 32, Opera omnia I, 51.

157) Mon., c. 33, Opera omnia I, 53.

158) Vgl. Mon., c. 36, Opera omnia I, 54f..

159) Vgl. Mon., c. 37, Opera omnia I, 55.

160) Mon., c. 38, Opera omnia I, 56. Vgl. Mon., c. 43, Opera omnia I, 60: "Sic sunt oppositi relationibus, ut alter num-
quam suscipiat proprium alterius; sic sunt concordes natura,
ut alter semper teneat essentiam alterius."

161) Vgl. Mon., c. 48, Opera omnia I, 63f..

162) Mon., c. 50, Opera omnia I, 65.

163) Vgl. Mon., c. 53, Opera omnia I, 66.

164) Mon., c. 54, Opera omnia I, 66.

165) Vgl. Mon., c. 57, Opera omnia I, 68f.. Vgl. Schmaus, Die
theologiegeschichtliche Tragweite, 34. Dies mag als Hinweis
darauf gelesen werden, daß die Lehre vom Wesen Gottes und
die Trinitätslehre material nicht so getrennt vorgestellt
werden, wie es die spätere auch formale Trennung voraus-
setzt - trotz der von Schmaus, a, a. O., 44 (aufgrund be-
grifflich-abstrakter und nicht heilsgeschichtlich orientier-
ter Behandlung) bei Anselm dazu diagnostizierten Tendenz.
Simonis´ Kritik ("Es ist für Anselm eigentlich die göttliche
essentia, die sich liebt, nicht aber sind es Vater und Sohn
als solche", a. a. O., 30) legt Anselm einseitig auf den
Aspekt der Trennung fest.

166) Simonis, 33.

167) Mon., c. 79, Opera omnia I, 85.

168) Vgl. Mon., c. 79, Opera omnia I, 86.

169) Was durch Vernunftgründe behauptet wird, ist nicht von der
     'certitudo fidei' dispensiert, "si suae naturalis altitudi-
     nis incomprehensibilitate explicari non patiantur." (Mon.,
     c. 64, Opera omnia I, 75).

170) Mon., c. 65, Opera omnia I, 76.

171) A. a. O..

172) Vgl. Mon., c. 67, Opera omnia I, 77f..

173) Mon., c. 68, Opera omnia I, 78.

174) Mon., c. 68, Opera omnia I, 79.

175) Flasch, Anselm, 186.

176) Vgl. a. a. O., 188f..

177) Vgl. Stephan Otto, Augustinus und Boethius im 12. Jahrhun-
     dert. Anmerkungen zur Entstehung des Traktates "De Deo uno",
     in: Wissenschaft und Weisheit 26 (1963) 15 - 26.

178) Vgl. Johannes Hofmeier, Die Trinitätslehre des Hugo von St.
     Viktor dargestellt im Zusammenhang mit den trinitarischen
     Strömungen seiner Zeit, München 1963 (Münchener Theologische
     Studien II/25) und Heinz Wipfler, Die Trinitätsspekulation
     des Petrus von Poitiers und die Trinitätsspekulation des
     Richard von St. Viktor. Ein Vergleich, Münster 1965 (Bei-
     träge zur Geschichte der Philosophie und Theologie des Mit-
     telalters XLI,1).

179) Robert Javelet, Image de Dieu et nature au XIIe siècle, in:
     La filosofia della natura nel Medioevo. Atti del terzo Con-

gresso internazionale di filosofia medioevale, Mailand
1966, 290.

180) A. a. O., 292.

181) Vgl. a. a. O., 293 - 295.

182) Vgl. Endre von Ivánka, Zur Überwindung des neuplatonischen
Intellektualismus in der Deutung der Mystik: intelligentia
oder principalis affectio, in: Scholastik 30 (1955) 185 -
194 und ders., Der ›Apex mentis‹, in: Zeitschrift für katholische Theologie 72 (1950) 147 - 166.

183) Vgl. Magistri Theodorici Carnotensis Tractatus de sex dierum
operibus, hrsg. von Nikolaus M. Häring, in: Platonismus in
der Philosophie des Mittelalters, 231 - 267, besonders 243 -
249 und Nikolaus M. Häring, Die Erschaffung der Welt und ihr
Schöpfer nach Thierry von Chartes und Clarenbaldus von Arras,
jetzt a. a. O., 161 - 267, besonders 191 - 208.

184) Tractatus, ed. Häring, 244.

185) A. a. O., 245.

186) A. a. O..

187) A. a. O., 246.

188) A. a. O..

189) Vgl. a. a. O., 248.

190) Vgl. a. a. O., 248f..

191) Otto, Augustinus und Boethius, 21.

192) Vgl. Michael E. Williams, The teaching of Gilbert Porreta
on the Trinity as found in his commentaries on Boethius,
Rom 1951 (Analecta Gregoriana 56).

193) Otto, Augustinus und Boethius, 20.

194) Darin folgt er Hilarius: 'Pater proprietate est persona'.
Vgl. Ludwig Hödl, Von der Wirklichkeit und Wirksamkeit des
dreieinen Gottes nach der appropriativen Trinitätstheologie
des 12. Jahrhunderts, München 1965 (Mitteilungen des Grabmann-Instituts 12), 33.

195) Hödl, a. a. O., 8 spricht vom Vorherrschen eines trinitarischen Essentialismus.

196) A. a. O., 54.

197) Vgl. a. a. O., 50 Anm. 94.

198) Hier ist die Unterscheidung von 'immanenter' und 'ökonomischer' Trinität vorgezeichnet.

199) Vgl. zu Alain jetzt G. R. Evans, Alan of Lille. The Frontiers
of Theology in the later twelfth Century, Cambride 1983.

200) Hödl, Von der Wirklichkeit und Wirksamkeit, 55.

201) Otto, Augustinus und Boethius, 22.

202) A. a. O., 23.

203) A. a. O..

204) Vgl. Chenu, Die Platonismen des XII. Jahrhunderts, 305 - 307.

205) Vgl. Clemens Bacumker, Das pseudo-hermetische "Buch der
vierundzwanzig Meister" (Liber XXIV philosophorum). Ein Beitrag zur Geschichte des Neupythagoreismus und Neuplatonismus im Mittelalter, in: Ders., Studien und Charakteristiken
zur Geschichte der Philosophie insbesondere des Mittelalters. Gesammelte Vorträge und Aufsätze, hrsg. von Martin
Grabmann, Münster 1927 (Beiträge zur Geschichte der Philosophie des Mittelalters 25, 1/2), 194 - 214 (Text 207 - 214).

206) Satz 1, a. a. O., 208.

207) Vgl. z. B. Satz 2, a. a. O.: "Deus est sphaera infinita, cuius centrum est ubique, circumferentia nusquam."

208) Satz 16, a. a. O., 212. Vgl. Satz 23, a. a. O., 214: "Deus est, qui verius cognoscitur quid non est, quam quid est."

209) Vgl. PL 210, 617 - 684.

210) Alain von Lille, Regulae, reg. 1, in: PL 210, 623.

211) Vgl. Otto, Augustinus und Boethius, 22 Anm. 27: "Alanus unterscheidet eine similitudo naturalis, imaginaria, imitatoria, nuncupativa. Die letzte sagt zwischen Gott und Welt eine gewisse Ähnlichkeit in der Unähnlichkeit aus."

212) Grundsätzlich aber steht Alain in der boethianischen Tradition von ´De trinitate´ und ´De hebdomadibus´ und der Kommentare des Gilbert von Poitiers. Vgl. Marie-Thérèse d´Alverny, Alain de Lille. Textes inédits avec une introduction sur sa vie et ses œuvres, Paris 1965 (Études de Philosophie Médiévale LII), 66.

213) Vgl. Wipfler, Petrus von Poitiers und Richard von St. Viktor und Johannes Schneider, Die Lehre vom dreieinigen Gott in der Schule des Petrus Lombardus, München 1961 (Münchener Theologische Studien II,22).

213a) Zur Frage der Autorschaft vgl. jetzt Wendelin Knoch, Die Einsetzung der Sakramente durch Christus. Eine Untersuchung zur Sakramententheologie der Frühscholastik von Anselm von Laon bis zu Wilhelm von Auxerre, Münster 1983 (Beiträge zur Philosophie und Theologie des Mittelalters N. F. 24), 114.

214) Vgl. Petrus Lombardus, Sententiae, lib. I, d. 8, c. 3: "Essentia divina sola vere et proprie simplex est, ubi nec partium nec accidentium nec quarumlibet formarum ulla est diversitas."

215) Vgl. a. a. O., d. 17, c. 1 und 4 und Hödl, Von der Wirklichkeit und Wirksamkeit, 9f..

216) Vgl. Otto, Augustinus und Boethius, 19f..

217) Vgl. Hödl, Von der Wirklichkeit und Wirksamkeit, 9.

218) Anders Otto, Augustinus und Boethius, 24. Vgl. aber die
Gliederung der 'Summa theologiae' des Alexander von Hales
(z. B. bei Martin Grabmann, Die Geschichte der katholischen
Theologie seit dem Ausgang der Väterzeit, Freiburg 1933
(= Darmstadt 1974) 64f.). S. u. S.182.

219) Eine - allerdings idealtypische - Darstellung gibt Albert
Stohr, Die Hauptrichtungen der spekulativen Trinitätslehre
in der Theologie des 13. Jahrhunderts, in: Theologische
Quartalschrift 106 (1925) 113 - 135. Er unterscheidet eine
augustinische Richtung (Thomas, Albert u. a.) von einer zweiten, die sich an Richard von St. Viktor orientiert und seinen Gedanken der Innaszibilität des Vaters, die ihn zum
Prinzip der anderen Personen macht, zum Gedanken der Primi-
tät fortbildet (Bonaventura), und einer 'kritischen' Richtung (Heinrich von Gent, Duns Scotus u. a.). Vgl. dazu auch
Michael Schmaus, Der Liber Propugnatorius des Thomas Angli-
cus und die Lehrunterschiede zwischen Thomas von Aquin und
Duns Scotus, II. Teil: Die trinitarischen Lehrdifferenzen,
1. Bd.: Systematische Darstellung und historische Würdigung,
Münster 1930 (Beiträge zur Geschichte der Philosophie und
Theologie des Mittelalters XXIX/1), insb. 182 - 250, 278 -
375, 391 - 442, 616 - 630 und 650 - 660.

220) Vgl. DS, n. 803 - 808, insb. 804.

221) Es lassen sich trotz ihrer zeitlichen und räumlichen Nähe
keine nennenswerten Einflüsse der Franziskaner Bonaventura
und Duns Scotus bei Eckhart feststellen. Vgl. Heribert Fischer, Thomas von Aquin und Meister Eckhart, in: Theologie
und Philosophie 49 (1974) 233.

222) Unter dem Titel 'Von der Offenbarung und Erlösung des Men-
schengeschlechtes', hrsg. von Franz Pfeiffer, Bruder David
von Augsburg, in: Zeitschrift für Deutsches Alterthum 9
(1853) 1 - 67 (Text 8 - 55). Vgl. Kurt Ruh, Die trinitarische Spekulation in deutscher Mystik und Scholastik, in:

Zeitschrift für deutsche Philologie 72 (1953) 24 - 53, insb. 30f..

223) Ludwig Hödl, Das «intelligibile» in der scholastischen Erkenntnislehre des 13. Jahrhunderts, in: Freiburger Zeitschrift für Philosophie und Theologie 30 (1983) 345.

224) Vgl. Die Auseinandersetzungen an der Pariser Universität im XIII. Jahrhundert, hrsg. von Albert Zimmermann, Berlin 1976 (Miscellanea Mediaevalia 10) und Roland Hissette, Enquête sur les 219 Articles condamnés à Paris le 7 Mars 1277, Löwen - Paris 1977 (Philosophes Médiévaux 22). "La condamnation du 7 mars 1277 est l'œuvre de ces néo-augustiniennes." (A. a. O., 7).

225) Für Eckhart wäre auch an den augustinischen Neuplatonismus des Heinrich von Gent zu denken, besonders wenn es zutrifft, daß Eckhart erst um 1285/86 in Paris studierte. Vgl. Ludwig Hödl, Meister Eckharts theologische Kritik des reinen Glaubensbewußtseins, in: Freiheit und Gelassenheit, 37f..

226) Vgl. Albert Stohr, Die Trinitätslehre Ulrichs von Straßburg mit besonderer Berücksichtigung ihres Verhältnisses zu Albert dem Großen und Thomas von Aquin, Münster 1928 (Münsterische Beiträge zur Theologie 13).

227) Vgl. den Stand der Forschung in Form einer 'synthèse prospective' bei Libera, Introduction à la Mystique Rhénane; Loris Sturlese, Alle origini della mistica speculativa tedesca. Antichi testi su Theodorico di Freiberg, in: Medioevo 3 (1977) 21 - 87 und Imbach, Le (néo)platonisme médiéval, insb. 434 - 438. Vgl. ferner die Forschungsarbeiten zur deutschen Dominikanerschule im Rahmen des Corpus Philosophorum Teutonicorum Medii Aevi.

228) Zum Vergleich Albert - Eckhart vgl. die Sammlung einiger Textstellen bei Bernhard Geyer, Albertus Magnus und Meister Eckhart, in: Festschrift für Josef Quint, hrsg. von Hugo Moser u. a., Bonn 1964, 121 - 126. Vgl. ferner Émilie Zum Brunn, Maître Eckhart et le nom inconnu de l'âme, in: Archives de Philosophie 43 (1980) 655 - 666.

229) Da Alberts ´Summa theologiae´ erst nach derjenigen des Thomas fertiggestellt wurde, erfolgt hier zur Vereinfachung
   eine Beschränkung der Darstellung auf seinen Sentenzenkommentar. Zur Trinitätslehre des Albert vgl. Alfonso M. Pom-
   pei, La Dottrina Trinitaria di S. Alberto Magno O. P.,
   Rom 1953.

230) Sent. I d. 3 a. 13 - 39. Vgl. Michael Schmaus, Die trinitarische Gottebenbildlichkeit nach dem Sentenzenkommentar Alberts des Großen, in: Virtus politica. Festgabe zum 75. Geburtstag von Alfons Hufnagel, hrsg. von Joseph Möller, Stuttgart 1974, 277 - 306.

231) A. a. O., 278.

232) Vgl. a. a. O.: "Das Denken des Thomas bewegt sich in dem
   Schema von Ursache und Wirkung, dasjenige Alberts in dem
   Schema der Analogie bzw. der Seinsqualitäten."

233) Vgl. Sent. I d. 3 a. 17f..

234) Vgl. Schmaus, Die trinitarische Gottebenbildlichkeit, 280f..

235) A. a. O., 283.

236) Vgl. a. a. O., 286.

237) A. a. O., 293.

238) A. a. O..

239) Vgl. a. a. O., 295.

240) So wird der Hervorgang des Sohnes nicht als Erkenntnisakt,
   wohl aber der Hervorgang des Geistes als Liebesgeschehen
   interpretiert. Vgl. a. a. O., 298.

241) A. a. O., 296.

242) Albertus Magnus, Sent. II d. 16 a. 6 sol. und ad 1.

243) Vgl. Hödl, Das «intelligibile», 347 - 357.

244) Eine gute Zusammenfassung der aristotelischen Tradition
gibt Karl Bormann, Wahrheitsbegriff und νοῦς-Lehre bei
Aristoteles und einigen seiner Kommentatoren, in: Studien
zur mittelalterlichen Geistesgeschichte und ihren Quellen,
hrsg. von Albert Zimmermann, Berlin 1982 (Miscellanea Mediaevalia 15), 1 - 24. Vgl. Hödl, Das «intelligibile», insb.
362f. und die Texte des Cod. Lat. B III 22 der Universitäts-
bibliothek Basel in: Martin Grabmann, Mittelalterliche Deutung und Umbildung der aristotelischen Lehre vom ΝΟΥΣ
ΠΟΙΗΤΙΚΟΣ, München 1936 (Sitzungsberichte der Bayerischen
Akademie der Wissenschaften. Philosophisch-historische Abteilung, Jg. 36, Heft 4), 85 - 102.

245) Albert Zimmermann, Albertus Magnus und der lateinische
Averroismus, in: Albertus Magnus. Doctor universalis 1280/
1980, hrsg. von Gerbert Meyer OP und Albert Zimmermann,
Mainz 1980 (Walberberger Studien. Philosophische Reihe 6),
482. Der Streit entscheidet zugleich über die Möglichkeit
der post-mortalen individuellen Unsterblichkeit der Geistseele.

246) Vgl. Ludwig Hödl, Albert der Große und die Wende der latei-
nischen Philosophie im 13. Jahrhundert, in: Virtus politica.
Festgabe zum 75. Geburtstag von Alfons Hufnagel, hrsg. von
Joseph Möller, Stuttgart 1974, 253.

247) Vgl. Schmaus, Die trinitarische Gottebenbildlichkeit, 290
und Burkhard Mojsisch, La psychologie philosophique d'Albert
le Grand et la théorie de l'intellect de Dietrich de Freiberg, in: Archives de Philosophie 43 (1980) 675 - 693, insb.
678: "Albert se permet une correction qui précise avec in-
pertinence la distinction proposée par Aristote entre intellect agent et intellect possible au moyen du q u o e s t
et du q u o d e s t de Boèce."

248) Vgl. Zimmermann, Albertus Magnus, 486 und Mojsisch, Albert
le Grand et Dietrich de Freiberg 679: "... les puissances de
l'âme sont des parties substantielles, reliées substantiel-
lement à l'essence de l'âme, laquelle en même temps est prin-

cipe de ses parties par son q u o e s t et son q u o d
e s t - du moins si on la considère dans son être, en tant
qu'elle est une substance spirituelle indépendante." Vgl.
a. a. O., 684: "L'intellect agent s'unit à nous de trois
manières: par nature en tant que puissance et force de
l'âme, ensuite en tant qu'intellect actif (w i r k e n d e r)
enfin en tant que forme. En dernier lieu l'intellect possible
entre en composition, en tant que matière, avec l'intellect
agent pris comme forme."

249) Vgl. die These Siger von Brabants: "Der Intellekt ist nicht
als Wesensform, sondern nur im Vollzug des Erkennens mit dem
Körper vereint. Er ist einer für alle Menschen " (Zimmermann,
Albertus Magnus, 486).

250) Hödl, Albert der Große, 259.

251) Vgl. a. a. O., 260 und Albertus Magnus, De unitate intellectus, c. 5.

252) Hödl, Albert der Große, 264.

253) A. a. O., 265 (Es handelt sich hier um ein neuplatonisches
Theorem in aristotelischem Kontext: Vgl. Mojsisch, Albert
le Grand et Dietrich de Freiberg, 682.).

254) A. a. O., 266. Vgl. ders., Das «intelligibile», 352: "In
seiner Potentialität ist er ganz und gar individuell, ein-
gesenkt in das Leben der Seele; in seiner universalen Aktivität ist er überindividuell, frei und universal."

255) Hödl, Das «intelligibile», 350.

256) Mojsisch, Albert le Grand et Dietrich de Freiberg, 685.

257) A. a. O., 684 und Anm. 47.

258) Neuere Literatur zur Trinitätslehre des Thomas fehlt. Vgl.
immer noch Paul Vanier, Théologie trinitaire chez Saint
Thomas d'Aquin. Évolution du concept d'action notionelle,
Montréal - Paris 1953 (Université de Montréal. Publications

de l'Institut d'Études Médiévales 13); Albert Malet, Personne et Amour dans la théologie trinitaire de Saint Thomas d'Aquin, Paris 1956 (Bibliothèque thomiste 32); Robert L. Richard, The Problem of an Apologetical Perspective in the Trinitarian Theology of St. Thomas Aquinas, Rom 1963 (Analecta Gregoriana 131). Fernando Inciarte, Zur Rolle der Prädikation in der Theologie des Thomas von Aquin: am Beispiel der Trinitätslehre, in: Sprache und Erkenntnis im Mittelalter, hrsg. von Wolfgang Kluxen, 1. Halbband, Berlin 1981 (Miscellanea Mediaevalia 13/1), 256 - 269 interpretiert die Trinitätsspekulation als Analyse des Sprachgebrauchs (unter Ausklammern der ontologischen Probleme).

259) Vgl. ST I q. 27 - 43. Vgl. Scheffczyk, Lehramtliche Formulierungen, 211f. und die Gliederung des thomanischen Trinitätstraktates nach der 'Summa theologiae'.

260) Vgl. ST I q. 27.(Vgl. q. 32 a. 1,1.)Gegenüber Augustin gelingt ihm eine schärfere Unterscheidung zwischen den beiden 'processiones'. Vgl. Scheffczyk, Lehramtliche Formulierungen, 211.

261) Allgemein betrachtet kann Relation jedoch auch als Akzidens genommen werden (Eckhart bricht mit dieser Möglichkeit.).

262) Vgl. ST I q. 28. Da das Hervorgehen der Liebe keinen eigenen Namen hat (vgl. q. 27 a. 4), wird hilfsweise von 'spiratio' und 'processio' gesprochen. Vgl. q. 28 a. 4 c. a..

263) ST I q. 29 a. 4 c. a.. Vgl. Ludger Oeing-Hanhoff, Sein und Sprache in der Philosophie des Mittelalters, in: Sprache und Erkenntnis im Mittelalter, 178: "die göttlichen Relationen sind nicht als Relationen einer Substanz, sondern nur als relative 'modi existendi' des einen göttlichen Seins zu denken."

264) ST I q. 31 a. 1 ad 4 (Die Unterscheidung der Personen nach Art der Zahl wird von Eckhart mit Nachdruck bestritten.).

265) Vgl. ST I q. 31 a. 2.

266) ST I q. 32 a. 1 c. a..

267) Vgl. ST I q. 39 a. 7.

268) ST I q. 32 a. 1 ad 1.

269) A. a. O. ad 2.(Vgl. zu diesem Problem den Stand der Diskussion zwischen Oeing-Hanhoff und Hoffmann: Adolf Hoffmann, Ist der Hervorgang des Wortes beweisbar? Bemerkungen zu S. Th. I 27,1 und I 32,1, in: Münchener Theologische Zeitschrift 34 (1983) 214 - 233 und Ludger Oeing-Hanhoff, Trinitarische Ontologie und Metaphysik der Person, in: Trinität, 143 - 182, insb. ab 178.)

270) A. a. O. ad 3.

271) Vgl. ST I q. 32 a. 3.

272) ST I q. 39 a. 1 c.a..

273) Vgl. ST I q. 39 a. 2.

274) Gegen Joachim von Fiore: vgl. ST I q. 39 a. 5 und grundlegend in Vorbereitung der analogen Rede von Gott ST I q. 13 a. 3.

275) ST I q. 39 a. 7 c. a..

276) Vgl. ST I q. 39 a. 8.

277) Vgl. ST I q. 40 a. 1 ad 1: "persona et proprietas sunt idem re, differunt tamen secundum rationem."

278) ST I q. 40 a. 2 c.a..

279) A. a. O..

280) Vgl. Scheffczyk, Lehramtliche Formulierungen, 211 und ST I q. 40 a. 3.

281) ST I q. 41 a. 1 c. a..

282) Vgl. ST I q. 42 a. 5 c. a..

283) Vgl. ST I q. 42 a. 1 c. a..

284) ST I q. 43 a. 2.

285) A. a. O..

286) Vgl. ST I q. 43 a. 3.

287) Vgl. ST I q. 43 a. 2 ad 3.

288) Vgl. ST I q. 43 a. 2 c. a.: "nam Filius ab aeterno processit
ut sit Deus; temporaliter autem ut etiam sit homo, secundum
missionem visibilem; vel etiam ut sit in homine, secundum in-
visibilem missionem."

289) Vgl. ST I q. 93.

290) ST I q. 93 a. 4 c. a..

291) Vgl. a. a. O..

292) ST I q. 93 a. 5 c. a..

293) A. a. O..

294) Vgl. ST I q. 93 a. 5 ad 3.

295) Vgl. Augustin, De trin. XV 6, 10; 20, 39; 23, 43. Augustin
spricht hier nur von der Differenz von ´trinitas divina´
und ´trinitas in nobis´, so daß wir die göttliche Trinität
"credimus p o t i u s quam v i d e m u s " (Sperrung
von mir).

296) ST I q. 93 a. 5 ad 4.

297) ST I q. 93 a. 6 c. a..

298) A. a. O.. Vgl. die Aufnahme von Augustins Lehre von der

'triplex visio' (Augustin, XII Super Gen. ad litt., c. 7
n. 24): ST I q. 93 a. 6 ad 4.

299) ST I q. 93 a. 8 c. a..

300) Vgl. ST I q. 93 a. 8 ad 3: Auch hier liegt eine i n t e r -
p r e t i e r e n d e Aufnahme Augustins vor. Vgl. Augustin,
De trin. XIV 4, 6.

301) Hödl, Das «intelligibile», 346.

302) A. a. O., 371.

303) Vgl. a. a. O., 372. Thomas unterscheidet den numerisch einen
'intellectus agens separatus' (Gott) von den 'intellectus
agentes', die am 'intellectus agens separatus' partizipieren;
und den 'intellectus possibilis' als innerpsychische Kraft
vom 'intellectus passivus', der Einbildungskraft (vgl. Bormann, Wahrheitsbegriff, 24).

304) A. a. O., 348.

305) Johannes G. Deninger, Platonische Elemente in Thomas von
Aquins Opusculum De ente et essentia, in: P a r u s i a ,
389.

306) A. a. O., 389f..

307) Sentenzenkommentar, zitiert nach Bruno Decker, Die Gottes-
lohre des Jakob von Metz. Untersuchungen zur Dominikanertheologie zu Beginn des 14. Jahrhunderts, hrsg. von Rudolf
Haubst, Münster 1967 (Beiträge zur Geschichte der Philosophie und Theologie des Mittelalters XLII, 1), 142 Anm. 55.

308) Vgl. Decker, 311.

309) Vgl. Decker, 328 und 331. Vgl. Decker, 138 Anm. 45: "essentia divina per se est causa sufficiens ... distinctionis
realis personarum".

310) Vgl. Decker, 353 Anm. 8; 354 Anm. 9; 358 Anm. 22.

311) Vgl. Decker, 443 - 445.

312) Decker, 444 Anm. 365.

313) Decker, 447 Anm. 377.

314) Decker, 448 Anm. 379.

315) Decker, 450 Anm. 383.

316) Decker, 452 Anm. 389.

317) Decker, 464 Anm. 430.

311

Literaturverzeichnis

Das Literaturverzeichnis umfaßt alle in der Arbeit zitierten sowie die für sie relevant gewordenen Quellen und Darstellungen,
nicht jedoch Werke, auf die in den Anmerkungen aus sachlichen
Gründen lediglich ein bibliographischer Hinweis gegeben wird.

Quellen:

Alain de Lille, Theologicae Regulae, in: PL 210, 617 - 684.

B. Alberti Magni Opera omnia, hrsg. von August Borgnet, Bd. 27:
Commentarii in II Sententiarum, Paris 1894.

- De unitate intellectus, hrsg. von Alfons Hufnagel, in: Opera
omnia XVII, 1, Münster 1975, 1 - 30.

Anselmus Cantuariensis, Monologion, in: Opera omnia, hrsg. von
Franciscus Salesius Schmitt, Bd. I, Stuttgart - Bad Canstatt
1968, 1 - 87.

Aristoteles, De anima, hrsg. von W. D. Ross, Oxford 1956.

- Metaphysica, hrsg. von W. Jäger, Oxford 1957.

Aristotelis Opera cum Averrois Commentariis, Bd. VIII: Aristotelis Metaphysicorum Libri XIV ..., Venedig 1572 (= Frankfurt 1962).

Sancti Aureli Augustini De Genesi ad litteram libri duodecim,
hrsg. von Joseph Zycha, Prag - Wien - Leipzig 1894 (Corpus Scrip-
torum Ecclesiasticorum Latinorum 28, 1).

- De doctrina christiana, hrsg. von Josef Martin, Turnholt 1962,
in: Aurelii Augustini Opera IV, 1, 1 - 167 (Corpus Christianorum
S. L. XXXII).

- De libero arbitrio, hrsg. von W. M. Green, Turnholt 1970, in:
Aurelii Augustini Opera II, 2, 205 - 321 (Corpus Christianorum
S. L. XXIX).

Sancti Augustini Confessionum Libri XIII, hrsg. von Lucas Verheijen, Turnholt 1981, in: Sancti Augustini Opera (Corpus Christianorum S. L. XXVII).

Sancti Aurelii Augustini De vera religione, hrsg. von K.-D. Daur, Turnholt 1962, in: Aurelii Augustini Opera IV, 1, 169 - 274 (Corpus Christianorum S. L. XXXII).

- In Iohannis Evangelium Tractatus CXXIV, hrsg. von D. Radbodus Willems, Turnholt 1954, in: Aurelii Augustini Opera VIII (Corpus Christianorum S. L. XXXVI).

- De Diversis Quaestionibus Octoginta Tribus, hrsg. von Almut Mutzenbecher, Turnholt 1975, in: Aurelii Augustini Opera XII, 2, 1 - 249 (Corpus Christianorum S. L. XLIV A).

- De Trinitate Libri XV, hrsg. von W. J. Mountain, 2 Bde, Turnholt 1968, in: Aurelii Augustini Opera XVI, 1 und 2 (Corpus Christianorum S. L. L und L A).

- Contra Maximinum Arianum Libri II, in: PL 42, 743 - 814.

Baeumker, Clemens, Das pseudo-hermetische "Buch der vierundzwanzig Meister" (Liber XXIV philosophorum). Ein Beitrag zur Geschichte des Neupythagoreismus und Neuplatonismus im Mittelalter, in: Ders., Studien und Charakteristiken zur Geschichte der Philosophie insbesondere des Mittelalters. Gesammelte Vorträge und Aufsätze, hrsg. von Martin Grabmann, Münster 1927 (Beiträge zur Geschichte der Philosophie des Mittelalters 25, 1/2), 194 - 214 (Text 207 - 214).

Constitutio "In agro dominico" vom 27. März 1329, in: Enchiridion symbolorum, definitionum et declarationum de rebus fidei et morum, hrsg. von Heinrich Denzinger und Adolf Schönmetzer, Freiburg [36]1976, n. 950 - 980.

Denifle, Heinrich, Acten zum Processe Meister Eckharts, in: Archiv für Lit(t)eratur- und Kirchengeschichte des Mittelalters 2 (1886) 616 - 640.

<u>Dietrich von Freiberg,</u> Schriften zur Intellekttheorie, hrsg. von
Burkhard Mojsisch, Hamburg 1977 (Corpus Philosophorum Teutonicorum Medii Aevi II, 1).

- Schriften zur Metaphysik und Theologie, hrsg. von Ruedi Imbach
u. a., Hamburg 1980 (Corpus Philosophorum Teutonicorum Medii Aevi
II, 2).

- Schriften zur Naturphilosophie und Metaphysik, hrsg. von Jean-
Daniel Cavigioli u. a., Hamburg 1983 (Corpus Philosophorum Teutonicorum Medii Aevi II, 3).

- Abhandlung über den Intellekt und den Erkenntnisinhalt, übersetzt und mit einer Einleitung hrsg. von Burkhard Mojsisch, Hamburg 1980 (Philosophische Bibliothek 322).

<u>D. Dionysii Carthusiani</u> ... Super omnes S. Dionysii Areopagitae
libros commentaria ..., Köln 1536.

<u>Meister Eckharts</u> Predigten, hrsg. von Josef Quint, Erster Band,
Stuttgart 1963 (Meister Eckhart. Die deutschen und lateinischen
Werke. Die deutschen Werke).

- Predigten, hrsg. von Josef Quint, Zweiter Band, Stuttgart 1971
(Meister Eckhart. Die deutschen und lateinischen Werke. Die deutschen Werke).

- Predigten, hrsg. von Josef Quint, Dritter Band, Stuttgart 1976
(Meister Eckhart. Die deutschen und lateinischen Werke. Die deutschen Werke).

- Die deutschen und lateinischen Werke. Die deutschen Werke, hrsg.
von Josef Quint, Fünfter Band, Traktate, Stuttgart 1963.

Magistri Echardi Prologi. Expositio Libri Genesis. Liber Parabo-
larum Genesis, hrsg. von Konrad Weiß, Stuttgart 1964 (Meister Eckhart. Die deutschen und lateinischen Werke. Die lateinischen Werke. Erster Band).

- Expositio Libri Exodi, hrsg. von Konrad Weiß. Sermones et Lec-
tiones super Ecclesiastici cap. 24. Expositio Libri Sapientiae.
Expositio Cantici Canticorum 1,6, hrsg. von Josef Koch und Heribert Fischer, Stuttgart 1954ff. (noch nicht abgeschlossen) (Meister Eckhart. Die deutschen und lateinischen Werke. Die lateinischen Werke. Zweiter Band).

314

- Expositio sancti Evangelii secundum Johannem, hrsg. von Karl
Christ, Bruno Decker, Josef Koch, Heribert Fischer und Albert
Zimmermann, Stuttgart 1936ff. (noch nicht abgeschlossen) (Meister Eckhart. Die deutschen und lateinischen Werke. Die lateinischen Werke. Dritter Band).

- Sermones, hrsg. von Ernst Benz, Bruno Decker und Josef Koch,
Stuttgart 1956 (Meister Eckhart. Die deutschen und lateinischen
Werke. Die lateinischen Werke. Vierter Band).

- Collatio in Libros Sententiarum, hrsg. von Josef Koch. Quaestiones Parisienses, hrsg. von Bernhard Geyer. Sermo die b. Augustini Parisius habitus, hrsg. von Bernhard Geyer. Tractatus super
Oratione Dominica, hrsg. von Erich Seeberg, Stuttgart 1936ff.
(noch nicht abgeschlossen) (Meister Eckhart. Die deutschen und
lateinischen Werke. Die lateinischen Werke. Fünfter Band).

Eine lateinische Rechtfertigungsschrift des Meister Eckhart, hrsg.
von Augustinus Daniels, Münster 1923 (Beiträge zur Geschichte
der Philosophie des Mittelalters XXIII, 5).

Édition critique des pièces relatives au procès d'Eckhart contenues dans le manuscrit 33[b] de la bibliothèque de Soest, hrsg. von
Gabriel Théry, in: Archives d'histoire doctrinale et littéraire
du moyen age 1 (1926/27) 129 - 268.

Jean Scot, Homélie sur le prologue de Jean, hrsg. von Édouard
Jeauneau, Paris 1969 (Sources chrétiennes 151).

Johannis Scotti Eriugenae Periphyseon (De Divisione Naturae),
Bde I - III, hrsg. von I. P. Sheldon-Williams, Dublin 1968, 1972,
1981 (Scriptores Latini Hiberniae VII, IX, XI).

Joannis Scoti De divisione naturae libri quinque, in: PL 122,
hrsg. von Heinrich Joseph Floss, 439 - 1022.

Liber de causis, hrsg. von A. Pattin, in: Tijdschrift voor Filosofie 28 (1966) 134 - 203.

Pelster, Franz, Ein Gutachten aus dem Eckhart-Prozeß in Avignon, in: Aus der Geisteswelt des Mittelalters. Festschrift für Martin Grabmann, hrsg. von Albert Lang u. a., Münster 1935 (Beiträge zur Geschichte der Philosophie und Theologie des Mittelalters, Supp. III), 1099 - 1124.

Magistri Petri Lombardi Sententiae In IV Libris Distinctae, tom. I, pars II, hrsg. vom Collegium S. Bonaventurae Ad Claras Aquas, Grottaferrata 1971 (Spicilegium Bonaventurianum IV).

Platon, Der Sophist, bearbeitet von Peter Staudacher, in: Werke, hrsg. von Gunther Eigler, Bd. 6, Darmstadt 1970, 219 - 401.

Proklos, Elementatio theologica, hrsg. von C. Vansteenkiste, in: Tijdschrift voor Filosofie 13 (1951) 263 - 302, 491 - 531.

Schleiermacher, Friedrich, Der christliche Glaube, hrsg. von Martin Redeker, Bd. 2, Berlin [7]1960.

Magistri Theodorici Carnotensis Tractatus de sex dierum operibus, hrsg. von Nikolaus M. Häring, in: Platonismus in der Philosophie des Mittelalters, hrsg. von Werner Beierwaltes, Darmstadt 1969 (Wege der Forschung 197), 231 - 267.

S. Thomae Aquinatis Opera omnia, Bd. 4, 143 - 234: Sententia libri Ethicorum, hrsg. von Robert Busa, Stuttgart - Bad Canstatt 1980 (Indicis thomistici supplementum).

- Opera omnia, Bd. 2: Summa contra Gentiles. Summa theologiae, hrsg. von Robert Busa, Stuttgart - Bad Canstatt 1980 (Indicis thomistici supplementum).

- Opera omnia, Bd. 3, 186 - 269: Quaestio disputata de potentia, hrsg. von Robert Busa, Stuttgart - Bad Canstatt 1980 (Indicis thomistici supplementum).

- Opera omnia, Bd. 3, 1 - 186: Quaestio disputata de veritate, hrsg. von Robert Busa, Stuttgart - Bad Canstatt 1980 (Indicis thomistici supplementum).

Darstellungen:

Abramowski, Luise, Συνάφεια und ἀσύγχυτο$_ς$ ἕνωσι$_ς$ als Bezeichnung für trinitarische und christologische Einheit, in: Dies., Drei christologische Untersuchungen, Berlin 1981 (Beiheft zur Zeitschrift für die neutestamentliche Wissenschaft und die Kunde der älteren Kirche 45), 63 - 109.

Albert, Karl, Der philosophische Grundgedanke Meister Eckharts, in: Tijdschrift voor Filosofie 27 (1965) 320 - 339.

- Meister Eckharts These vom Sein. Untersuchungen zur Metaphysik des «opus tripartitum», Saarbrücken 1976.

- Meister Eckhart und die Quellen seiner Philosophie, in: Philosophischer Literaturanzeiger 32 (1979) 168 - 177.

- Meister Eckhart und die deutsche Mystik, in: Philosophischer Literaturanzeiger 36 (1983) 196 - 207.

Alfaric, Prosper, L'évolution intellectuelle de saint Augustin, Bd. I: Du Manichéisme au Néoplatonisme, Paris 1918.

Alverny, Marie-Thérèse d', Alain de Lille. Textes inédits avec une introduction sur sa vie et ses œuvres, Paris 1965 (Études de Philosophie Médiévale LII).

Ambrosini, Giacomo, Negazione e proposta morale in Meister Eckhart, Padua 1980 (Ethos. Collana di studi di filosofia morale 13).

Aschtiani, Manutschehr, Der Dialektische Vorgang in der mystischen "Unio-Lehre" Eckharts und Maulanas und seine Vermittlung durch die Sprache. Ein Beitrag zur Problematik der Welt - Mensch - Gott - Beziehung in der deutschen und iranischen Mystik, Diss. Heidelberg 1971.

Die Auseinandersetzungen an der Pariser Universität im XIII. Jahrhundert, hrsg. von Albert Zimmermann, Berlin 1976 (Miscellanea Mediaevalia 10).

Barzel, Bernard, Mystique de l'ineffable dans l'hindouisme et
le christianisme. Çankara et Eckhart, Paris 1982.

Bayer, Hans, Mystische Ethik und empraktische Denkform. Zur Begriffswelt Meister Eckharts, in: Deutsche Vierteljahresschrift
50 (1976) 377 - 405, 411 - 413.

Beckmann, Till, Daten und Anmerkungen zur Biographie Meister Eckharts und zum Verlauf des gegen ihn angestrengten Inquisitionsprozesses. Mit einer Bibliographie von Texten, Übersetzungen und
Interpretationen, Frankfurt 1978.

- Studien zur Bestimmung des Lebens in Meister Eckharts deutschen
Predigten, Frankfurt 1982 (Europäische Hochschulschriften, Reihe
XX, Bd. 85).

Beierwaltes, Werner, Proklos. Grundzüge seiner Metaphysik, Frankfurt ²1979 (Philosophische Abhandlungen 24).

- Das Problem des absoluten Selbstbewußtseins bei Johannes Scotus
Eriugena, in: Platonismus in der Philosphie des Mittelalters, hrsg.
von Werner Beierwaltes, Darmstadt 1969 (Wege der Forschung 197),
484 - 516.

- Deus est esse - esse est Deus. Die onto-theologische Grundfrage
als aristotelisch-neuplatonische Denkstruktur, in: Ders., Platonismus und Idealismus, Frankfurt 1972, 5 - 82.

- Andersheit. Grundriß einer neuplatonischen Begriffsgeschichte,
in: Archiv für Begriffsgeschichte 16 (1972) 166 - 197.

- Reflexion und Einung. Zur Mystik Plotins, in: Ders. u. a.,
Grundfragen der Mystik, Einsiedeln 1974 (Kriterien 33), 7 - 36.

- Negati affirmatio: Welt als Metapher. Zur Grundlegung einer
mittelalterlichen Ästhetik durch Johannes Scotus Eriugena, in:
Philosophisches Jahrbuch 83 (1976) 237 - 265.

- Identität und Differenz, Frankfurt 1980 (Philosophische Abhandlungen 49).

Benrath, Gustav Adolf, Der Antitrinitarismus, in: Handbuch der
Dogmen- und Theologiegeschichte, hrsg. von Carl Andresen, Bd. 3:
Die Lehrentwicklung im Rahmen der Ökumenizität, Göttingen 1984,
49 - 70.

Benz, Ernst, Mystik als Seinserfüllung bei Meister Eckhart, in:
Sinn und Sein. Ein philosophisches Symposion, hrsg. von Richard
Wisser, Tübingen 1960, 399 - 415.

Bertin, Francis, Les origines de l'homme chez Jean Scot, in:
Jean Scot Erigène et l'histoire de la philosophie. Actes du
colloque international à Laon du 7 au 12 juillet 1975, hrsg. von
René Roques, Paris 1977, 307 - 314.

Bormann, Karl, Das Verhältnis Meister Eckharts zur Aristotelischen Philosophie. Zu einer Aristotelischen Lehre bei Meister
Eckhart, in: Freiheit und Gelassenheit. Meister Eckhart heute,
hrsg. von Udo Kern, München und Mainz 1980, 53 - 59.

- Wahrheitsbegriff und $νοῦς$ - Lehre bei Aristoteles und einigen
seiner Kommentatoren, in: Studien zur mittelalterlichen Geistesgeschichte und ihren Quellen, hrsg. von Albert Zimmermann, Berlin
1982 (Miscellanea Mediaevalia 15), 1 - 24.

Bornkamm, Heinrich, Protestantismus und Mystik, Gießen 1934
(Schriften der hessischen Hochschulen. Universität Gießen, Jg.
1934, H. 1).

- Eckhart und Luther, Stuttgart 1936.

Bracken, Ernst von, Meister Eckhart: Legende und Wirklichkeit.
Beiträge zu einem neuen Eckhartbild, Meisenheim 1972 (Monographien zur philosophischen Forschung 85).

Bracken, Joseph A., What Are They Saying About the Trinity?, New
York 1979.

Brandstätter, Veronika, Seele, Geist und Gott bei Meister Eckhart,
Diss. Wien 1967.

Bredow, Gerda von, Platonismus im Mittelalter. Eine Einführung,
Freiburg 1972 (rombach hochschul paperback 47).

Breton, Stanislas, Métaphysique et mystique chez Maître Eckhart, in: Recherches de science religieuse 64 (1976) 161 - 181.

Brons, Bernhard, Gott und die Seienden. Untersuchungen zum Verhältnis von neuplatonischer Metaphysik und christlicher Tradition bei Dionysius Areopagita, Göttingen 1976 (Forschungen zur Kirchen- und Dogmengeschichte 28).

Brunner, Fernand, L'analogie chez Maître Eckhart, in: Freiburger Zeitschrift für Philosophie und Theologie 16 (1969) 333 - 349.

- Foi et raison chez Maître Eckhart, in: Permanence de la philosophie. Mélanges offerts à Joseph Moreau, Neuchâtel 1977, 196 - 207.

- Le mysticisme de Maître Eckhart, in: Das «einig Ein». Studien zu Theorie und Sprache der deutschen Mystik, hrsg. von Alois Maria Haas und Heinrich Stirnimann, Freiburg (Schweiz) 1980 (Dokimion 6), 63 - 86.

- Compabilité chez Maître Eckhart de la thèse "esse est deus" et de l'affirmation de "l'esse rerum", in: Von Meister Dietrich zu Meister Eckhart, hrsg. von Kurt Flasch, Hamburg 1984 (Corpus Philosophorum Teutonicorum Medii Aevi, Beiheft 2), 138 - 146.

Caputo, John D., The Nothingness of the Intellect in Meister Eckhart's "Parisian Questions", in: The Thomist 39 (1975) 85 - 115.

- Fundamental Themes in Meister Eckhart's Mysticism, in: The Thomist 42 (1978) 197 - 225.

Chenu, Marie-Dominique, Die Platonismen des XII. Jahrhunderts, jetzt in: Platonismus in der Philosphie des Mittelalters, hrsg. von Werner Beierwaltes, Darmstadt 1969 (Wege der Forschung 197), 268 - 316.

Cognet, Louis, Gottes Geburt in der Seele. Einführung in die Deutsche Mystik, Freiburg 1980 (= frz. Introduction aux mystiques rhéno-flamands, Paris 1968).

Comoth, Katharina, Werden zu Gott. Ein Beitrag zur spekulativen Theologie Meister Eckharts, in: Neue Zeitschrift für systematische Theologie und Religionsphilosphie 21 (1979) 92 - 101.

Craemer-Ruegenberg, Ingrid, Alberts Seelen- und Intellektlehre,
in: Albert der Große. Seine Zeit, sein Werk, seine Wirkung, hrsg.
von Albert Zimmermann, Berlin 1981 (Miscellanea Mediaevalia 14),
104 - 115.

Dalferth, Ingolf U., Fides quaerens intellectum. Theologie als
Kunst der Argumentation in Anselms Proslogion, in: Zeitschrift
für Theologie und Kirche 81 (1984) 54 - 105.

Decker, Bruno, Die Gotteslehre des Jakob von Metz. Untersuchungen
zur Dominikanertheologie zu Beginn des 14. Jahrhunderts, hrsg.
von Rudolf Haubst, Münster 1967 (Beiträge zur Geschichte der
Philosophie und Theologie des Mittelalters XLII, 1).

Degenhardt, Ingeborg, Studien zum Wandel des Eckhartbildes, Leiden 1967 (Studien zur Problemgeschichte der antiken und mittelalterlichen Philosophie 3).

Denifle, Heinrich, Meister Eckeharts lateinische Schriften, und
die Grundanschauung seiner Lehre, in: Archiv für Lit(t)eratur-
und Kirchengeschichte des Mittelalters 2 (1886) 417 - 615 (= Graz
1956).

Deninger, Johannes G., Platonische Elemente in Thomas von Aquins
Opusculum De ente et essentia, in: P a r u s i a . Studien zur
Philosophie Platons und zur Problemgeschichte des Platonismus.
Festgabe für Johannes Hirschberger, hrsg. von Kurt Flasch, Frank-
furt 1965, 377 - 391.

Dietsche, Bernward, Der Seelengrund nach den deutschen und lateinischen Predigten, in: Meister Eckhart der Prediger. Festschrift
zum Eckhart-Gedenkjahr, hrsg. von Udo M. Nix und Raphael Öchslin,
Freiburg - Basel - Wien 1960, 200 - 258.

Dörrie, Heinrich, Emanation. Ein unphilosophisches Wort im spätantiken Denken, in: P a r u s i a . Studien zur Philosophie Platons und zur Problemgeschichte des Platonismus. Festgabe für Johannes Hirschberger, hrsg. von Kurt Flasch, Frankfurt 1965, 119 -
141.

- Präpositionen und Metaphysik. Wechselwirkung zweier Prinzipienreihen, in: Museum Helveticum 26 (1969) 217 - 228.

Duclow, Donald F., Divine Nothingness and Self-Creation in John Scotus Eriugena, in: Journal of Religion 57 (1977) 109 - 123.

Ebeling, Heinrich, Meister Eckharts Mystik. Studien zu den Geisteskämpfen um die Wende des 13. Jahrhunderts, Stuttgart 1941 (Forschungen zur Kirchen- und Geistesgeschichte 21) (= Aalen 1966).

Eberle, Jürgen, Die Schöpfung in ihren Ursachen. Untersuchung zum Begriff der Idee in den lateinischen Werken Meister Eckharts, Diss. Köln 1972.

Von Eckhart bis Luther. Über mystischen Glauben, hrsg. von Wolfgang Böhme, Karlsruhe 1981 (Herrenalber Texte 31).

Egerding, Michael, Got bekennen. Strukturen der Gotteserkenntnis bei Meister Eckhart. Interpretation ausgewählter Predigten, Frankfurt - Bern - New York 1984 (Europäische Hochschulschriften, Reihe 1, Bd. 810).

Das «einig Ein». Studien zu Theorie und Sprache der deutschen Mystik, hrsg. von Alois Maria Haas und Heinrich Stirnimann, Freiburg (Schweiz) 1980 (Dokimion 6).

Elert, Werner, Morphologie des Luthertums, Erster Band: Theologie und Weltanschauung des Luthertums hauptsächlich im 16. und 17. Jahrhundert, München 1958 (Verbesserter Nachdruck der ersten Auflage von 1931).

Eperjesy, Adelheid von, Johannes Scheffler und Meister Eckhart, Diss. Wien 1942.

Fahrner, Rudolf, Wortsinn und Wortschöpfung bei Meister Eckhart, Marburg 1929 (Beiträge zur deutschen Literaturwissenschaft 31) (= Meisenheim 1968).

Faucon, Pierre, Aspects néoplatoniciens de la doctrine de saint Thomas d'Aquin, Lille - Paris 1975.

Fischer, Gottfried, Geschichte der Entdeckung der deutschen
Mystiker Eckhart, Tauler und Seuse im XIX. Jahrhundert, Diss.
Freiburg i. Ue. 1931.

Fischer, Heribert, Zur Frage nach der Mystik in den Werken Meister Eckharts, in: La Mystique Rhénane. Colloque de Strasbourg
16 - 19 mai 1961, Paris 1963, 109 - 132.

- Grundgedanken der deutschen Predigten, in: Meister Eckhart der
Prediger. Festschrift zum Eckhart-Gedenkjahr, hrsg. von Udo M.
Nix und Raphael Öchslin, Freiburg - Basel - Wien 1960, 25 - 72.

- Meister Eckhart. Einführung in sein philosophisches Denken,
Freiburg - München 1974.

- Thomas von Aquin und Meister Eckhart, in: Theologie und Philosophie 49 (1974) 213 - 235.

Flasch, Kurt, Der philosophische Ansatz des Anselm von Canterbury
im Monologion und sein Verhältnis zum augustinischen Neuplatonismus, in: Analecta Anselmiana. Untersuchungen über Person und Werk
Anselms von Canterbury, Bd. II, hrsg. von Franciscus Salesius
Schmitt, Frankfurt 1970, 1 - 43.

- Zur Rehabilitierung der Relation. Die Theorie der Beziehung bei
Johannes Eriugena, in: Philosophie als Beziehungswissenschaft.
Festschrift für Julius Schaaf, hrsg. von Wilhelm Friedrich Niebel
und Dieter Leisegang, Frankfurt 1971 (»eidos«. Beiträge zur Kultur 4), 5 - 25.

- Kennt die mittelalterliche Philosophie die konstitutive Funktion
des menschlichen Denkens? Eine Untersuchung zu Dietrich von Freiberg, in: Kant-Studien 63 (1972) 182 - 206.

- Die Metaphysik des Einen bei Nikolaus von Kues. Problemgeschichtliche Stellung und systematische Bedeutung, Leiden 1973 (Studien
zur Problemgeschichte der antiken und mittelalterlichen Philosophie 7).

- Die Intention Meister Eckharts, in: Sprache und Begriff. Festschrift für Bruno Liebrucks, hrsg. von Heinz Röttges u. a., Mei-

senheim 1974, 292 - 318.

- Einleitung zu: Dietrich von Freiberg, Schriften zur Intellekttheorie, hrsg. von Burkhard Mojsisch, Hamburg 1977 (Corpus Philosophorum Teutonicorum Medii Aevi II,1), IX - XXVI.

- Zum Ursprung der neuzeitlichen Philosophie im späten Mittelalter. Neue Texte und Perspektiven, in: Philosophisches Jahrbuch
der Görres-Gesellschaft 85 (1978) 1 - 18.

- Augustin. Einführung in sein Denken, Stuttgart 1980.

- Einleitung zu: Dietrich von Freiberg, Schriften zur Metaphysik
und Theologie, hrsg. von Ruedi Imbach u. a., Hamburg 1980 (Corpus Philosophorum Teutonicorum Medii Aevi II,2), XIII - XXXI.

- Anselm von Canterbury, in: Klassiker der Philosophie, hrsg. von
Otfried Höffe, Erster Band, München 1981, 177 - 197.

- Einleitung zu: Dietrich von Freiberg, Schriften zur Naturphi-
losophie und Metaphysik, hrsg. von Jean-Daniel Cavigioli u. a.,
Hamburg 1983 (Corpus Philosophorum Teutonicorum Medii Aevi II,3),
XV - LXXXV.

- Bemerkungen zu Dietrich von Freiberg, De origine rerum praedicamentalium, in: Von Meister Dietrich zu Meister Eckhart, hrsg.
von Kurt Flasch, Hamburg 1984 (Corpus Philosophorum Teutonicorum
Medii Aevi, Beiheft 2), 34 - 45.

Freiheit und Gelassenheit. Meister Eckhart heute, hrsg. von Udo
Kern, München und Mainz 1980.

Fues, Wolfram Malte, Mystik als Erkenntnis? Kritische Studien zur
Meister-Eckhart-Forschung, Bonn 1981 (Studien zur Germanistik,
Anglistik und Komparatistik 102).

Gandillac, Maurice de, La «dialectique» de Maître Eckhart, in:
La Mystique Rhénane. Colloque de Strasbourg 16 - 19 mai 1961,
Paris 1963, 59 - 94.

- Deux figures eckhartiennes de Marthe, in: Métaphysique, Histoire de la Philosophie. Recueil d'études offert à Fernand Brunner, Neuchâtel 1981, 119 - 134.

Gespräch mit Meister Eckhart, hrsg. von Udo Kern u. a., Berlin 1982 (Aufsätze und Vorträge zur Theologie und Religionswissenschaft 77).

Geyer, Bernhard, Albertus Magnus und Meister Eckhart, in: Festschrift Josef Quint, hrsg. von Hugo Moser u. a., Bonn 1964, 121 - 126.

González-Haba, María Josefa, Metafísica de la muerte en el Maestro Eckhart, in: Die Metaphysik im Mittelalter. Ihr Ursprung und ihre Bedeutung. Vorträge des II. Internationalen Kongresses für mittelalterliche Philosophie, hrsg. von Paul Wilpert, Berlin 1963 (Miscellanea Mediaevalia 2), 296 - 303.

- Valoración del tiempo y lo temporal en la obra del Maestro Eckhart, in: La filosofia della natura nel Medioevo. Atti del terzo Congresso internazionale di filosofia medioevale, Mailand 1966, 634 - 640.

Grabmann, Martin, Die Geschichte der katholischen Theologie seit dem Ausgang der Väterzeit, Freiburg 1933 (= Darmstadt 1974).

- Mittelalterliche Deutung und Umbildung der aristotelischen Lehre vom ΝΟΥΣ ΠΟΙΗΤΙΚΟΣ, München 1936 (Sitzungsberichte der Bayerischen Akademie der Wissenschaften. Philosophisch-historische Abteilung, Jg. 36, Heft 4).

Gregory, Tullio, Vom Einen zum Vielen (Zur Metaphysik des Johannes Scotus Eriugena), in: Platonismus in der Philosophie des Mittelalters, hrsg. von Werner Beierwaltes, Darmstadt 1969 (Wege der Forschung 197), 343 - 365.

Haas, Alois Maria, Nim din selbes war. Studien zur Lehre von der Selbsterkenntnis bei Meister Eckhart, Johannes Tauler und Heinrich Seuse, Freiburg (Schweiz) 1971 (Dokimion 3).

- Meister Eckhart im Spiegel der marxistischen Ideologie, in: Wirkendes Wort 22 (1972) 123 - 133.

- Die Problematik von Sprache und Erfahrung in der deutschen Mystik, in: Grundfragen der Mystik, Einsiedeln 1974 (Kriterien 33), 75 - 104.

- Meister Eckhart als normative Gestalt geistlichen Lebens, Einsiedeln 1979.

- Sermo mysticus. Studien zu Theologie und Sprache der deutschen Mystik, Freiburg (Schweiz) 1979 (Dokimion 4).

- Meister Eckhart und die deutsche Sprache, in: Freiheit und Gelassenheit. Meister Eckhart heute, hrsg. von Udo Kern, München und Mainz 1980, 146 - 168.

- Meister Eckhart und die Sprache. Sprachgeschichtliche und sprachtheologische Aspekte seines Werkes, in: Meister Eckhart heute, hrsg. von Wolfgang Böhme, Karlsruhe 1980 (Herrenalber Texte 20), 20 - 41.

- Meister Eckharts Auffassung von Zeit und Ewigkeit, in: Freiburger Zeitschrift für Philosophie und Theologie 27 (1980) 325 - 355.

- Meister Eckharts geistliches Predigtprogramm, in: Freiburger Zeitschrift für Philosophie und Theologie 29 (1982) 189 - 209.

Hackett, Jeremiah, V e r b u m   m e n t a l i s   c o n c e p t i o in Meister Eckhart and Jordanus of Quedlinburg. A Text Study, in: Sprache und Erkenntnis im Mittelalter, hrsg. von Wolfgang Kluxen, 2. Halbband, Berlin 1981 (Miscellanea Mediaevalia 13/2), 1003 - 1011.

Häring, Nikolaus M., Die Erschaffung der Welt und ihr Schöpfer nach Thierry von Chartres und Clarenbaldus von Arras, jetzt in: Platonismus in der Philosophie des Mittelalters, hrsg. von Werner Beierwaltes, Darmstadt 1969 (Wege der Forschung 197) 161 - 267.

Hedwig, Klaus, Negatio Negationis. Problemgeschichtliche Aspekte einer Denkstruktur, in: Archiv für Begriffsgeschichte 24 (1980) 7 - 33.

Heidrich, Peter, Meister Eckharts »gefährliche« Rede von Gott. Gemeindevortrag im Erfurter Predigerkloster, in: Freiheit und Gelassenheit. Meister Eckhart heute, hrsg. von Udo Kern, München und Mainz 1980, 220 - 233.

Hemmerle, Klaus, Thesen zu einer trinitarischen Ontologie, Einsiedeln 1976 (Kriterien 40).

Hernàndez, Julio A., Studien zum religiös-ethischen Wortschatz der deutschen Mystik. Die Bezeichnung und der Begriff des Eigentums bei Meister Eckhart und Johannes Tauler, Berlin 1984 (Philologische Studien und Quellen 105).

Heussi, Karl, Meister Eckhart, Berlin 1953 (Studien der Luther-Akademie N. F. 1), 5 - 28.

Hirsch, Emanuel, Rez. Martin Grabmann, Neuaufgefundene Pariser Quaestionen Meister Eckharts und ihre Stellung in seinem geistigen Entwicklungsgange. Untersuchungen und Texte, München 1926 (Abhandlungen der Bayerischen Akademie der Wissenschaften Bd. 32, Abh. 7), in: Theologische Literaturzeitung 53 (1928) 41 - 44.

Hirschberger, Johannes, Platonismus und Mittelalter, jetzt in: Platonismus in der Philosophie des Mittelalters, hrsg. von Werner Beierwaltes, Darmstadt 1969 (Wege der Forschung 197), 56 - 72.

Hissette, Roland, Enquête sur les 219 Articles condamnés à Paris le 7 mars 1277, Löwen - Paris 1977 (Philosophes Médiévaux 22).

Hödl, Ludwig, Metaphysik und Mystik im Denken Meister Eckharts, in: Zeitschrift für katholische Theologie 82 (1960) 257 - 274.

- Von der Wirklichkeit und Wirksamkeit des dreieinen Gottes nach der appropriativen Trinitätstheologie des 12. Jahrhunderts, München 1965 (Mitteilungen des Grabmann-Instituts 12).

- Naturphilosophie und Heilsbotschaft in Meister Eckharts Auslegung des Johannes-Evangeliums, in: La filosofia della natura nel
Medioevo. Atti del terzo Congresso internazionale di filosofia
medioevale, Mailand 1966, 641 - 651.

- Albert der Große und die Wende der lateinischen Philosophie im
13. Jahrhundert, in: Virtus politica. Festgabe zum 75. Geburtstag von Alfons Hufnagel, hrsg. von Joseph Möller, Stuttgart 1974,
251 - 275.

- Die philosophische Gotteslehre des Thomas von Aquin O. P. in
der Diskussion der Schulen um die Wende des 13. zum 14. Jahrhundert, in: Rivista di Filosofia neo-scolastica 70 (1978) 113 - 134.

- Meister Eckharts theologische Kritik des reinen Glaubensbewußtseins, in: Freiheit und Gelassenheit. Meister Eckhart heute, hrsg.
von Udo Kern, München und Mainz 1980, 34 - 52.

- Das «intelligibile» in der scholastischen Erkenntnislehre des
13. Jahrhunderts, in: Freiburger Zeitschrift für Philosophie und
Theologie 30 (1983) 345 - 372.

Hof, Hans, Scintilla animae. Eine Studie zu einem Grundbegriff in
Meister Eckharts Philosophie ..., Lund und Bonn 1952.

Hoffman, Bengt R., Luther and the Mystics. A re-examination of
Luther's spiritual experience and his relationship to the mystics,
Minneapolis 1976.

Hoffmann, Adolf, Der Mysteriencharakter der Trinität, in: Theologie und Glaube 68 (1978) 267 - 282.

- Ist der Hervorgang des Wortes beweisbar? Bemerkungen zu S. Th.
I 27, 1 und I 32, 1, in: Münchener Theologische Zeitschrift 34
(1983) 214 - 223.

Hoffmann, Fritz, Meister Eckhart. Bedeutung seines Lebens und
Werkes, in: Gespräch mit Meister Eckhart, hrsg. von Udo Kern u.
a., Berlin 1982 (Aufsätze und Vorträge zur Theologie und Religionswissenschaft 77), 9 - 14.

Hoppe, Gisela, Die Wort- und Begriffsgruppe 'wandel' in den deutschen Schriften Meister Eckharts mit Berücksichtigung der lateinischen Schriften, Diss. Münster 1971.

Huber, Gerhard, Negative Theologie und paradoxes Ethos bei Meister Eckhart, in: Métaphysique, Histoire de la Philosophie. Recueil d'études offert à Fernand Brunner, Neuchâtel 1981, 135 - 142.

Imbach, Ruedi, Deus est intelligere. Das Verhältnis von Sein und Denken in seiner Bedeutung für das Gottesverständnis bei Thomas von Aquin und in den Pariser Quaestionen Meister Eckharts, Freiburg (Schweiz) 1976 (Studia Friburgensia, N. F. 53).

- Intellectus in deum ascensus. Philosophische Bemerkungen zu einer Veröffentlichung über Grundfragen der Mystik, in: Freiburger Zeitschrift für Philosophie und Theologie 23 (1976) 198 - 209.

- Le (néo)platonisme médiéval, Proclus latin et l'école dominicaine allemande, in: Revue de Théologie et de Philosophie 110 (1978) 427 - 448.

- Gravis iactura verae doctrinae. Prolegomena zu einer Interpretation der Schrift D e   e n t e   e t   e s s e n t i a Dietrichs von Freiberg O. P., in: Freiburger Zeitschrift für Philosophie und Theologie 26 (1979) 369 - 425.

Inciarte, Fernando, Zur Rolle der Prädikation in der Theologie des Thomas von Aquin: am Beispiel der Trinitätslehre, in: Sprache und Erkenntnis im Mittelalter, hrsg. von Wolfgang Kluxen, 1. Halbband, Berlin 1981 (Miscellanea Mediaevalia 13/1), 256 - 269.

Ivánka, Endre von, Der >Apex mentis<, in: Zeitschrift für Katholische Theologie 72 (1950) 147 - 166 (jetzt in: Platonismus in der Philosophie des Mittelalters, hrsg. von Werner Beierwaltes, Darmstadt 1969 (Wege der Forschung 197), 121 - 146).

- Zur Überwindung des neuplatonischen Intellektualismus in der Deutung der Mystik: intelligentia oder principalis affectio, in: Scholastik 30 (1955) 185 - 194 (jetzt in: Platonismus in der Philosophie des Mittelalters, hrsg. von Werner Beierwaltes, Darmstadt 1969 (Wege der Forschung 197), 147 - 160).

Javelet, Robert, Image de Dieu et nature au XIIe siècle, in: La filosofia della natura nel Medioevo. Atti del terzo Congresso internazionale di filosofia medioevale, Mailand 1966, 286 - 296.

Jean Scot Erigène et l'histoire de la philosophie. Actes du colloque international à Laon du 7 au 12 juillet 1975, hrsg. von René Roques, Paris 1977.

Jüngel, Eberhard, Gott als Geheimnis der Welt. Zur Begründung der Theologie des Gekreuzigten im Streit zwischen Theismus und Atheismus, Tübingen ^{4}1982.

- Das Verhältnis von »ökonomischer« und »immanenter« Trinität. Erwägungen über eine biblische Begründung der Trinitätslehre - im Anschluß an und in Auseinandersetzung mit Karl Rahners Lehre vom dreifaltigen Gott als transzendentem Urgrund der Heilsgeschichte, jetzt in: Ders., Entsprechungen: Gott - Wahrheit - Mensch. Theologische Erörterungen, München 1980 (Beiträge zur evangelischen Theologie 88), 265 - 275.

Kelley, Carl Franklin, Meister Eckhart on Divine Knowledge, New Haven 1977.

Kern, Udo, Glauben und Erkennen. Bemerkungen zum Leben und Werk Meister Eckharts, in: Communio viatorum 22 (1979) 153 - 164.

- Gründende Tiefe und offene Weite. Ein Bericht über die internationale Erfurter Eckhartwoche, in: Freiburger Zeitschrift für Philosophie und Tehologie 27 (1980) 356 - 382.

- Aspekte der neueren Eckhartforschung, in: Gespräch mit Meister Eckhart, hrsg. von Udo Kern u. a., Berlin 1982 (Aufsätze und Vorträge zur Theologie und Religionswissenschaft 71), 97 - 101.

- Art. Eckhart, in: Theologische Realenzyklopädie, hrsg. von Gerhard Krause und Gerhard Müller, Bd. IX, Berlin - New York 1982, 258 - 264.

Kertz, Karl G., Meister Eckhart's Teaching on the Birth of the
Divine Word in the Soul, in: Traditio 15 (1959) 327 - 363.

Kieckhefer, Richard, Meister Eckhart's Conception of Union with
God, in: The Harvard Theological Review 71 (1978) 203 - 225.

Kirchner, Reinhard, Meister Eckharts Predigt 'Iusti vivent in
aeternum', in: Beiträge zur Geschichte der deutschen Sprache
und Literatur 100 (1978) 229 - 262.

Klein, Alessandro, Meister Eckhart. La dottrina mistica della
giustificazione, Mailand 1978 (Biblioteca di Filosofia, Ricerche 4).

Kluxen, Wolfgang, Art. Analogie I, in: Historisches Wörterbuch
der Philosophie, Bd. 1, hrsg. von Joachim Ritter, Basel 1971,
214 - 227.

Kobusch, Theo, Die Modi des Seienden nach Dietrich von Freiberg,
in: Von Meister Dietrich zu Meister Eckhart, hrsg. von Kurt
Flasch, Hamburg 1984 (Corpus Philosophorum Teutonicorum Medii
Aevi, Beiheft 2), 46 - 67.

Koch, Josef, Neue Forschungen über Meister Eckhart, in: Theologische Revue 26 (1927) 414 - 422.

- Meister Eckhart und die jüdische Religionsphilosophie des Mittelalters, in: Jahres-Bericht der Schlesischen Gesellschaft für
vaterländische Cultur 101 (1928) 134 - 148 (jetzt in: Ders.,
Kleine Schriften, Bd. I, Rom 1973 (Storia e Letteratura. Racolta
di Studi e Testi 127), 349 - 365).

- Augustinischer und Dionysischer Neuplatonismus und das Mittelalter, in: Kant-Studien 48 (1956/57) 117 - 133 (jetzt in: Ders.,
Kleine Schriften, Bd. I, Rom 1973, 3 - 25).

- Zur Analogielehre Meister Eckharts, in: Mélanges offerts à
Étienne Gilson de l'Académie Française, Paris 1959, 327 - 350
(jetzt in: Ders., Kleine Schriften, Bd. I, Rom 1973, 367 - 397).

- Kritische Studien zum Leben Meister Eckharts, in: Archivum
Fratrum Praedicatorum 29 (1959) 5 - 51 und 30 (1960) 5 - 52
(jetzt in: Ders., Kleine Schriften, Bd. I, Rom 1973, 247 - 347).

- Sinn und Struktur der Schriftauslegungen, in: Meister Eckhart
der Prediger. Festschrift zum Eckhart-Gedenkjahr, hrsg. von Udo
M. Nix und Raphael Öchslin, Freiburg - Basel - Wien 1960, 73 -
103 (jetzt in: Ders., Kleine Schriften, Bd. I, Rom 1973, 399 -
428).

Koepp, Wilhelm, Wurzel und Ursprung der orthodoxen Lehre von der
unio mystica, in: Zeitschrift für Theologie und Kirche N. F. 2
(1921) 46 - 71, 139 - 171.

Kopper, Joachim, Die Metaphysik Meister Eckharts eingeleitet durch
eine Erörterung der Interpretation, Saarbrücken 1955 (Schriften
der Universität des Saarlandes).

- Die Analyse der Sohnesgeburt bei Meister Eckhart, in: Kant-
Studien 57 (1966) 100 - 112.

Kremer, Klaus, Das "Warum" der Schöpfung: "quia bonus" vel/et
"quia voluit"? Ein Beitrag zum Verhältnis von Neuplatonismus und
Christentum an Hand des Prinzips "bonum est diffusivum sui", in:
P a r u s i a . Studien zur Philosophie Platons und zur Problemgeschichte des Platonismus. Festgabe für Johannes Hirschberger,
hrsg. von Kurt Flasch, Frankfurt 1965, 241 - 264.

- Meister Eckharts Stellungnahme zum Schöpfungsgedanken, in:
Trierer theologische Zeitschrift 74 (1965) 65 - 82.

Kurdzialek, Marian, Eckhart, der Scholastiker. Philosophische und
theologische Traditionen, aus denen er kommt. Die pantheistischen
Traditionen der Eckhartschen Mystik, in: Freiheit und Gelassenheit. Meister Eckhart heute, hrsg. von Udo Kern, München und
Mainz 1980, 60 - 74.

Libera, Alain de, Le problème de l'être chez Maître Eckhart: logique et métaphysique de l'analogie, Genf - Lausanne - Neuchâtel
1980 (Cahiers de la Revue de Théologie et de Philosophie 4).

- A propos de quelques théories logiques de Maître Eckhart:
Existe-t-il une tradition médiévale de la logique néoplatoni-
cienne? in: Revue de Théologie et de Philosophie 113 (1981) 1 -
24.

- La problématique des «intentiones primae et secundae» chez
Dietrich de Freiberg, in: Von Meister Dietrich zu Meister Eck-
hart, hrsg. von Kurt Flasch, Hamburg 1984 (Corpus Philosophorum
Teutonicorum Medii Aevi, Beiheft 2), 68 - 94.

- Maître Eckhart et la controverse sur l'unité ou la pluralité
des formes, in: Von Meister Dietrich zu Meister Eckhart, hrsg.
von Kurt Flasch, Hamburg 1984 (Corpus Philosophorum Teutonicorum
Medii Aevi, Beiheft 2), 147 - 162.

- Introduction à la Mystique Rhénane d'Albert le Grand à Maître
Eckhart, Paris 1984.

Liebeschütz, Hans, Meister Eckhart und Moses Maimonides, in: Archiv für Kulturgeschichte 54 (1972) 64 - 96.

- Mittelalterlicher Platonismus bei Johannes Eriugena und Meister
Eckhart, in: Archiv für Kulturgeschichte 56 (1974) 241 - 269.

Loeschen, John, The God who becomes. Eckhart on divine relativity, in: The Thomist 35 (1971) 405 - 422.

Löser, Werner, Trinitätstheologie heute. Ansätze und Entwürfe, in:
Trinität. Aktuelle Perspektiven der Theologie, hrsg. von Wilhelm
Breuning, Freiburg - Basel - Wien 1984 (Quaestiones disputatae
101), 19 - 45.

Lossky, Vladimir, Théologie négative et connaissance de Dieu chez
Maître Eckhart, Paris 1960 (Études de philosophie médiévale 48).

Loewenich, Walther von, Zum Verständnis Meister Eckharts, in:
Ders., Von Augustin zu Luther. Beiträge zur Kirchengeschichte,
Witten 1959, 136 - 149.

Maas, Frans, Das persönliche oder unpersönliche Göttliche. Ein überholtes Dilemma in der westlichen Mystik?, in: Concilium 13 (1977) 179 - 186.

Maaß, Fritz-Dieter, Mystik im Gespräch. Materialien zur Mystik - Diskussion in der katholischen und evangelischen Theologie Deutschlands nach dem Ersten Weltkrieg, Würzburg 1972 (= Berlin 1981).

Maître Eckhart à Paris. Une critique médievale de l'ontothéologie. Les Q u e s t i o n s p a r i s i e n n e s n° 1 et n° 2 d'Eckhart. Études, textes et traduction par Émilie Zum Brunn u. a., Paris 1984 (Bibliothèque de l'école des hautes études, section des sciences religieuses 86).

Marenholtz, Eckehart Andreas, Das glîchnisse Meister Eckharts: Form, Inhalt und Funktion. Kleine Studie zur negativen Metaphorik, Frankfurt 1981 (Europäische Hochschulschriften, Reihe 1, Bd. 374).

Margerie, Bertrand de, La Trinité chrétienne dans l'histoire, Paris 1975 (Théologie historique 31).

Margetts, John, Die Satzstruktur bei Meister Eckhart, Stuttgart 1969 (Studien zur Poetik und Geschichte der Literatur 8).

Von Meister Dietrich zu Meister Eckhart, hrsg. von Kurt Flasch, Hamburg 1984 (Corpus Philosophorum Teutonicorum Medii Aevi, Beiheft 2).

Meister Eckhart heute, hrsg. von Wolfgang Böhme, Karlsruhe 1980 (Herrenalber Texte 20).

Meister Eckhart of Hochheim, in: The Thomist 42 (1978) 171 - 336.

Meister Eckhart der Prediger. Festschrift zum Eckhart-Gedenkjahr, hrsg. von Udo M. Nix und Raphael Öchslin, Freiburg - Basel - Wien 1960.

Merle, Hélène, Deitas: Quelques aspects de la signification de ce mot, d'Augustin à Maître Eckhart, in: Von Meister Dietrich zu Meister Eckhart, hrsg. von Kurt Flasch, Hamburg 1984 (Corpus Philosophorum Teutonicorum Medii Aevi, Beiheft 2), 12 - 21.

Mieth, Dietmar, Die Einheit von vita activa und vita contempla-
tiva in den deutschen Predigten und Traktaten Meister Eckharts
und bei Johannes Tauler. Untersuchungen zur Struktur des christlichen Lebens, Regensburg 1969 (Studien zur Geschichte der katholischen Moraltheologie 15).

- Meister Eckhart: Authentische Erfahrung als Einheit von Denken,
Sein und Leben, in: Das «einig Ein». Studien zu Theorie und
Sprache der deutschen Mystik, hrsg. von Alois Maria Haas und
Heinrich Stirnimann, Freiburg (Schweiz) 1980 (Dokimion 6), 11
- 61.

- Gottesschau und Gottesgeburt, in: Freiburger Zeitschrift für
Philosophie und Theologie 27 (1980) 204 - 223.

- Meister Eckhart, in: Mittelalter II, hrsg. von Martin Greschat,
Stuttgart - Berlin - Köln - Mainz 1983, 124 - 154 (Gestalten der
Kirchengeschichte 4).

Miquel, Pierre, La naissance de Dieu dans l'âme, in: Revue des
sciences religieuses 35 (1961) 378 - 406.

Mojsisch, Burkhard, Die Theorie des Intellekts bei Dietrich von
Freiberg, Hamburg 1977 (Beihefte zu Dietrich von Freiberg Opera
omnia 1).

- Einleitung zu: Dietrich von Freiberg, Abhandlung über den Intellekt und den Erkenntnisinhalt, hrsg. von Burkhard Mojsisch,
Hamburg 1980 (Philosophische Bibliothek 322), XV - XXXIV.

- La psychologie philosophique d'Albert le Grand et la théorie
de l'intellect de Dietrich de Freiberg, in: Archives de Philosophie 43 (1980) 675 - 693.

- Meister Eckhart. Analogie, Univozität und Einheit, Hamburg 1983.

- Sein als Bewußt-Sein. Die Bedeutung des ens conceptionale bei
Dietrich von Freiberg, in: Von Meister Dietrich zu Meister Eckhart, hrsg. von Kurt Flasch, Hamburg 1984 (Corpus Philosophorum

Teutonicorum Medii Aevi, Beiheft 2), 95 - 105.

- "Causa essentialis" bei Dietrich von Freiberg und Meister Eckhart, in: Von Meister Dietrich zu Meister Eckhart, hrsg. von Kurt Flasch, Hamburg 1984 (Corpus Philosophorum Teutonicorum Medii Aevi, Beiheft 2), 106 - 114.

- Der Begriff der Liebe bei Augustin und Meister Eckhart, in: Philosophische Anregungen für die Unterrichtspraxis, Heft 12, Frankfurt 1984, 19 - 27.

Moltmann, Jürgen, Theologie der mystischen Erfahrung. Zur Rekonstruktion der Mystik, in: Freiheit und Gelassenheit. Meister Eckhart heute, hrsg. von Udo Kern, München und Mainz 1980, 127 - 145.

- Trinität und Reich Gottes. Zur Gotteslehre, München 1980.

Morard, Meinrad Stéphane, Ist, istic, istikeit bei Meister Eckhart, in: Freiburger Zeitschrift für Philosophie und Theologie 3 (1956) 169 - 186.

Moser, Dietz-Rüdiger, Paralipomena zu Hans Bayers Studie "Mystische Ethik und empraktische Denkform. Zur Begriffswelt Meister Eckharts", in: Deutsche Vierteljahresschrift 50 (1976) 406 - 410.

Muller-Thym, Bernard Joseph, The Establishment of the University of Being in the Doctrine of Meister Eckhart of Hochheim, New York - London 1939 (Saint Michael's Mediaeval Studies. Monograph Series).

La Mystique Rhénane. Colloque de Strasbourg 16 - 19 mai 1961, Paris 1963.

Neidl, Walter Martin, THEARCHIA. Die Frage nach dem Sinn von Gott bei Pseudo-Dionysius Areopagita und Thomas von Aquin, Regensburg 1976.

Niebuhr, Reinhold, The Nature and Destiny of Man. A Christian Interpretation, 2 Bde, New York 1943.

Nolz, Hellfried, Die Erkenntnislehre Meister Eckharts und ihre psychologischen und metaphysischen Grundlagen, Diss. Wien 1949.

Oberman, Heiko A., Simul gemitus et raptus: Luther und die Mystik, in: Kirche, Mystik, Heiligung und das Natürliche bei Luther. Vorträge des Dritten Internationalen Kongresses für Lutherforschung, hrsg. von Ivar Asheim, Göttingen 1967, 20 - 59.

- Die Bedeutung der Mystik von Meister Eckhart bis Martin Luther, in: Von Eckhart bis Luther. Über mystischen Glauben, hrsg. von Wolfgang Böhme, Karlsruhe 1981 (Herrenalber Texte 31), 9 - 20.

O'Daly, Gerard, Art. Dionysius Areopagita, in: Theologische Realenzyklopädie, hrsg. von Gerhard Krause und Gerhard Müller, Bd. VIII, Berlin - New York 1981, 772 - 780.

Öchslin, Raphael, Der Eine und Dreieinige in den deutschen Predigten, in: Meister Eckhart der Prediger. Festschrift zum Eckhart-Gedenkjahr, hrsg. von Udo M. Nix und Raphael Öchslin, Freiburg - Basel - Wien 1960, 149 - 166.

Oeing-Hanhoff, Ludger, Sein und Sprache in der Philosophie des Mittelalters, in: Sprache und Erkenntnis im Mittelalter, hrsg. von Wolfgang Kluxen, 1. Halbband, Berlin 1981 (Miscellanea Mediaevalia 13/1), 165 - 178.

- Trinitarische Ontologie und Metaphysik der Person, in: Trinität. Aktuelle Perspektiven der Theologie, hrsg. von Wilhelm Breuning, Freiburg - Basel - Wien 1984 (Quaestiones disputatae 101), 143 - 182.

Oltmanns, Käte, Meister Eckhart, Frankfurt [2]1957 (Philosophische Abhandlungen 2).

Ortmann, Christa, Eckharts Lehre für die Ungelehrten. Zum Verhältnis von Deutsch und Latein in der deutschen Predigt, in: Befund und Deutung. Zum Verhältnis von Empirie und Interpretation in Sprach- und Literaturwissenschaft, hrsg. von Klaus Grubmüller u. a., Tübingen 1979, 342 - 391.

Otto, Rudolf, West-östliche Mystik. Vergleich und Unterscheidung zur Wesensdeutung, Gütersloh 1979 (Text der 3. Aufl., hrsg. von Gustav Mensching, München 1971) (GTB 319).

Otto, Stephan, Augustinus und Boethius im 12. Jahrhundert. Anmerkungen zur Entstehung des Traktates "De Deo Uno", in: Wissenschaft und Weisheit 26 (1963) 15 - 26.

Ozment, Steven, Eckhart and Luther: German Mysticism and Protestantism, in: The Thomist 42 (1978) 259 - 280.

P a r u s i a . Studien zur Philosophie Platons und zur Problemgeschichte des Platonismus. Festgabe für Johannes Hirschberger,
hrsg. von Kurt Flasch, Frankfurt 1965.

Peters, Barthold, Der Gottesbegriff Meister Eckharts. Ein Beitrag
zur Bestimmung der Methode der Eckhartinterpretation, Hamburg 1936.

Pfeiffer, Franz, Bruder David von Augsburg, in: Zeitschrift für
Deutsches Alterthum 9 (1853) 1 - 67.

Platonismus in der Philosophie des Mittelalters, hrsg. von Werner
Beierwaltes, Darmstadt 1969 (Wege der Forschung 197).

Plotin. Über Ewigkeit und Zeit, hrsg. von Werner Beierwaltes,
Frankfurt 1967.

Preradovic, Gisela v., Überlegungen zu Geburt und Generatio bei
Meister Eckhart, in: Recherches germaniques 5 (1975) 3 - 11.

Quint, Josef, Mystik und Sprache. Ihr Verhältnis zueinander, ins-
besondere in der spekulativen Mystik Meister Eckharts, jetzt in:
Altdeutsche und altniederländische Mystik, hrsg. von Kurt Ruh,
Darmstadt 1964 (Wege der Forschung 23), 113 - 151.

Rahner, Hugo, Die Gottesgeburt. Die Lehre von der Geburt Christi
in den Herzen der Gläubigen, in: Zeitschrift für katholische Theologie 59 (1935) 334 - 418 (jetzt in: Ders., Symbole der Kirche.
Die Ekklesiologie der Väter, Salzburg 1964, 13 - 87).

Rahner, Karl, Bemerkungen zum dogmatischen Traktat »De Trinitate«,
in: Schriften zur Theologie, Bd. IV, Einsiedeln 1960, 103 - 133.

- Der dreifaltige Gott als transzendenter Urgrund der Heilsgeschichte, in: Mysterium Salutis. Grundriß heilsgeschichtlicher

Dogmatik, hrsg. von Johannes Feiner und Magnus Löhrer, Bd. II,
Zürich - Einsiedeln - Köln 1967, 318 - 397.

Reffke, Ernst, Studien zum Problem der Entwicklung Meister Eckharts im Opus tripartitum, in: Zeitschrift für Kirchengeschichte
57 (1938) 19 - 95 (Eckhartiana IV.).

Rehn, Rudolf, Quomodo tempus sit? Zur Frage nach dem Sein der
Zeit bei Aristoteles und Dietrich von Freiberg, in: Von Meister
Dietrich zu Meister Eckhart, hrsg. von Kurt Flasch, Hamburg 1984
(Corpus Philosophorum Teutonicorum Medii Aevi, Beiheft 2), 1 - 11.

Ricken, Friedo, Das Homousios von Nikaia als Krisis des altchristlichen Platonismus, in: Zur Frühgeschichte der Christologie. Ihre
biblischen Anfänge und die Lehrformel von Nikaia, hrsg. von Bernhard Welte, Freiburg - Basel - Wien 1970 (Quaestiones disputatae
51), 74 - 99.

Rijk, Lammert-Marie de, Die Wirkung der neuplatonischen Semantik
auf das mittelalterliche Denken, in: Sprache und Erkenntnis im
Mittelalter, hrsg. von Wolfgang Kluxen, 1. Halbband, Berlin 1981
(Miscellanea Mediaevalia 13/1), 19 - 35.

Ritter, Adolf Martin, Platonismus und Christentum in der Spätantike, in: Theologische Rundschau 49 (1984) 31 - 56.

Ruh, Kurt, Die trinitarische Spekulation in der deutschen Mystik
und Scholastik, in: Zeitschrift für deutsche Philologie 72 (1953)
24 - 53 (jetzt in: Ders., Kleine Schriften, Bd. II: Scholastik
und Mystik im Spätmittelalter, hrsg. von Volker Mertens, Berlin
- New York 1984, 14 - 45).

- Vorbemerkungen zu einer neuen Geschichte der abendländischen
Mystik im Mittelalter, München 1982 (Sitzungsberichte der Bayerischen Akademie der Wissenschaften, Philosophisch-historische Klas-
se, Jg. 1982, H. 7), 3 - 32 (jetzt in: Ders., Kleine Schriften,
Bd. II: Scholastik und Mystik im Spätmittelalter, hrsg. von Volker Mertens, Berlin - New York 1984, 337 - 363).

- Meister Eckhart und die Spiritualität der Beginen, jetzt in:

Ders., Kleine Schriften, Bd. II: Scholastik und Mystik im Spätmittelalter, hrsg. von Volker Mertens, Berlin - New York 1984,
327 - 336.

Ruh, Ulrich, Das unterscheidend Christliche in der Gottesfrage.
Zu neueren Entwicklungen in der Trinitätstheologie in: Herder
Korrespondenz 36 (1982) 187 - 192.

Schaaf, Julius, Beziehung und Idee. Eine platonische Besinnung,
in: P a r u s i a . Studien zur Philosophie Platons und zur Problemgeschichte des Platonismus. Festgabe für Johannes Hirschberger, hrsg. von Kurt Flasch, Frankfurt 1965, 3 - 20.

Scheffczyk, Leo, Die Grundzüge der Trinitätslehre des Johannes
Scotus Eriugena, in: Theologie in Geschichte und Gegenwart. Michael Schmaus zum sechzigsten Geburtstag, hrsg. von Johann Auer
und Hermann Volk, II. Halbband, München 1957, 497 - 518.

- Lehramtliche Formulierungen und Dogmengeschichte der Trinität,
in: Mysterium Salutis. Grundriß heilsgeschichtlicher Dogmatik,
hrsg. von Johannes Feiner und Magnus Löhrer, Bd. II, Zürich -
Einsiedeln - Köln 1967, 146 - 217.

- Der Eine und Dreifaltige Gott, Mainz 1968 (Unser Glaube. Christ-
liches Selbstverständnis heute 3).

- Trinität: Das Specificum Christianum, in: Ders., Schwerpunkte
des Glaubens. Gesammelte Schriften zur Theologie,(Bd. 1), Einsiedeln 1977, 156 - 173 (Sammlung Horizonte N. F. 11).

- Dreifaltigkeit im inwendigen Leben, in: Ders., Glaube als Le-
bensinspiration. Gesammelte Schriften zur Theologie, (Bd. 2),
Einsiedeln 1980 (Sammlung Horizonte N. F. 18), 137 - 152.

- Uneingelöste Traditionen der Trinitätslehre, in: Trinität. Aktuelle Perspektiven der Theologie, hrsg. von Wilhelm Breuning,
Freiburg - Basel - Wien 1984 (Quaestiones disputatae 101), 47 - 72.

Schmaus, Michael, Das Fortwirken der augustinischen Trinitäts-
psychologie bis zur karolingischen Zeit, in: Vitae et veritati.
Festgabe für Karl Adam, Düsseldorf 1956, 44 - 56.

- Die psychologische Trinitätslehre des heiligen Augustinus,
Münster 1967 (= 1927 mit einem Nachtrag) (Münsterische Beiträge
zur Theologie 11).

- Die trinitarische Gottesebenbildlichkeit nach dem Sentenzenkommentar Alberts des Großen, in: Virtus politica. Festgabe zum 75.
Geburtstag von Alfons Hufnagel, hrsg. von Joseph Möller, Stuttgart 1974, 277 - 306.

- Die theologiegeschichtliche Tragweite der Trinitätslehre des
Anselm von Canterbury, in: Analecta Anselmiana. Untersuchungen
über Person und Werk Anselms von Canterbury, Bd. IV/1, hrsg. von
Helmut Kohlenberger, Frankfurt 1975, 29 - 45.

Schmidt, M. A., Art. Eckehart, in: Die Religion in Geschichte und
Gegenwart, 3. Aufl., hrsg. von Kurt Galling, Bd. 2, Tübingen 1958,
304 - 305.

Schmitt-Fiack, Renate, Wise und wisheit bei Eckhart, Tauler, Seuse
und Ruusbroec, Meisenheim 1972 (Deutsche Studien 16).

Schneider, Richard, Eckhart's Doctrine of the Transcendental Perfections in God and Creatures, Diss. Toronto 1965.

- The Functional Christology of Meister Eckhart, in: Recherches
de Théologie ancienne et médiévale 35 (1968) 291 - 322.

Schönborn, Christoph von, Immanente und ökonomische Trinität. Zur
Frage des Funktionsverlustes der Trinitätslehre in der östlichen
und westlichen Theologie, in: Freiburger Zeitschrift für Philosophie und Theologie 27 (1980) 247 - 264.

Schrimpf, Gangolf, Des Menschen Seligkeit. Ein Vergleich zwischen
Plotins "Περὶ εὐδαιμονίαϛ", Meister Eckharts "Buch der göttlichen
Tröstung" und Fichtes "Anweisung zum seligen Leben", in: P a r u
s i a . Studien zur Philosophie Platons und zur Problemgeschichte
des Platonismus. Festgabe für Johannes Hirschberger, hrsg. von
Kurt Flasch, Frankfurt 1965, 431 - 454.

- Das Werk des Johannes Scottus Eriugena im Rahmen des Wissenschaftsverständnisses seiner Zeit. Eine Hinführung zu Periphyseon,

Münster 1982 (Beiträge zur Geschichte der Philosophie und Theologie des Mittelalters, N. F. 23).

Schürmann, Reiner, Meister Eckhart's Verbal Understanding of Being as a Ground of Destruction of Practical Teleology, in: Sprache und Erkenntnis im Mittelalter, hrsg. von Wolfgang Kluxen, 2. Halbband, Berlin 1981 (Miscellanea Mediaevalia 13/2), 803 - 809.

Schütz, Christian, Gegenwärtige Tendenzen in der Gottes- und Trinitätslehre, in: Mysterium Salutis. Grundriß heilsgeschichtlicher Dogmatik, Ergänzungsband, hrsg. von Magnus Löhrer u. a., Zürich - Einsiedeln - Köln 1981, 264 - 322.

Schultz, Werner, Der Einfluß der deutschen Mystik auf Hegels Philosophie, in: Ders., Theologie und Wirklichkeit. Ausgewählte Aufsätze, hrsg. von Hans-Georg Pust, Kiel 1969, 147 - 177.

Schwarz, Reinhard, Meister Eckharts Meinung vom gerechten Menschen, in: Geist und Geschichte der Reformation. Festgabe Hanns Rückert zum 65. Geburtstag, Berlin 1966 (Arbeiten zur Kirchengeschichte 38), 15 - 34.

Schweitzer, Franz-Josef, Der Freiheitsbegriff der deutschen Mystik. Seine Beziehung zur Ketzerei der »Brüder und Schwestern vom Freien Geist«, mit besonderer Rücksicht auf den pseudoeckartischen Traktat »Schwester Katrei« (Edition), Frankfurt - Bern 1981 (Arbeiten zur mittleren deutschen Literatur und Sprache 10) (Europäische Hochschulschriften, Reihe 1, Bd. 378).

Seeberg, Erich, Meister Eckhart, Tübingen 1934 (Philosophie und Geschichte 50).

- Meister Eckhart und Luther, in: Die Tatwelt 12 (1936) 3 - 16.

Seeberg, Reinhold, Die religiösen Grundgedanken des jungen Luther und ihr Verhältnis zu dem Ockamismus und der deutschen Mystik, Berlin 1931 (Greifswalder Studien zur Lutherforschung und neuzeitlichen Geistesgeschichte 6).

- Lehrbuch der Dogmengeschichte, Dritter Band: Die Dogmengeschichte des Mittelalters, Basel [5]1953, 389 - 420, 678 - 697.

Seidl, Horst, Die aristotelischen Quellen zur Transzendentalien-
Aufstellung bei Thomas v. Aqu., D e   v e r i t a t e , qu. I,
art. 1, in: Philosophisches Jahrbuch 80 (1973) 166 - 171.

Sesboüé, Bernard, Bulletin de théologie dogmatique: Trinité et
Pneumatologie, in: Recherches de science religieuse 70 (1982)
379 - 413.

Siegroth-Nellesen, Gabriele von, Versuch einer exakten Stilunter-
suchung für Meister Eckhart, Johannes Tauler und Heinrich Seuse,
München 1979 (Medium aevum. Philologische Studien 38).

Siller, Rolf, Zur Ermöglichung von Freiheit bei Meister Eckhart,
Diss. München 1972.

Simonis, Walter, Trinität und Vernunft. Untersuchungen zur Möglichkeit einer rationalen Trinitätslehre bei Anselm, Abaelard,
den Viktorinern, A. Günther und J. Frohschammer, Frankfurt 1972
(Frankfurter Theologische Studien 12).

Soudek, Ernst, Meister Eckhart, Stuttgart 1973 (Sammlung Metzler
120).

Steenberghen, Fernand van, Die Philosophie im 13. Jahrhundert,
hrsg. von Max. A. Roesle, München 1977 (neu bearbeitete Übersetzung von: La philosophie au XIIIe siècle, Paris 1966).

- Le mythe d'un monde éternel, in: Revue philosophique de Louvain
76 (1978) 157 - 179.

Steer, Georg, Germanistische Scholastikforschung. Ein Bericht,
I - III, in: Theologie und Philosophie 45 (1970) 204 - 226; 46
(1971) 195 - 222; 48 (1973) 65 - 106.

Stephenson, Gunther, Gottheit und Gott in der spekulativen Mystik
Meister Eckharts. Eine Untersuchung zur Phänomenologie und Typo-
logie der Mystik, Diss. Bonn 1954.

Stohr, Albert, Die Hauptrichtungen der spekulativen Trinitätslehre in der Theologie des 13. Jahrhunderts, in: Theologische Quartalschrift 106 (1925) 113 - 135.

Strauch, Philipp, Zu Taulers Predigten, in: Beiträge zur Geschichte der deutschen Sprache und Literatur 44 (1920) 1 - 26.

Studer, Basil, Zur Entwicklung der patristischen Trinitätslehre. Die äußeren Faktoren in der Geschichte ·der frühkirchlichen Lehre von der Dreifaltigkeit, in: Theologie und Glaube 74 (1984) 81 - 93.

Sturlese, Loris, Alle origini della mistica speculativa tedesca. Antichi testi su Teodorico di Freiberg, in: Medioevo 3 (1977) 21 - 87.

- Gottebenbildlichkeit und Beseelung des Himmels in den Quodlibeta Heinrichs v. Lübeck O. P., in: Freiburger Zeitschrift für Philosophie und Theologie 24 (1977) 191 - 199.

- Albert der Große und die deutsche philosophische Kultur des Mittelalters, in: Freiburger Zeitschrift für Philosophie und Theologie 28 (1981) 133 - 147.

- Proclo ed Ermete in Germania da Alberto Magno a Bertoldo di Moosburg. Per una prospettiva di ricerca sulla cultura filosofica tedesca nel secolo delle sue origini (1250 - 1350), in: Von Meister Dietrich zu Meister Eckhart, hrsg. von Kurt Flasch, Hamburg 1984 (Corpus Philosophorum Teutonicorum Medii Aevi, Beiheft 2), 22 - 33.

Sudbrack, Josef, Die Wahrheit der Geschichte - zur Interpretation Meister Eckharts, in: Geist und Leben 51 (1978) 385 - 393.

Tardieu, Michel, Ψυχαῖοͷ σπινθήρ. Histoire d'une métaphore dans la tradition platonicienne jusqu'à Eckhart, in: Revue des Études Augustiniennes 21 (1975) 225 - 255.

Timm, Hermann, Geist der Liebe. Die Ursprungsgeschichte der religiösen Anthropotheologie (Johannismus), Gütersloh 1978.

Tobin, Frank, Meister Eckhart's german sermons: semantics and grammar as style, in: Semasia. Beiträge zur germanisch-romanischen Sprachforschung 3 (1976) 75 - 85.

Trinität. Aktuelle Perspektiven der Theologie, hrsg. von Wilhelm Breuning, Freiburg - Basel - Wien 1984 (Quaestiones disputatae 101).

Trouillard, Jean, La Purification plotinienne, Paris 1955 (Bibliothèque de philosophie contemporaine).

Ueda, Shizuteru, Die Gottesgeburt in der Seele und der Durchbruch zur Gottheit. Die mystische Anthropologie Meister Eckharts und ihre Konfrontation mit der Mystik des Zen-Buddhismus, Gütersloh 1965 (Studien zu Religion, Geschichte und Geisteswissenschaft 3).

- Das »Nichts« bei Meister Eckhart und im Zen-Buddhismus unter besonderer Berücksichtigung des Grenzbereiches von Theologie und Philosophie, in: Transzendenz und Immanenz. Philosophie und Theologie in der veränderten Welt, hrsg. von Dietrich Papenfuss und Jürgen Söring, Stuttgart 1977, 257 - 266.

Vignaux, Paul, Sur ›Esse‹ et ‹Intelligere› en Dieu, in: Métaphysique, Histoire de la Philosophie. Recueil d'études offert à Fernand Brunner, Neuchâtel 1981, 143 - 150.

Völker, Ludwig. Die Terminologie der mystischen Bereitschaft in Meister Eckharts deutschen Predigten und Traktaten, Diss. Tübingen 1964.

Vries, Josef de, Art. Analogie, in: Ders., Grundbegriffe der Scholastik, Darmstadt 1980, 25 - 37.

Wackerzapp, Herbert, Der Einfluß Meister Eckharts auf die ersten philosophischen Schriften des Nikolaus von Kues (1440 - 1450), hrsg. von Josef Koch, Münster 1962 (Beiträge zur Geschichte der Philosophie und Theologie des Mittelalters XXXIX, 3).

Wagner, Claus, Eckharts neue Metaphysik. Anzeige einer Monographie von Burkhard Mojsisch, in: Freiburger Zeitschrift für Philosophie und Theologie 31 (1984) 191 - 206.

Waldschütz, Erwin, Meister Eckhart. Eine philosophische Interpretation der Traktate, Bonn 1978 (Studien zur Germanistik, Anglistik und Komparatistik 71).

Wéber, Édouard-Henri, Mystique parce que théologien: Maître Eckhart, in: La vie spirituelle 652 (1982) 730 - 749.

– C o m m e n s u r a t i o de l´agir par l´objet d´activité et par le sujet agent chez Albert le Grand, Thomas d´Aquin et Maître Eckhart, in: Mensura. Maß, Zahl, Zahlensymbolik im Mittelalter, hrsg. von Albert Zimmermann, Berlin - New York 1983 (Miscellanea Mediaevalia 16/1), 43 - 64.

– Continuités et ruptures de l´enseignement de Maître Eckhart avec les recherches et discussions dans l´Université de Paris, in: Von Meister Dietrich zu Meister Eckhart, hrsg. von Kurt Flasch, Hamburg 1984 (Corpus Philosophorum Teutonicorum Medii Aevi, Beiheft 2), 163 - 176.

– Eckhart et l´ontothéologisme: histoire et conditions d´une rupture, in: Maître Eckhart à Paris. Une critique médiévale de l´onto-théologie. Les Q u e s t i o n s p a r i s i e n n e s n° 1 et n° 2 d´Eckhart. Études, textes et traductions par Émilie Zum Brunn u. a., Paris 1984 (Bibliothèque de l´école des hautes études, section des sciences religieuses 86), 13 - 83.

Weiß, Bardo, Die Heilsgeschichte bei Meister Eckhart, Mainz 1965.

– "Gott ist anders" nach Meister Eckhart, in: Theologie und Philosophie 46 (1971) 387 - 396.

– Der Einfluß Anselms von Canterbury auf Meister Eckhart, in: Analecta Anselmiana. Untersuchungen über Person und Werk Anselms von Canterbury, Bd. IV/2, hrsg. von Helmut Kohlenberger, Frankfurt 1975, 209 - 221.

Weiß, Konrad, Meister Eckharts Stellung innerhalb der theologischen Entwicklung des Spätmittelalters, Berlin 1953 (Studien der Luther-Akademie N. F. 1), 29 - 47.

- Meister Eckharts biblische Hermeneutik, in: La Mystique Rhénane. Colloque de Strasbourg 16 - 19 mai 1961, Paris 1963, 95
- 108.

- Meister Eckhart der Mystiker. Bemerkungen zur Eigenart der Eckhartschen Mystik, in: Freiheit und Gelassenheit. Meister Eckhart
heute, hrsg. von Udo Kern, München und Mainz 1980, 103 - 120.

Welch, Claude, The Trinity in Contemporary Theology, London 1953.

Welte, Bernhard, Meister Eckhart. Gedanken zu seinen Gedanken,
Freiburg 1979.

Winkler, Eberhard, Exegetische Methoden bei Meister Eckhart, Tübingen 1965 (Beiträge zur Geschichte der biblischen Hermeneutik 6).

- Wort Gottes und Hermeneutik bei Meister Eckhart, in: Freiheit
und Gelassenheit. Meister Eckhart heute, hrsg. von Udo Kern, München und Mainz 1980, 169 - 182.

Wulf, Eckhard, Das Aufkommen neuzeitlicher Subjektivität im Vernunftbegriff Meister Eckharts, Diss. Tübingen 1972.

Zeller, Winfried, Meister Eckhart bei Valentin Weigel. Eine Untersuchung zur Frage der Bedeutung Meister Eckharts für die mystische Renaissance des sechzehnten Jahrhunderts, in: Zeitschrift
für Kirchengeschichte 57 (1938) 309 - 355 (jetzt in: Ders., Theologie und Frömmigkeit. Gesammelte Aufsätze, Bd. 2, hrsg. von Bernd
Jaspert, Marburg 1978 (Marburger theologische Studien 15), 55 - 88').

- Protestantische Frömmigkeit im 17. Jahrhundert, in: Ders., Theologie und Frömmigkeit, Gesammelte Aufsätze,(Bd. 1), hrsg. von
Bernd Jaspert, Marburg 1971 (Marburger theologische Studien 8),
85 - 116.

- Augustin Fuhrmann und Johann Theodor von Tschesch, in: Ders.,
Theologie und Frömmigkeit. Gesammelte Aufsätze, (Bd. 1), hrsg. von
Bernd Jaspert, Marburg 1971 (Marburger theologische Studien 8),
117 - 153.

- Luthertum und Mystik, in: Ders., Theologie und Frömmigkeit, Bd. 2,
hrsg. von Bernd Jaspert, Marburg 1978 (Marburger theologische
Studien 15), 35 - 54.

Zimmermann, Albert, Albertus Magnus und der lateinische Averroismus, in: Albertus Magnus. Doctor universalis 1280/1980, hrsg.
von Gerbert Meyer OP und Albert Zimmermann, Mainz 1980 (Walberberger Studien. Philosophische Reihe 6), 465 - 493.

Zum Brunn, Émilie, Maître Eckhart et le nom inconnu de l'âme, in:
Archives de Philosophie 43 (1980) 655 - 666.

- Une source méconnue de l'ontologie eckhartienne, in: Métaphysique, Histoire de la Philosophie. Recueil d'études offert à
Fernand Brunner, Neuchâtel 1981, 111 - 117.

- Les premières «Questions parisiennes» de Maître Eckhart, in:
Von Meister Dietrich zu Meister Eckhart, hrsg. von Kurt Flasch,
Hamburg 1984 (Corpus Philosophorum Teutonicorum Medii Aevi, Bei-
heft 2), 128 - 137.

Zur Mühlen, Karl-Heinz, Nos extra nos. Luthers Theologie zwischen
Mystik und Scholastik, Tübingen 1972 (Beiträge zur historischen
Theologie 46).

- Mystik des Wortes. Über die Bedeutung mystischen Denkens für
Luthers Lehre von der Rechtfertigung des Sünders, in: Von Eckhart
bis Luther. Über mystischen Glauben, hrsg. von Wolfgang Böhme,
Karlsruhe 1981 (Herrenalber Texte 31), 33 - 52.

Nachtrag

Auf folgende - nach Abschluß der Arbeit erschienenen, bzw.
zugänglich gewordenen - Veröffentlichungen ist ergänzend
hinzuweisen:

Courth, Franz, Trinität. In der Scholastik, Freiburg - Basel -
Wien 1985 (Handbuch der Dogmengeschichte II/1b), (zu Eckhart:
99f.).

Diese Darstellung ist eine gute Ergänzung meines ´Problemge-
schichtlichen Anhangs´, obgleich sie die Perspektive ´Trini-
tät und Denken´ aufgrund des Handbuchcharakters der Arbeit
nur anklingen lassen kann.

Das neue Interesse am Thema ´Trinität´ dokumentiert überreich
die

Bibliotheca Trinitariorum. Internationale Bibliographie trinitarischer Literatur, hrsg. von Erwin Schadel, Bd. I: Autoren-
verzeichnis, Paris - München - New York - London 1984.

Einen neuen Beitrag zur Problemgeschichte des ´Einen´ leistet
Beierwaltes, Werner, Denken des Einen. Studien zur neuplatonischen Philosophie und ihrer Wirkungsgeschichte, Frankfurt
1985.

Einzelne Stationen der Problemgeschichte erhellen

Pintaric̆, Drago, Sprache und Trinität. Semantische Probleme
in der Trinitätslehre des hl. Augustinus, Salzburg - München
1983 (Salzburger Studien zur Philosophie 15).

Ullmann, Wolfgang, Zur Auseinandersetzung Anselms von Canterbury mit der trinitätstheologischen Terminologie Augustins,
in: Philologus 123 (1979) 75 - 79.

Sturlese, Loris, Dokumente und Forschungen zu Leben und Werk
Dietrichs von Freiberg, Hamburg 1984 (Corpus Philosophorum
Teutonicorum Medii Aevi, Beiheft 3).

Gorceix, Bernard, Amis de Dieu en Allemagne au siècle de
Maître Eckhart, Paris 1985 (Spiritualités vivantes. Série
Christianisme)

macht mit einer bisher wenig untersuchten Gruppe aus dem
Umkreis der eckhartschen Wirkungsgeschichte bekannt (zu
Eckhart selbst: a.a.O., 68 - 70), ohne den deutlichen Unter-
schied zu Eckhart zu übersehen (a.a.O., 158).

Eine gute Einführung in das Werk Eckharts gibt
Haas, Alois Maria, Meister Eckhart, in: Große Mystiker.
Leben und Wirken, hrsg. von Gerhard Ruhbach und Josef
Sudbrack, München 1984, 156 - 170.
Trotz Kenntnis der neuesten Literatur kommt derselbe
Autor zu einigen abweichenden Anschauungen: Vgl.
- Seinsspekulation und Geschöpflichkeit in der Mystik
Meister Eckharts, in: Sein und Nichts in der abendländi-
schen Mystik, hrsg. von Walter Strolz, Freiburg - Basel -
Wien 1984 (Veröffentlichungen der Stiftung Oratio Dominica.
Weltgespräch der Religionen. Schriftenreihe zur großen Öku-
mene 11), 33 - 58.
Eine knappe Gesamtdarstellung versucht
Ruh, Kurt, Meister Eckhart. Theologe, Prediger, Mystiker,
München 1985.
Besonders zu beachten ist die Arbeit von
Kunz, Stefan, Zeit und Ewigkeit bei Meister Eckhart, theol.
Diss., Tübingen 1985.

KONTEXTE

Neue Beiträge zur Historischen und Systematischen Theologie

Herausgegeben von Prof. Dr. Johannes Wirsching, Berlin